全国高等学校法学系列教材

军事法学导论

孙君 龚耘 主编
陈仕平 陈万平 副主编

华中科技大学出版社
http://press.hust.edu.cn
中国·武汉

图书在版编目（CIP）数据

军事法学导论 / 孙君，龚耘等主编 . — 武汉：华中科技大学出版社，2013.9（2023.1重印）
ISBN 978-7-5609-9383-6

Ⅰ.①军… Ⅱ.①孙…②龚… Ⅲ.①军法-法学-中国 Ⅳ.①E266

中国版本图书馆CIP数据核字（2013）第225973号

军事法学导论　　　　　　　　　　　　　　　　　　　　　　　孙　君　龚　耘等　主编

策划编辑：王　梓
责任编辑：孙晓君
封面设计：傅瑞学
责任校对：九万里文字工作室
责任监印：朱　玢

出版发行：华中科技大学出版社（中国·武汉）　　　电话：(027) 81321913
　　　　　武汉市东湖新技术开发区华工科技园　　　　邮编：430223

录　　排：北京楠竹文化发展有限公司
印　　刷：北京富泰印刷有限责任公司
开　　本：710mm×1000mm　1/16
印　　张：20
字　　数：369千字
版　　次：2023年1月第1版第2次印刷
定　　价：39.80元

本书若有印装质量问题，请向出版社营销中心调换
全国免费服务热线：400-6679-118，竭诚为您服务
版权所有　侵权必究

作者简介及编写分工

主编、副主编：

孙君，湖北监利人，中国人民解放军海军工程大学人文社会科学系副教授，硕士研究生导师，专业技术上校。先后就读于华中科技大学法学院、海军大连舰艇学院政治系和军事科学院军队建设研究部，获法学学士、法学硕士和军事学博士学位。主要研究领域为军事法制基础理论、海洋法海战法。主持国家社会科学基金、海军军事理论研究等课题4项；在军内外学术刊物发表论文40余篇，多篇被CSSCI收录，或被人大复印资料全文转载、索引。

负责第1—5章，第9章，第15章。

龚耘，湖南益阳人，哲学博士。海军工程大学人文社会科学系主任、教授，专业技术大校。全军优秀教师，获军队院校育才奖金奖。先后就读于海军工程大学、武汉大学。主要研究领域为军事科技哲学、党的军事指导理论。

负责第6—7章。

陈仕平，福建古田人，哲学博士。海军工程大学人文社会科学系教授，海军工程大学政治部司法办公室主任，专业技术大校。全国"五五普法"工作先进个人，获军队院校育才奖银奖。先后就读于南京政治学院、华中科技大学。主要研究领域为军事法学。

负责第8—9章。

陈万平，湖北随州人，法学博士（在读）。海军工程大学人文社会科学系讲师，专业技术中校。先后就读于江西财经大学、中南财经政法大学和武汉大学。主要研究领域为武装冲突法、海洋法。

负责第17—18章。

参编（按参编章节为序）

天羽，湖北武汉人，哲学博士。海军航空工程学院青岛分院讲师，专业技术中校。先后就读于海军工程大学、南京政治学院。主要研究领域为国防伦理与军事法制。

负责第 11 章。

张传江，山东泰安人，军事学博士。海军陆战学院教研室主任，专业技术上校，暨南大学海洋发展研究中心南海战略研究基地兼职研究员。先后就读于广州舰艇学院、海军大连舰艇学院和军事科学院。主要研究领域为海洋法海战法、南海问题。

负责第 12 章。

迟菲，山东烟台人，法学硕士。海军航空工程学院政治理论教研室副教授，专业技术大校，获军队院校育才奖银奖。先后就读于复旦大学、南开大学。主要研究领域为军事法学。

负责第 13 章。

向娃，湖南汨罗人，军事学硕士。海军工程大学人文社会科学系副教授，专业技术中校。先后就读于解放军信息工程大学、海军大连舰艇学院。主要研究领域为军队政治工作。

负责第 14 章。

谢春娅，四川万源人，哲学硕士。海军工程大学人文社会科学系讲师，专业技术少校。先后就读于南京政治学院、海军工程大学。主要研究领域为中国人民解放军军史、战史。

负责第 16 章。

前　言

军事法是我国社会主义法律体系中的重要组成部分。为适应我国国防和军队建设与保障武装力量有效履行历史使命的需要，近年来，我国军事法律制度建设快速发展。十一届全国人大期间，五年内共出台了六部重要军事法律，国务院、中央军事委员会还制定颁布了大量军事法规；2013年全国人大会的中国人民政治协商会议期间，中央军委法制局相关负责人向媒体透露，未来五年，是完善中国特色社会主义法律体系的重要历史阶段，一批重要军事法规，还将陆续提交第十二届全国人大及其常委会审议。这些军事法律、法规的出台，必将为加快推进国防和军队现代化提供更加完备的法制保障。

应当看到，与立法机关对军事立法的关注与重视程度相比，我国社会尤其是武装力量之外普通社会公民的军事法制意识还有待增强。许多人认为，军事法是军队的法，是军人的法，与普通公民关系不大。事实上，提高军事法制意识，加强军事法制建设，对于建设与我国国际地位相称、与国家安全和发展利益相适应的强大军队，具有重大意义，并从而与我国国家和社会发展、与中华民族伟大复兴、与全体社会成员的利益福祉、前途命运休戚相关。

出于普及军事法律知识、增强军事法制意识的考虑，我们组织编写了《军事法学导论》一书。编写中注重突出理论指导的科学性、体系结构的完备性和知识内容的新颖性。全书编写的具体分工为：

孙君（海军工程大学理学院人文社会科学系副教授）：第一~五章，第九章，第十五章；

龚耘（海军工程大学理学院人文社会科学系主任，教授）：第六~七章；

陈仕平（海军工程大学理学院人文社会科学系教授）：第八~九章；

天羽（海军航空工程学院青岛分院讲师）：第十一章；

张传江（海军陆战学院政治工作系讲师）：第十二章；

迟菲（海军航空工程学院管理系副教授）：第十三章；

向娃（海军工程大学理学院人文社会科学系副教授）：第十四章；

谢春娅（海军工程大学理学院人文社会科学系讲师）：第十六章；

陈万平（海军工程大学理学院人文社会科学系讲师）：第十七～十八章。

孙君、龚耘、陈仕平、陈万平负责全书框架设计和统稿工作。

我们衷心感谢军事科学院军队建设研究部军事管理与军事法制研究室丛文胜研究员、王祥山副研究员，海军大连舰艇学院政治系军事法学教研室吕北安教授、宋云霞教授，中国政法大学法学院军事法学研究中心主任李卫海副教授，华中科技大学法学院焦洪涛副教授等专家对书稿提出的宝贵意见！特别感谢为本书出版倾注大量心血的华中科技大学出版社王梓老师！此外，我们在编写中还大量参考了军事法学领域多位专家学者的相关专著、教材和论文，在此一并表示感谢！

由于我们水平有限，书中一定存在一些不妥甚至错讹之处，恳请读者批评指正！

编 者

2013 年 4 月

目 录

第一编 军事法基本原理

第一章 军事法的概念 … 3
第一节 军事法的调整对象 … 3
一、国防建设领域的军事关系 … 3
二、武装力量内部的军事关系 … 4
三、武装力量与外部的军事关系 … 5
四、国家对外军事关系 … 5
第二节 军事法的本质和特征 … 6
一、军事法的本质 … 6
二、军事法的特征 … 8
三、我国社会主义军事法的本质和特征 … 10
第三节 军事法的功能和作用 … 11
一、军事法的规范功能 … 11
二、军事法的社会功能 … 12
三、我国社会主义军事法的作用 … 13

第二章 军事法的历史发展 … 17
第一节 古代军事法 … 17
一、中国古代军事法 … 17
二、世界其他地区古代军事法 … 24
三、古代军事法的特点 … 26
第二节 近代军事法 … 27
一、近代西方主要资本主义国家的军事法 … 27
二、巴黎公社与俄国十月革命时期的无产阶级军事法 … 28
三、中国半殖民地、半封建社会的军事法 … 29
四、近代军事法的特点 … 33

第三节　现代军事法 …… 33
一、现代西方主要资本主义国家的军事法 …… 34
二、前苏联的军事法 …… 37
三、我国社会主义军事法 …… 39
四、现代军事法的特点 …… 43

第三章　军事法的基本原则 …… 44
第一节　社会主义原则 …… 44
一、以马克思列宁主义、毛泽东思想和中国特色社会主义理论体系为指导 …… 44
二、坚持党对国防和军队建设事业的领导 …… 45
三、奉行防御性的国防政策 …… 46
第二节　维护国防和军事利益原则 …… 47
一、保证国防和军队建设事业的高度集中统一 …… 47
二、科学指导国防和军队建设活动 …… 48
三、从严规范国防和军事行为 …… 49
第三节　军事法治原则 …… 50
一、把国防和军队建设各项工作纳入法制化轨道 …… 51
二、协调军事法与其他领域法律制度之间的关系 …… 51
三、平衡国防和军事利益与其他利益之间的关系 …… 52

第四章　军事法的体系结构 …… 54
第一节　军事法体系的纵向构成 …… 54
一、宪法军事条款 …… 54
二、军事法律 …… 55
三、军事法规 …… 56
四、军事规章 …… 57
第二节　军事法体系的横向构成 …… 58
一、国内军事法与国际军事法 …… 58
二、国防法律制度与武装力量法律制度 …… 58
三、军事组织法、军事行为法与军事责任法 …… 59
四、平时军事法与战时军事法 …… 60
五、我国军事法体系横向构成的综合考量 …… 61

第五章　军事法的创制实施 …… 63
第一节　军事法的创制 …… 63

   　一、军事法的创制体制 …………………………………… 63
   　二、军事法的创制程序 …………………………………… 64
  第二节　军事法的实施 ………………………………………… 68
   　一、军事法的遵守 ………………………………………… 69
   　二、军事法的适用 ………………………………………… 69
   　三、军事法的监督 ………………………………………… 72

第二编　我国国防和军事法律制度

第六章　军事组织法律制度 ……………………………………… 77
  第一节　概述 …………………………………………………… 77
   　一、军事组织法律制度的主要内容 ……………………… 77
   　二、军事组织法律制度的重要作用 ……………………… 81
   　三、军事组织法律制度的基本原则 ……………………… 82
  第二节　国防和武装力量领导体制 …………………………… 84
   　一、国防领导体制 ………………………………………… 84
   　二、武装力量领导体制 …………………………………… 85
  第三节　武装力量体制和编制 ………………………………… 87
   　一、中国人民解放军的体制编制 ………………………… 88
   　二、中国人民武装警察部队的体制编制 ………………… 90
   　三、我国民兵的体制编制 ………………………………… 90

第七章　兵役法律制度 …………………………………………… 92
  第一节　概述 …………………………………………………… 92
   　一、兵役法律制度的主要内容 …………………………… 92
   　二、兵役法律制度的重要作用 …………………………… 94
   　三、兵役法律制度的基本原则 …………………………… 96
  第二节　我国基本兵役制度及兵役工作机构 ………………… 97
   　一、我国基本兵役制度 …………………………………… 98
   　二、我国兵役工作机构 …………………………………… 99
  第三节　我国的现役制度和预备役制度 ……………………… 100
   　一、现役制度 ……………………………………………… 100
   　二、预备役制度 …………………………………………… 106
  第四节　我国的平时兵员征募和战时兵员动员制度 ………… 109
   　一、平时征集 ……………………………………………… 109

  二、军事院校从青年学生中招收学员 …………………………………… 110
  三、战时兵员动员 …………………………………………………………… 111

第八章　国防教育法律制度 …………………………………………………… 113
第一节　概述 ……………………………………………………………………… 113
  一、国防教育法律制度的主要内容 …………………………………… 113
  二、国防教育法律制度的重要作用 …………………………………… 114
  三、国防教育法律制度的基本原则 …………………………………… 115
第二节　国防教育领导体制和工作机构 ………………………………………… 117
  一、国防教育领导体制和领导机构 …………………………………… 117
  二、国防教育工作机构及职责 ………………………………………… 118
第三节　国防教育的内容 ………………………………………………………… 118
  一、国防教育内容的确定 ……………………………………………… 119
  二、国防教育的基本内容 ……………………………………………… 119
  三、不同对象国防教育的重点内容 …………………………………… 120
第四节　国防教育的组织实施和管理 …………………………………………… 121
  一、学校国防教育 ……………………………………………………… 122
  二、社会国防教育 ……………………………………………………… 122
第五节　国防教育的保障 ………………………………………………………… 124
  一、经费和物资保障 …………………………………………………… 125
  二、场所和设施保障 …………………………………………………… 125
  三、师资和教材保障 …………………………………………………… 125
  四、检查和考评措施 …………………………………………………… 126

第九章　国防经济法律制度 …………………………………………………… 127
第一节　概述 ……………………………………………………………………… 127
  一、国防经济法律制度的主要内容 …………………………………… 127
  二、国防经济法律制度的重要作用 …………………………………… 128
  三、国防经济法律制度的基本原则 …………………………………… 129
第二节　国防经费制度 …………………………………………………………… 130
  一、国防经费的来源及拨款制度 ……………………………………… 130
  二、国防经费的分配及使用管理制度 ………………………………… 131
第三节　军事采购与军品贸易出口管理制度 …………………………………… 133
  一、军事采购制度 ……………………………………………………… 133
  二、军品贸易出口管理制度 …………………………………………… 135
第四节　国防资产管理制度 ……………………………………………………… 137

一、国防资产管理制度的基本规定 ……………………………… 137
　　　二、军事设施保护制度 …………………………………………… 138
　　　三、军队国有资产管理制度 ……………………………………… 140
　　　四、人民防空国有资产管理制度 ………………………………… 140

第十章　国防科技法律制度 …………………………………………… 142
第一节　概述 …………………………………………………………… 142
　　　一、国防科技法律制度的主要内容 ……………………………… 142
　　　二、国防科技法律制度的重要作用 ……………………………… 143
　　　三、国防科技法律制度的基本原则 ……………………………… 144
第二节　国防科技领导体制和国防科技工业体系 …………………… 145
　　　一、我国国防科技领导体制 ……………………………………… 146
　　　二、我国国防科技工业体系 ……………………………………… 147
第三节　国防科研管理法律制度 ……………………………………… 149
　　　一、国防科研计划与经费管理制度 ……………………………… 149
　　　二、国防科研过程管理制度 ……………………………………… 150
　　　三、国防科研成果管理制度 ……………………………………… 150
　　　四、国防科研技术监督制度 ……………………………………… 153
第四节　国防工业生产管理法律制度 ………………………………… 153
　　　一、国防工业生产计划管理制度 ………………………………… 153
　　　二、军工产品质量管理制度 ……………………………………… 154
　　　三、驻厂军事代表制度 …………………………………………… 155

第十一章　国防动员法律制度 ………………………………………… 156
第一节　概述 …………………………………………………………… 156
　　　一、国防动员法律制度的主要内容 ……………………………… 156
　　　二、国防动员法律制度的重要作用 ……………………………… 157
　　　三、国防动员法律制度的基本原则 ……………………………… 158
第二节　国防动员组织领导体制 ……………………………………… 160
　　　一、国防动员决策领导机构及其职权 …………………………… 160
　　　二、国防动员协调机构及其职权 ………………………………… 161
　　　三、国防执行机构及其职权 ……………………………………… 161
第三节　国防动员的准备和实施 ……………………………………… 162
　　　一、国防动员的准备 ……………………………………………… 162
　　　二、国防动员的实施 ……………………………………………… 164
第四节　各领域国防动员制度 ………………………………………… 166

一、经济动员 …………………………………………………… 166
　　　二、交通动员 …………………………………………………… 168
　　　三、民防动员 …………………………………………………… 168
　　　四、科技动员 …………………………………………………… 169
　　第五节　民用资源征用与补偿制度 ……………………………… 170
　　　一、民用资源征用 ……………………………………………… 170
　　　二、被征用民用资源的补偿 …………………………………… 172

第十二章　特别行政区驻军法律制度 …………………………… 174
　　第一节　概述 ……………………………………………………… 174
　　　一、特别行政区驻军法律制度的主要内容 …………………… 174
　　　二、特别行政区驻军法律制度的重要作用 …………………… 175
　　　三、特别行政区驻军法律制度的基本原则 …………………… 177
　　第二节　关于驻军领导关系和部队组成的基本规定 …………… 178
　　　一、驻军的名称和领导关系 …………………………………… 178
　　　二、驻军部队的组成及员额 …………………………………… 178
　　　三、驻军人员轮换制度 ………………………………………… 179
　　　四、驻军费用 …………………………………………………… 179
　　第三节　驻军的职责和权限 ……………………………………… 180
　　　一、驻军的防务职责 …………………………………………… 180
　　　二、驻军在特殊情况下的职责 ………………………………… 181
　　　三、驻军的权利 ………………………………………………… 182
　　第四节　驻军与特别行政区政府的关系 ………………………… 182
　　　一、对驻军的基本要求 ………………………………………… 182
　　　二、对特别行政区政府的要求 ………………………………… 183
　　　三、驻军和特别行政区政府在军事活动中的关系 …………… 183
　　　四、军事设施保护和军事用地的调整 ………………………… 183
　　　五、驻军协助维持社会治安和救助灾害的程序及权力 ……… 184
　　　六、驻军与特别行政区政府的联系机制 ……………………… 184
　　第五节　驻军人员的义务、纪律及司法管辖 …………………… 185
　　　一、驻军人员的义务与纪律 …………………………………… 185
　　　二、驻军人员的司法管辖 ……………………………………… 186

第十三章　武装警察法律制度 …………………………………… 189
　　第一节　概述 ……………………………………………………… 189
　　　一、武装警察法律制度的主要内容 …………………………… 189

二、武装警察法律制度的重要作用 …………………………… 190
　　三、武装警察法律制度的基本原则 …………………………… 190
　第二节　武装警察部队的性质和领导指挥体制 ………………… 191
　　一、武装警察部队的性质和宗旨 ……………………………… 192
　　二、武装警察部队的领导指挥体制 …………………………… 192
　第三节　武装警察部队的组织构成和任务职责 ………………… 194
　　一、武装警察部队的组织构成 ………………………………… 194
　　二、武装警察部队的任务职责 ………………………………… 196
　第四节　武装警察部队履行职责的保障制度 …………………… 199
　　一、武装警察的义务和权利 …………………………………… 199
　　二、武装警察部队执行任务的保障措施 ……………………… 199

第十四章　军人权益保障法律制度 …………………………………… 201
　第一节　概述 ……………………………………………………… 201
　　一、军人权益保障法律制度的主要内容 ……………………… 201
　　二、军人权益保障法律制度的重要作用 ……………………… 202
　　三、军人权益保障法律制度的基本原则 ……………………… 203
　第二节　军人荣典褒扬及人身权利特殊保护制度 ……………… 204
　　一、军人荣典褒扬制度 ………………………………………… 204
　　二、军人人身权利特殊保护制度 ……………………………… 206
　第三节　军人抚恤优待制度 ……………………………………… 207
　　一、军人抚恤制度 ……………………………………………… 207
　　二、军人优待制度 ……………………………………………… 210
　第四节　军人保险制度 …………………………………………… 213
　　一、军人保险制度实施方案 …………………………………… 213
　　二、军人保险基金 ……………………………………………… 214
　　三、各项军人保险的基金筹集管理、保险给付及与社会保险的衔接 … 215

第十五章　军队工作法规制度 ………………………………………… 218
　第一节　概述 ……………………………………………………… 218
　　一、军队工作法规制度的主要内容 …………………………… 218
　　二、军队工作法规制度的重要作用 …………………………… 219
　　三、军队工作法规制度的基本原则 …………………………… 220
　第二节　军队军事工作法规制度 ………………………………… 222
　　一、军队军事工作基本法规 …………………………………… 222
　　二、作战、战备法规制度 ……………………………………… 223

三、军事教育训练法规制度 ·· 224
   四、军队管理法规制度 ·· 226
   五、军事工作领域的其他法规制度 ·· 228
  第三节 军队政治工作法规制度 ·· 228
   一、军队政治工作基本法规 ·· 228
   二、组织建设法规制度 ·· 230
   三、干部人事法规制度 ·· 231
   四、宣传教育法规制度 ·· 232
   五、政法保卫法规制度 ·· 233
   六、政治工作领域的其他法规制度 ·· 234
  第四节 军队后勤工作法规制度 ·· 234
   一、军队后勤工作基本法规 ·· 234
   二、财务管理方面的法规制度 ·· 235
   三、军需物资方面的法规制度 ·· 236
   四、军事交通方面的法规制度 ·· 236
   五、医疗卫生方面的法规制度 ·· 237
   六、后勤工作领域的其他法规制度 ·· 237
  第五节 军队装备工作法规制度 ·· 238
   一、军队装备工作基本法规 ·· 238
   二、装备科研方面的法规制度 ·· 239
   三、装备采购方面的法规制度 ·· 240
   四、装备保障方面的法规制度 ·· 240
   五、装备工作领域的其他法规制度 ·· 241

第十六章 军事刑事法律制度 ·· 242
 第一节 概述 ··· 242
  一、军事刑事法律制度的主要内容 ·· 242
  二、军事刑事法律制度的重要作用 ·· 243
  三、军事刑事法律制度的基本原则 ·· 243
 第二节 军事犯罪与军事刑罚 ·· 244
  一、军事犯罪 ··· 245
  二、军事刑罚 ··· 246
 第三节 危害国防利益罪及其刑罚处罚 ·· 247
  一、危害作战和军事行动的犯罪 ·· 247
  二、危害国防建设的犯罪 ·· 248

三、危害国防管理秩序的犯罪 ·· 249
　　　四、拒不履行国防义务的犯罪 ·· 251
　第四节　军人违反职责罪及其刑罚处罚 ·· 252
　　　一、危害作战利益的犯罪 ··· 252
　　　二、违反部队管理制度的犯罪 ·· 254
　　　三、损害武器装备、军用物资、军事设施的犯罪 ···················· 256
　　　四、危害平民、战俘的犯罪 ··· 258

第三编　国际军事法律制度

第十七章　国际安全保障法律制度 ·· 261
　第一节　概述 ·· 261
　　　一、国际安全保障法律制度的历史发展 ································· 261
　　　二、国际安全保障法律制度的基本特点 ································· 264
　　　三、国际安全保障法律制度的内容体系 ································· 265
　第二节　《联合国宪章》确立的集体安全保障体制 ······················· 266
　　　一、《联合国宪章》关于集体安全保障的组织建构 ················· 266
　　　二、《联合国宪章》关于集体安全保障的机制安排 ················· 267
　　　三、《联合国宪章》集体安全保障体制的局限性 ···················· 268
　第三节　联合国维持和平行动法律制度 ······································· 268
　　　一、维和行动的创立和发展 ··· 269
　　　二、维和行动的类型 ·· 270
　　　三、维和行动的法律依据 ·· 271
　　　四、维持和平行动面临的主要问题 ·· 271
　第四节　国际军控与裁军法律制度 ··· 272
　　　一、国际军控与裁军的概念 ··· 272
　　　二、军控、裁军与国家安全 ··· 272
　　　三、国际军控与裁军法律制度及实践的历史发展 ···················· 273
　　　四、当代裁军与军控所面临的问题 ·· 276

第十八章　战争与武装冲突法 ··· 279
　第一节　概述 ·· 279
　　　一、战争与武装冲突法的历史发展 ·· 279
　　　二、战争与武装冲突法不同发展阶段的特点简评 ···················· 283
　　　三、现代武装冲突法的内容体系 ··· 284

第二节 关于武力使用的法律规定 ………………………………… 285
　一、禁止在国际关系上使用武力或以武力相威胁 ……………… 285
　二、合法使用武力的情形 ………………………………………… 286
第三节 关于作战行为的法律规定 ………………………………… 287
　一、作战手段和方法的限制规则 ………………………………… 287
　二、武装冲突中的人道保护规则 ………………………………… 293
第四节 关于战时中立的法律规定 ………………………………… 295
　一、中立的概念和表现形式 ……………………………………… 295
　二、战时中立主要法规 …………………………………………… 296
　三、中立国、交战国的义务 ……………………………………… 297
第五节 关于惩处战争犯罪的法律规定 …………………………… 298
　一、战争罪的概念和种类 ………………………………………… 298
　二、战争犯罪的惩处 ……………………………………………… 299

参考文献 ……………………………………………………………… 301

第一编

军事法基本原理

第一章 军事法的概念

军事法是一国法律体系中的重要法律部门之一,是指由国家制定或认可并由国家强制力保证实施的,调整国防和军事领域各种社会关系的法律规范的总称。

第一节 军事法的调整对象

法律以社会关系作为调整对象,任何法律都以一定领域的社会关系作为其自身独特的调整对象。军事法的调整对象,是一国国防和军事领域的各种社会关系,这类社会关系可统称为军事社会关系或军事关系。我国军事法调整的社会关系,具体包括国家与公民、组织、武装力量之间在国防建设领域的军事关系,武装力量内部的军事关系,武装力量与外部的军事关系,以及国家对外军事关系。

一、国防建设领域的军事关系

国防,即国家的防务,是指国家为防备和抵抗侵略,制止武装颠覆,保卫国家的主权、统一、领土完整和安全所进行的军事活动,以及与军事有关的政治、经济、外交、科技、教育等方面的活动。

国防是国家生存和发展的安全保障。国家为实现国防目的,需要通过一定的机关采取各种措施,组织、执行国防建设活动,或保障、促进国防建设事业的顺利进行,以提高本国防卫能力。在这一活动过程中,必然会形成国家与公民、组织之间关于国防建设的军事关系,这类社会关系是军事法调整的基本社会关系,是其他军事关系形成的基础。

国防建设领域的军事关系,具体包括国家与公民、组织、武装力量之间在服役、动员、武装力量建设、民防、国防教育、国防经济、国防科研生产与军事订货及军人权益保护等国防建设活动中产生形成的军事关系。军事法对这类军事关系的调整，主要是通过建立一系列的国防基本法律制度，确定国家机构的国防职权，建立国防领导体制和武装力量体制，规定公民、组织的国防义务和权利来实现的。

例如，我国《宪法》军事条款明确了武装力量的性质、任务，规定国家加强武装力量的革命化、现代化、正规化建设，增强国防力量，规定了国家机构的国防和军事职权。我国《国防法》依据宪法军事条款，规定国家对国防活动实行统一的领导，进一步明确国家机构的国防职权；规定武装力量应当适应现代战争的要求，加强军事训练，开展政治工作，提高保障水平，全面提高战斗力；规定国家加强边防、海防和空防建设，中央军事委员会、地方各级人民政府、国务院有关部门和有关军事机关分别承担相应的边防、海防、空防管理和防卫职责；规定国家及相关机构在国防科研生产和军事订货、国防经费和国防资产管理、国防教育工作等方面的职责，以及承担国防科研生产任务的企事业单位完成国防科研生产任务、保证武器装备的质量，公民和组织不得破坏、损害和侵占国防资产，普及和加强国防教育是全社会的共同责任；还直接规定了公民、组织的国防义务和权利以及军人的义务和权益。这些规范内容，以国家基本法律的形式，明确了国家、武装力量、公民和组织的国防职权、权利和义务。

此外，我国《兵役法》、《国防动员法》、《人民防空法》、《国防教育法》、《军事设施保护法》等军事法律，还分别对国防建设相关领域中国家、公民和组织的国防职权、权利和义务作出了具体规定。

二、武装力量内部的军事关系

武装力量建设是国防建设的核心内容，武装力量是国防建设的重要主体。军事法除以宪法军事条款、基本军事法律和军事法律的形式调整国家与武装力量之间关于武装力量建设的军事关系之外，还以大量军事法律、法规和规章的形式调整武装力量内部的各种军事关系。

武装力量内部之间的军事关系，主要包括中国人民解放军现役部队和预备役部队、中国人民武装警察部队、民兵等武装力量组成部分之间遂行各项军事任务的协调配合关系，武装力量组成部分内部的军事工作、政治工作、后勤工作和装备工作关系，武装力量组成部分内部的上下级关系、管辖和隶属关系、友邻关系、官兵关系，军人之间的相互关系，军人的权利与义务关系等。

我国军事法通过确定中央军委各总部、各军兵种、各大军区和人民武装警察部队及民兵组织的职能、职责、权限和活动原则，通过明确武装力量内部军人相互关系、官兵关系、机关相互关系、部（分）队相互关系，通过建立武装力量军事工作、政治工作、后勤工作和装备工作制度，通过对军队纪律与违纪责任、军人违法及法律责任、军人犯罪及刑事责任等内容的规定，对武装力量内部关系进行调整。

三、武装力量与外部的军事关系

武装力量是社会的组成部分，武装力量成员是我国公民的一部分，武装力量及其成员不可避免地要参加社会活动，与武装力量外部发生各种社会关系，这些社会关系中与军事活动相关的内容，即武装力量与外部的军事关系，也是军事法的重要调整对象。

武装力量与外部的军事关系比较复杂，主要包括军政、军民之间的军事关系两类，又可区分为和平时期和非常状态两种情形。和平时期，军政、军民之间的军事关系包括我国军事法所规定和调整的拥军优属、拥政爱民关系，武装力量与地方各级政府和军事机关之间因国防和武装力量建设事项发生的协作关系，武装力量在执行抢险救灾、反恐、维稳等多样化军事任务中与地方各级政府、军事机关及其他部门之间发生的协作关系，武装力量与特定公民、组织之间因国防和武装力量建设事项发生的军事经济关系等；在国家宣布和实施紧急状态或采取戒严措施，或战争时期采取军事管制措施等非常状态时，武装力量在履行其职责时，与特定区域内的公民和组织发生直接的军事管制关系等。

应当看到，除因国防和武装力量建设而发生的武装力量与特定公民、组织之间发生的军事经济关系之外，军民之间发生的一些经济关系或民事关系，尽管也可能涉及武装力量及其成员的合法权益，但这些社会关系并不属于严格意义上的军事关系，一般应由经济法、民法予以调整。

四、国家对外军事关系

国家对外军事关系，主要表现在抗击武装侵犯、对外军事援助、边界划定与边防管理、军事交流与合作、军品贸易、参加联合国和有关国际组织的军事活动中形成的我国与他国间军事关系。

我国《国防法》规定："中华人民共和国坚持互相尊重主权和领土完整、互不侵犯、互不干涉内政、平等互利、和平共处五项原则，独立自主地处理对外军事关系，开展军事交流与合作。""中华人民共和国支持国际社会采取的有利于维护世界和地区和平、安全、稳定的与军事有关的活动，支持国际社会为公正合理地解决国际争端、军备控制和裁军所做的努力。"这为我国依法开展对外军事关系提供了基本法律依据。此外，一旦我国遭受武装侵犯或者必须履行国际间共同防止侵略的条约的情况，或为维护国家主权、安全和统一而采取必要措施时，这种战争与武装冲突关系也由军事法调整。

第二节 军事法的本质和特征

军事法作为人类社会的一种法律现象，既具有法律本身所体现的本质属性和一般特征，也具有一些区别于其他法律的独特特征。

一、军事法的本质

本质是指事物本身所固有的、决定事物性质、面貌的发展的根本属性。马克思主义法理学认为，法律是统治阶级意志的集中体现，是上升为国家意志的统治阶级意志，归根结底是由统治阶级的物质生活条件决定的。这一论断充分揭示了法律的本质属性，即它所体现的阶级性。军事法毫不例外，也具有阶级性这一本质属性，而且，军事法的这种本质属性表现得更加突出、更加鲜明。

（一）军事法是统治阶级意志在军事领域内的集中体现

法律是统治阶级意志的集中体现。马克思主义认为，"国家是维护一个阶级对另一个阶级的统治的机器"，"法律就是取得胜利、掌握国家政权的阶级意志的表现"，统治者"通过法律形式实现自己的意志，同时使其不受他们之中任何一个单个人的任性所左右。……由他们的共同利益所决定的这种意志的表现，就是法律"。

只有掌握着国家政权的统治阶级，才有必要并有可能将自己的意志以法律的形式表现出来。军事法正是掌握了政权的统治阶级的意志在军事领域内的集中体现。军事法突出地反映了统治阶级为维护自己的利益及其统治地位，镇压被统治阶级的反抗，以军事手段达到政治目的，进行战争并夺取胜利的强烈愿望和要求。这是由统治阶级的根本利益和整体利益所决定的。

应当看到，军事法所集中体现的统治阶级在军事领域内的意志，只能是其共同意志，而不是这个阶级中少数人的意志或个别人的意志；这种"共同意志"也并不是这个阶级所有成员意志的简单相加或混合，而是他们的整体意志。

还应看到，军事法是统治阶级意志在军事领域内的集中体现，也并不是指被统治阶级的愿望和要求对军事法的产生形成不具有任何影响。事实上，一国军事法往往也有一些规范内容符合被统治阶级某种愿望和要求（如国家安全和社会的和平安宁等）。但是，由于这些规范内容同样也是符合统治阶级根本愿望和共同利益的，因此它并不改变军事法是统治阶级意志在军事领域内的集中体现这一整体性质。

（二）军事法是上升为国家意志的统治阶级军事意志

法律是上升为国家意志的统治阶级意志。列宁多次指出，"如果没有政权，无论什么法律，无论什么选出来的机关都等于零。""意志如果是国家的，就应该表现为政权机关制定的法律。否则'意志'这两个字只是毫无意义的空气震动而已。"

所谓国家意志，是指通过国家的政权机关所表现出来的反映统治阶级共同利益和根本利益的意志。军事法就是由国家政权制定、认可，并由国家强制力保证实施的，规范、调整国防和军事领域各种社会关系的法律规范总称，是上升为国家意志的统治阶级军事意志。

军事法是统治阶级意志在军事领域的集中体现，但统治阶级的军事意志并不一定也不必都上升为国家意志而表现为军事法的形式。军事法是统治阶级军事意志的一种表现形式，统治阶级的军事意志还可以表现为宗教、道德、哲学、艺术等其他形式。统治阶级的军事意志要表现为军事法，则必须把自己的军事意志上升为国家意志，即通过国家制定、认可的方式将其以国家法律的形式反映出来，并由国家强制力保证其有效实施。

（三）军事法的内容是由一定社会物质条件所决定的

法作为上层建筑，它所反映的统治阶级意志是由经济基础决定的。恩格斯指出："社会不是以法律为基础的。那是法学家们的幻想。相反地，法律应该以社会为基础。法律应该是社会共同的、由一定物质生产方式所产生的利益和需要的表现，而不是单个的个人恣意横行。"所谓物质生活条件，是指物质生活资料的生产方式、地理环境、人口状况等因素。其中，对法律起决定性影响的是生产方式。它包括生产力及与之相适应的生产关系，而生产关系的总和构成了社会的经济基础。

军事法的内容是受统治阶级所处的物质生活条件决定的。基于社会存在决定社会意识的历史唯物主义原理，军事法所体现的统治阶级军事意志无疑属于一种社会意识，这种社会意识必然要由统治阶级赖以生存的物质生活条件这种社会存在所决定。军事法是建立在一定的社会经济条件之上的，应当符合军事斗争的客观实际，体现军事斗争的规律性，不是统治阶级的恣意妄为。非常熟悉军事的马克思主义创始人之一恩格斯就曾指出："新的生产力必定是作战方法上每次新的改进的前提"，"新的军事科学是新的社会关系的必然产物"，"没有任何东西比陆军和海军更依赖于经济前提。装备、编成、编制、战术和战略,首先依赖于当时的生产水平和交通状况","军队的全部组织和作战方式以及与之有关的胜负,取决于物质的即经济的条件"。

军事法的内容是由统治阶级物质生活条件所决定的,但这并不是说物质生活条件是军事法内容唯一的决定因素。除此之外,政治制度、历史传统、国际环境、阶级力量对比关系、思想、道德、文化、民族、科技、宗教、伦理,等等,也影响着统治阶级军事意志和军事法的内容。否则,就不能解释为什么受同样的或相似的社会物质生活条件所决定的军事法律制度之间会有很多差别,为什么几个国家或一个国家在不同地区、不同时期,虽然经济发展水平或经济制度是同样的,但是,它们的军事法律制度却可能存在着千差万别的情况。

二、军事法的特征

法律的特征是法律同其他社会规范的区别所在,具体包括法律是调整社会关系的行为规则,法律由国家制定或认可,并由国家强制力保证实施,法律规范主体的法律权利和义务,法律对社会具有普遍约束力等。军事法具有上述法律区别于其他社会规范的一般特征,同时由于其所维护的国家国防和军事利益对于国家和社会而言具有特殊的利益攸关性,因而还具有区别于其他法律的一些独特特征。

(一) 规范领域和目标指向的军事性

军事法的规范领域是国防和军事领域,它以维护国家国防和军事利益为目标指向,这是军事法区别于其他法律的首要特征。

首先,军事法的规范领域具有直接的军事性。军事法规范的国防和军事领域具有直接的军事性,而其他法律部门规范的民事、经济和行政等领域,一般不具有直接的军事性。经军事法对国防和军事领域各种社会关系调整而形成的军事社会关系,即军事法律关系,无论是其主体、内容,还是客体,都直接包含着军事性。如军事法律关系的主体,必然是依法享有国防和军事职权或承担国防和军事义务的机构、组织或个人;军事法律关系的内容,必然表现为国防和军事义务、权利(或职权);军事法律关系的客体,必然是有关国防和军事方面的物、行为或非物质财富。

其次,军事法的目标指向具有直接的军事性。军事法是维护国防和军事利益的法律形态,军事法是以维护国防和军事利益为目标指向的,这一目标指向具有直接的军事性。国防和军事利益是军事法的内在生命,它决定了军事法的军事属性。换言之,维护国防和军事利益是军事法与其他法律相区别的根本标志,如果某一法律不是主要涉及国防和军事利益,或者不是维护国防和军事利益,那么,它就不可能成为军事法。

(二) 调整对象和调整手段的综合性

首先,军事法的调整对象具有综合性。军事法的调整对象是国防和军事领域的各种社会关系,它既包含军事领域直接具有军事属性的社会关系,也包含在政治、经济、文化、外交、科技、教育等领域与国防和军事有关的各种社会关系。具体来说,军事法的调整对象包括国防建设领域的社会关系,武装力量内部的军事关系,军政军民关系和对外军事关系。其中既有军内社会关系,也包括一定范围内的军外社会关系;既有国内军事关系,也有一定范围内的国际军事关系;既有纵向的国防行政和军事指挥、管理关系,也有一定范围内平等主体间的国防经济关系、国防科研生产关系以及武装力量与地方行政机关之间因国防和军事职权而形成的协作关系等。

其次,军事法的调整手段具有综合性。军事法的调整手段,包括经济、行政和刑事等方式。而且,在调整军事社会关系的过程中,军事法的调整手段中既有强制和命令方法,也有平等、说服教育的方法,还有某些特别的方法。例如,有时它要以军事法律关系主体的地位对等为前提,采用经济的手段来调整某些社会关系;有时它要以军事法律关系主体的地位不对等为前提,采用行政的手段来调整某些社会关系;有时它还要以特殊的军事手段,调整某些特定的军事社会关系,如在战时或紧急状态时期采取军事管制的方法和手段执行军事任务等。

(三) 规范内容和法律责任的严格性

首先,军事法的规范内容具有严格性。法律是一种特殊的社会规范,是人们行为选择的底线。相比于其他领域的法律规范,军事法的规范内容更为细致、严格。在其他领域,纪律、道德或日常行为守则等,往往都是独立于法律规范之外、与法律规范并存的社会规范。但在国防和军事领域特别是在武装力量内部,军事纪律、军人道德规范和军队日常制度等,都通过《中国人民解放军纪律条令》、《中国人民解放军内务条令》等军事法规的形式予以规范,对行为进行规范的要求比其他法律更为严格。此外,军人作为军事法的重要主体,由于其特殊身份,法律对军人义务的设定,较之普通公民更多。

其次,军事法的法律责任具有严格性。在国防和军事领域的违法犯罪行为所应承担的法律责任,往往比其他领域的违法犯罪行为所应承担的法律责任更为严厉。例如,我国刑法"军人违反职责罪"中规定可以判处死刑的比重,远高于刑法分则其他各章的规定。

（四）表现形式在一定程度上具有保密性

一般说来，法律作为规范人们行为的准则，具有"公开性"的特征。军事法也具有公开性特征。但是，与其他法律相比，军事法在一定程度上还具有"保密性"特征。军事法中涉及军事组织编制、作战能力、武器装备部署、国防科研和生产等事关国家安全和作战的一些法律规范，一般会设定相应密级，只能在一定范围内公开，由特定人所知悉。这是由军事法所维护的国家国防和军事利益的特殊重要性所决定的。

三、我国社会主义军事法的本质和特征

我国社会主义军事法，作为中国特色社会主义法律体系的组成部分，在本质上是以工人阶级为领导的广大人民共同意志的体现，是上升为国家意志的广大人民共同意志，是由我国社会主义物质生活条件所决定的。同剥削阶级社会的军事法相比，我国社会主义军事法具有阶级性与人民性的统一、意志性与规律性的统一、国家强制与自觉遵守的统一等特征。

（一）阶级性与人民性的统一

《中华人民共和国宪法》第1条第1款规定："中华人民共和国是工人阶级领导的、以工农联盟为基础的人民民主专政的社会主义国家。"在我国，剥削阶级作为阶级已经消灭，在专政职能上，已经不是一个阶级（或阶级联盟）对另一个阶级（或几个阶级）的专政，而是占绝大多数的人民对极少数破坏社会主义的敌对势力和敌对分子的专政。因而，我国的社会主义法律虽然具有法律现象的阶级性本质，但同时也是广大人民共同意志和根本愿望的集中体现，具有鲜明的人民性特征。

我国社会主义军事法具有阶级性和人民性相统一的特征。首先，我国社会主义军事法是工人阶级领导的全体人民的军事意志的体现，不是全体公民军事意志的体现，它不反映敌对势力和敌对分子的军事意志；其次，我国社会主义军事法是同人民民主专政的社会主义国家的性质相一致、相适应的，是保护人民、打击敌人的重要武器；第三，在我国人民民主专政政权中，工人阶级居于领导地位，我国社会主义军事法在体现广大人民的军事意志时，工人阶级的军事意志起主导作用，占主导地位。

（二）意志性与规律性的统一

我国社会主义法律是工人阶级领导的、以工农联盟为基础的广大人民意志的集中体现，同时，其内容是由社会主义的物质生活条件所决定的。因此，我国社会主

义法律在体现广大人民意志、具有意志性特征的同时,也必然要遵循和反映社会主义物质生活条件下的内在客观规律,具有鲜明的规律性特征。

我国社会主义军事法作为我国社会主义法律体系的组成部分,也具有意志性和规律性相统一的特征。它是广大人民维护国防和军事利益的军事意志的集中体现,同时其内容是由我国社会主义初级阶段国防和军队建设所处的物质生活条件所决定的,体现和适应当代中国国防和军队建设的内在客观规律。

(三) 国家强制与自觉遵守的统一

社会主义国家是人民当家作主的国家,在人民内部实行民主,对敌对势力和敌对分子实行专政。我国社会主义军事法的实施不能脱离国家强制力的保障,但由于它体现着广大人民的共同愿望和根本利益,因此,其实施过程中也必然会得到广大人民的自觉遵守和拥护。

第三节 军事法的功能和作用

法律的功能和作用,是指法律作为一种社会规范所具有的规范法律主体行为、调整社会关系的内在功用和效能,以及在法律的实际运行过程中基于这种功用和效能而对法律主体行为和社会关系产生形成的实际影响。

一、军事法的规范功能

军事法的规范功能,是指军事法本身所具有的对军事行为进行规范的内在功用和效能。

(一) 指引功能

军事法的指引功能,是指军事法具有的指引人们自身的行为的功能。这种功能是针对本人行为而言的,是通过军事法律规范设定人们的行为模式来实现的。军事法律规范通过设定"可以这样行为、应该这样行为和不应该这样行为"等三种行为模式,指引人们做出一定的行为选择。上述三种行为模式在军事法中形成了三种军事法律规范,即授权性军事法律规范、命令性军事法律规范和禁止性军事法律规范。

(二) 评价功能

军事法的评价功能,是指军事法具有的判断、衡量他人行为是否合法的功能。

这一功能是针对他人行为而言的,是在他人实施某种行为之后所显示出的功能。军事法作为一种行为规范,不仅是一种行为规则,同时也是一种带有价值判断的行为规则,人们可以据此对他人的行为是否合法进行评价。军事法的评价功能可以通过两个方面表现出来:一是肯定性评价,即对遵守军事法行为的积极评价。二是否定性评价,即对违反军事法行为的消极评价。

(三) 预测功能

军事法的预测功能,是指军事法具有的预测人们相互间行为选择模式的功能。这一功能是针对人们之间的相互行为选择而言的,是在人们的某种行为尚未发生之前所显示出的功能。完善的军事法律规范,不仅规定了人们的行为模式,而且还规定了遵守或者违反这种行为模式所应当接受或者承担的有利或者不利的军事法律后果。这样,就可以使人们据此知晓特定行为选择将会带来的法律后果,从而相互间可以预测他人一般将会采取何种行为模式。

(四) 教育功能

军事法的教育功能,是指军事法具有的教育一般人的功能。这一功能是针对一般人的行为而言的,是通过贯彻和实施军事法对一般人行为所产生的直接或间接的影响。军事法的教育功能既可以通过消极的方式表现出来,如通过对违法行为的制裁,对企图违法的行为人显现示警教育功能,也可以通过积极的方式表现出来,如奖励先进、表彰合法和护法行为,对守法的行为人显现示范教育功能。

(五) 强制功能

军事法的强制功能,是指军事法具有的强制制裁违法行为人的功能。这一功能是针对违法行为人的行为而言的,是以国家的强制力为后盾制裁违法行为人来实现的。

二、军事法的社会功能

军事法的社会功能,是指军事法所具有的对军事社会关系进行调整的内在功用和效能。

(一) 确认功能

军事法的确认功能,是指根据国防和军事利益需要,通过制定、颁布军事法律规范,对军事社会关系主体的国防和军事职责、义务和权利予以明确,从而形成具有法定义务和权利内容的军事法律关系,以便于建立起有利于实现国防和军事利益需要的平衡、稳定、规范的军事法律秩序。

(二) 维护功能

军事法的维护功能，是指通过运用军事法律手段，保护军事法律规范所确认、建立和发展起来的军事法律关系，保护军事主体依法实施军事行为、行使军事权利，促使军事主体依法履行军事职责、承担军事义务，从而达到维护有利于实现国防和军事利益需要的军事法律秩序的目的。

(三) 救济功能

军事法的救济功能，是指一旦军事法所确认、建立和发展起来的军事法律关系和军事法律秩序，因军事法律关系主体的违法行为而遭受破坏或侵害，则可通过运用军事法律手段，由违法者承担相应的军事法律责任，使遭受破坏或侵害的军事法律关系和军事法律秩序重新恢复到平衡、稳定、规范的状态。

三、我国社会主义军事法的作用

我国社会主义军事法，具有军事法的规范功能和社会功能等内在的功用和效能，并基于其功能，在我国国防和军事社会领域发挥着重要而积极的作用。

(一) 确认和保障党在国防和军队建设事业中的领导地位

我国宪法规定了包括坚持党的领导在内的四项基本原则。党在国家生活中的领导作用，自然也包括党对国防和军队建设事业的领导。现行宪法所确立的国防和军事制度，以根本法的形式确认和保障了党对国防和军队建设事业的领导地位。

依据宪法的相关规定，我国军事法律制度更加具体地规范了党在国防和军队全面建设事业中的领导地位。如国防法规定："中华人民共和国的武装力量受中国共产党领导。武装力量中的中国共产党组织依照中国共产党章程进行活动"，使"坚持党对军队的绝对领导"具有了基本法律保障，把"党指挥枪"的原则法律化。新中国成立尤其是改革开放以来，国家和军队制定了大量充分体现和有效保证党对国防和军队建设领导的国防和军事法规、规章。如《政工条例》集中规范了党领导军队的根本原则、根本制度和组织体制，为党在新形势下加强对军队的政治领导、组织领导、思想领导提供了更加完备的依据；《内务条令》、《纪律条令》、《军队基层建设纲要》、《中国共产党军队委员会工作条例》和《中国共产党军队支部工作条例》等一系列法规也都鲜明地规定了党对军队的绝对领导地位，规范了党对军队的领导制度，推进了党对军队绝对领导原则的制度化和规范化。

(二) 保证国防和军队建设事业顺利进行

我国《宪法》第 29 条规定："中华人民共和国的武装力量属于人民，它的任务是巩固国防，抵抗侵略，保卫祖国，保卫人民的和平劳动，参加国家建设事业，努力为人民服务。""国家加强武装力量的革命化、现代化、正规化建设，增强国防力量。"这一规定表明，加强国防和军队建设，得到了我国宪法的确认和保障。我国宪法明确了武装力量的性质、任务，明确了相关国家机构的国防和军事领导职权，为国防和军队建设事业的顺利进行提供了根本法律依据和体制保障。

国防和军队现代化是一个涉及面广、体系庞大、要素繁多的系统工程，它包括国防领导、国防管理、国防经济、国防科技、国防工业、国防教育、国防动员、国防资产、国防经费、全民防卫等诸多方面的内容。而所有这些方面，都需要用军事法律规范予以规范和调整，以确定其内容，保证其运转，巩固其成果，促进其实现。我国社会主义法律体系中以《国防法》为龙头，包括《兵役法》、《国防动员法》、《国防教育法》、《军事设施保护法》等在内的军事法律，以及大量的军事法规和军事规章，为我国国防和军队现代化提供了充分的法律保障。

加速推进中国特色军事变革，是我国国防和军队建设的一项重大战略任务。军事法对于新军事变革具有保证其正确方向的确认和指引功能、保证其整体有序实施的组织功能、保证其健康良性发展的制约和整合功能、保证其积极快速推进的奖励功能，因而在中国特色军事变革进程中发挥着积极的引导、保障和推进作用。军事法立法目的及规范内容，必须依据我国国防和军队建设发展战略的长远目标，积极推动我军机械化和信息化复合发展。而中国特色军事变革是为了加快国防和军队现代化建设步伐、促进军事转型而对军队进行的结构性改革，目标就是要努力建设信息化军队、确保打赢未来信息化条件下的局部战争。由此可见，我国军事法制建设与中国特色军事变革具有一致的目标，必然有利于从制度上保障、引导和推进中国特色军事变革。如我国作战条令系列所蕴含和体现的战略思想、战术理论和原则，既适应当今时代信息化军队建设特点规律和信息化条件下的作战需求，充分反映了现代军事发展规律，又用法规形式将中国特色军事变革理论和实践的创新成果固定下来，必将进一步推动中国特色军事变革的不断深入发展。

军事力量的作战能力，是维护和保障战时国家军事利益的力量支撑，因而，军事法制必须将促进部队打赢能力的生成和发挥作为主要目标之一。作战能力的强弱，主要受人（战斗员/作战单位）和装备技术两方面要素的影响与制约。我国战时军事法规制度适应军事斗争需要，总结和凝炼了现代战争中作战行动的规律、特点和战法，从体制和机制上有力地促进了部队打赢能力的生成和发挥。具体体现在：一是促进人的素质全面提高。军事力量作战能力中人的要素，包括体力、技能和精神素质。我国战时军事法规制度为部队平时的战备和训练提供了依据、方向和标准，真正实现"练为战",形成适应未来战场需要的军事技能;我国军事法制还通过对战时军人职责、战时军纪奖惩的规定,培育战斗精神,激发高昂士气。二是引导装备技术发展。我国军事法制立足于充分发挥现有装备技术效益,同时着眼于未来战场对装备技术发展的需要,将军事斗争的需求牵引转化为引导和促进装备技术发展的制度规范。三是从组织编成、战略战术运用的角度,促进人与人、人与装备技术的有机结合。我国军事法制以现代联合作战理论为指导,在合理设计战时指挥体制等方面作出了有益探索和尝试,并必将在不断发展完善的过程中更好地促进作战力量构成要素之间的有机结合,发挥综合效益。此外,我国军事法制所确立的平战转换机制、军地协调机制等,同样也对部队"打赢"能力的生成和发挥具有重要意义。

从严治军、依法治军,是军队建设和管理必须遵循的基本方针。军事法的颁布与实施,可以使全军上下一体,步调一致,令行禁止,密切协同,落实"统一指挥、统一制度、统一编制、统一训练、统一纪律"的要求,使我军形成和保持严密的组织、高效的体制、科学的管理、严整的军容、严格的纪律。可见,军事法对于将军队建设和管理各项工作纳入法制化轨道具有重要作用。

(三) 维护军事法律关系主体的合法权益

军事法律关系主体的合法权益是受军事法律规范保护的。这种保护主要是通过三个方面的规定实现的:一是赋予军事法律权利。如《国防法》第九章和第十章分别规定了公民和组织的国防权利,以及军人的权益。二是设定军事法律义务。如《国防法》第九章和第十章也分别规定了公民和组织的国防义务,以及军人的义务。三是规定侵犯军事法律权利或者不承担军事法律义务所致的法律后果。通过上述规定,在全社会树立尊重军事法律权利的观念,增强军事法律权利的意识,促使公民和组织自觉地履行军事法律义务,积极地同侵犯军事法律关系主体合法权益的违法犯罪现象作斗争。

军人是军事法律关系的重要主体。我国军事法除规定军人享有宪法和法律赋予公民的基本权利之外,还对军人的权利作出了一些特殊规定。如军人有参战立功受奖和获得政治荣誉的权利;军人婚姻家庭受特殊保护;军人及军属享有褒扬、抚恤、优待的权利;等等。同时,军人的特殊权利与义务是一致的、对应的。如军事法规定军人有保卫祖国、忠于职守、献身国防的义务;有服从命令、听从指挥、坚决完成上级交给的各项任务的义务;有英勇作战、不怕流血牺牲、同敌人战斗到底的义务;等等。通过这些规定,使军人合法权益得以实现,使其军事义务得以履行。

(四) 发展对外军事关系和规范武装冲突行为

我国奉行防御性的国防政策,加强国防和军队建设的目的是维护国家主权、安全、领土完整，保障国家和平发展。在国防和军队建设中，应同世界各国加强军事合作、增进军事互信，参与地区和国际安全事务，在国际政治和安全领域发挥积极作用。随着我国改革开放的步伐加大，特别是随着新世纪新阶段军队历史使命的拓展，军事法律规范在调整对外军事关系、保障我国我军合法权益、维护我国我军的国际形象和良好声誉方面，发挥着越来越为重要的作用。同时，当我国遭受武装侵犯或者必须履行国际间共同防止侵略的条约的情况，或为维护国家主权、安全和统一而采取必要措施时，我国军事法包括我国缔结或者加入、接受的有关战争或武装冲突的条约和协定，也将在规范战争或武装冲突行为、履行国际义务、维护国家权益等方面发挥重要作用。

第二章　军事法的历史发展

军事法是人类社会法制现象最早的内容之一，是随着私有制、阶级和国家的产生而产生的。人类社会军事法现象的历史发展，经历了古代、近代和现代三个发展阶段。

第一节　古代军事法

古代军事法，从地域范围的角度，主要可分为中国古代军事法和其他地区古代军事法；从历史类型的角度，可分为奴隶社会的军事法和封建社会的军事法。

一、中国古代军事法

中国古代军事法，是在我国由原始社会向奴隶社会嬗变的过程中产生的。夏、商、西周时期，在奴隶制经济基础之上，中国古代带有奴隶制深刻烙印的军事法逐渐成形、发展。春秋、战国时期，生产关系和政治制度发生由奴隶制向封建制的转型，中国古代封建社会性质的军事法也随之出现，并在自秦汉以来直至清代中期的历史发展中日趋完善、精致。

（一）中国古代奴隶制性质的军事法

中国古代军事法的产生，与原始社会末期的部族征战紧密联系。我国原始社会末期的部族征战，直接催生了中国古代军事法规，使之成为中国法制史上最早出现的法律规范。

1. 夏、商、西周时期的军事法

进入文明时期，随着私有制、国家和阶级的出现，在夏、商、西周奴隶制王权的形成发展过程之中,中国古代军事法逐渐由最初临战之前发布的战争动员法令,发展成为包括了军事权、武装力量组织、兵役制度和军事刑罚与审判在内的基本框架体系。

(1) 军事权制度。夏、商、西周时期国家的军事权力集中于奴隶主贵族手中。夏王拥有最高军事统率权,六卿为夏王以下的统军将领;此外,各诸侯国有保护王室的义务,其军队要受王室调遣,夏王可命诸侯率其军队随王室军队讨伐反叛者。殷因于夏礼,周因于殷礼,商和西周时期同样以"王"为最高军事统帅,通过"称册"和"命卿",任命将领授予军权或赐予爵位实现对诸侯国军队的控制,周天子还在诸侯国军中设"监军",以控制军权。

(2) 武装力量组织制度。商代设置师、亚、射、卫等军事官阶,已出现国家常备军的雏形,而西周时期国家正式建立起常备军。与此相适应,商和西周(尤其是西周)时期形成了远比夏代内容更为丰富、系统的军事组织法规:天子设夏官司马,建6军;大国建3军,次国建2军,小国建1军;各军编师、旅、卒、俩、伍各级,均规定人数限额。

(3) 兵役制度。夏代实行全族适龄男丁战时皆当兵参战的"族兵制",商代开始实行征兵制,西周时,只有居于"国"、"都"的"国人"才能当兵服役,居于"鄙"、"野"的"鄙人"、"野人"则没有这种权利。

(4) 军事刑法及审判制度。夏、商、西周时期的奴隶制国家法典《禹刑》、《汤刑》和《吕刑》,均采取"以刑统罪"的立法体例,这些法典中各刑种项下均有若干关于军事犯罪行为的规定。另外,夏、商、西周时期的"誓"中,都普遍将"弗用命,戮于社"等刑法规范作为其主要内容之一,这些规范内容即为当时的军事刑法,可视为国家刑法典的补充或特别规范。

2. 春秋战国时期的军事法

春秋战国时期,社会生产力的发展、生产关系的变化,必然在上层建筑领域有所反映,引发社会的深刻变革。在急剧动荡的社会现实中,社会思想文化也得到了极大的发展。反过来,思想文化的发展又进一步促进了社会的变革。在这样一个变革的时代,在夏、商、西周时期军事法制建设已有基础之上,我国古代奴隶制军事法制建设走向了其短暂的巅峰,随之就被具有封建制性质的军事法制建设活动所取代。

军事领导体制与组织编制制度。自春秋时代开始,以天子为代表的奴隶制王朝控制全国军事力量的体制逐渐遭到破坏。周天子支配诸侯国军事力量的权力丧失,诸侯国力量迅速膨胀,一些诸侯国内也出现了军事领导权旁落于卿大夫之手的状况。

进入战国时代，通过长期的斗争和变革，各主要的诸侯国逐渐确立起新的封建性质政权。与新的政权性质相适应，各国新的军事制度也随之形成，诸侯国国君独揽本国军事大权，各诸侯国分别确立起"国君——郡县——乡里"的军事领导体制，各诸侯国逐渐建立文武分职制度，实行兵符调兵制。

（1）兵役制度。春秋时期兵源征调对象已不限于"国人"，打破了国、野界限，允许"野人"服役；战国时期开始实行普遍征兵制，各诸侯国主要按照郡、县、乡、里的行政体系征集兵员；为保障征兵制的实施，各国相应建立了傅籍制度，规定达到服役年龄者须到行政机构登记；此外，着眼大量的兵员需求，战国时期还出现了募兵制。

（2）军事刑法及审判制度。春秋战国时期的军事刑法，仍然沿用了夏、商、西周时期的肉刑刑罚体系。在战事频仍的时代背景下，以严格赏罚的思想为指导，军事司法活动开始体现出军法从严的原则和特点。同时，连坐联保逐渐成为定制。在军事审判方面，春秋战国时期各国军队中相继设立专门的司法人员，出现了将帅的军事司法权和专职军法官军事司法权并存的状况。在刑罚执行方面，春秋战国时期各国在沿用西周《师旅鼎》战时"不予诛伐"使犯罪将士缴纳罚金后戴罪立功旧制的基础上，发展形成了甲兵赎制度。

（二）中国古代封建制性质的军事法

秦王朝统一中国，开创了中国历史大一统的新纪元，也标志着中国封建统治制度的开始。自秦至清代前期、中期，军事法制在各个封建王朝的法制建设实践中占据着重要地位。在这一过程中，历朝历代在承袭固有前制的基础上，都因自身实际需要暨军事实践的发展而或有损益，乃至在同一朝代之内的不同时期，这种发展变化也未曾间断。其中，自秦代始，我国古代军事法日益摆脱奴隶制的残留色彩，至隋唐时期，我国古代封建性质的军事法已经臻于成熟而达到鼎盛；自五代十国始，我国封建社会开始发生前后期的转变，这势必在制度建设层面亦有所体现，但具体至军事法规建设领域，直到清代前期、中期，我国古代封建性质的军事法制建设实践仍然沿袭了此前的发展轨迹，其内容体系仍在不断充实、发展。

1. 秦至隋唐时期的军事法

经历春秋、战国时期的社会变迁，至秦建立统一的封建王朝时，我国古代法制的封建性质已经初步确立。但为与新的经济、政治基础相适应，在法制建设领域仍然需要作出更多的重大变革以破除旧制的惯性影响，与此同时，还应建设性地发展、完善封建法制以维护新的统治秩序，军事领域的军事法制建设必然也要遵循这一现实要求。直到隋唐时期，随着完备、成熟的封建性质军事法体系的形成，这一革故鼎新的实践历程才初步告一段落。

(1) 军事领导体制：①秦始皇统一全国后，采取一系列措施加强中央集权，并通过加强中央和地方军事机构，控制全国军队，亲自掌管军队的调动指挥权，战略方针的决策权，统军将帅的任免权，从而形成了集权化的军事领导体制。②汉承秦制，西汉政权建立后，承袭秦代官制，中央军事机构及职官的名称和职权略有变化，地方军事机构则因适应于郡县制与封国并行的行政体制而与秦制有所不同。③三国时期，各政权根据自身所处的战略地位、政治经济实际状况和地域特点等，对军事制度作出新的调整。在最高军事统帅权方面，出现相府掌兵制。在中央军事机构方面，与丞相掌兵制相适应，以丞相府为最高军政机构。在地方军事机构方面，出现都督制和州郡领兵制。④两晋南北朝时期，由于分裂割据、战乱频繁，各个政权的军事领导体制各异，十分复杂。一是两晋、南朝，最高军事统帅权掌握在门阀权臣手中。二是十六国，一般都承袭汉魏、西晋以来汉族制度，但也有对本民族传统制度的保留。三是北朝，皇帝为最高统帅，尚书省为中央行政中枢，以都督府为地方主要军事机构。⑤隋代以府兵制为主要内容的军事制度改革，不仅为其兵役制度和武装力量建设奠定了基础，也为唐代前期军事制度的确立与发展提供了经验。⑥唐代前期，皇帝掌握最高军权，以"三省六部"的政治体制和卫府制度为基础，进一步完善包括尚书省兵部和十二卫府、东宫十率在内的中央军事领导机构，在地方军事领导机构设置上，完善了总管制和都督制，设置府兵制的基层组织折冲府，并在边防地区设置都督府、都护府以及镇、戍机构。唐代后期，由于节度使制度推行于内地和藩镇割据的存在，军权比较分散，因此皇帝对军权掌握的程度已远不如前期。

(2) 军队组织编制：①武装力量构成方面，秦代即已按照统一国家的军事任务，将武装力量区分为京师兵（京师禁卫部队）、郡县兵（郡县地方部队）和边防兵（边防守卫部队）三大部分。此后，至隋唐历代在武装力量构成方面实质上大体都包括这三大部分，但具体表现形式则有所区别或变化。②军种结构方面，秦军沿袭战国，分步兵、车兵、骑兵、水兵四个兵种，还建有相对独立的辎重部队。汉武帝后，车兵不断衰落，在战场上冲锋陷阵的地位逐渐被迅速发展的骑兵所取代。此外历代政权军种的发展，一般都依自身优势和地理条件不同而各有侧重，如三国时魏军以步兵为主体、辅以骑兵和水师，蜀军在步兵、骑兵之外，十分重视弩兵建设，吴军则十分重视水军建设，以水军为主要兵种。隋代兵种以步兵、骑兵为主。唐代军种最基本的划分是战兵和辎重兵，战兵分弓兵、弩兵、马兵、跳荡兵和骑兵，在唐初和征高丽时也设水军；唐代不仅战军兵种齐全，而且拥有规模较大的辎重部队，较好地适应了战场需要。③军队编制方面，秦代已有平时编制和战时编制的区分。汉代军队战时编组比较完备，一般设军、部、曲、屯、队、什、伍等序列。三国军队编制基本上沿袭汉制，但因战乱形势而缺乏固定一致的规范，一般不如汉时层次完整清晰。两晋军队编制沿袭曹魏。南朝各政权一般设军、幢、队、什、伍各级。北朝西魏北周时期开始实行府兵制，在柱国大将军、大将军下设开府，每开府统领一军，军以下设团、旅、队、火等各级。隋唐府兵制发生重大变革，唐代卫下设内府、外府，府下一般设团、旅、队、火等各级。

（3）兵役制度：①秦代及西汉以征兵为最基本的集兵方式，东汉时募兵制已取代征兵制成为最主要的集兵形式。②三国两晋十六国是多种集兵方式异彩纷呈的时期，其中，世兵制居主体地位。征兵制和募兵制在这一时期时有施行，但其施行范围往往不如世兵制广泛。族兵制在三国占有一定地位，到西晋又有所发展，及至十六国时期，一些少数民族政权推行耕战分立的政策，使族兵制成为主要的集兵方式。③南朝募兵制居主要地位，北朝族兵制和世兵制具有特殊的地位，征兵制在北朝亦间施行。④隋代开始府兵制度重大改革，使府兵制由西魏、北周时期的世兵性质变为征兵性质；唐初建立府兵拣点及与征兵密切相关的户籍制度，并明确府兵服役期限，一度以征兵制为主要集兵方式。

（4）军事刑法及审判制度：①刑罚体系方面，自西汉文帝开始即已着手改革刑制，下诏废除肉刑，两汉残留肉刑仅余"宫"和"斩右趾"，这是中国古代刑制由野蛮阶段进入较为文明阶段的转折点，更加适应了封建性质经济基础的需要，也为中国古代刑制向封建社会的"新五刑"过渡奠定了基础，到隋唐时期，以"死"、"流"、"徒"、"杖"、"笞"为内容的封建刑罚体系已经形成。②军事犯罪罪名罪行方面，秦汉时期军事犯罪罪名主要包括失期（延误军事行动期限）、泄密、脱逃、抗令、干行（破坏编制完整）等，三国两晋南北朝时期罪名罪行主要包括临阵退却、战时不救、败军失利、军士失职、逃亡及发丁违期等，到唐代，包括脱逃、妨碍军权、破坏战斗行为、警卫失职或破坏/危害军事行政管理、泄密及破坏军事通讯、渎职、危害军人保障等种类。③司法审判制度方面，秦汉时期在郡县制基础上，平时地方司法机关可以对地方军事人员犯罪予以审判，而在战时则由军队直接对犯罪军人实行审判和处罚，军中设有"军正"，是军事将领在法律上的助手，负责违法军人的审判制裁，行使将军军权中的刑事制裁权；三国两晋南北朝时期，军民诉讼管辖的不同系统正式确立，如曹魏军中设"理曹掾"，任以三军生死之事；唐代建有相对独立的军事审判系统，如其都护府司法机关独立行使司法权，唐代后期，节度使享有极大的司法权，对其所辖部队掌握生杀大权。

2. 五代十国至清代中期的军事法

五代十国处在我国封建社会前后期转变的过渡阶段。北宋至清代前期、中期，中国封建制进一步发展。这一时期，封建专制主义中央集权不断强化，皇权对军权实行绝对控制，外族入侵不断加剧，战争非常频繁。同时，随着物质和文化条件的提高、战争方式的变革以及明、清以来资本主义萌芽等因素的综合影响，中国封建社会性质的军事法制建设也得以进一步发展完善。

（1）军事领导体制：①五代十国时期，军事上的最高决策权仍归皇帝掌握，在中央设枢密院职掌全国军机大权，设侍卫司和殿前司（三衙）统领中央禁军；藩镇设节度使（或防御使、团练使）。②宋初加强皇权对军权的控制，在中央建立枢密院和三衙，后又以文臣为帅臣（率臣），形成了"枢密掌兵籍、兵符，三衙管诸军，率臣主兵柄，各有分守"的中央军事领导体制；在地方则依路、府（州、军、监）、县行政体系建立相应军事机构，但为防范藩镇割据局面的形成，削弱地方长官职事，加强中央对地方的控制。辽将中央统治机构分为北面官和南面官两个系统，南面官沿袭唐制，北面官保留游牧民族及奴隶制的特点。西夏元昊称帝后，逐步确立了中央以枢密院为最高军事领导机关、地方以监军司分统军队的军事领导体制。金建国初期实行带有原始军事民主色彩的部落联盟议事会制度，后实行"勃极烈"制度，勃极烈具有了专门军事机构的属性；大举攻宋时设都元帅府为全国最高军事机构，后被枢密院取代；后期枢密院和都元帅府并置，在诸道设行枢密院；在地方则设都统司、招讨司和都总管府等军事机构。③大蒙古国建立后，大汗是国家的元首，也是最高统帅。但重要的军事活动，通常要经过"忽里台"（部落联盟议事会）的讨论，最后由大汗作出决定。忽必烈即位后，设立管理军政的枢密院，为中央的最高军事机构。④明朝正式建立之前设大都督府，为既统军旅又管军事行政的最高军事领导机构。明初沿袭反元时期中书省、大都督府和御史台三府并立的体制，中书省设兵部，大都督府变成专统军旅的最高军事领导机构。后又罢中书省、废丞相，兵部直属皇帝，分大都督府为五军都督府，兵部成为掌管全国军事行政、承旨出纳军令的中央军事领导机构；设都司为地方军事领导机构，都司下设卫司、千户所、百户所；中叶后地方实行督抚体制，先后以巡抚、总督为地方军政长官。⑤清代前期、中期，中央军事领导体制主要由议政王大臣会议（最高军事决策机构）、军机处（秉承皇帝旨意办事的特殊中枢机构）、兵部（长官军事政令的机关）以及八旗都统衙门（掌管旗务的最高机关）、太仆寺（掌管全国马政的机关）等军事机构组成。地方军事领导体制分为八旗和绿营两个系统，八旗系统由八旗都统、将军统属，下设八旗驻防衙门（称为军府制），绿营系统由总督、巡抚、提督统率，下设总督衙门、巡抚衙门、提督衙门（称为督抚制）。

（2）军队组织编制：①武装力量构成方面：五代时期武装力量分为禁军、藩镇兵和乡兵。北宋武装力量主要由禁军、厢兵、乡兵和蕃兵及土兵等地方治安部队构成；南宋武装力量体制大体沿袭北宋，但禁军已不居主要地位，重新编组、驻屯前线的中央军取代禁军成为武装力量的主体。辽朝军队主要由宫帐军、部族军、京州军和属国军等组成；西夏军队大致可分为侍卫军、镇戍军和擒生军三大部分；金朝军队可分为中央直属军、边防屯戍军和地方治安军。元朝军队可分为中央宿卫军和地方镇戍军两大系统。明代军队分京军、外卫军、镇戍营军及民壮、乡兵和土司兵等地方武装。清朝前期军队分为八旗军和绿营军。②军种结构方面：五代十国兵种主要为步兵、骑兵和水军，其中北方诸政权以骑兵、步兵见长，南方诸政权以水军见长。北宋主要有步兵、马兵，以步兵为主，还有水军和少量炮兵；南宋兵种基本沿袭北宋，但更重视水军建设。辽军主要有骑兵和步兵，以骑兵为主，也有少量的炮手军和水军；西夏军队以骑兵、步兵为主，并有少量炮兵、水兵；金朝军队有骑兵、步兵、水兵、炮兵之分，以骑兵为主、步兵居次。蒙古建国初年，军队都是骑兵，没有兵种的区别，进入中原、西域后逐渐有了步卒、炮军和水军。明代军队，除有传统的步兵、骑兵两个主要兵种外，还有战车和炮兵两个新兴的兵种，火力与机动密切结合的战车部队，使火器的杀伤、破坏作用能在战场上得到充分的发挥，明代水军也较前有所发展，在军队中占有重要地位。清代前期、中期军队中，八旗兵初以骑兵为主，后也有步兵、火器兵，一些畿辅驻防八旗也设水师，绿营兵区分为马兵、步兵（巡防征战）和守兵（驻守城寨），还编设水师。③军队编制方面：五代军队组织编制与唐后期比较接近，以"厢"为军队战略单位，下设军、指挥（营）、都、队各级。北宋禁军初设厢、军、指挥、都，后逐渐改设军、将、部、队；南宋驻屯大兵大体保留了北宋禁军编制的痕迹。辽朝军队中契丹军大体上以队（乣）为基层编制单位，汉军大致设厢、指挥、都；西夏以部为军队基本编制单位，也采用队的编制；金朝中央直属军和边防屯戍军实行猛克谋安制，即设万夫（忒母）、千夫（猛安）、百夫（谋克）、五什（蒲辇）和什、伍六级编制，地方部族军等则仿宋军编制，设指挥、都、什或将、部、队。元代各种军队通常编为万户府、千户所、百户所和牌子四级。明统一后制定完善卫所编制，各卫下设千户、百户、总旗、小旗，全国"联比成军"。清代前期，八旗兵分为禁旅八旗和驻防八旗，禁旅八旗设亲军、前锋、护军、圆明园护军、步军、骁骑、火器、健锐各营，驻防八旗亦在驻防地合组为营，绿营兵则分标、协、营、汛等级。

（3）兵役制度。五代十国时期，募兵规模日愈盛大，征兵制一般只用于组织乡兵和临时集结应急之兵及军前夫役。两宋继承和发展了募兵制度，使之成为根本性的集兵方式。辽、西夏和金三个少数民族政权，均以族兵制为主要集兵方式。蒙古国前期以族兵制为最根本的集兵方式，后随着政权职能范围的扩大，逐渐形成了世兵制。明立国之初，确立了军户制度，使世兵制成为带根本性的集兵方式。明代中期，募兵制兴起，世兵制江河日下，到明后期，募兵制盛极一时，完全取代了世兵制的地位。清朝前期（鸦片战争以前）兼行族兵制、世兵制和募兵制，谪兵制也有一定地位。募兵制自清中叶起渐居主要地位。

（4）军事刑法及审判制度。五代及宋初，基本沿袭隋唐法规制度而稍有变革；辽、夏、金及蒙古建国初期，军事刑法及审判制度具有比较鲜明的民族特色，肉刑仍然比较普遍地存在；元朝建立后开始较多学习参照隋唐旧制，同时也在一定程度上保留民族特色；明代《大明律》中，以六部职事划分篇目，改变了唐律十二篇的体例，开创了新的六律体例，"兵律"为军事刑法基本规范；清代《大清律例》承《大明律》结构，同样以"兵律"为军事刑法基本规范，但出现了"以例入典"的新特点，"例"成为重要的法律渊源和审判依据。

二、世界其他地区古代军事法

在古代中国之外，世界其他地区也有着丰富的古代军事法遗迹。它们与中国古代军事法一样，都包括奴隶制性质的军事法和封建制性质的军事法，并共同构成人类社会军事法律文化领域的宝贵遗产。

（一）其他地区奴隶制性质的军事法

古代两河流域文明早期，就已经出现古代奴隶制性质的军事法律制度的潜影。如公元前27世纪～公元前26世纪苏美尔人的乌尔王朝，已出现关于军事统率权和军队编制方面的法律制度；公元前24世纪的阿卡德王国，已建立国家常备军并有关于军队编制方面的具体规范。特别是公元前18世纪古代巴比伦王国国王汉谟拉比颁布的《汉谟拉比法典》，为维护奴隶制君主专制制度，对政权的支柱——军队作了很多规定。从规范内容看，一方面，给军人以优待，保障军人及其家属的生活，使他们完全依赖于国家，效忠于国王；另一方面，对削弱军队力量、破坏军人服役的行为以严厉的打击。如法典规定：军人服役期间，可以从国家领得份地、田园、房屋和牲畜，但不得出卖、遗赠和抵偿债务；军人死后，其子担负军役，继续享用该份地，他人不得侵占；如子年幼，国家给以田园的1/3，交由其母用于抚养其子，以便长大服役。同时还规定：军官不得对士兵滥用职权，伤害士兵，侵占他们的财产，违者判处死刑；军人奉命出征而不行，或雇他人代替者处死刑；一般人收买士兵田园、房屋，不仅须如数归还，并且不得索取购买时的价款等。

古代印度的《吠陀》、《律藏》等宗教经典，以及《摩诃婆罗多》和《罗摩衍那》

等史诗中，都包含了一些古老的军事法规范。特别是公元前2世纪至公元2世纪期间陆续编成的《摩奴法典》中的第七卷（国王和武士种姓的行为），集中体现了有关军事的法律规范。(1) 法典确立了国王的军事统率权、战争与和平决定权，如"国王为使正义获胜，对事情的时机，自身的力量，时间和地点，深思熟虑后，陆续采取种种形式，根据情况决定自己为敌为友或中立；他应在自己国家内根据法律行事，严惩敌人。"(2) 法典明确规定武士的军事义务，如"保护人民的国王，被势均力敌的、优势或劣势的敌人挑衅时，不可回避战斗；要记取武士种姓的义务。绝不能临阵脱逃，要保护人民。在战斗中，互欲取胜，奋战而不退却的诸国王，死后径赴天界。应该在战利品中挑取最宝贵的部分献呈国王。"(3) 法典还对军事训练及作战原则作了规定，如"其军队训练有素的国王为全世界所畏惧，因而应该经常以武力使人民敬服。有如农民为保护谷物而除恶草，同样，国王应消灭敌人，保护国家。要不断考虑六方略，六方略为：缔结和约或盟约，作战，进军，驻屯，分兵，依靠强大国王的保护。为保证事业成功，军队和国王应该分作两军。当国王知道将来确有优势，目前不免小受损害时，可求助于和平谈判。但当看到群情振奋，自己力量盛极一时时，可以一战。当国王认为敌人各方面都比自己强大时，可分兵为二，自引一军，退处要塞，以达阻敌前进的目的。"(4) 此外，法典中还包含了古代区域战争规则，如"战士在战斗中绝不应该对敌使用奸诈兵器，如内藏尖锥的棍棒，或有钩刺的、涂毒的箭，或燃火的标枪；自己乘车时，不要打击徒步敌人，也不要打击弱者。除非在十分必要的情况下，不得掠夺或破坏敌人的财产。"

古代欧洲军事法包括古希腊军事法和古罗马军事法。(1) 在古希腊本土上没有形成普遍适用的法律，每一个城邦都有自身的军事法律制度。如斯巴达城邦专门颁布过《国民军事教育法》，规定儿童从7周岁起必须接受义务训练，20岁～30岁的男子每天必须参加军事训练，30岁～60岁的男子服常备军役，青年女子出嫁前必须参加体育锻炼等。雅典城邦的海军法律制度富于特色，如《雅典政制》中，规定了公民大会对海军事务的最后裁决权和对海军机关的指挥权，五百人会议对于海军事务的管理权，以及督军监督战舰远征执行命令及派遣远征人员的职责等。(2) 在战事频繁而残酷的古代罗马国家的发展时期，仅共和时代就有一套严格的军事法律制度。如凯旋式制度、褒奖军功制度、军事刑律制度等。公元前1世纪，罗马过渡到职业军队制起，军人就开始在某些方面取得特别的法权地位。为了维持军纪，反对破坏兵役义务，保护军人荣誉，罗马奴隶主统治集团制定出详尽的军事刑律，不仅有众多的军职罪名，而且还有各种适用于不同军人犯罪的军事刑罚方式。如对投敌者施以绞刑、投猛兽之类的刑罚，对犯罪情节轻微的军人，可责成执行额外的勤务、降职、解职示辱等刑罚，对临阵脱逃或军心动摇的队伍实行"十一抽杀律"（即每 10 人中抽签杀 1 人）等。

（二）其他地区封建制性质的军事法

公元 5 世纪以后，欧洲进入长达千年的封建时代，即中世纪时期。欧洲中世纪封建制性质的军事法，其核心和基础是骑士制度。骑士制度源于日耳曼人的亲兵制，在 11 世纪成熟，13 世纪达到顶峰，14 世纪～15 世纪走向衰落。骑士制度的中心或起源地是法国，后盛行于欧洲大陆及英伦三岛。作为一种封建制性质的军事制度，骑士制度的特征有：一是骑士来源只限定于贵族的子弟；二是要成为骑士，必须经过骑士的教育，即从 7 岁开始在有名望的贵族家中接受弓马刀剑之术的训练和教育，以及骑士授封仪式，方可成为骑士；三是骑士应具有骑士精神，即忠诚、勇敢、护教、保护妇女。骑士制度不但加强了封建主阶级镇压农民起义的力量，并且把无力服兵役的农民排除于军事力量之外，使他们丧失了原来可能作为战士的某些权利。

欧洲中世纪封建制性质的军事法，还大量体现在国王颁发的军事敕令中。(1) 公元 9 世纪，法兰克国王查理大帝先后颁发《意大利敕令》、《米索罗敕令》、《卜诺尼思斯敕令》及《阿撅斯歌兰恩斯敕令》等一系列军事法令，主要包括兵役及拒绝参军者的罚款，临阵脱逃、贩卖武器及甲胄、隐蔽财产以避征收、擅离军队等军事犯罪及刑罚，以及装备给养保障等方面的内容。(2) 1279 年，英王爱德华一世颁布法令，规定国王享有统率国家军事力量的特权，同时也享有制定和实施军事纪律的特权。这一时期，当国家遇有战事，国王临时召集军队远征或者参加战役时，根据保安长官和最高军武官的建议，发布战争规则和训令，这些规则和训令后来以《战争法典》而闻名于世，主要内容包括军事纪律以及违抗命令、临阵脱逃、逃离部队等罪名及刑罚的规定。

三、古代军事法的特点

无论是中国，还是世界其他地区的古代军事法，在各自独立、分散发展的同时，又都体现出一些共同特点。如从发展状况看，都经历了从最初的零散、粗糙而至近代以前日趋集中、严密的过程；从表现形式看，都由最初的"诸法合体"发展为近代以前已经出现专门的军事法律制度；从规范内容看，都主要包括军事统率权、军事组织、军事纪律及军事刑法等军事法律规范的主要内容；从拘束力看，在实践中都确立起军法从严原则。此外，中国和其他地区的古代军事法中，还都包含了一定数量的区域战争规范。

第二节 近代军事法

近代军事法，主要包括近代西方主要资本主义国家的军事法，巴黎公社与俄国十月革命时期的无产阶级军事法，以及我国半殖民地、半封建社会的军事法。

一、近代西方主要资本主义国家的军事法

自17世纪始，英国、美国、法国先后爆发资产阶级革命，建立资产阶级的国家政权，具有资产阶级性质的军事法也应运而生。

1640年，英国首先实行资产阶级社会革命，建立了资产阶级国家。为了加紧发展资本主义，资产阶级领袖克伦威尔依法建立了一个军事独裁的护国军政府。在起临时宪法作用的《政府文件》中规定，护国公（克伦威尔本人）兼任陆海军总司令，由国务会议辅佐掌管行政，任职终身。为了扩大资本积累，争夺海上贸易权，寻找殖民地倾销商品，英国建立了海军，颁布《航海条例》，规定非英国船只装载的货物不准进入英国本土和英领地，如有违反，除没收全部货物外，还没收船只和附属物。为了适应对内对外战争的需要，还相应颁布一批军事法。如在1612年对荷兰的第二次战争中发布《军法条例》；1689年颁布《兵变法》（又称《叛乱法》），规定凡对部队当局有反抗、挑衅、攻击行为，诸如不服从命令、扣留船只等均属兵变行为，予以重刑处罚（该法后来发展为《军纪军法规》）；1881年又颁布《军队戒严法》，取代前法，后来又发展为《陆军法》和《空军法》。进入垄断资本主义时代后，为适应斗争形势和垄断统治的需要，英国进一步加强军事立法。1920年，国会通过《授予政府紧急权力法》，授权政府可不经过国会直接宣布全国处于戒严状态，并可以动用军队和警察，对"骚乱"行动采取镇压措施；1935年，颁布《煽动叛乱法》，规定凡怂恿军队成员背弃义务和职务者均处刑罚；1939年，颁布《关于行政机关非常职权法》，规定行政当局可为国家安全、国防、秩序及保障王国顺利参加战争而发布法规；1940年，颁布《叛国法》，规定任何人与人共谋或者自己图谋、完成帮助敌人海陆空军从事活动的行为，均处死刑，以任何方式妨害王国军事活动者亦处死刑。

美国是资本主义国家中历史最短的国家。它的第一部成文军事法产生于宣告独立的前一年。1775年，美国正同英国进行独立战争。为了巩固美军的战斗力，美军总司令乔治·华盛顿主持制定《陆军刑事条例》，为保证美国同英国以后进行的长达

七年之久的艰苦战争的胜利起了重要作用,并为美国独立战争的全胜创造了法制条件。在美国宣布独立的第二年,即1777年,又通过了《联邦条例》,其中有四条是军事条款,对平时与战时招募军队、任命总司令和军官、宣战、军费开支、决定军队员额、武器装备的数量等权限,作了明确规定。在1787年颁布的第一部宪法中,赋予国会有宣战权、征兵权、制定关于统辖陆海军条例的权力,规定总统是合众国陆海军大元帅。南北战争后,于1863年颁布了征兵法令。进入垄断资本主义阶段后,1917年颁布《精选征兵法》、《间谍法》;1918年颁布《叛乱法》,规定凡是用发表演说、撰写或者发表对美国军队之任何不忠、亵渎、粗暴或者辱骂的言词,或者促使、煽动使为作战所必需的生产减产者,为重罪;1920年,制定《国防法》;1930年~1937年,相继颁布《中立法》,禁止用美国船只运送武器、枪支弹药和军需品给交战国。

法国资产阶级革命晚于英国,但比英国彻底。法国比较重视成文法的制定,1789年,颁布《组织国民自卫军的法令》、《禁止聚众的戒严法》,对壮大革命力量,推翻封建专制统治,起了很大作用。1793年,雅各宾派专政时期,制定《关于驻在军中的法令》、《全国总动员令》、《创设革命法庭的法令》、《创立公安委员会的法令》、《宣布革命政府的法令》、《有关革命政府组织的法令》等一系列军事法规;1848年和1878年,两次颁布《戒严法》。在第二次世界大战前夕和战争期间,法国围绕反对战争和镇压革命人民发布了一系列军事法律,如1938年颁布《关于战时国民组织化的法律》等。

二、巴黎公社与俄国十月革命时期的无产阶级军事法

1871年3月18日巴黎公社起义后,在打破旧的军事机器、组建自己的军事组织时,在人类历史上第一次建立起无产阶级的法制,其中主要是无产阶级的军事法制。1871年3月29日,公社颁布了一项关于废除招募新兵和以武装起来的人民代替常备军的法令。根据这项法令,一切能够拿起武器的人都要加入国民自卫军的队伍。4月17日,通过了惩治内战罪犯和反革命犯的收审、审判和惩罚措施的决议。巴黎公社的斗争虽然失败了,但为创建无产阶级专政及其法制、为创立社会主义军事法制,进行了第一次尝试。

俄国十月革命胜利后,社会主义军事法正式诞生。1917年10月26日,全俄苏维埃第二次代表大会一致通过了列宁亲手起草的《和平法令》,阐明了苏维埃的对外政策。1918年1月15日,苏维埃政权通过了《工农红军法令》,明确了组建工农红军的原则,规定最高军事领导机关是全俄人民委员会,直接领导和管理红军的机关

是陆军人民委员会及其所属的全俄特别委员会。在这个法令的基础上，全俄实行了普遍义务兵役制度。1918年4月22日，颁布了《军人誓词》。1919年，批准了《工农红军纪律条例》、《队列条例》、《野战条例》、《军事法庭条例》以及防止和惩处士兵逃亡行为的法令；1920年，颁发了《戒严令》；1922年颁布第一部社会主义类型的《刑法典》，其中以专章（第七章）规定了军人的犯罪行为及其处罚措施。同年，颁布了第一部社会主义类型的军事刑法——《军人犯罪条例》。

三、中国半殖民地、半封建社会的军事法

近代中国军事法，包括鸦片战争以后直至新中国成立前，清朝政府、太平天国、中华民国南京临时政府、北洋政府、中华民国国民政府等各类政权制定的军事法，以及新民主主义革命时期中国共产党领导的革命政权及人民军队制定的军事法。

（一）清政府后期的军事法

1840年爆发的鸦片战争，是清朝由前、中期走向后期的分界线，也是中国近代史的开端。随着资本主义的入侵，中国封建统治者意识到对军事领域（包括军事制度）进行改革的必要性和紧迫性，清政府后期模仿西方军制，改革旧有的军事法律制度，我国军事法开始发生近代转型。

清政府后期的军事立法，除在《钦定宪法大纲》和《宪法重大信条十九条》中，首次以宪法形式规定皇帝的军事权力外，在设立各种军事机构的同时，也制定出台相应的军事法规，主要有《北洋海军章程》、《陆军部章程》、《内外洋水师章程》、《陆军部暂行官制大纲》、《海军部暂行官制大纲》、《军咨处暂行章程》、《练兵处办事简要章程》、《军队内务条例》以及《步兵暂行操法》等。

尽管清末军制改革及军事法的近代转型并没有改变其军事法律制度的阶级本质，并不能从根本上改变封建王朝覆亡的命运，但其吸取西方国家有益经验、模仿西方国家先进军事制度的做法，也有其进步意义。

（二）太平天国的军事法

太平天国是一个军事化的农民革命政权，实行军、政、教三位一体的政治制度，建立了举国临战的军事体制。太平天国军事法的表现形式，除《天朝田亩制度》中关于军事领导体制、军队编制、兵役、军事司法等方面的规定，以及《太平条规》、《太平刑律》等基本军事法律外，还特别颁发过《五条军纪》、《行营规矩》、《定营规条》等单行军事法规，对军纪及行军作战行为等予以规范。

（三）中华民国南京临时政府的军事法

中华民国南京临时政府是一个资产阶级共和国性质的革命政权。在其存在的短

短三个月期间，仿效西方资本主义国家的政治体制，建立了中国陆军和海军，颁布了一系列军事法律规范，包括《中华民国临时政府组织大纲》、《中华民国临时约法》中关于军事领导体制、军队体制编制等方面的基本规定，临时政府颁布的关于军事组织、军事纪律、军队人事、后勤保障、训练和院校教育等方面的军事法规，以及各军政府颁布的军事法规等。

从中华民国南京临时政府军事立法的规范内容看，无论是中央军事领导体制中军事权力的配置和限制，还是军事建制名称的革新、军事编制中多兵种配置和火器配置；无论是军、师等军事建制单位司令部的设置，还是军事领导"一长制"的采取及各级作战参谋的岗位设置；无论是军事教育训练还是后勤保障及管理等方面的规范内容，莫不体现和适应着军事转型变革的发展要求，有力促进了中国军队近代化、正规化建设的步伐。中华民国南京临时政府的军事立法，不仅对于中国军事法制，乃至对于中国军事的现代转型，创下了不可磨灭的历史功绩。

（四）北洋政府的军事法

北洋军阀各届政权大量颁布军事特别法，使全国笼罩在军事高压恐怖之中。北洋政府颁布过《戒严法》、《陆海军刑事条例》、《海军审判条例》、《陆军惩治令》等，规定对"擅权罪"、"辱职罪"、"抗命罪"、"逃亡罪"、"违令罪"等均以军法从事。对"结党执兵器而为叛乱"、"意图使军队暴乱而煽惑者"，均以叛乱罪处死刑或者无期徒刑。"反抗上官之命令"、"对上官为暴行或者胁迫者"，以抗命罪、暴行胁迫罪处以重刑。此外，还颁布特别法，把军事审判适用范围扩大到后备役军人及其家属，甚至在战争或者戒严状态下适用于非军事人员。

（五）中华民国南京国民政府的军事法

中华民国南京国民政府，是蒋介石背叛革命、于1927年发动"4·12"反革命政变的产物，是代表帝国主义、封建主义和官僚资本主义利益的反革命政权。在其统治中国大陆二十二年的时间里，颁发了大量的军事法律法规。主要包括《训政时期约法》、《中华民国宪法草案》、《中华民国宪法》中关于军事领导体制的规定，《军事委员会暂行组织大纲》、《国防最高委员会组织大纲》、《参谋本部组织法》、《军政部条例》、《海军部组织法》等关于军事组织、体制编制方面的军事法规，《海军舰队司令部条例》、《陆军特别校阅条例》、《卫戍条例》、《军事委员会点验规则》等关于作战、训练和管理方面的军事法规，《兵役法》、《陆军军官佐任官暂行条例》、《海军军官佐任官暂行条例》、《空军军官佐任官暂行条例》、《陆海空军任官实施程序》等关于兵役及军队人事方面的军事法规，《陆海空军刑法》、《中华民国战时军律》、《国军抗战连坐法》、《陆海空军审判法》等关于军事刑法及审判方面的军事法规，《陆海空军奖励条例》、《陆海空军惩罚法》等关于军纪及奖惩方面的军事法规。此外，南京国民政府从西方引进法西斯主义，实行军事独裁统治，颁布大量特别法，诸如《战时反革命治罪法》、《危害民国紧急治罪法》、《限制异党活动办法》、《共产党问题处置办法》、《非常时期人民团体组织法》、《特种刑事案件诉讼条例》、《动员勘乱完成宪政实施纲要》、《特种刑事法庭组织条例》、《特种刑事法庭审判条例》等，以实现残酷镇压人民，为反共、独裁和内战服务的目的。

（六）中国共产党领导的革命政权及人民军队的军事法

在新民主主义革命阶段，由于革命的形式主要是武装斗争，因此，中国共产党领导的革命政权及人民军队所创建的新民主主义法律体系中，军事法占有极其重要的地位。

1. 土地革命战争时期

1927年南昌起义，中国共产党独立领导的人民军队正式诞生，打响了武装反抗国民党反动统治斗争的第一枪。这一时期，人民军队的军事法，主要表现形式是简明扼要的军纪。南昌起义军一开始就制定了严明的军纪，如起义军进至汕头时所发的布告；秋收起义部队和南昌起义部队会师后制订了《三大纪律六项注意》（后发展为《三大纪律八项注意》）；1929年，《中国共产党红军第四军第九次代表大会决议案》（即"古田会议决议"）中也有关于军队、军事方面的规定。

红色革命政权建立后，军事法开始表现为两种形式：一是专门性军事法规，二是普通法中的军事条款。专门性军事法规，主要有《中华苏维埃共和国工农红军暂行法规》、《工农红军纪律暂行条例》、《军事工作大纲》《红军士兵会章程》、《红军各级政治工作纲领》、《奖惩条例》、《中国工农红军优待条例》、《关于执行红军优待条例的各种办法的训令》、《关于红军入城纪律的通令》、《关于犯人处理问题的训令》、《优待红军家属耕田队条例》、《关于处置俘虏及投诚官兵的训令》、《关于提拔红军中俘虏分子的规定》、《关于检举问题的训令》、《关于健全破坏部的组织与工作的训令》、《关于红军没收征发委员会暂行组织条例》、《关于各军缩编的合成令》、《关于红军纪律的训令》，以及《红军武装部队特派员工作条例》，等等。一般法中的军事条款，如1934年1月第二次全国苏维埃代表大会通过的《中华苏维埃共和国宪法大纲》中宣布：制定普遍的兵役义务；由志愿兵役制过渡到义务兵役制。唯手持武器参加革命战争的权利，只能属于工农劳苦民众。在苏维埃政权下，反革命与一切剥削者的武装，必须全部解除。同年颁布的《中华苏维埃共和国中央苏维埃组织法》中，对苏维埃代表大会中的红军代表、对外宣战媾和、军队的组织指挥、军事人民委员、军事法庭设置、革命军事委员会等一系列重大军事建设问题，都作出了明确规定。再如，1932年颁布的《中华苏维埃共和国婚姻法》，对红军军人的离婚问题作了规定；1934年颁发的《中华苏维埃共和国惩治反革命条例》，规定了大量的军事法内容，包括坚决惩治组织反革命武装并指挥其进攻革命力量、杀害红军人员、窃取红军机密、向红军进行反革命宣传、破坏红军威信、领导和组织红军人员逃跑、故意损坏弃失盗窃军用品、违抗军事指挥员命令、破坏红军战略部署和战斗行动等各种反革命罪行及其处罚。1932年颁布的《裁判部暂行组织及裁判条例》，对现役军人及军事机关的工作人员的民事裁判管辖问题作了规定；1934年的《中华苏维埃共和国司法程序》，对军事法庭的组织和审判程序作了规定。

2. 抗日战争时期

抗日战争时期，是新民主主义革命的一个重大转折时期，政治、军事都发生了重大变化，主要敌人已由国民党反动派变为日本侵略者。适应建立抗日民族统一战线的需要，人民军队和红色政权的形式发生了重大变化。1937年7月15日，《中共中央为公布国共合作宣言》的文告，向全国宣布了四项原则："一、孙中山先生的三民主义为中国今日之必需，本党愿为其彻底的实现而奋斗。二、取消一切推翻国民党政权的暴动政策及赤化运动，停止以暴力没收地主土地的政策。三、取消现在的苏维埃政府，实行民权政治，以期全国政权之统一。四、取消红军名义及番号，改编为国民革命军，受国民政府军事委员会之统辖。并待命出动，担任抗日前线之职责。"根据这四项原则，抗日战争时期，中国共产党领导的革命政权及人民军队军事法的特点，是军事法规和普通法军事条款分别由中共中央、在形式上隶属于国民党政权和军事委员会的边区政府以及八路军、新四军颁布；对国民党政权和军事机关创制的军事法，采取批判、认可的态度，即符合国共合作宣言精神、有利于团结抗日的予以接受，对反共反人民的反动军事法，坚决予以抵制。

这一时期的专门性军事法规，主要有《十八集团军编制表草案》、《新四军编制表草案》、《危害军队及妨碍军事工作暂行条例》、《国民革命军第十八集团军政治工作暂行条例（草案）》、《集总关于在部队中开展生产运动的训令》、《集政关于日本俘虏优待办法的规定》、《陕甘宁边区动员潜逃及逾期不归战士归队暂行办法》、《关于俘虏敌伪之纪律》、《关于建立报告制度的通知》、《锄奸人员守则》、《政治工作人员奖惩条例》、《关于营连党组织的规定》、《军政委员会条例》、《中央军委关于各级军政委员会人员之批准权限的规定》、《抗属离婚处理办法》、《八路军军法条例》、《各级锄奸保卫委员会工作条例》、《处理伪军伪组织人员办法》等。

此外，在中共中央和边区政府创制的其他法律文件中，也有许多军事条款。如《抗日救国十大纲领》和《陕甘宁边区抗战时期施政纲领》中，关于军事方面的内容有：动员全民族武装抗战；扶助人民抗日团体与民众武装的发展；实行兵役和参战的动员，充实抗日武装；发展与健全人民抗日自卫军，加紧政治、军事、文化上的教育与训练；优待抗日军人家属，使抗日军人安心作战；等等。

3. 解放战争时期

解放战争时期，中国共产党领导的人民民主政权和中国人民解放军的军事法，在夺取解放战争全面胜利的斗争中又有了新的创新和发展，主要内容涉及军队纪律、支援前线、军队政治工作、军事管制、军民关系、惩治战争罪犯等各个方面。

这一时期的军事法规，主要有有《关于目前军队编制的决定》、《整编指示》、《部队整编计划大纲》、《晋察冀边区政府、军区整军法规》、《关于恢复军队中各级党委制的指示》、《中国人民解放军党委会工作条例》、《晋冀鲁豫野战军关于严申战场纪律的命令》、《解放军总政治部关于重新颁布三大纪律八项注意的训令》、《华东支前委员会支援前线奖惩办法》、《中共中央关于军事管制问题的指示》、《西北野战军入城纪律》、《华北革命军人抚恤条例》、《解放军北平市军事管制委员会组织条例（草案）》、《切实优待国民党战俘各项守则》，以及《中国人民解放军布告》和《惩办战争罪犯》命令等。

四、近代军事法的特点

世界范围内近代军事法的发展，呈现出以下特点：一是资本主义性质的军事法占主导地位，但封建制性质的军事法仍然存在，无产阶级及社会主义性质的军事法开始出现；二是资本主义性质的军事法，以资本主义国家宪法中关于军事统率权、宣战权为核心，通过大量的军事法律法规，对兵役制度、军队组织体制和编制、作战与训练、军事纪律和军事刑法及审判等作出了系统规定，适应了近代军事变革和近代战争形态的需要；三是巴黎公社和俄国十月革命胜利后的军事法制实践，在人类历史上第一次出现了无产阶级和社会主义国家的军事立法；四是中国军事法开始发生近代转型，封建制性质、农民革命政权性质、资产阶级民主制性质、官僚资本主义性质先后存在或出现，特别是中国共产党领导的革命政权及人民军队的军事立法，为新中国成立后的中国特色社会主义军事法制建设，积累了宝贵经验，奠定了坚实基础。

第三节　现代军事法

现代军事法，主要包括现代西方主要资本主义国家的军事法，以前苏联为代表的社会主义国家的军事法,以及新中国成立后的我国社会主义军事法。

一、现代西方主要资本主义国家的军事法

现代西方资本主义国家的军事法,经过长期的发展,在内容体系上比较完善,在制度安排上比较细致,许多方面值得我国在军事法制建设实践中予以学习和借鉴。

(一)美国军事法

美国军事法既包括制定法,也包括判例法。就制定法而言,美国的军事立法,在宪法军事条款之下,可以分为由国会颁布的基本军事法以及与之相配套的单行军事法,由总统颁布的军事行政命令,由国防部长颁布的国防部指令,由参联会主席颁布的参联会主席指令,以及各军种部颁布的条例、条令等层次。

1. 宪法军事条款

联邦宪法有关武装力量建设和战争的条款,构成美国成文军事法的最高法律渊源。为保证国家对军队的民主控制,联邦宪法对国家的军事权力采取分权制衡的方式,将其分别赋予国会、总统和联邦最高法院。联邦宪法规定:国会具有决定军事力量的规模和军事拨款以及制定有关管理和控制陆、海军队的各种条例的权力;总统是美国武装部队总司令,负责签署执行国会通过的军事法律,并且可以颁布有关军事的行政命令来指导美国的国防建设、军事战略和对外军事政策。

2. 由国会颁布的基本军事法以及与之相配套的单行军事法

国会是美国的最高立法机构。国会的军事立法是通过其下设的参、众两院的拨款委员会和武装部队委员会来实现的。拨款委员会负责审议每年一度的国防预算,武装部队委员会则负责审议有关国防建设和军队建设的法案,这两个委员会的意见对国会批准有关法律具有很大的影响。国会通过的军事法律一般均涉及国防和军队建设的重大问题,可分为基本军事法和单行军事法两大类。

基本军事法,主要是1947年通过并颁布的《国家安全法》和1950年通过并颁布的适用于三军的《统一军事司法典》。《国家安全法》指导了美军历史上最大的一次制度改革,确立了直至今日的军队基本结构和编制体制;《统一军事司法典》则确立了"二战"以来美国的军事刑事司法体制。

单行军事法,主要是根据当前军事活动的需要或某些具体军事领域的问题制定与颁布的,如《海军组织法》(1948年)、《陆军组织法》(1950年)、《空军组织法》(1951年)、《国防军官人事管理法》、《国防生产法》、《国防教育法》(1958年)和《战争授权法》(1973年)等。

3. 由总统颁布军事行政命令

总统颁布的有关军事的行政命令，一般由总统办事机构白宫与有关军事单位协调和起草，一些重大问题则通过国情咨文呈递国会，由有关委员会审议，然后由国会批准形成法律。

总统颁布的军事行政命令，涉及调整国防体制结构、确定对外军事政策以及在国内冲突中使用军队等各个方面。但总统在某些方面的权力要受到国会颁布的法律的限制，如1973年国会通过的《战争授权法》，就对总统动用军队进行战争的权力加以限制。该法规定，当美国有可能卷入一场战争或动用武装部队时，国会拥有最后决定权，总统作为总司令可以根据国家安全利益需要，在不宣战的情况下向国外派遣军队，但事后必须向国会报告，若国会不同意继续作战，总统必须在六十天内命令部队停止军事行动。

此外，国会颁布的一些单行军事法律，也授予了总统制定军事法规的权力。如《美国统一军事司法典》第36条就规定了总统的制定法规权，"对于军事审判法庭、军管法庭和其他军事法庭对依照本法受理的案件进行预审、审理以及延期审理的程序，包括证明手段，以及军事调查委员会的程序，总统可以颁布命令加以规定"。据此，美国总统制定并颁布了《军事法庭手册》，对军事审判程序进行了具体的规定。

4. 由国防部长颁布的国防部指令

国防部长的立法权限，是由国会颁布的《国家安全法》以及相关法律规定的。《国家安全法》规定：国防部长可以"制定与法律相一致的条例来管理国防部，指挥这个部的官员和办事员，分配和执行任务以及保管和使用本部的档案、文件和财产"；《统一军事司法典》也规定，"国防部部长应颁布法规，制定对享受年金的法官的遗孀给予年金的办法"。国防部长主要通过下达国防部指令，对各个军种部及国防部其他机构实施领导，从而控制、协调整个国防部门的政策和行动。

国防部指令一般包括国防政策、军事计划、军事工程项目、军事机构体制编制的调整，授权代理人和指导其他重大军事活动等。另外，国防部长还颁布国防部指示，主要用于对某一国防部指令进行补充、说明等。

5. 由参联会主席颁布的参联会主席指令

美国的参谋长联席会议根据1947年《国家安全法》设立，为国防部长之下的军事参谋机构。参联会主席是总统、国防部长和国家安全委员会的首席军事顾问。1986年《国防部改组法》首次赋予参谋长联席会议主席实施联合训练的权力，该权力随后被纳入《美国法典》。《美国法典》第10编"武装力量以及附则"第5章（参谋长联席会议）第153条规定：参联会主席在总统和国防部长的指挥、指导和控制下，负责为武装部队的联合运用制定条例。

6. 由各军种部颁布的条例、条令

根据《国家安全法》，美国国防部陆、海、空三军种部部长的法定职责是，全权管理本军种的编制结构、武器装备、训练与作战及补给等工作。各军种部长有权颁布条例、条令来履行上述职责。此外，其他法律也赋予了军种部长一定的立法权。如《统一军事司法典》第42条对军事法官、军事检察官宣誓的规定中，赋予了军种部长对誓言的格式，宣誓的时间、地点，记录宣誓的方式，以及是否宣誓对所有案件或者个别案件履行职责等问题的条令制定权。

各军种部长颁布的军事法规，主要以条例、条令的形式出现。条例是各军种部为贯彻执行国会通过的法律、总统的行政命令和国防部长的指令而制定的细则规定。陆军条例、海军条例、空军条例均以本军种部长名义颁发，陈述有关本军种的规定、政策、程序、职责、组织体制或类似事项。这种条例具有永久性，被称为"部门行政法规"。条令本身不是法律用语，属于军语范畴，其效力与条例相等，三军种部用条令阐述本军兵种在未来战争中的使命和作战理论，规范各类部队在战争中的作战行动。

除了条例、条令两种主要形式外，各军种部出版的手册和军种部通报也是由军种部长签署颁发的法规。军种部手册通常是与条例配套下发的。条例建立规章制度，手册则详细介绍规章制度或提供如何执行条例规定的指南。军种部通报是用于颁布某段时期活动的规定，有效期通常为一年。

(二) 英国军事法

英国作为典型的普通法系国家，其法律渊源比较复杂，但军事法领域以成文法为主，包括议会的军事立法，女王的特权令，首相、国防与海外政策委员会的相关指令和决议，国防部指令，各军种军事条例等。

1955年以来，在《兵变法》、《海军法》、《陆军法》等军法的传统基础上，英国议会相继通过颁布了新的《陆军法》(1955年)、《空军法》(1955年) 和《海军法》(1957年) 等三军基本法 (三者汇编而成《军事纪律法典》，构成英国军事法的基础)，主要内容包括兵员总额、兵员补充、官兵待遇、士兵营房、部队管理、军人犯罪及惩处，等等。这些法律由议会指定专门委员会每年确认一次，每五年修订一次，并须经议会通过才能生效。

英国军事司法程序规则，是根据《陆军法》、《海军法》和《空军法》的授权，由国防部组织系统的国防部参议会 (或译国防参谋部) 制定并报议会备案的，分别适用于陆军、海军和空军的军事司法程序细则，即《陆军司法程序规则》、《海军司法程序规则》和《空军司法程序规则》。

2006年,针对三军各自适用的法律体系不能适用于整个联合作战单位、联合作战单位指挥官难以有效对其下属行使惩戒权的缺陷,议会制定《武装力量法》,对原有的三军法律制度进行协调与整合。《武装力量法》促进了军人犯罪与指挥官军纪惩戒权的协调,强化了公诉职能,促进了军事审判制度的统一,加强了军事审判制度的独立性,有利于实现英国军事法典的完整统一、保证三军官兵同罪同罚。

此外,英国主要的军事法律还包括《军事管制法》和《军事演习法》等。

(三) 日本军事法

1946年,日本政府通过《日本国宪法》。该宪法是在反省侵略战争历史的基础上制定的,明确规定"日本国民真诚地祈求以正义与秩序为基础的国际和平,永远放弃作为国家主权发动的战争以及作为解决国际争端之手段而进行的武力威胁或形式武力","日本不保持陆海空军及其他战争力量,不承认国家的交战权"。由于《日本国宪法》承诺放弃战争和武力、禁止国家保有军队、不承认国家的交战权,因而被称为"和平宪法"。

尽管和平宪法确立了日本的和平发展道路,但在此后的几十年间,日本政府逐步违反和平宪法的立法精神,大力加强自卫队建设,特别是冷战结束后,日本政府抓住一切可利用的机会,制定一个又一个的法律将和平宪法逐渐架空。如1992年,借海湾战争之机,通过《联合国维持和平活动合作法案》,突破了禁止自卫队海外出动的束缚;以1994年朝鲜半岛危机和1996年台湾海峡危机为借口,加强日美安全保障体制,颁布《日美安保共同宣言》(1996年)和《日美防卫合作新指针》(1997年),规定在发生"周边事态"时日本要保证自卫队为美军运送人员、武器、弹药、燃料等,还可以在战时协助美军海上扫雷;1999年,通过《周边事态法》,大大拓宽了日本和美国在亚太地区进行军事合作的范围;2001年,借"9·11"事件的契机,通过《反恐怖特别措施法案》、《自卫队法修正案》和《海上保安厅法修正案》,进一步扩大了自卫队海外派兵的权限。2003年,通过"有事法制"关联三法案(《武力攻击事态法案》、《安全保障会议设置法修改案》和《自卫队法修正案》),从根本上动摇了和平宪法的主旨。

二、前苏联的军事法

前苏联的军事法是社会主义性质的军事法,对新中国成立之后的较长一段时期内的军事法制建设产生了深刻影响。

按苏联宪法和国家有关法令规定的立法权限和法规效力等级,苏联军事法体系可划分为四层：第一层次由最高苏维埃制定和颁布，第二层次由最高苏维埃主席团制定和颁布，第三层次由部长会议制定和颁布，第四层次由国防部长制定和颁布。前三级立法职能和权限由苏联宪法赋予。

前苏联宪法是前苏联军事法的基础。前苏联宪法规定：最高苏维埃作为国家最高权力机关的一个重要职能，是决定战争与和平问题，捍卫国家主权，保卫苏联的国界和领土，组织国防建设，领导武装力量。前苏联宪法还规定了军事建设的总方针、总原则；公民的普遍兵役义务；国家最高领导机关和部门在军事建设与武装力量建设方面的职权等。1990年，苏联宣布实行总统制，国家最高领导体制随即开始发生变化，军事领导体制也开始发生相应变化。1990年3月颁布的《苏联宪法修改补充法》规定：苏联总统为苏联武装力量最高统帅，负责协调国家各机关有关保障国防的活动，总统有权任命和撤销苏联武装力量高级指挥人员，有权授予高级军衔，任命军事法庭法官，有权发布战争动员令，宣布在个别地区实行军事管制或紧急状态。

由最高苏维埃制定和颁布的前苏联法律，由十二个传统部门法组成，有关军事方面的内容分别包含在各个部门法中。例如，行政管理法中规定了军事指挥机关的体系和机构、兵役组织、边界守卫等；财政法中规定了武装力量的财政关系；土地法中规定了土地的军事征用制度等。由最高苏维埃批准和颁布的专门军事法规，主要有《普遍义务兵役法》、《国家动员法》、《战时状态法》、《苏联国界法》、《军职罪刑法》、《军事法庭条例》等。

最高苏维埃主席团就涉及军事建设和武装力量建设的各个重要方面颁布命令和条例，其中包括宣布战争状态和戒严，宣布动员等问题，同时还负责批准共同条令和其他有关武装力量建设重大问题的法规，主要有军人誓词、苏联武装力量内务条令、纪律条令、卫戍条令、关于苏联武装力量军官军衔的命令、关于苏联武装力量军人区别标志的命令、部队战旗条例、军官荣誉同志审判会条例、勋章奖章条例、军事检察院条例等。

前苏联部长会议负责贯彻最高苏维埃及其主席团立法精神，在军事立法方面，是从政府对武装力量实施总领导的角度，就各种重要问题颁布具体法规。主要包括规定中央指挥机关的体制、职能和权限；确定军官、准尉和海军准尉的服役制度；确定军官、准尉和超期服役军人优待优抚标准和办法；确定军人薪金和被服供给标准等。前苏联部长会议以法令和条例形式制定和颁布的军事法规主要有：《军官服役条例》、《军内职工纪律条令》、《苏联武装力量准尉和海军准尉服役条例》，关于苏沃洛夫军校、纳希莫夫海军学校和军事音乐学校的法令，关于苏联海军军旗的法令等。

前苏联国防部长的职能和权限，由苏共中央和部长会议联合颁布的《国防部条例》规定。国防部长通常就武装力量建设与活动的各个方面，如士兵服役、军事训练、作战、干部工作、后勤保障和院校工作等进行立法。前苏联国防部长以条令、命令的形式颁布的主要军事法规有：《苏联武装力量队列条令》、《士兵服役条例》、《苏联武装力量供给条例》、《苏联武装力量后勤管理条例》、《军内司法机关条例》、《军事院校招生条例》、各种战斗条令等。

此外，前苏联军事立法还包括军兵种司令和军区以及军以下各级指挥机关在本级指挥权限内，为贯彻上级立法而针对本级部队具体情况颁布的军事指挥法令，其中包括各种条令、命令、训令、条例、细则、指示等。

前苏联军事法曾经在巩固社会主义政权、维护前苏联国家安全、保障部队战斗力等方面发挥了积极作用。但是，由于其在后期忽视了党对军队的领导和指挥，对前苏联的解体也负有责任，教训是深刻的。

三、我国社会主义军事法

新中国成立后，在继承新民主主义革命时期立法实践经验的基础上，我国军事法制建设坚持以马克思列宁主义、毛泽东思想和中国特色社会主义理论体系为指导，紧密结合和平时期军事斗争准备和未来战场的需要，逐步建立起具有中国特色的军事法规体系。这些法规制度在促进国防和军队建设、维护国防安全等方面发挥了重要作用。

1. 新中国成立初期

新中国成立前夕制定颁布的具有临时宪法性质的《中国人民政治协商会议共同纲领》和1954年公布实施的《中华人民共和国宪法》，揭开了新中国法制建设的序幕，奠定了新中国法制建设的基础，同时也为新中国的军事法制建设实践提供了根本依据。

《共同纲领》和"五四宪法"中，均包含了关于军事制度的规定。例如，关于国防和军事领导体制，《共同纲领》规定中央人民政府人民革命军事委员会为国家军事的最高统辖和指挥机关（第20条），"五四宪法"规定国家主席统率全国武装力量，并设立国防委员会（第42条）；关于武装力量的基本任务，《共同纲领》规定"其任务为保卫中国的独立和领土主权的完整，保卫中国人民的革命成果和一切合法权益"（第10条），"五四宪法"规定"它的任务是保卫人民革命和国家建设的成果，保卫国家主权、领土完整和安全"（第20条）。此外，《共同纲领》还规定了"军事管制"（第14条）。

这一时期，以《共同纲领》和"五四宪法"为基础和依据制定出台的军事法律制度，主要包括1950年《革命烈士家属、革命军人家属优待暂行条例》、《革命残废军人优待抚恤暂行条例》、《革命军人牺牲、病故褒恤暂行条例》，1951年《惩治反革命犯罪条例》、《中国人民解放军队列条令》（1953年、1958年两次修订）、《中国人民解放军内务条令》（1957年修订）和《中国人民解放军纪律条令》（1953年、1957年两次修订），1952年《中华人民共和国民兵组织暂行条例》、《中国人民解放军立功与奖励工作条例》，1953年《中国人民解放军干部任免暂行规定》，1955年《中华人民共和国兵役法》等。

2. 遭遇困难挫折时期

20世纪50年代后期开始，特别是在"文革"期间，由于受到反右斗争扩大化和"左"的错误的影响，国家法制建设受到了严重的干扰，出现了徘徊、曲折和趋于停顿的现象。新中国的军事法制建设也随之步入到一个遭遇困难和挫折的发展时期。

这一时期军事立法成果不多。但是，由于国防安全对于国家生存发展的意义极为重大，因此即便是在国家法制建设遭遇极大干扰和挫折的困难时期，新中国军事法律制度建设实践工作也并未止步。如这一时期于1975年、1978年先后出台的两部宪法，都包含了关于军事制度的规定。如关于国防和军事领导体制，两部宪法均规定中国共产党中央委员会主席统率全国武装力量；关于武装力量的任务，两部宪法均包含了保卫国家的主权、领土完整和安全以及防御敌对势力的颠覆与侵略等内容。此外，这一时期还制定出台或修订调整了兵役法律法规（如1975年《军队干部退出现役暂行办法》，1978年《中国人民解放军干部服役条例》）、共同条令（如1975年修订《内务条令》，1964年、1975年两次修订《纪律条令》，1964年、1972年两次修订《队列条令》）、军事训练法规（如1975年《中国人民解放军军事训练大纲》）等。

我军第一代、第二代作战条令的成功编修，是这一时期我国军事法制建设实践的突出成果和最大亮色。作战条令是作战法规和作战规章的统称，是中国人民解放军平时战备、训练和战时组织指挥、作战行动的基本依据。自建军至20世纪60年代初，我军一直没有自己的作战条令，尽管在革命战争时期已经开始着手翻译苏军的作战条令，并在新中国成立初期部队训练和院校教学中采用，但结合我军实际运用时明显表现为"水土不服"，甚至出现了一些生搬硬套的现象，对部队建设产生了一定的负面影响。鉴于这种情况，按照毛泽东同志"这次要集中一些有丰富工作经验和战斗经验的同志，搞出一本自己的战斗条令来"的指示，在叶剑英同志的主持下，我军从1958年开始组织编写战斗条令，至1963年我军正式颁发了第一代作战条令。

"文革"期间,我军完成了第一代作战条令的修改和第二代作战条令的编写工作。

3. 恢复重建和全面发展时期

党的十一届三中全会明确提出要在全党工作重心转移的同时,重建社会主义法制,提出了"发展社会主义民主,健全社会主义法制,使民主制度化、法律化"的基本方针,确立了"有法可依,有法必依,执法必严,违法必究"的法制建设基本原则,开启了对反法治的十年动乱进行深层反思的新的历史航程,意味着毁坏法治的动乱局面的终结和奉行法治的新时期的开始。至20世纪90年代后期,"依法治国"作为一项治国方略明确载入现行宪法。这一时期,新中国军事法制建设实践也逐步迈入了健康快速发展的轨道,在法治化、科学化和体系化等方面都取得了可喜的成就。

国家民主法制建设的宏观背景,促进了军事法制建设的法治化发展。立法的法治化,包含立法内容的合法性、立法权限和程序的法定性等基本要求。在立法内容的合法性方面,1982年《中华人民共和国宪法》继承了前几部宪法特别是"五四宪法"的成功经验,"是依法治国、建设社会主义法治国家的最高法律依据,也是依法治军、加强国防和军队建设的最高法律依据",为新时期我国军事法规制度建设提供了根本依据;1997年根据宪法制定的《中华人民共和国国防法》,涉及国防和军队建设与军事斗争的方方面面,为我国军事法规制度建设提供了基本法律依据。在立法权限和程序的法定性方面,现行宪法、《立法法》以及《军事法规军事规章条例》对我国军事法规制度建设的立法主体、权限和程序作出了明确规定。此外,军事法规制度建设在立法形式的规范化方面也较好地克服了此前名称比较混乱的问题。改革开放后,我国法制建设在宪法、国防法、立法法等方面取得的立法成果,有力促进了军事法规制度建设的法治化发展。

现代军事理论研究的日益深入,促进了军事法规制度建设的科学化发展。立法的科学化,要求在立法中反映客观规律,吸收最新成果。立法的科学化对于树立法律制度的权威性、有效发挥法律制度的功能作用具有重要意义。改革开放后,我国军事法规制度建设始终紧盯国防安全利益需要,注重吸收最新军事理论研究成果,进一步提高了法规制度建设的科学化水平。这一时期,世界范围内的新军事变革蓬勃发展,对我国军事理论研究提出了新的挑战和要求,也为我国军事法规制度建设的科学化发展提供了难得契机和理论源泉。在这一时期三代作战条令的编修工作中,非常注重在研究富于时代特征军事技术环境的基础上,相继揭示现代技术特别是高技术局部战争条件以及信息化局部战争条件下我军作战的特点和规律,并结合我国国防和军队建设的实际状况,在作战条令中客观反映了这些特点和规律,保证了条令的科学性。

法制建设自身规律的内在要求，促进了军事法规制度建设的体系化发展。任何领域的法律制度建设，为全面调整该领域社会关系、有效发挥法律制度的功能作用，在建设发展至一定规模后，必然会产生体系化的要求。这一时期我国军事法规制度建设的体系化发展主要体现在两个方面：一是在纵向层次上，基本形成了包括宪法中的军事条款，军事基本法律、其他基本法律中的军事条款，军事法律、其他法律中的军事条款，以及军事法规、军事行政法规，军事规章、军事行政规章等层次的法规制度体系。二是在横向结构上，基本形成了包括军事组织法律制度、兵役法律制度、国防教育法律制度、国防动员法律制度、国防经济法律制度、国防科技法律制度、特区驻军法律制度、人民武装警察法律制度、军人权益保障法律制度、军队工作法规制度和军事刑事法律制度在内的国防和军事法规制度体系。

这一时期制定颁布的军事法律法规，主要包括《中华人民共和国国防法》（1997年）、《中华人民共和国兵役法》（1998年）、《中华人民共和国军事设施保护法》（1990年）、《中国人民解放军现役军官服役条例》（1988年）、《中国人民解放军军官军衔条例》（1994年）、《中国人民解放军预备役军官法》（1995年），《中华人民共和国香港特别行政区驻军法》（1996年）、《中华人民共和国澳门特别行政区驻军法》（1999年），以及《中国人民解放军司令部条例》（1996年）、《中国人民解放军政治工作条例》（1983年、1991年、1995年修订）、《中国人民解放军后勤条例》（1995年）等。

4. 新世纪新阶段

"三个提供、一个发挥"，是胡锦涛同志基于对新的历史时期国际、国内安全环境以及国家发展与军队建设所处历史方位作出准确判断，着眼于实现党的三大历史任务，维护国家和民族的根本利益，明确提出的我军新世纪新阶段要肩负起的历史使命。军队新的历史使命论，不仅科学回答了建设一支什么样的军事力量、如何建设和运用好这支军事力量等重大理论和现实问题，同时也对新形势下我国军事法规制度建设实践提供了基本指导。

进入21世纪，我国制定颁布和修订的军事法律法规，主要有《中华人民共和国现役军官法》（2000年，对原《军官服役条例》的修正并更改名称）、《中华人民共和国预备役军官法》（2010年修订）、《中华人民共和国国防教育法》（2001年）、《中华人民共和国人民武装警察法》（2009年）、《中华人民共和国国防动员法》（2010年）、《中华人民共和国兵役法》（2011年修订）、《中华人民共和国军人保险法》（2012年），以及《中国人民解放军司令部条例》（2006年修订）、《中国人民解放军政治工作条例》（2010 年修订）、《中国人民解放军装备条例》（2000 年）、《中国人民解放军队列条令》（2010 年修订）、《中国人民解放军内务条令》（2010 年修订）、《中国人民解放军纪律条令》（2010 年修订）、《中国人民解放军现役士兵服役条例》（2010 年修订）、《中国人民解放军安全条例》（2008 年）、《军队参加抢险救灾条例》（2005 年）、《军人抚恤优待条例》（2011 年修订）、《烈士褒扬条例》（2011 年）、《军事设施保护法实施办法》（2001 年）等。

四、现代军事法的特点

世界范围内现代军事法的发展，呈现出以下特点：一是阶级性与继承性的统一。资本主义性质的军事法与社会主义性质的军事法同时并存，二者均体现出鲜明的阶级性特征，同时各国现代军事法又都十分注重对本国传统军事法律文化的继承与发展。二是稳定性与变革性的统一。无论是资本主义性质的军事法，还是社会主义性质的军事法，都在确立本国军事法律体系基本框架的基础上，着眼世界新军事变革及战争形态的转变，不断研究新情况，解决新问题，促进军事法制的发展和完善。三是目的性与协调性的统一。各国所奉行的国家安全战略与国防政策各有差异，但都注重本国军事法制的科学化、民主化和法制化发展，促进本国军事法律制度体系的协调统一。

第三章 军事法的基本原则

军事法的基本原则,是指能够反映军事法的本质内容和基本精神,对军事法的制定和实施具有普遍指导意义的基本行为准则。我国国防和军事法律制度的制定和实施,都应当遵循社会主义原则、维护国防和军事利益原则和军事法治原则。此外,我国各类具体的国防和军事法律制度的制定和实施,还应分别遵循本领域的一些具体原则。

第一节 社会主义原则

我国国防和军事法律制度具有社会主义性质,遵循社会主义原则是由我国国防和军事法律制度的本质内容所决定的。社会主义原则,包括以马克思列宁主义、毛泽东思想和中国特色社会主义理论体系为指导,坚持党对国防和军队建设事业的领导,奉行防御性的国防政策等内容。

一、以马克思列宁主义、毛泽东思想和中国特色社会主义理论体系为指导

马克思列宁主义、毛泽东思想和中国特色社会主义理论体系,是指导我们党和国家全部工作的强大思想武器,是我们必须长期坚持的指导思想。我国的社会主义国防和军事法律制度建设,也必须坚持以马克思列宁主义、毛泽东思想和中国特色社会主义理论体系为指导。

马克思主义是无产阶级的革命的科学的世界观,是一个严密、完整的科学思想体系;列宁主义是马克思主义在新的历史条件下的进一步发展。马克思主义和列宁主义二者合称"马克思列宁主义",是无产阶级的解放学说,是无产阶级政党制定纲

领、路线、方针和政策的理论依据。马克思列宁主义作为中国共产党领导全国各族人民进行新民主主义革命和社会主义建设事业理论基础的地位，是历史的选择并被实践所证明为正确的选择。中华人民共和国成立后的历部宪法，都明确地赋予马克思列宁主义在中国社会主义建设事业中的理论指导地位。包括国防和军事法律制度建设在内的我国社会主义法制建设实践，必须以马克思列宁主义为理论基础和总的指导思想。马克思列宁主义对于我国国防和军事法律制度建设的理论指导作用，不仅体现为辩证唯物主义和历史唯物主义所提供的立场和方法指导，还包括马克思主义军事学、伦理学和法学理论所提供的观念指导。如马克思列宁主义军事学理论中的战争观、建军学说、武装斗争学说，伦理学理论中的人文关怀和人权理论，法学理论中关于法的本质和特征、立法的基础是社会物质生活条件、立法与各社会因素之间相互作用关系的观点等，都对我国国防和军事法律制度建设具有根本指导意义。

毛泽东思想是马克思列宁主义在中国的运用和发展，是被实践证明了的关于中国革命和建设的正确的理论原则和经验总结，是中国共产党集体智慧的结晶。中国特色社会主义理论体系是包括邓小平理论、"三个代表"重要思想、科学发展观在内的科学理论体系，是对马克思列宁主义、毛泽东思想的坚持和发展，是全国各族人民团结奋斗的共同思想基础。毛泽东思想和中国特色社会主义理论体系中，蕴含着丰富的关于社会主义法制建设、国防和军队建设以及军事斗争的思想、理论和论述，是我国国防和军事法律制度建设的基本指导思想。

二、坚持党对国防和军队建设事业的领导

坚持党对国防和军队建设事业的领导，是我国革命和社会主义建设实践中形成的宝贵经验，是确保我国社会主义国防和人民军队性质的必然要求。我国国防和军事法制建设，必须确认、体现和保障党对国防和军队建设事业的领导。

我国宪法明确体现了中国共产党在国家生活中的领导地位和作用。国防和军队建设事业是国家生活的重要内容，和国家生活中的其他领域一样，当然必须坚持党的领导；同时，由于国防和军队建设事业对于国家安全、政治稳定和人民安居乐业具有殊为攸关的重要意义，更应突出体现坚持党的领导的特殊要求。这一要求，在我国国防和军事法律制度中，具体体现为"坚持党对军队绝对领导"的根本原则和一系列制度。

坚持党对军队绝对领导，是马克思主义关于处理无产阶级政党与无产阶级军队之间关系的根本原则，是党的军事指导理论的核心内容，是人民军队建设的根本准则。我国《国防法》第19条规定"中华人民共和国武装力量受中国共产党的领导"；

《中国人民解放军政治工作条例》第 4 条明确规定"中国人民解放军必须置于中国共产党的绝对领导之下,其最高领导权和指挥权属于中国共产党中央委员会和中央军事委员会";还集中规范了党领导军队的根本原则、根本制度和组织体制,为党在新形势下加强对军队的政治领导、组织领导、思想领导、军事领导提供了完备的依据。此外,《中国人民解放军内务条令》、《中国人民解放军纪律条令》、《军队基层建设纲要》、《中国共产党军队委员会工作条例》和《中国共产党军队支部工作条例》等一系列法规也都鲜明地规定了党对军队的绝对领导地位,规范了党对军队的领导制度,推进了党对军队绝对领导原则的制度化和规范化。

坚持党对军队绝对领导的根本原则,其具体内容包括:我军必须完全地、无条件地置于党的领导之下,无论任何时候、任何情况下,都要毫不动摇地坚持党指挥枪的原则,一切行动听从党中央、中央军委的指挥;决不允许向党闹独立性,不允许其他政党在军队中建立组织和进行活动,也不允许任何个人向党争夺兵权;未经党中央和中央军委授权,任何人不得插手军队,更不得擅自调动和指挥军队。我国国防和军事法律制度对坚持党对军队绝对领导原则的确认、体现和保障主要包括:军队的最高领导权和指挥权集中于党中央和中央军委;在团以上单位设党的委员会、政治委员和政治机关;在营级单位设党的基层委员会和政治教导员、在连队设党支部和政治指导员;部队各级党委坚持贯彻民主集中制的组织原则;实行党委(支部)统一的集体领导下的首长分工负责制等。

三、奉行防御性的国防政策

我国的社会主义性质,决定了我国国防政策的防御性特点。中国的国防,不对任何人造成威胁,不会侵犯任何人。中国坚决反对霸权主义和强权政治,反对任何形式的战争政策、侵略政策和扩张政策。中国不搞军事扩张,不在国外建立军事基地或军事势力范围。中国不称霸,即使将来发展起来了、强大了,也永远不会称霸。中国国防现代化建设完全是为了自卫,为了维护一个有利于国家建设的和平环境。中国努力避免和制止战争,努力用和平方式解决国际争端和历史遗留问题。但在霸权主义和强权政治仍然存在并有新的发展,尤其是国家和平统一的基础受到严重威胁的情况下,中国还不能放弃增强国防能力,以捍卫国家主权与安全的努力。

中国国防是防御性的,不会主动进攻任何人。这一点已写进了国家的根本大法。《中华人民共和国宪法》以及根据宪法制定的《中华人民共和国国防法》赋予中华人民共和国武装力量的使命是"巩固国防,抵抗侵略,保卫祖国,保卫人民的和平劳动"。中国奉行防御性的国防政策,其具体内容包括:抵御一切外来侵略,确保人民的和平劳动有一个安全的环境；坚决制止任何分裂国土的行为，确保最终实现国家的完全统一；有效维护国家战略资源与正当权益；支持国家以和平方式公正合理地解决与相关国家间的历史遗留问题；支持国家开展平等互利的国际交往，维护国家在国际上的平等地位与尊严；粉碎一切图谋颠覆国家政权、制造社会动乱的活动，维护正常的社会秩序。

我国《国防法》规定："国防是国家生存和发展的安全保障"；"国家独立自主、自力更生地建设和巩固国防，实行积极防御战略，坚持全民自卫原则"；"中华人民共和国在对外军事关系中，维护世界和平，反对侵略扩张行为"；"中华人民共和国坚持互相尊重主权和领土完整、互不侵犯、互不干涉内政、平等互利、和平共处五项原则，独立自主地处理对外军事关系，开展军事交流与合作"；"中华人民共和国支持国际社会采取的有利于维护世界和地区和平、安全、稳定的与军事有关的活动，支持国际社会为公正合理地解决国际争端、军备控制和裁军所做的努力"；"中华人民共和国在对外军事关系中遵守同外国缔结或者加入、接受的有关条约和协定"。这些内容，都是我国奉行防御性国防政策的直接体现，并成为我国以《国防法》为龙头的国防和军事法律制度的制定与实施必须共同遵循的一项原则要求。

第二节　维护国防和军事利益原则

维护国防和军事利益原则，是军事法的根本目的和核心内容，因而成为世界各国军事法的一项共同基本原则。我国国防和军事法律制度中，不仅许多法律法规明确确立了这一原则，如《国防法》规定："国家和社会对在国防活动中作出贡献的组织和个人，采取各种形式给予表彰和奖励。违反本法和有关法律，拒绝履行国防义务或者危害国防利益的，依法追究法律责任"；同时，还通过保证国防和军队建设事业的高度集中统一，科学指导国防和军队建设活动，从严规范国防和军事行为等方面的规范内容，保障和促进维护国防和军事利益原则的实现。

一、保证国防和军队建设事业的高度集中统一

保证国防和军队建设事业的高度集中统一，是国防和军队建设事业特殊地位与任务的客观要求。我国国防和军事法律制度关于保障国防和军队建设事业高度集中统一的规范内容，主要体现在两个方面：

一是保证国防建设事业的高度集中统一。根据《宪法》和《国防法》的规定，我国实行高度集中统一的国防领导体制。《宪法》在序言中将实现国防现代化作为国家的根本任务之一，还在第29条第2款明确规定"国家加强武装力量的革命化、现代化、正规化建设，增强国防力量"；《国防法》第5条规定："国家对国防活动实行统一的领导。"《宪法》第3章对国家机构职权的规定中，包含了国家机构国防职权方面的内容；《国防法》第2章专章规定了国家机构的国防职权。这些规定表明，国家对国防活动的领导，是在党的统一领导下，由全国人大及其常务委员会、国家主席、国务院和中央军事委员会等国家机构共同行使，各国家机构分别行使《宪法》和《国防法》所规定的具体职权。

二是保证军队的高度集中统一。军事法的一项重要任务就是用法律规范的形式确认并保证军队的高度集中统一。为此，《军事法规军事规章条例》第5条规定：制定、修改和废止军事法规、军事规章应当"保证军队的高度集中和统一"。《中国人民解放军内务条令》第8条规定："中国人民解放军的内务建设，必须坚持依法治军、从严治军。……保持军队的高度稳定和集中统一。"《中国人民解放军纪律条令》第1条则将"保证军队的高度集中统一"作为制定条令的目的之一；第36条还规定："处分的目的在于严明纪律，教育违纪者，加强集中统一，巩固和提高部队的战斗力。"此外，我国国防和军事法律制度中，关于武装力量领导体制，关于党委集体领导下的首长分工负责的军事领导制度，关于部属、下级必须服从首长、上级的军事行政隶属制度等的规定，都是保证军队高度集中统一的具体体现。

二、科学指导国防和军队建设活动

推动国防和军队建设科学发展，加快转变战斗力生成模式，是我国国防和军队建设的主题主线。我国国防和军事法律制度建设，必须服从服务于国防和军队建设主题主线重大战略思想。因而，国防和军事法律制度建设必须遵循科学指导国防和军队建设活动的原则，在推动国防和军队建设科学发展、加快转变战斗力生成模式方面发挥重要作用。

一是推动国防和军队建设科学发展。新世纪新阶段，我国国家安全和发展利益面临新的形势，我国国防和军队建设领域面临着新的机遇和挑战。我国国防和军事法律制度建设，在国防建设领域，必须着眼于新的形势和任务，坚持以国家核心安全需求为导向，统筹经济建设和国防建设；在军队建设领域，必须紧盯我军建设两个"不相适应"主要矛盾的内在要求，统筹中国特色军事变革与军事斗争准备，统筹机械化建设与信息化建设，统筹诸军兵种作战力量建设，统筹当前建设与长远发展，统筹主要战略方向与其他战略方向；将国防和军队建设实践中形成的宝贵经验，及时上升为国防和军事法律规范，为推进国防和军队建设科学发展提供坚实的法律制度基础。同时，军事法制建设中必须坚持以中国特色社会主义理论体系为指导，深入贯彻落实科学发展观，以改革创新的精神，认真研究建设信息化军队、打赢信息化条件下局部战争所需的法规制度条件，以全面履行我军历史使命和推进中国特色军事变革对法制要素的客观需求为牵引，拓宽军事法制建设的工作视野，跟踪研究、解决国防和军队建设发展面临的涉法新情况、新问题，为国防和军队建设科学发展提供制度化的规范和指导。

二是加快转变战斗力生成模式。军事力量的作战能力，是维护和保障国防和军事利益的力量支撑。因而，我国国防和军事法律制度必须将促进部队打赢能力的生成和发挥作为重要目标之一。为此，我国国防和军事法律制度建设，必须适应军事斗争需要，总结和凝炼了现代战争中作战行动的规律、特点和战法，从体制和机制上有力地促进部队打赢能力的生成和发挥。首先是促进人的素质全面提高。军事力量作战能力中人的要素，包括体力、技能和精神素质。我国国防和军事法律制度为部队平时的战备和训练提供了依据、方向和标准，真正实现"练为战"，形成适应未来战场需要的军事技能；我国国防和军事法律制度还通过对战时军人职责、战时军纪奖惩的规定，培育战斗精神，激发高昂士气。其次是引导装备技术发展。我国国防和军事法律制度立足于充分发挥现有装备技术效益，同时着眼于未来战场对装备技术发展的需要，将军事斗争的需求牵引转化为引导和促进装备技术发展的制度规范。再次是从组织编成、战略战术运用的角度，促进人与人、人与装备技术的有机结合。我国国防和军事法律制度以现代联合作战理论为指导，在合理设计战时指挥体制等方面作出了有益探索和尝试，并必将在不断发展完善的过程中更好地促进作战力量构成要素之间的有机结合，发挥综合效益。此外，我国国防和军事法律制度中所确立的平战转换机制、军地协调机制等，同样也对部队"打赢"能力的生成和发挥具有重要意义。

三、从严规范国防和军事行为

从严规范国防和军事行为，即通常所称的"军事法从严"。军事法从严，是由国防和军事行为对于实现国防和军事利益的重要意义所决定的。我国国防和军事法律制度从严规范国防和军事行为的主要体现包括以下三个方面：

一是军人比普通公民承担更多的法律义务。军事法赋予军人的义务，较之普通公民，标准高，要求严。军人不仅要履行普通法所规定的义务，而且还要履行军事法所规定的各种义务。如我国《兵役法》和我军《内务条令》都有这方面的规定。公民入伍后，要依法进行军人宣誓，对自己肩负的神圣职责和光荣使命作出承诺和保证。誓词要求军人英勇战斗，不怕牺牲，忠于职守，努力工作，苦练杀敌本领，坚决完成任务，在任何情况下决不背叛祖国。我军条令条例还规定，军人不具有结社、信仰宗教的自由，不得带项链、耳环、戒指，等等。因此，军人要忠实地履行并捍卫自己的神圣职责，奉献大于索取，义务多于权利，往往要牺牲自己的许多利益，甚至要以付出生命为代价。

二是对违反军事法行为的制裁，比一般违法行为的制裁更严厉。首先，军事法对军人违反职责的制裁规定，比普通法对公民的制裁规定要严格。如《刑法》第10章"军人违反职责罪"规定可以判处死刑的比重，远高于《刑法》分则其他各章。其次，即使军人实施了与普通公民实施的客观方面比较类似的犯罪行为，对军人的处罚也重于对普通公民的处罚。如对偷越国（边）境犯罪行为的制裁规定，普通公民"情节严重的，处一年以下有期徒刑、拘役或者管制。"而军人"偷越国（边）境外逃的，处三年以下有期徒刑或者拘役；情节严重的，处二年以上十年以下有期徒刑。战时从重处罚。"

三是对战时违反军事法的行为从重处罚。战时危害国防和军事利益行为的社会危害性，要比平时危害国防和军事利益行为的社会危害性更大，因此，对战时违反军事法的行为从重处罚，是有效维护国防和军事利益重要的法律措施。例如，按照《中华人民共和国现役军官法》第11条的规定，免去军官职务，应当通过考核，并规定了相应的免职权限。一般情况下，首长不可直接免去自己部属的职务。但在执行作战等紧急任务时，上级首长有权暂时免去违抗命令、不履行职责或者不称职的所属军官的职务。再如，《刑法》第10章中战时自伤罪、遗弃伤员罪、假传军令罪、谎报军情罪、违抗作战命令罪、临阵脱逃罪、自动投降罪、掠夺残害战区无辜居民罪、虐待俘虏罪等，只有在战时才能构成，且多数规定可判处死刑。对其余在平时或战时都能构成的犯罪，也明确规定了战时从重处罚。

第三节　军事法治原则

军事法治原则，是我国社会主义法治原则在国防和军事法律制度建设领域的具体体现，是全面推进依法治国和坚持依法从严治军的必然要求。军事法制原则包含把国防和军队建设各项工作纳入法制化轨道、协调军事法与其他领域法律制度之间的关系、平衡国防和军事利益与其他利益之间的关系等内容。

一、把国防和军队建设各项工作纳入法制化轨道

国防和军事法律制度,是中国特色社会主义法律体系的重要组成部分。有无完备的国防和军事法律法规及保证其有效运行的体制机制,已经成为衡量一个国家国防和军队现代化的重要指标之一。实现国防和军队建设的法治化,不仅需要在国防和军事领域建立起一整套完备的法律法规和规章制度,而且还需要在国防和军队建设的各个方面,都做到依法规范、依法管理、依法运行。

把国防和军队建设各项工作纳入法制化轨道,要求建立完备的国防和军事法律制度体系。目前,我国国防和军事法律制度的规范内容,不仅覆盖了国防和武装力量领导体制、兵役、国防动员、国防教育、国防经济、国防科技等国防建设领域,也覆盖了军队军事、政治、后勤和装备工作等军队建设领域。2007年,胡锦涛在庆祝中国人民解放军建军80周年暨全军英雄模范代表大会上的讲话中指出,我军"形成了反映现代军事发展规律、体现人民军队性质和优良传统的军事法规体系"。这一论断充分表明,我国国防和军队建设领域各项工作,已经基本实现有法可依。

把国防和军队建设各项工作纳入法制化轨道,要求国防和军事法律制度能够有效运行。在国防和军事法制建设实践中,随着公民、社会组织和部队官兵法律素质的提升,特别是随着依法治国方略和依法治军方针的深入贯彻落实,国防和军事法律制度得到了较好的遵守和执行。与此同时,也应看到,在国防和军事执法中也还客观存在一定的现实障碍,必须着力解决依法行政的问题。此外,军事司法制度特别是军事行政诉讼制度方面存在的缺陷,也对国防和军事法律制度的有效运行产生了一些不利影响,还需要在实践中不断完善和加强。

二、协调军事法与其他领域法律制度之间的关系

国防和军事法律制度与其他领域的法律制度,同为我国社会主义法律体系中的重要组成部分。全面推进依法治国,在国防和军事法律制度建设领域,必须努力协调好军事法与其他领域法律制度之间的关系。

与其他领域法律制度相协调,要求将国防和军事法制建设纳入国家法制建设的总体布局。首先,国防和军事法制建设必须紧密围绕保证落实宪法规定的国防和武装力量建设总任务的实现而不断发展完善。我国现行宪法确立了国防和武装力量建设的总目标、总任务,赋予了人民军队的神圣使命和职责。国防和军事法制建设必

须以宪法为依据，以保障宪法在国防和军队建设领域的有效实施为目标，不断完善国防和军事法律制度。其次，国防和军事法制建设要协调好与国家法制其他子系统之间的关系。只有充分认识到国防和军事法制与国家法制其他子系统同为国家法制系统中有机联系、关系密切的子系统，国防和军事法制建设才能真正实现与国家法制其他子系统的协调发展，并真正纳入到国家法制的总体布局之中。第三，国防和军事法制建设要实现国防和军事法律、法规、规章的配套衔接。如果在国防和军事法制这一国家法制子系统内部尚不能有效实现国防和军事法律、法规、规章的配套衔接，那么将国防和军事法制纳入国家法制总体布局、协调与其他领域法律制度关系的目标，显然也无从谈起。

与其他领域法律制度相协调，要求在国防和军事法制建设中进一步密切军地合作。国防和军事法律制度的调整对象是国防和军队建设领域的社会关系，既包括军事关系，也包括在政治、经济、文化、外交、科技和教育等领域与军事有关的其他社会关系。因而，国家法制系统中的国防和军事法制建设，不应也不可能仅仅局限在军队范围内开展，而必须在军地的密切配合下共同推进。例如，依法规范和密切军政、军民关系，实行军政一致、军民一致，是人民军队法制建设的重要内容。中华人民共和国建立后，国家、军队和地方立法主体均在其权限范围内制定出台了相应的国防法律、法规制度，为加强军政军民团结、建设和巩固国防发挥了良好的作用。改革开放以来，特别是在建立社会主义市场经济体制的过程中，军地利益纠纷日益繁杂起来，对通过军地配合，充分调动军地双方在国防建设中的积极性和主动性，进一步理顺军地、军民和军政关系提出了新的要求。再如，党的十八大报告提出："坚持走中国特色军民融合式发展路子，坚持富国和强军相统一，加强军民融合式发展战略规划、体制机制建设、法规建设。"从体制机制和法规政策上保证军民融合式发展，要求在国防和军事法制建设中必须进一步加强军地配合，建立和健全有效的领导机制、需求机制、协调机制、运行机制和监督机制等。

三、平衡国防和军事利益与其他利益之间的关系

国防和军事法律制度，应当优先维护国防和军事利益。而按照现代法治的要求，也应努力平衡国防和军事利益与其他利益之间的关系，具体要求就是，在优先维护国防和军事利益的同时，依法维护和保障军人及其他公民和组织的合法权益。

一是依法维护和保障军人合法权益。军人合法权益，包括军人作为普通公民依据宪法享有的基本权利，还包括军人因服役而依据国防和军事法律制度享有的特定权益。同其他公民相比，军人的特殊职业身份，导致其在享有宪法赋予公民的基本

权利方面有所减损,同时还承担了更多的特定义务,为此,通过国防和军事法律制度赋予军人相应的特定权益,体现了现代法治原则中权利与义务相适应的要求。我国《国防法》第10章中,明确规定了"军人应当受到全社会的尊重","国家采取有效措施保护现役军人的荣誉、人格尊严,对现役军人的婚姻实行特别保护","现役军人依法履行职责的行为受法律保护","国家和社会优待现役军人","国家妥善安置退出现役的军人,为转业军人提供必要的职业培训,保障离休退休军人的生活福利待遇","国家和社会抚恤优待残疾军人,对残疾军人的生活和医疗依法给予特别保障"以及"国家和社会优待现役军人家属,抚恤优待烈士家属和因公牺牲、病故家属,在就业、住房、义务教育等方面给予照顾"等军人权益;我国《兵役法》、《现役军官法》、《预备役军官法》、《现役士兵服役条例》等军事法律法规,以及《中华人民共和国军人保险法》、《军人抚恤优待条例》、《烈士褒扬条例》等关于军人权益保障方面的专门性军事法律法规,也分别对军人权益及其保障作了规定。依法维护和保障军人合法权益对国防和军事法律制度建设的具体要求,除通过立法赋予军人特定权益之外,还应在实践中努力构建军人权益维护保障机制,确保军人权益切实得以实现。

二是依法维护和保障其他公民和组织的合法权益。我国《国防法》第9章在规定公民、组织的国防义务的同时,也规定了公民、组织的国防权利,即"公民和组织有对国防建设提出建议的权利,有对危害国防的行为进行制止或者检举的权利","公民和组织因国防建设和军事活动在经济上受到直接损失的,可以依照国家有关规定的补偿"。依法维护和保障其他公民和组织的合法权益,对国防和军事法律制度建设的具体要求包括:科学、合理地设置军事权,使之在有效维护国防和军事利益的同时,在法定的权限范围内严格依照法定程序行使,防止其过度膨胀乃至滥用而对公民、组织的合法权益和社会法治秩序带来不必要的损害;健全完善公民、组织因国防建设和军事活动在经济上受到直接损失的补偿制度和机制,切实维护公民、组织合法权益。

第四章 军事法的体系结构

军事法体系,是我国社会主义法律体系的一个组成部分,是由我国现行的全部军事法律规范按照不同的层级和分类组合而形成的一个呈体系化的有机联系的统一整体。军事法的体系构成,是对客观存在的军事法体系,依据其效力层级和规范领域进行的结构划分。从体系构成看,我国的军事法体系,以宪法军事条款为统帅,以军事基本法律为龙头,以军事组织法、兵役法、国防教育法、国防经济法、国防科技法、国防动员法、特别行政区驻军法、武装警察法、军人权益保障法、军队工作法和军事刑法等多个分支部门的法律制度为主干,由宪法军事条款、军事法律、军事法规和军事规章等多个层次的法律规范所构成。

第一节 军事法体系的纵向构成

军事法体系的纵向构成,即依据军事法律规范的效力层级,对军事法体系进行的纵向结构划分。我国的军事法体系,在纵向上可分为宪法军事条款、军事法律、军事法规和军事规章四个层级。

一、宪法军事条款

宪法是国家的根本大法,具有最高的法律效力。我国《宪法》关于我国的社会制度和国家制度的原则规定,是军事法的制定和实施的根本依据;关于国防和武装力量建设等军事问题的原则规定,同《宪法》其他规定一样,具有在全国范围内一体遵行的最高法律效力,是军事法制定和实施的最高依据。因此,宪法,尤其是宪法军事条款,是我国军事法最重要的法源。

我国《宪法》中的军事条款主要包括：宪法序言中关于国防现代化，关于武装力量必须以宪法为根本的活动准则的规定；第一章总纲关于武装力量必须遵守宪法和法律，关于武装力量的性质和任务的规定；第二章公民的基本权利和义务关于国家和社会保障残疾军人的生活、抚恤烈士家属、优待军人家属，关于公民维护祖国安全、荣誉和利益的义务，关于公民保卫祖国、抵抗侵略的义务，关于公民依照法律服兵役和参加民兵组织的义务等规定；第三章国家机构关于全国人民代表大会及其常务委员会、国家主席、国务院、特别是中央军事委员会等国家机构国防和军事职权的规定。

二、军事法律

军事法律，是国家权力机关制定和发布的有关国防和军事领域的专门法律文件，其法律地位和效力仅次于宪法，是我国军事法的重要法源。军事法律本身又可分为两个层次，即军事基本法律和军事法律。军事基本法律由全国人民代表大会制定和修改，是规定和调整国防、军事领域中带根本性和全局性的军事关系的法律，全国人民代表大会常务委员会有权对军事基本法律进行部分修改和补充。军事法律是指由全国人民代表大会常务委员会制定和修改的，规定和调整国防、军事领域某一方面重要军事关系和重大措施的规范性法律文件，同军事基本法律相比，其调整对象较为具体。根据我国《宪法》和《立法法》规定的立法权限和程序，军事基本法律由全国人民代表大会、军事法律由全国人民代表大会常务委员会通过后，由国家主席明令颁布，二者都具有在全国范围内一体遵行的法律效力。此外，军事法律层级的军事法律规范，还包括全国人民代表大会及其常务委员会通过的有关国防和武装力量建设方面的决定，其他基本法律和其他法律中的军事条款，以及全国人民代表大会常务委员会批准通过的国际军事规约或协定等。

我国的军事基本法律，包括《中华人民共和国国防法》和《中华人民共和国兵役法》。其他基本法律中的军事条款，如《中华人民共和国刑法》分则中关于危害国防利益罪和军人违反职责罪的规定，《中华人民共和国婚姻法》关于现役军人配偶要求离婚的规定等。

我国的军事法律，主要包括《中国人民解放军选举全国人民代表大会和县级以上地方各级人民代表大会代表的办法》、《中华人民共和国现役军官法》、《中华人民共和国预备役军官法》、《中国人民解放军军官军衔条例》、《中华人民共和国国防教育法》、《中华人民共和国国防动员法》、《中华人民共和国人民防空法》、《中华人民共和国军事设施保护法》、《中华人民共和国军人保险法》、《中华人民共和国香港特别行政区驻军法》、《中华人民共和国澳门特别行政区驻军法》、《中华人民共和国人民武装警察法》等。全国人民代表大会常务委员会通过的有关国防和武装力量建设方面的决定，主要包括《全国人民代表大会常务委员会关于设立全民国防教育日的决定》、《全国人民代表大会常务委员会关于确认1955年至1965年期间授予军官军衔的规定》等。其他法律中的军事条款，主要包括《中华人民共和国戒严法》、《中华人民共和国突发事件应对法》、《中华人民共和国保守国家秘密法》、《中华人民共和国行政诉讼法》等法律中的军事条款。

经全国人民代表大会常务委员会批准或表决通过的国际军事规约或协定，主要包括《改善战地武装部队伤者病者境遇之日内瓦公约》、《改善海上武装部队伤者病者遇船难者境遇之日内瓦公约》、《关于战俘待遇之日内瓦公约》、《关于战时保护平民之日内瓦公约》、《日内瓦四公约关于保护国际性武装冲突受难者的附加议定书》、《日内瓦四公约关于保护非国际性武装冲突受难者的附加议定书》、《不扩散核武器条约》、《关于发生武装冲突时保护文化财产的公约》、《上海合作组织成员国关于举行联合军事演习的协定》等。

三、军事法规

军事法规，是指国家最高行政机关和最高军事机关根据宪法和法律赋予的权限，对国防建设、武装力量建设方面的某一问题和某项措施制定颁布的规范性法律文件，其法律地位和效力次于宪法和军事法律，高于军事规章。军事法规在军事法体系中占有重要地位和较大比重，是我国军事法的主要表现形式。军事法规又包括两种类型，即国务院单独或联合中央军事委员会制定颁布的军事行政法规，中央军事委员会制定颁布的军事法规。军事行政法规在全国范围内生效，军事法规在军队范围内生效。此外，军事法规层级的军事法律规范，还包括行政法规中的军事条款、地方性军事法规及其他地方性法规中的军事条款等。

国务院单独制定的军事行政法规，主要包括《退伍义务兵安置条例》、《关于服兵役取得军龄的人员转业后计算工作年限和工龄的决议》等。国务院、中央军事委员会联合制定的军事行政法规，主要包括《征兵工作条例》、《中国人民解放军现役士兵服役条例》、《民兵工作条例》、《民兵武器装备管理条例》、《中华人民共和国军事设施保护法》、《军队参加抢险救灾条例》、《中华人民共和国飞行基本规则》、《国防交通条例》、《中华人民共和国无线电管理条例》、《国防专利条例》、《民用运力国防动员条例》、《中国人民解放军士官退出现役安置暂行办法》、《军队转业干部安置暂行办法》、《军队退休干部暂行规定》、《军队干部离职休养暂行规定》、《军人抚恤优待条例》等。其他行政法规，如《烈士褒扬条例》、《中华人民共和国专利法实施细则》中，也有一些关于国防和武装力量建设方面的军事条款。

军事法规，主要包括《中国人民解放军司令部条例》、《中国人民解放军政治工作条例》、《中国人民解放军后勤条例》、《中国人民解放军装备条例》、《中国人民解放军内务条令》、《中国人民解放军纪律条令》、《中国人民解放军队列条令》、《中国人民解放军警备条令》、《中国人民解放军军事训练条例》、《中国人民解放军安全条例》，以及作战法规等。

地方性军事法规，是指省、自治区、直辖市和较大的市的人民代表大会及其常务委员会在其职权范围内制定的有关国防事项的地方性法规，如北京市《国防教育条例》、广东省《征兵工作规定》、浙江省《军事设施保护实施办法》等。

四、军事规章

军事规章，包括由国务院各部、委员会、中国人民银行、审计署和具有行政管理职能的直属机构，单独制定或与中央军事委员会各总部联合制定军事行政规章；中央军事委员会各总部、军兵种、军区在其职权范围内制定的军事规章；以及省、自治区、直辖市和较大的市的人民政府制定的地方政府军事规章。军事规章层级的军事法律规范，其特点是数量多，规定事项比较细致、具体。

我国现行的军事行政规章，如国防部印发的《应征公民体检标准》，民政部、公安部、总政治部、总参谋部联合发布的《关于义务兵提前退出现役的暂行规定》，人事部、教育部、财政部、劳动和社会保障部、总政治部、总后勤部等13个部门联合发布的《关于自主择业的军队转业干部安置管理若干问题的意见》，民政部、劳动和社会保障部、卫生部、总后勤部发布的《军人残疾等级评定标准》，总参谋部、邮电部联合发布的《关于义务兵免费邮寄平信的通知》，交通部、总后勤部发布的《关于军人乘船购票优先的通知》等。

军事规章，如总参谋部发布的《中国人民解放军通信保密规则》、《中国人民解放军院校图书馆工作条例》，总政治部发布的《军队党组织发展党员工作规定》、《中国人民解放军监察工作规定》，总后勤部发布的《中国人民解放军兵站工作条例》、《军队事业单位编制管理规定》，总装备部发布的《中国人民解放军武器装备军内科研工作管理规定》、《中国人民解放军装备采购合同管理规定》，总参谋部、总政治部、总后勤部联合发布的《中国人民解放军院校学员学籍管理条例》等总部规章，以及各军兵种、军区发布的军兵种规章和军区规章。

此外，各省、自治区、直辖市和较大的市的人民政府，也制定了大量涉及国防和军事事务的地方政府规章，如北京市人民政府制定的《退伍义务兵安置办法》等。

第二节　军事法体系的横向构成

军事法体系的横向构成，即依据军事法律规范的规范内容、调整领域及方法等标准，对军事法体系进行的横向结构划分。目前，学术界对我国军事法体系的横向构成有多种观点。综合各种观点，可分别按照不同标准划分我国军事法体系中的分支部门。

一、国内军事法与国际军事法

从法律渊源的角度，可将我国军事法体系区分为国内军事法与国际军事法两大组成部分。

我国军事法体系中的国内军事法，是指依据我国《宪法》、《立法法》、《军事法规军事规章条例》，由各类享有军事立法职权的机关制定颁布的军事法律规范。这类军事法律规范在我国军事法体系中占主体地位。

我国军事法体系中的国际军事法，是指我国同外国缔结或者加入、接受的有关条约和协定。我国《国防法》规定：中华人民共和国在对外军事关系中遵守同外国缔结或者加入、接受的有关条约和协定。这一规定表明，这类军事法律规范同样也是我国军事法体系的重要组成部分。

二、国防法律制度与武装力量法律制度

从适用领域的角度，可将我国军事法体系区分为国防法律制度和武装力量法律制度两大组成部分。

我国军事法体系中的国防法律制度，是指调整国防建设领域社会关系——国家与公民、组织（含武装力量）之间在国防活动中产生的各种社会关系，国家国防活动中的对外军事关系，武装力量与外部的军政、军民关系等——的法律规范总和，一般表现为基本法律（如《中华人民共和国国防法》、《中华人民共和国兵役法》等）、法律（如《中华人民共和国国防动员法》、《中华人民共和国人民防空法》、《中华人民共和国国防教育法》、《中华人民共和国军事设施保护法》等）、军事行政法规和地方性军事法规、军事行政规章与地方政府规章的形式。其中，军事法律、军事

行政法规和军事行政规章适用于全社会（含武装力量），地方性军事法规和地方政府规章适用于本地区。这类军事法律规范，具有调整范围比较大、适用领域比较广、公开化程度比较高等特点。

我国军事法体系中的武装力量法律制度，是指主要调整武装力量内部军事关系的法律规范总和，一般表现为军事法规、军事规章等形式，有时也表现为军事法律的形式。其中，军事法规、军事规章仅适用于武装力量内部，相关军事法律则适用于全社会，但一般主要适用于武装力量内部。这类军事法律规范，一般具有调整范围相对比较小、适用领域相对比较窄、公开化程度相对比较低等特点。另外，武装力量法律制度还可分为适用于武装力量整体的法律制度和适用于武装力量部分或局部的法律制度，前者如《中华人民共和国现役军官法》、《中华人民共和国预备役军官法》、《中华人民共和国军人保险法》、《中国人民解放军军官军衔条例》等军事法律、军事法规以及军事规章层级的总部规章等；后者如《中华人民共和国人民武装警察法》、《中华人民共和国驻香港特别行政区驻军法》、《中华人民共和国驻澳门特别行政区驻军法》等军事法律，以及军事规章层级的军兵种规章、军区规章等。

三、军事组织法、军事行为法与军事责任法

从法的运行要素的角度，可将我国军事法体系区分为军事组织法、军事行为法和军事责任法三大组成部分。

我国军事法体系中的军事组织法，是指规定国家国防和武装力量组织结构、机构设置、人员装备编配的法律规范的总称，主要包括我国《宪法》、《国防法》所确立的国防领导体制、武装力量体制和编制，以及其他军事法律依据《宪法》和《国防法》，对各类具体国防和军事行为主体及其职权的规定。军事组织是国防和军事行为的重要主体，军事组织法通过明确军事组织系统的机构设置、职责权限划分及其相互关系，对于适应国防和武装力量建设的需要具有重大意义，在军事法体系中居于核心地位。

我国军事法体系中的军事行为法，是指规定我国国防和军事主体在各类国防和军事活动中的权力职责和权利义务的法律规范总和。军事行为，包括兵役、国防动员、国防教育、国防科技、国防经济以及武装力量建设、战备与作战等各类国防和军事活动中发生的，具有明确权利和义务内容，能够产生特定法律效果的行为。根据不同标准，军事行为可分别表现为作为与不作为，军事立法行为、军事执法行为与军事司法行为，抽象军事行为和具体军事行为，内部军事行为与外部军事行为，核心军事行为与非核心军事行为。军事行为法在军事法体系中占有较大比例，为军

事行为提供了明确指引,是国家国防和军事目的的具体体现。

我国军事法体系中的军事责任法,是指规定我国军事法律关系主体违反国防和军事法律所应承担法律责任的法律规范总和。根据不同标准,军事责任可分别表现为个人责任与组织责任,军人、军事组织责任与非军人、非军事组织责任,民事责任、行政责任与刑事责任等。我国各项军事立法中,在明确规定军事法律关系主体相关权利义务的同时,也往往都明确规定了军事法律关系主体的违法责任;《中华人民共和国刑法》和《中国人民解放军纪律条令》,还分别集中规定了危害国防利益罪、军人违反职责罪的刑事责任和军人、部队违纪责任。军事责任法对于国防和军事目的的实现具有重要的保障功能。军事责任法的目的,就在于保障军事法所规定的权利、义务得以实现,在它们受到阻碍或军事法所保护的利益受到侵害时,通过适当的国家强制手段,使对侵害发生有责任的人或单位承担军事责任,以消除侵害并尽量减少未来发生侵害的可能性。

四、平时军事法与战时军事法

从适用社会状态的角度,可将我国军事法体系区分为平时军事法和战时军事法两大组成部分。

平时军事法,是指适用于和平时期国防和武装力量建设的军事法律规范总和,如关于平时的兵役、国防教育、国防科技、国防经济、人民防空等国防活动的法律制度,关于武装力量平时军事训练、战备活动的法律制度等。战时军事法,则是指主要适用于战时,通过规范、保障和约束战时军事权,以预防、应对和消除战时状态的军事法律规范总和,如关于国家战时状态决定与宣布、战时动员、作战指挥与管理、战时社会秩序军事管控等方面的法律制度等。

应当看到,平时军事法侧重于规范、保障平时的国防与武装力量建设活动,但其最终目的还在于通过提高国防和军队建设水平,以利于打赢战争或遏止战争,因此,平时军事法制建设也必然会十分注重平战结合。这就决定了平时军事法的许多规范内容在战时仍将具有法律效力,决定了其与战时军事法在规范内容上多有交叉,二者间的有机联系不可机械割裂。如许多国家宪法关于军事统率权的规定,军事法律法规中关于军事犯罪、军队纪律的一般性规定等,就是既属于平时军事法范畴、也属于战时军事法范畴的规范内容;再如各国的作战法规,既是各国战时组织指挥和军事行动的基本依据,也是各国平时战备、训练的基本依据。同时,出于战时国家军事利益的特殊需要,战时军事法在平时军事法的基础上有所损益,即战时军事法包含许多平时军事法所不包含、或与平时军事法规范内容相冲突的特别规范。如各国军事法律法规中关于战时军事犯罪、战时缓刑、战时军事刑事诉讼、战时兵员征集、战时新闻管制、战时军纪等若干方面的特殊规定,均仅适用于战时而不适用于平时。这些仅适用于战时的特别规范的存在,体现了战时军事法在规范内容上的特别性特征。

五、我国军事法体系横向构成的综合考量

在综合考量上述各类标准构建情况的基础上,并适当考虑我国现行军事法律规范数量规模因素,可对我国军事法体系的横向构成作以下划分:

(一) 我国国防和军事法律制度

我国国防和军事法律制度,是指我国享有军事立法职权的机关制定颁布的军事法律规范。

1. 国防法律制度

(1) 军事组织法律制度;(2) 军事行为法律制度,具体包括兵役法律制度、国防教育法律制度、国防经济法律制度、国防科技法律制度、国防动员法律制度、军人权益保障法律制度等;(3) 国防责任法律制度,主要是指《中华人民共和国刑法》中关于危害国防利益罪的规定,以及其他国防法律制度中关于违法责任的规定等。

2. 武装力量法律制度

(1) 武装力量普通法律制度,包括主要适用于武装力量的《中华人民共和国现役军官法》、《中华人民共和国预备役军官法》、《中华人民共和国军人保险法》、《中国人民解放军军官军衔条例》等军事法律,以及适用于武装力量内部军事工作、政治工作、后勤工作、装备工作等领域的军事法规及军事规章层级的总部规章等;(2) 武装力量特别法律制度,包括适用(或主要适用)于武装力量部分或局部的《中华人民共和国人民武装警察法》、《中华人民共和国驻香港特别行政区驻军法》、《中华人民共和国驻澳门特别行政区驻军法》等军事法律,以及军事规章层级的军兵种规章、军区规章等;(3) 武装力量内部军事责任法律制度,主要包括《中华人民共和国刑法》中关于军人违反职责罪的规定,《中国人民解放军纪律条令》关于违纪责任的规定,以及其他武装力量法律制度中关于违法责任的规定等。

(二) 对我国生效的国际军事法律制度

对我国生效的国际军事法律制度,主要包括我国缔结或者加入、接受的有关国际安全保障和战争与武装冲突等方面的条约和协定。

1. 国际安全保障法律制度

主要包括《联合国宪章》确立的集体安全保障体制、联合国维和行动法律制度、国际军控与裁军法律制度等。

2. 战争与武装冲突法律制度

包括关于武力使用、作战行为、战时中立以及战争犯罪惩处等方面的国际法律制度。

第五章 军事法的创制实施

军事法的创制实施,是指包括军事法的立法、适用、遵守、监督和服务等环节在内的军事法运行过程。军事法的创制实施,能够使军事法律规范中设定的权利义务,转化为现实生活中具体的权利义务关系,转化为军事法主体实际的法律活动。

第一节 军事法的创制

军事法的创制,是指国家最高权力机关和授权的国家机关、军事机关依照法定权限和程序,制定军事法律规范的活动。

一、军事法的创制体制

军事法的创制体制,是指关于军事法创制主体和军事法创制权限的体系与制度。我国《宪法》、《立法法》关于立法主体和权限的规定,以及《国防法》、《军事法规军事规章条例》关于军事法规、军事规章立法主体和权限的规定,明确了我国军事法的创制体制。

我国《宪法》、《立法法》对我国法的创制体制作了一般规定,军事法作为我国社会主义法律体系的组成部分,其创制必然适用这些一般规定。依据《宪法》,全国人民代表大会有权修改宪法,宪法中的军事条款,居于军事法律规范的最高层次,是创制其他军事法律规范的根本依据;依据《宪法》和《立法法》的规定,全国人民代表大会有权制定和修改基本军事法律,全国人民代表大会常务委员会有权制定和修改其他军事法律;国务院有权根据宪法和法律,单独制定或与中央军事委员会联合制定军事行政法规;省、自治区、直辖市和较大的市的人民代表大会及其常务委员会，可以制定地方性军事法规；国务院各部、委员会、中国人民银行、审计署和具有行政管理职能的直属机构，可以单独制定或与中央军事委员会各总部联合制定军事行政规章，省、自治区、直辖市和较大的市的人民政府，可以制定地方政府军事规章。此外，《立法法》还规定：中央军事委员会根据宪法和法律，制定军事法规；中央军事委员会各总部、军兵种、军区，可以根据法律和中央军事委员会的军事法规、决定、命令，在其权限范围内，制定军事规章。

我国《国防法》和《军事法规军事规章条例》，对中央军事委员会及中央军事委员会各总部、军兵种、军区等军事机关的军事立法权限作了具体规定。其主要内容包括：中央军事委员会根据宪法和法律，制定军事法规；需由军事法规规定的事项尚未制定军事法规的，中央军事委员会可以根据需要，授权有关总部先制定军事规章。总部可以根据法律、军事法规、中央军事委员会的决定和命令，制定适用于全军的军事规章；军兵种、军区可以根据法律、军事法规、中央军事委员会的决定和命令、总部规章，制定适用于本军兵种、本军区的军事规章。

二、军事法的创制程序

军事法的创制程序，是指国家和军事机关在制定、修改或者废止军事法律规范的活动中所必须履行的法定步骤和手续。

（一）军事法律的创制程序

《立法法》对全国人民代表大会及其常务委员会立法程序作了一般规定，全国人民代表大会创制军事基本法律、全国人民代表大会常务委员会创制军事法律的立法活动，适用这些一般规定。军事基本法律和军事法律的创制程序包括：

1. 提出议案

依据《立法法》规定，全国人民代表大会主席团、全国人民代表大会常务委员会、国务院、中央军事委员会、最高人民法院、最高人民检察院、全国人民代表大会各专门委员会、一个代表团或三十名以上的代表联名，可以向全国人民代表大会提出军事法律议案；全国人民代表大会常务委员会委员长会议、国务院、中央军事委员会、最高人民法院、最高人民检察院、全国人民代表大会各专门委员会、全国人民代表大会常务委员会组成人员十人以上联名，可以向全国人民代表大会常务委员会提出军事法律议案。

2. 审议草案

（1）全国人民代表大会审议法律案程序

①列入全国人民代表大会会议议程的法律案，大会全体会议听取提案人的说明

后,由各代表团进行审议;②列入全国人民代表大会会议议程的法律案,由有关的专门委员会进行审议,向主席团提出审议意见,并印发会议;③列入全国人民代表大会会议议程的法律案,由法律委员会根据各代表团和有关的专门委员会的审议意见,对法律案进行统一审议,向主席团提出审议结果报告和法律草案修改稿,对重要的不同意见应当在审议结果报告中予以说明,经主席团会议审议通过后,印发会议;④列入全国人民代表大会会议议程的法律案,在交付表决前,提案人要求撤回的,应当说明理由,经主席团同意,并向大会报告,对该法律案的审议即行终止;⑤法律案在审议中有重大问题需要进一步研究的,经主席团提出,由大会全体会议决定,可以授权常务委员会根据代表的意见进一步审议,作出决定,并将决定情况向全国人民代表大会下次会议报告,也可以授权常务委员会根据代表的意见进一步审议,提出修改方案,提请全国人民代表大会下次会议审议决定。

(2) 全国人民代表大会常务委员会审议法律案程序

①列入常务委员会会议议程的法律案,一般应当经三次常务委员会会议审议后再交付表决;常务委员会会议第一次审议法律案,在全体会议上听取提案人的说明,由分组会议进行初步审议;常务委员会会议第二次审议法律案,在全体会议上听取法律委员会关于法律草案修改情况和主要问题的汇报,由分组会议进一步审议;常务委员会会议第三次审议法律案,在全体会议上听取法律委员会关于法律草案审议结果的报告,由分组会议对法律草案修改稿进行审议;②列入常务委员会会议议程的法律案,各方面意见比较一致的,可以经两次常务委员会会议审议后交付表决;部分修改的法律案,各方面的意见比较一致的,也可以经一次常务委员会会议审议即交付表决;③列入常务委员会会议议程的法律案,法律委员会、有关的专门委员会和常务委员会工作机构应当听取各方面的意见;听取意见可以采取座谈会、论证会、听证会等多种形式;④列入常务委员会会议议程的重要的法律案,经委员长会议决定,可以将法律草案公布,征求意见;各机关、组织和公民提出的意见送常务委员会工作机构;⑤列入常务委员会会议议程的法律案,在交付表决前,提案人要求撤回的,应当说明理由,经委员长会议同意,并向常务委员会报告,对该法律案的审议即行终止;⑥法律案经常务委员会三次会议审议后,仍有重大问题需要进一步研究的,由委员长会议提出,经联组会议或者全体会议同意,可以暂不付表决,交法律委员会和有关的专门委员会进一步审议;⑦列入常务委员会会议审议的法律案,因各方面对制定该法律的必要性、可行性等重大问题存在较大意见分歧搁置审议满两年的,或者因暂不付表决经过两年没有再次列入常务委员会会议议程审议的,由委员长会议向常务委员会报告,该法律案终止审议。

3. 通过法律

经全国人民代表大会各代表团审议的法律草案修改稿，经由法律委员会根据各代表团的审议意见进行修改，提出法律草案表决稿，由主席团提请大会全体会议表决，由全体代表的过半数通过。经全国人民代表大会常务委员会会议审议的法律草案修改稿，由法律委员会根据常务委员会组成人员的审议意见进行修改，提出法律草案表决稿，由委员长会议提请常务委员会全体会议表决，由常务委员会全体组成人员的过半数通过。

4. 公布法律

全国人民代表大会或全国人民代表大会常务委员会通过的法律，由国家主席签署主席令予以公布。

（二）军事法规、军事规章的创制程序

根据《宪法》和《国防法》有关规定制定的《军事法规军事规章条例》，适用于中央军事委员会、中央军事委员会各总部、军兵种、军区等军事机关创制军事法规、军事规章的立法活动。军事法规、军事规章的创制程序包括：

1. 计划

（1）中央军委、总部、军兵种、军区于每年年初编制年度立法计划。总部、军兵种认为需要制定军事法规的，应当于每年12月31日前，向中央军委提出列入下一年度中央军委立法计划的立项建议；总部的有关部门和军兵种、军区的有关机关认为需要制定军事规章的，应当于每年11月30日前，向所隶属的总部、军兵种、军区提出列入下一年度本单位立法计划的立项建议；（2）军事法规、军事规章的立项建议应当包括军事法规、军事规章的名称，立法依据，规范的主要事项，发布机关，军事法规、军事规章草案的报送时间，起草单位及起草负责人等具体内容；立项建议应当以书面形式提出，经本单位、本机关或者本部门负责人签署，并加盖公章；（3）中央军委法制机构和总部、军兵种、军区负责法制工作的部门，应当根据军队建设总体部署，对报送的军事法规、军事规章立项建议综合研究，突出重点，统筹兼顾，于每年1月31日前拟订本级年度立法计划，分别报中央军委、总部、军兵种、军区审批；年度立法计划经批准后，以批准机关文件的形式下发执行。总部、军兵种、军区的年度立法计划，由各单位法制工作部门报中央军委法制机构备案；年度立法计划一经制定，各有关单位必须严格执行；（4）年度立法计划在执行过程中，因情况变化需要调整时，有关执行单位应当提出书面报告，说明理由，由立法计划的拟订部门研究后，按照规定的权限报批；（5）中央军委根据军队建设中长期计划，编制中央军委立法规划；总部、军兵种、军区可以根据立法工作的需要，编制本级

立法规划；立法规划通常每5年编制一次。

2. 起草

凡列入各级创制规划、计划的军事法规、军事规章，由各相应的主管部门分别负责起草。起草法规、规章草案的具体要求包括：(1) 内容要完整。草案内容通常包括法规、规章的名称，创制法规、规章的目的和依据，适用范围，主管部门，行为规范及法律责任，施行日期等；(2) 形式要系统化。法规、规章的内容用条文表达，每一条通常包括一项独立的规定，可由若干款组成，款下又可分项、目、点；条文较多的法规、规章，可根据其篇幅并考虑各项规定之间的有机联系，分编、章、节；(3) 文字要规范准确。法规、规章的措词必须使用规范性语言，符合语法规则；文字要简洁、明晰、准确；对同一概念应当使用同一词汇来表达，以保持用词的统一性；(4) 广泛征求意见。草案起草完毕后，应当将草案连同简要说明印发有关单位和对象，广泛征求意见；起草单位对修改补充意见应当加以充分考虑，并通过对草案的进一步修改补充，尽量吸收修改补充意见中的合理部分，对有争议的问题，应当通过协商取得一致意见，经协商仍有分歧的，上报草案时要说明情况和各自的理由。

3. 送审与审定

(1) 报中央军委的军事法规草案，由中央军委法制机构审查；报总部、军兵种、军区的军事规章草案，由各单位法制工作部门审查；(2) 各级法制机构或部门将报送的军事法规、规章分送有关单位和部门征求意见；(3) 军事法规、规章草案中涉及的重大事项，有关的法制机构或部门要深入调查研究，广泛听取意见，充分研究论证；(4) 各级法制机构或部门审查草案后，做出如下处理：一是对立法条件成熟、草案内容符合规定、有关各方意见一致的草案，提出审查报告，报军事法规、规章制定机关审议；二是对立法条件成熟、但草案部分内容需要修改或各方有分歧意见的草案，经修改、协商并送呈报单位征求意见后，提出审查报告，报送军事法规、规章制定机关审议；三是对立法条件不成熟、存有重大分歧意见的草案，提出退回建议，连同草案一并退回呈报单位。

4. 决定与发布

(1) 军事法规草案由中央军委常务会议审议决定，有特殊情况时也可由中央军委审批；军事规章草案由总部、军兵种、军区首长办公会议审议决定，有特殊情况时也可由总部、军兵种、军区审批；(2) 军事法规、规章草案审议时，呈报单位或起草单位负责人应到会作起草说明，相关的法制机构或部门负责人应到会报告审查意见；(3) 军事法规由中央军委主席签署命令予以发布，或经中央军委批准，由有关总部、军兵种的最高首长签署命令予以发布；军事规章由总部、军兵种、军区最高首长签署命令予以发布，联合制定的军事规章由联合制定单位的最高首长共同签署命令予以发布。

5. 备案

(1) 军事规章发布之日起 30 日内，制定军事规章的机关应将军事规章正式文本 5 份和备案报告、说明等报送中央军委备案；联合制定的军事规章，由主办单位报送备案；(2) 报送中央军委备案的军事规章，应径送中央军委法制机构审查；军委法制机构可将备案的军事规章发送有关单位征求意见，也可要求原制定机关或起草单位说明有关情况；(3) 中央军委法制机构审查后，分别做出如下处理：与法律、军事法规相抵触的，或者不符合有关立法权限规定的，提出修改或撤销建议，报中央军委批准后，通知制定机关予以修改或撤销；与同一机关制定的其他军事规章对同一事项的规定有矛盾的，告制定机关予以修改；与其他机关制定的军事规章对同一事项的规定有矛盾的，告有关制定机关协调处理；违反制定程序规定或不符合立法体例要求的，提出意见，告制定机关处理。制定机关接到中央军委法制机构的处理意见后，应及时作出处理；(4) 军队单位和人员认为军事规章与法律、军事法规相抵触或存在其他重大问题的，可向中央军委法制机构提出审查建议，由中央军委法制机构研究后，按有关规定处理；(5) 中央军委法制机构应对备案情况进行汇总，向中央军委报告，并通报有关单位；(6) 依据总部规章制定的军兵种、军区规章，在报送中央军委备案的同时，还应报送有关总部备案。

6. 修改与废止

(1) 修改军事法规、规章，可由制定机关对该法规或规章的部分规定进行修改，也可重新制定以取代原法规或规章；修改后的法规或规章，应将修改决定和修改文本一并发布；重新制定的法规或规章，应在其中明确规定废止原法规或规章；(2) 废止军事法规、规章，应以专门的决定宣布或在新法规、规章中明确；(3) 修改和废止军事法规、规章的权限和程序，适用有关军事法规、军事规章制定权限和程序的规定。

第二节　军事法的实施

军事法的实施，是指军事法律规范在社会生活中的运用和实现，即国家机关及其工作人员、社会组织和公民实现军事法律规范的活动,包括军事法的遵守、适用、监督、服务和宣传教育等内容。本节重点介绍军事法的遵守、适用和监督等实施环节。

一、军事法的遵守

军事法的遵守,是指社会主体依照军事法律规范,行使军事权利和履行军事义务的活动。

1. 军事法遵守的主体

军事法遵守的主体,是指依照军事法律规范,行使军事权利和履行军事义务的国家机关、社会组织和公民。它分为两大类:一类是特殊主体,即军事机关、军人和其他担负军事任务的人员;另一类是一般主体,即国家一般机关、社会组织和普通公民。

2. 军事法遵守的内容

军事法遵守的内容,是指国家机关、社会组织和公民遵守军事法律规范的范围。军事法遵守主体的类别不同,其遵守军事法律规范的范围也不同。一般的国家机关、社会组织和普通公民,要遵守宪法中的军事条款;遵守军事基本法律,如国防法、兵役法,遵守其他基本法律中的军事条款,如《刑法》中危害国防利益罪条款,《婚姻法》中保护军婚条款;遵守军事法律,如《国防动员法》、《军事设施保护法》、《人民防空法》,遵守其他法律中的军事条款,如戒严法中的军事条款;遵守军事行政法规,如《征兵工作条例》、《国防交通条例》,遵守其他行政法规、地方性法规中军事条款;遵守军事行政规章、其他行政规章和地方政府规章中的军事条款;遵守我国参加和缔结的国际军事条约、协定及相关国际条约、协定中的军事条款等。军事组织和军人在遵守上述军事法律规范之外,还应遵守军事法规和军事规章。

3. 军事法遵守的要求

军事法遵守的要求,是指军事法遵守主体遵守军事法律规范的基本标准。对不同类型的守法主体,有不同的要求。一是全体社会成员都应自觉遵守军事法律规范;二是军人应当带头遵守军事法律规范;三是党和国家干部要模范遵守军事法律规范;四是执法机关应当严格遵守军事法律规范。

二、军事法的适用

军事法的适用,是指国家司法机关和国家授权的行政机关及其工作人员,依照法定的职权和程序,将军事法律规范运用于公民或组织的活动。军事法的适用包括军事执法和军事司法两种活动形式。

(一) 军事执法

军事执法,特指国家一般行政机关和军事行政机关及其工作人员,依据军事法律规范解决具体军事行政事务的过程。

1. 军事执法主体

军事执法主体,是指具有军事执法权力,并能承担由于行使其执法职权而引起的权利和义务的国家一般行政机关和军事行政机关及其授权的职能部门。也就是说,军事执法主体,既包括国家一般行政机关,也包括军事行政机关,还包括这些行政机关下属的能以自己名义行使军事执法权的职能机关。

2. 军事执法的方式

军事执法主要包括命令、检查和处理三种方式。命令,是军事执法主体依法以书面或口头形式,就军事法律规范的具体贯彻、运用,对军事执法对象发布指令性要求;检查,是军事执法主体依法对军事执法对象履行其军事义务进行了解的行为;处理,是军事执法主体根据军事执法对象履行军事义务的状况,依法作出的奖惩决定及措施。

3. 军事执法的要求

军事执法的要求,包括军事执法要素必须齐全完备、军事执法意识必须不断强化、规范内容必须严格执行、激励机制和责任机制必须不断完善、领导干部必须率先垂范等。

(二) 军事司法

军事司法,是指国家一般司法机关和专门军事司法机关,依照法定权限和程序,将军事法律规范应用于具体人或组织的专门活动。

1. 军事司法主体

军事司法主体,包括国家一般司法机关和专门军事司法机关。国家一般司法机关,其军事司法职责,主要是对非军人和非军事组织违反军事法律规范的案件进行司法处理,如对违反《刑法》中危害国防利益罪行为以及违反《军事设施保护法》、《兵役法》等军事法律规定构成刑事犯罪案件的处理,同时,也处理有关军人的民事案件(如军人离婚等民事案件)以及其他有关案件等。专门军事司法机关,包括军队保卫部门、军事检察院和军事法院。

2. 专门军事司法机关的职权

(1) 军队保卫部门主要负责有关军人违反职责犯罪案件的侦查,主要包括投敌、叛逃、临阵脱逃、战时造谣惑众、作战消极、见危不救、私放俘虏、战时自伤、盗窃抢夺武器装备或军用物资、遗弃遗失武器装备、擅自改变武器装备编配用途、阻碍执行职务、逃离部队、残害无辜居民、掠夺无辜居民财物等案件。此外，根据军地互涉案件管辖规定，属于军队保卫部门职能管辖的案件还包括：地方公安机关依法移交军队保卫部门处理的案件；现役军人（包括在编职工）与地方人员共同作案的，应当由军队保卫部门为主组织侦查或者配合地方公安机关侦查的案件；由军队保卫部门与地方公安机关共同侦查的案件；由地方公安机关提供犯罪证据材料，送交军队保卫部门审查的案件；协助地方公安机关侦查的案件；其他应当由军队保卫部门受理或者立案侦查的案件；（2）军事检察院主要负责对军人职务犯罪或利用职务上的便利实施的犯罪追究责任，主要包括《刑法》中的贪污罪、侵犯民主权利罪、渎职罪；军事检察院认为需要直接受理的其他案件，如武器装备肇事，非法出卖、转让军队武器装备，非法获取或者提供军事秘密，战时违抗命令，泄露、遗失军事机密，擅离职守或玩忽职守，滥用职权，擅自出卖转让军队房地产，私放他人偷越国（边）境，虐待、迫害部属，违抗命令，隐瞒、谎报军情或者拒传、假传军令等案件。此外，根据军地互涉案件的管辖规定，还包括应当由军事检察院负责、协助、受理或者立案侦查的案件；（3）军事法院主要负责军事检察院提起公诉案件的审理，还负责直接受理案件的管辖。军事法院直接受理的案件，包括告诉才处理的案件、其他不需要进行侦查的轻微的刑事案件以及部分军人违反职责犯罪案件。告诉才处理的案件，主要包括侮辱、诽谤、暴力干涉婚姻自由、虐待等案件；其他不需要进行侦查的轻微的刑事案件，主要包括破坏军婚、遗弃，以及部分伤害案件等；直接受理的军人违反职责罪的案件，主要包括战时遗弃伤病员、拒不救治伤病军人、虐待俘虏等案件。同时，根据军地互涉案件的管辖规定，还包括应当由军事法院负责、受理、处理或者协助地方法院处理的案件。此外，近年来，军事法院还组织开展了民事审判试点工作。

3. **军事司法的要求**

与普通司法活动一样，军事司法活动必须符合正确、合法、及时的基本要求。（1）正确。首先，军事司法活动必须做到事实清楚，证据确凿。其次，军事司法活动必须定性准确，在查明事实的基础上，实事求是地分清是否违法，以及违法的性质和程度。第三，处理要适当，正确地作出裁决，在分清是非、分清性质的基础上明确责任。第四，要做到有错必纠，一经发现处理错误，就应依法予以纠正；（2）合法。首先，司法机关处理违法行为时要有法律依据，而不能自立标准，或者依据其他非法律的标准。其次，军事司法机关在行使职权时要按照法律所规定的权限划分，各司其职，分工负责，互相监督，严格按照法定程序办事。适用法律不仅要合乎实体法,也要符合程序法的规定;(3)及时。首先,军事司法机关及其工作人员必须有高度的责任感,对国家、对人民负责,不断改进工作,提高效率,保证质量,及时司法。其次,军事司法活动的各个具体环节都要遵守一定的时限,如果超过法定时限,也是不合法的。第三,在特定情况下,及时还包括"从快"的要求。从快,是在法定的时限内,尽量缩短办案的时间,尽快审结案件,以适应客观形势的需要。

三、军事法的监督

军事法的监督,是指国家机关(包括军事机关)及其工作人员、社会组织和公民依法对军事法制定和实施情况所进行的监察、督促活动。

1. 军事法监督的类型

根据军事法监督主体的不同,可将军事法的监督分为军事法的法律监督和社会监督两种类型。(1)法律监督。军事法的法律监督,是指国家机关运用国家权力对军事法的制定和实施进行的监督。这是一类直接产生法律效果的监督,具体包括国家权力机关的监督、行政机关和军事机关的监督、检察机关的监督、审判机关的监督;(2)社会监督。军事法的社会监督,是指社会组织和人民群众以各种形式、手段和途径,广泛地、主动地参与对军事法制定、实施的监督。这是一类需要通过国家权力来实现监督效果的间接监督,具体包括社会组织(执政党、人民政协、民主党派、其他社会团体和组织等)的监督和人民群众(普通公民、军人)的监督。

2. 军事法监督的内容

军事法监督的内容,包括军事立法、军事执法、军事司法、军事法制宣传教育和军事法法律服务等整个军事法制运行过程。其中最主要的是军事立法监督、军事执法监督和军事司法监督三个方面。

3. 军事法监督的要求

军事法的监督,应遵循依法监督、公开监督、充分行使监督权三方面的基本要求。

(1)依法监督

依法监督,是指监督主体对军事法制定和实施情况的各种监察督促活动,必须依法进行。尤其是法律监督,其监督的对象、内容、方式、程序都应由法律规定,监督主体必须严格依法行使监督权。即使是社会监督主体行使军事法的监督权,也应当依照宪法和法律的规定,并在不损害国家军事利益的前提下进行各种监督活动。

(2)公开监督

公开监督,是指监督主体对军事法制定和实施的监督应当公开进行。它的基本要求是：将人民代表大会对国家行政机关、军事机关的监督向人民群众公开；国家行政机关、军事机关对全国一体遵行的军事法律、法规贯彻实施情况的监督向社会公开；军事检察机关对公开审理的、涉及危害国家军事利益的刑事案件在适用军事法律上的监督公开；公民、法人和其他社会组织对国家行政机关、军事机关执行军事法情况监督公开，等等。应当看到，由于有些军事法的内容具有相对保密性，因而对军事法的监督也并非公开所有的监督过程，而是指监督的法定制度、原则、内容、程序及其部分活动的公开。

（3）充分行使监督权

充分行使监督权，是指监督主体依法独立行使对军事法制定和实施的监督权，不受任何行政机关、军事机关、社会团体和个人的干涉。如国家司法机关（包括军事司法机关）对军事法的实施所行使的检察监督权，就应以相关的法律为依据，独立于任何行政机关、军事机关、社会团体和个人；公民、社会组织对国家机关及其工作人员违反军事法的行为，有权依法向直至中央检举揭发和控告申诉，并在法律的保护下不受任何干涉。

第二编

我国国防和军事法律制度

第六章 军事组织法律制度

军事组织法律制度,是确定国防和武装力量领导体制、设立武装力量组织机构及对武装力量进行人员编配的法律依据。目前,我国尚未制定颁布专门的《军事组织法》,关于这一方面的法律制度,主要体现在《中华人民共和国宪法》、《中华人民共和国国防法》(1997年第八届全国人民代表大会第五次会议通过)以及相关军事法律法规和规范性文件中。

第一节 概述

军事组织法律制度是国防和军事领域重要的法律制度,其科学、完备程度,对于一国国防和武装力量建设、武装力量的整体作战能力以及国防和军事法律制度建设等,都具有重大的影响作用。

一、军事组织法律制度的主要内容

军事组织法律制度,是指规定国家国防和武装力量组织结构、机构设置、人员装备编配的法律规范的总称,其主要内容包括国防领导体制、武装力量体制编制等。体制是指国防和武装力量的整体结构及各个系统、各个层次的结构、地位作用和职能权限等的统称,它是国防和武装力量组织的宏观构成;编制是指武装力量的机构设置和人员装备编配的具体规定,它主要解决武装力量各个组织单位的编成、人员和武器装备如何合理配备并有机结合,是武装力量组织的微观构成。体制是编制的依据,编制是体制的具体体现。军事组织法的任务就是使两者科学合理地结合起来,保证国防和武装力量建设的目标得以实现。

(一) 国防和武装力量领导体制

国防和武装力量领导体制，是指国家领导国防建设和军事斗争，组织、管理和指挥武装力量的组织体系及相应制度，是国家体制和军事组织体制的重要组成部分，是国防和军事法律制度中最重要的组织制度。国防领导体制主要包括最高军事统帅、国防决策机构、国防行政领导机构、国防指挥机构、国防协调机构等的设置、职权区分和相互关系等制度。

1. 最高军事统帅和国防领导与决策机构

当今世界大多数国家，都由国家元首或执政党领袖为最高军事统帅，并设立由最高统帅直接主持的国防领导与决策机构，负责制定国防政策与军事战略，决定和处理与国家安全和国防建设全局有关的重大问题。美国、俄罗斯、法国等国家的宪法规定，总统为武装力量最高统帅；根据有关法律规定设立由总统任主席，由副总统（或政府总理）、国防部长、外交部长（国务卿）等为成员的"国家安全委员会"或"国家安全会议"、"国防委员会"，作为国防领导与决策或咨询机构。英国、日本等君主立宪制国家，由内阁首相兼任武装力量最高统帅，同时也设立类似的国防领导与决策机构。

2. 国防行政领导与指挥机构

当代国家的国防事业多由政府领导。由于各国情况不同，政府主管国防的部门不同，职能权限也有区别。多数国家由国防部对国防力量实施全面领导和管理，并设有专门的作战指挥系统。同时，在政府主管全国性的经济、科技、教育等组织中，还设有相应的机构，负责规划和管理本部门与国防建设有关的工作。如美国、俄罗斯、英国、法国等国，均以国防部为最高军事领导机关，通过国防部的下辖机构对国防建设的方方面面进行统一领导和管理。有些国家如巴基斯坦、丹麦等国的国防部，是作为武装力量的统帅领导管理机构之一部分存在的，只负责军队行政管理和后勤保障管理，没有作战指挥权。还有些国家（如叙利亚、芬兰等）的国防部作为一般政府部门，主要负责军队的预算、行政事务和对外接待等工作的领导管理，不是武装力量的统帅机构，其武装力量的统帅机构为总司令部。

3. 国防协调机构

国防建设是寓于国家总体建设中的一个重要组成部分，除包括武装力量建设外，还包括国防科技/国防工业、国防动员、国防教育、战场建设、民防以及战备交通、国防通信等方面的建设，不仅涉及面广，而且交叉渗透，需要在统一领导下做好管理和协调工作。因此，世界各国都很重视国防建设领域管理与协调机构的设置，并将其作为国防领导体制中的一个重要部分。有的国家在政府或军队最高领导机关内设立专门机构，负责管理和协调国防建设工作以及各有关部门之间的关系；有的国家则赋予主管国防与军事的领导机关（国防部）以相应的职权，使其既负责军队的军事行政和指挥，又负责国防建设事业的组织与实施；有的国家还由政府、军队有关职能部门的领导人共同组成专门的委员会，协调处理有关国防领域的重要事务。如印度在国防部内设国防计划协调与执行委员会；我国设立了由政府、军队各有关部门领导人参加的国防动员委员会，为主管全国国防动员工作的议事协调机构，受国务院和中央军委双重领导。

（二）武装力量体制

武装力量体制，是指国家武装力量的总体构成形式，或称武装力量的组织结构，是国家或政治集团关于武装力量宏观的组织体系和相关制度。武装力量体制主要包括武装力量的规模和结构，其中，武装力量结构又包括军兵种结构、层次结构及职能结构等内容。

1. 武装力量的规模

武装力量的规模是指一个国家武装力量总员额的数量。它是一国政治、军事需要和经济可能的集中反映，是衡量一国军事实力的重要标志，关系到国计民生和国家安全。武装力量总员额又是武装力量编制的重要依据，直接影响武装力量的组织体制建设，一旦通过法律程序确定下来，任何部门和个人都不得随意变动。武装力量总员额的确定，首先要考虑到国家的战略目标、国际形势的紧张与缓和、战争威胁的大小；其次应以国家的经济状况和人力资源为基础，即必须考虑到国家人力、物力、财力等资源的合理分配和使用。

2. 军兵种结构

军兵种结构是指武装力量内部的军兵种构成及其比例关系。军种是指军队在其组成上，按照军队主要武器装备的不同性能和作战活动领域、基本使命和任务的不同所作的基本区分。各个军种都拥有战斗性能和使用效能各不相同的武器装备，有自己的作战兵种和实施军事行动的领域和方式，有自己的编制、训练、供给和补充方法。军种是军队构成的基本分类，现代各国已很少有单一的军种，绝大多数国家都把军队划分为陆、海、空三个军种。兵种，是指军种在其组成上，按照军队主要武器装备的不同性能和作战活动空间及任务等不同所作的基本区分，如陆军的步兵、炮兵，海军的水面舰艇部队、潜艇部队，空军的航空兵、雷达兵等。

3. 层次结构

层次结构是指武装力量各级组织的有序排列。武装力量的各级组织具有隶属关系明确、集中性强的特点。武装力量层次结构的确立，受武装力量规模、作战形式、指挥幅度等多种因素制约。科学合理地确定武装力量层次结构,对提高武装力量各级指挥控制和领导管理效率,增强快速反应能力和作战能力,具有重要的意义。

4. 职能结构

职能结构是指武装力量按不同职能区分的各系统所形成的结构方式。它通常可分为领导指挥系统、战斗部队系统、战斗保障系统、后勤和装备保障系统、院校和科研系统等。领导指挥系统由武装力量各级领导指挥机构构成,是武装力量决策和领导指挥的组织系统,是武装力量的神经中枢,对武装力量其他系统起着主导、支配和调节作用。战斗部队系统由武装力量中直接遂行作战任务的突击力量和支援力量构成,它是武装力量的主要编成。战斗保障系统由直接保障作战指挥机构和战斗部队遂行作战任务的各种必要力量构成。后勤和装备保障系统由各级后勤和装备机关、后勤和装备人员以及后勤和装备保障单位、部(分)队构成。院校和科研系统由军队综合大学、各级各类指挥和专业技术院校以及专门的研究机构、研究部门构成,主要任务是培养和造就各类军事人才,开展军事学术和军事技术研究。

(三)武装力量编制

武装力量编制,是指武装力量组织系统、机构设置和人员装备编配的具体规定。它主要解决武装力量各个系统具体单位的编成、人员与武器装备的有机结合的问题。依据不同标准,可把武装力量编制区分为平时编制和战时编制,机关编制、部队编制和院校编制,满员编制和简编编制,固定编制和非固定编制。

1. 平时编制和战时编制

平时编制是指和平时期的武装力量编制,是战时编制的基础和骨干。平时编制既要立足于节省军费、人力和物力,又要适当保存战时不易扩充的技术兵种和专业技术骨干。战时编制是指战争时期的武装力量编制,是根据作战的需要,在人力、物力可能的条件下采用的编制,要力求达到人员满员、装备配套、指挥机构健全、保障部队齐全,以最大限度提高部队战斗力。

2. 机关编制、部队编制和院校编制

机关编制是指担负武装力量组织指挥和领导管理职能的各级机关的编制,其目的在于使机关和人员的设置编配达到精干合理、职责分明、分工恰当、关系顺畅、高效运转。部队编制是指团以上各级部队的编成和人员装备的编配,其目的在于有利于直接遂行各项军事任务。院校编制应主要围绕培养各类军事人才这一中心任务来确定机构设置、各种人员编配的比例和数量,以保证教学、科研任务的完成。

3. 满员编制和简编编制

满员编制是指人员和装备达到编制限额。简编编制是人员和装备小于正常满员编制，经补充后才能执行作战任务的编制。满员编制与简编编制相结合，是许多国家采用的编制形式。

4．固定编制和非固定编制

固定编制是一个建制单位的法定编制，其所辖单位的数量、机构设置、人员装备编配都是固定的。它通常为师以下单位所采用。非固定编制单位所辖单位不固定，可根据任务需要作必要的调整。

二、军事组织法律制度的重要作用

军事组织法律制度的作用，在于通过立法确立国防和武装力量领导体制、理顺武装力量体制编制，明确军事组织系统的机构设置、职责权限划分及其相互关系，以适应国防和武装力量建设的需要。

（一）对国家国防和武装力量领导能力的影响作用

国家全面领导国防和武装力量建设事业，主要包括对战争与和平的正确判断和决策，对整个国防建设和军事斗争实施集中统一的领导和指挥，确定国防和武装力量建设近期目标和远景规划及重大的方针、原则，组织协调、妥善处理国防建设和军事斗争与其他各个领域、各条战线之间的关系，使之能够有机地配合和协调发展。国家能否对国防和武装力量实施有效领导，关键取决于国防和武装力量领导体制是否科学合理；而且，国防和武装力量领导体制还对国家武装力量的武器装备发展及战争动员等都将产生重要影响。因此，确定一国国防和武装力量领导体制的军事组织法律制度，对于国家的国防和武装力量领导能力建设具有重要的影响作用，在国防和武装力量建设中处于十分重要的地位。

（二）对国家国防要素资源进行有机组合的纽带作用

国防和武装力量建设是一个由各种资源要素构成的复杂系统，人与武器装备是其中最基本的资源要素。这些资源要素必须以一定的形式组合起来，才能形成实际的国防潜力和现实战斗力，这种组合形式就是武装力量体制编制。武装力量战斗力的组合十分复杂，包括不同的系统和不同的层次，同样的人和武器装备组合形式不同，产生的战斗力则不同。结构决定功能，只有科学合理的体制编制，才能使各种要素资源有机地结合起来，最大限度地生成和发挥武装力量的战斗力。在武装力量战斗力的组合中，体制和编制各自发挥着不同的功能。一般来说，武装力量体制主要从宏观和整体上解决各种要素资源的组合问题；武装力量编制主要从微观和局部上解决各种要素资源的组合问题。以确定国家国防和武装力量领导体制、武装力量体制编制为主要内容的军事组织法，对于将国防和武装力量建设领域各种要素资源组合成有机的整体，发挥着重要的联系纽带作用。

(三) 对国防和武装力量建设各项工作有序进行的保证作用

国防和武装力量建设各项工作的有序进行，对国家的安危举足轻重。军事组织法律制度对于国防和武装力量建设各项工作有序进行，具有重要的保证作用。首先，它规定了各级组织的基本职能和权限，明确了组织活动的基本内容和范围，使各级组织的活动有章可循。其次，它明确了各级组织、各个层次、各个系统在国防和武装力量组织体系中的地位作用和相互关系，为它们发挥各自应有的作用，并在国防和武装力量建设总体目标指导下协调一致地行动，奠定了组织基础。再次，它所具有的由国家保证实施的强制功能，能够保证各项活动有序进行。军事组织法律制度对于国防和武装力量建设各项工作有序进行的保证作用，不仅具有总体性和根本性的特点，而且具有普遍性和持续性的特点。可以说，国防和武装力量建设领域的一切活动，都不能脱离军事组织法律制度的保证。

三、军事组织法律制度的基本原则

国防和武装力量组织结构是一项复杂的系统工程，它受国家政治、军事战略、经济实力、科技水平、作战对象和民族传统等多种因素的影响和制约。因此，在制定、贯彻和实施军事组织法律制度时，应遵循一系列基本原则。

(一) 服从国家战略、军事战略需要原则

军事战略，即指导战争全局的方法，是国家战略的重要组成部分。要实现军事战略的总目标，就必须具有相适应的国防和武装力量组织形式和体制编制。因此，军事组织法律制度必须与国家战略、军事战略相适应，这是各国军事组织法的共同原则。由于国家战略、军事战略处于不断调整和发展变化的状态，国防和武装力量的组织形式和体制编制也要及时作出相应的调整。这就有必要在保持相对稳定性的基础上，对旧的军事组织法律制度进行修改或制定新的军事组织法律制度，以适应新形势的需要。

(二) 与国家经济实力和科技水平相适应原则

军事组织法律制度的一项重要内容，是确定武装力量的体制编制。而武装力量体制编制的确立，要受国家经济实力和科技水平的影响和制约。在确定武装力量体制编制时，只能立足本国的经济能力和科技水平，不能超出国家经济所能负担的限度，否则将会产生影响国家和社会发展，同时也不利于国防和军队建设。因此，在制定军事组织法、调整和确定武装力量的体制编制时，必须从实际出发，充分考虑

经济实力和科技水平，统筹经济建设和国防建设。

（三）科学合理原则

要取得现代战争的胜利，必须充分发挥武装力量的整体效应，而武装力量的整体效应，只有通过对武装力量各组成部分进行科学合理地组织，力求做到武装力量的构成成分和构成形式科学，军兵种区分合理、组织科学、系统完备、层次适当、职责分明，武装力量的战斗力才能真正得到有效发挥。科学合理的原则，要求做到几个方面：一是要有利于充分发挥各种武器系统的总体性能，达到人和武器的最佳组合，产生更大的战斗力；二是要合理确定和调整战斗部队和勤务保障支援部队的比例，提高诸军兵种联合作战和独立作战能力；三是要科学调整各军兵种和各部队之间的比例，合理照顾武装力量各部分的应有地位，保证有重点、按比例地发展各军兵；四是要充分发挥各级统率机关的职能作用，完善指挥体系，健全职能保障机构，不断提高工作效率。

（四）精简效能原则

战斗力的强弱和战争的胜负，不仅仅取决于武装力量规模的大小，更取决于人员的素质状况、武器装备的先进程度以及武装力量的组织结构是否科学合理等因素。现代战争对武装力量快速反应能力和总体作战能力提出了更新和更高的要求，军事行动必须快速、准确、灵活反应。如果武装力量组织构成臃肿庞杂，结构松散，效率低下，就不能适应现代战争的要求。因此，建设一支高效、精干的武装力量，是各国武装力量建设中共同遵循的基本原则。

（五）集中统一原则

集中统一是军事斗争对武装力量建设提出的必然要求，制定实施军事组织法律制度必须遵循集中统一的原则。其具体要求是：武装力量的编制和员额要严格立法，坚持编制审批权的高度集中统一，任何人、任何单位不得任意改变编制、增设机构和人员；武装力量的体制编制要有权威性和稳定性，要切实遵守军事组织法律制度，加强对军事组织工作的领导和管理；对于不按立法程序和审批权限随意更改编制、增设机构和人员的行为，要予以追究和处罚。

（六）平战结合的原则

和平时期，国家的建设重点放在发展经济方面，不必保持过多的常备军。而在战争时期，为赢得战争胜利，则需要快速动员组织起相应规模的武装力量。军队建设必须解决好平时和战时如何相互结合的问题。解决这个问题的主要方法是实行常备军基干制，同时加强国防动员和后备力量建设，强化快速动员体制。军事组织法必须与此相适应，充分体现平时和战时相结合的原则，对于平时和战时武装力量的体制编制作出具体而切实的规定，以保证能以有限的人力、物力、财力取得提高武装力量战斗力的最大效益。

第二节　国防和武装力量领导体制

我国的国防和武装力量领导体制，包括我国《宪法》和《国防法》确立的国防领导体制以及相关法规依据国防领导体制所确立的领导武装力量建设，管理、指挥武装力量的武装力量领导体制。

一、国防领导体制

我国现行宪法所确定的国防领导体制，是由全国人民代表大会及其常务委员会、中华人民共和国主席、国务院和中央军事委员会共同行使国家的国防领导职权。

（一）全国人民代表大会及其常务委员会

全国人民代表大会是我国最高国家权力机关。在国防职权方面，全国人民代表大会依照宪法规定，决定战争和和平的问题，并行使宪法规定的国防方面的其他职权。其他职权具体包括：选举中央军事委员会主席；根据中央军事委员会主席的提名，决定中央军事委员会其他人员的人选；罢免中央军事委员会主席和中央军事委员会其他组成人员；根据宪法准则和立法程序，对国防、建军、作战等方面的重大问题制定或修改法律等。

全国人民代表大会常务委员会是全国人民代表大会的常设机关。其国防职权包括：在全国人民代表大会闭会期间，如果遇到国家遭受武装侵犯或者必须履行国际间共同防止侵略的条约的情况，决定战争状态的宣布；决定全国总动员或者局部动员；决定全国或个别省、自治区、直辖市进入紧急状态；制定和修改应由全国人民代表大会制定的法律以外的其他关于国防、建军、作战等方面重大问题的其他法律；监督中央军事委员会的工作；规定军人的衔级制度，规定和决定授予国家的勋章和荣誉称号等。

（二）中华人民共和国主席

中华人民共和国国家主席和全国人民代表大会及其常务委员会共同行使国家元首职责。其国防职权包括：根据全国人民代表大会的决定和全国人民代表大会常务委员会的决定,公布法律,授予国家的勋章和荣誉称号,发布特赦令,宣布进入紧急状态,宣布战争状态、发布动员令。

(三) 国务院

中华人民共和国国务院,即中央人民政府,是我国最高国家行政机关,也是最高国家权力机关的执行机关。依照宪法和国防法,国务院领导和管理国防建设事业,行使下列国防职权:国防建设发展规划和计划;制定国防建设方面的方针、政策和行政法规;领导和管理国防科研生产;管理国防经费和国防资产;领导和管理国民经济动员工作和人民武装动员、人民防空、国防交通等方面的有关工作;领导和管理拥军优属工作和退出现役的军人的安置工作;领导国防教育工作;与中央军事委员会共同领导中国人民武装警察部队、民兵的建设和征兵、预备役工作以及边防、海防、空防的管理工作;法律规定的与国防建设事业有关的其他职权。

(四) 中央军事委员会

中华人民共和国中央军事委员会,是我国最高军事领导机关和武装力量最高统率机关。依照宪法和国防法,中央军事委员会领导全国武装力量,行使下列职权:统一指挥全国武装力量;决定军事战略和武装力量的作战方针;领导和管理中国人民解放军的建设,制定规划、计划并组织实施;向全国人民代表大会或者全国人民代表大会常务委员会提出议案;根据宪法和法律,制定军事法规,发布决定和命令;决定中国人民解放军的体制和编制,规定总部以及军区、军兵种和其他军区级单位的任务和职责;依照法律、军事法规的规定,任免、培训、考核和奖惩武装力量成员;批准武装力量的武器装备体制和武器装备发展规划、计划,协同国务院领导和管理国防科研生产;会同国务院管理国防经费和国防资产;法律规定的其他职权。

二、武装力量领导体制

我国《宪法》规定中央军事委员会领导全国武装力量。中央军事委员会对全国武装力量的领导,是通过其下设的四总部:总参谋部、总政治部、总后勤部、总装备部来实施的,由此构成我国武装力量领导体制。

(一) 中国人民解放军总参谋部

中国人民解放军总参谋部是中央军委的军事工作机关,是负责全国武装力量建设和实施作战指挥的军事领导机关。

根据相关军事法律、法规,总参谋部的基本任务是:贯彻落实中共中央和中央军委提出的关于建军方针、作战原则等方针政策;组织领导全国的国防建设和武装力量建设；组织指挥全国武装力量军事行动；领导全国战备工作；战时负责作战组织指挥的实施。其主要职权包括：掌握、分析和研究国际战略形势的发展变化和有关国家、地区的军事动向及其对我国安全的现实和潜在威胁影响，结合国情和军情实际，向中央军委提出国防战略、国防建设、武装力量建设和军事斗争方针、原则、任务、措施等重大问题的建议；编制军队建设和全军军事建设方面的规划、计划，并组织贯彻执行；拟制军事工作的法律法规和规章，并监督执行；组织全军战备工作，拟制战备建设规划，制定全军作战计划，掌管全军部队的部署和调动，组织指挥各军区、军兵种部队的作战和重大抢险救灾行动；领导和管理全军军事训练、组织全军院校教育和学位工作，指导军事科学研究；组织领导全军侦察情报、通信、机要、测绘、信息对抗、信息化建设、保密和档案工作；领导和管理全军组织编制工作、全军兵员、行政管理、警备勤务工作，掌管全军定额和军事实力；领导炮兵、装甲兵、工程兵、陆军航空兵和侦察、通信、防化、电子对抗等特种部队的建设；指导全军各级司令部的业务工作和机关建设；组织领导动员工作、民兵、兵役工作和全军预备役部队军事建设，会同国务院有关部门负责全国动员的准备、组织和实施；组织领导全军外事工作，组织对外军事交流与合作，负责对外军事援助、军备控制、履行有关条约和参与国际维和行动等工作；负责协调与国务院有关的国防和军事工作；中央军委授予的其他职权。

(二) 中国人民解放军总政治部

中国人民解放军总政治部是中央军事委员会的政治工作机关，是全军政治工作的领导机关。

根据相关军事法律法规，总政治部的基本职能是在中共中央、中央军委的领导下，负责管理全军党的工作，组织进行政治工作。贯彻落实中共中央、中央军委的决议、命令和指示，保证党的路线方针政策和国家的宪法、法律在军队的贯彻执行。其主要职权包括：制定军队政治工作方针、政策和制度，拟制政治工作法规；领导全军的组织工作、干部工作、宣传工作、保卫工作、文化工作、群众工作、联络工作；会同中央军委纪律检查委员会领导全军党的纪律检查工作；指导全军的军事审判工作、军事检察工作；领导军事训练和执行任务中的政治工作、战时政治工作、全军院校政治工作、预备役部队和民兵政治工作；领导全军政治机关和政治干部队伍建设、全军政治工作研究、全军司法行政工作，管理军队律师，指导法律服务工作等。并根据中共中央、国务院、中央军委的有关规定，负责管理中国人民武装警察部队党的工作，领导人民武装警察部队开展政治工作。

(三) 中国人民解放军总后勤部

中国人民解放军总后勤部是全军后勤工作的领导机关，在中央军委的领导下主管全军联勤工作，组织实施军队的各种后勤保障。

根据相关军事法律、法规，总后勤部的基本任务是：根据中央军委关于国防建设和作战的方针、计划，按照国防建设与国民经济建设相适应、坚持国防建设与经济建设协调发展的原则，依靠国家提供的人力、物力和财力，组织领导全军联勤工作和联勤建设，提高现代高技术作战条件下的联勤保障能力。其主要职权包括：根据作战方针、原则和任务，拟制联勤工作方针、政策、法规和规划，制定联勤工作计划和规章，并组织实施、监督执行；组织领导全军经费和物资供应的计划；组织平时、战时的卫生防病和医疗救护；组织实施军事交通运输；组织营房建设，负责基本建设归口管理；负责全军后方基地建设，部署联勤力量，储备应急战备物资；拟制联勤保障方案，组织实施战时联勤动员；组织领导全军联勤教育训练、科学研究和后勤装备工作；协调解决联勤中的重大问题；中央军委赋予的其他联勤职责。

(四) 中国人民解放军总装备部

中国人民解放军总装备部是全军武器装备工作的领导机关，在中央军委的领导下，主管全军装备工作。

根据相关军事法律、法规，总装备部的基本任务是：编制全军装备建设的规划计划和装备体制，拟制装备工作的政策、法规和规划，制定全军性的装备工作规章，并组织实施和监督执行；组织领导全军装备保障和勤务工作，归口管理全军装备订货、储存保管、使用管理、技术保障、质量、退役和报废等；组织领导全军装备科研、技术革新、科技信息、专业技术人员培训工作；掌管装备经费，负责装备经费的划拨、预算、决算，并实施监督、检查和审计；组织战略武器、部分常规武器试验和航天器的发射、测控、回收等工作；组织领导全军装备机关业务建设和装备理论研究工作；组织协调与国务院有关的装备工作，协同国务院有关部门负责军品科研、生产等有关工作；中央军委赋予的其他职责。

第三节　武装力量体制和编制

《中华人民共和国兵役法》第 4 条规定："中华人民共和国武装力量，由中国人民解放军、中国人民武装警察部队和民兵组成。"这一规定表明我国武装力量在总体结构上由中国人民解放军、中国人民武装警察部队和民兵相结合的形式组成。我国军事组织法律制度的一项重要内容,就是科学合理地确定我国武装力量各组成部分的体制和编制。

一、中国人民解放军的体制编制

中国人民解放军是我国武装力量的主要组成部分,由陆军、海军、空军,第二炮兵四个军兵种及各军兵种下属诸兵种组成。

(一) 陆军体制编制

1. 陆军的兵种结构

陆军由步兵(包括徒步步兵和摩托步兵)、炮兵(包括地面炮兵、高射炮兵和战役战术导弹部队)、装甲兵(包括坦克和自行火炮等部队)、工程兵(包括工兵、舟桥、建筑、伪装、给水工程等部队)、通信兵(包括通信、通信工程和无线电通信干扰专业部队)、防化兵(包括防化、喷火等部队、分队)以及侦察、电子对抗、测绘、汽车等专业部队组成。

2. 陆军的层次结构

陆军包括总部、战区、军团、兵团、部队、分队等层次。总部为陆军的最高指挥机关。战区是条块结合、连接总部和部队的中间层次,是按战略区域设立的军队一级组织。军团是方面军和集团军的统称。兵团是军师两级组织的统称。部队主要指团级或相当于团级的组织。分队主要指营以下各级单位。

3. 陆军的职能结构

陆军职能结构主要包括领导指挥系统、战斗部队系统、战斗保障部队系统、后勤保障系统和部(分)队等。陆军的指挥机构由指挥员和司令部组成,是领导指挥部队活动的机关。陆军通常以步兵和装甲兵构成主要战斗力量,以炮兵、火箭兵、防空兵、武装直升机构成火力战斗力量,以侦察兵、通信兵、工程兵和防化兵等构成战斗保障力量,它们分别编入各类战斗部队和战斗保障部队。陆军的后勤机关和部(分)队是陆军建设和作战的后勤保障力量,陆军部队的后勤机关通常与各级指挥机构的设置相适应,分别组成各级后勤系统,负责本级的武器弹药和物资供应、医疗和运输勤务、技术保障等。

(二) 海军体制编制

1. 海军的兵种结构

海军由水面舰艇部队(包括航空母舰、导弹驱逐舰、鱼雷舰、驱逐舰、护卫舰、扫雷舰、猎潜舰、登陆舰、布雷舰和各种辅助舰船)、潜艇部队(包括装备常规动力、核动力的鱼雷潜艇和导弹潜艇部队)、海军航空兵(包括水鱼雷机、歼击机、强击机、反潜机、侦察机、运输机、水上飞机和高炮、雷达等部队以及其他专业部队、分队)、海军岸防兵、海军陆战队等兵种组成。

2. 海军的层次结构

海军领导机关设有司令部、政治部、后勤部、装备部等机关及直属单位。下辖北海舰队、东海舰队、南海舰队等建制单位。各舰队的基本组织层次,舰艇部队按基地、支队(水警区)、舰艇大队的序列编制;海军航空兵按师、团、大队、中队的序列编制;海军岸防兵按团、营、连的序列编制;海军陆战队按旅、营、连的序列编制。

3. 海军的职能结构

海军的职能结构由领导指挥系统、战斗部队系统、战斗保障系统、后勤保障系统、技术勤务系统、科研装备系统和教育训练系统等构成。

(三) 空军体制编制

1. 空军的兵种结构

空军由航空兵(包括歼击部队、轰炸部队、强击部队、水鱼雷部队、侦察部队、运输部队及其他专业部队)、高射炮兵、地空导弹兵、雷达兵、探照兵、通讯兵和空降兵等组成。

2. 空军的层次结构

空军领导机关设有司令部、政治部、后勤部、装备部等机关及直属单位。下辖沈阳、北京、兰州、济南、南京、兰州、成都七个军区空军、空降军等建制单位。各军区空军的基本组织层次,航空兵部队按师、团、大队、中队的序列编制;防空部队按旅(团)、营、连的序列编制;雷达部队按团、营、连的序列编制;空降兵部队按军、师、团、营、连、排、班的序列编制。

3. 空军的职能结构

空军的职能结构包括:领导指挥系统;以航空兵为主体,包括高射炮兵、地空导弹兵在内组成的战斗部队系统;以雷达、通信、防化、侦察、电子对抗等部队组成的战斗保障系统;后勤保障系统;技术保障系统;科研装备系统;教育训练系统。

(四) 第二炮兵体制编制

中国人民解放军第二炮兵,是由中央军事委员会直接指挥的一个特殊兵种,是实现积极防御战略方针的重要核反击力量。中国于1966年7月1日组建第二炮兵,多年来,经过精兵、合成、配套和提高效能,已逐步发展成为装备多种型号的战略导弹、配套齐全的合成兵种。第二炮兵由近程、中程、远程和洲际导弹部队,以及各种保障和专业部队组成。

1. 导弹基地

导弹基地是国家战略部署的重要组成部分,是保障战略导弹部队驻扎、训练、作战和试验的军事基地。按用途可分为训练基地、作战基地和发射基地。

2. 导弹发射分队

导弹发射分队是导弹部队的重要组成部分,是直接负责发射导弹的营以下分队的统称。通常在指挥控制、技术保障等分队配合下完成导弹发射准备和导弹发射任务。导弹发射分队的编制、名称根据所装备的导弹武器型号、性能和操作方法不同而有所区别。

3. 导弹技术保障部队

导弹技术保障部队是担负导弹的各项技术保障任务的部队,通常编成若干技术保障分队。主要任务包括对导弹实施储存、保管、运输、检查测试,维护保养、修理检验、零备件等。其编制、名称根据所装备的导弹武器型号、性能和操作方法不同而有所区别。

二、中国人民武装警察部队的体制编制

1. 警种结构

中国人民武装警察部队主要由内卫武警部队、边防武警部队、消防武警部队、特种武警部队等构成,此外还有森林、黄金、水电、交通武警部队等。

2. 层次结构

中国人民武装警察部队既是我国武装力量的重要组成部分,隶属中央军委领导和指挥,又是公安部门的组成部分,归属各级政府和公安部门领导,即受双重领导,实行分级管理、分级指挥。公安部成立武装警察部队总部机关,对武装警察部队的编制序列、服装式样、供给标准、纪律要求、教育训练、政治思想等实行统一的规划和管理,不实行全国范围内自上而下的垂直统一指挥。各省、直辖市、自治区成立武装警察总队,在公安厅领导下工作。各地、市成立武装警察支队,在公安处(局)领导下开展工作。各县、市成立武装警察大队或中队。边防武警部队因为执行任务不同,边防总队下设边防检查站、安全检查站、边防工作站、边防派出所等单位。

三、我国民兵的体制编制

民兵是我国武装力量的组成部分,是不脱离生产的群众性武装组织。我国民兵

的体制编制体现了以下原则要求：

1. 党管武装的原则

坚持党对武装力量的绝对领导，各级地方党委设立人民武装委员会，地方党委书记兼同级军事机构的第一政治委员，建立党委领导下的各级政府和军事系统对民兵工作的双重领导制度。

2. 劳武结合的原则

民兵组织与生产组织紧密结合，贯彻以劳为主、以劳养武的方针。这是民兵组织编制的基础。

3. 民兵和预备役相结合的原则

我国的民兵组织是预备役的基本组织形式，民兵组织中的基干民兵属于第一类预备役，普通民兵属于第二类预备役。贯彻民兵和预备役相结合的原则，对于提高快速反应能力，实现战时快速动员具有重要意义。

4. 突出重点的原则

民兵的体制编制建设，遵循减少数量、提高质量、抓好重点、打好基础的基本方针。民兵建设要根据经济状况和武器装备的客观可能，压缩民兵数量，把有限的财力、物力放在提高民兵素质和突出重点方面。主要应抓省区和主要战略地区的民兵建设，其次是农村民兵和大、中城市民兵，而且都要重点抓好基干民兵和骨干。只有突出重点，正确处理数量和质量的关系，民兵的体制编制建设才会更加科学合理。

第七章 兵役法律制度

兵役法律制度，是明确一国兵役形式和兵员征集程序的基本法律制度，是兵役机关进行兵役工作的制度保障，是兵役主体从事兵役活动、完成兵役任务的行为准则，是国防和军队建设的基本法律依据之一。目前，我国的兵役法律制度体系比较完备，主要包括我国《宪法》中有关兵役方面的条款、《国防法》中关于兵役方面的规定，《中华人民共和国兵役法》、《中华人民共和国现役军官法》、《中华人民共和国预备役军官法》、《中国人民解放军军官军衔条例》等兵役法律，以及大量关于兵役方面的军事行政法规或军事法规、军事行政规章或军事规章和地方性法规、规章。

第一节 概述

兵役法律制度作为国防与军队建设建设领域的重要法律制度，对于维护和巩固统治阶级的政治和经济地位，对于加强国防和军队建设，有着十分重要的作用。

一、兵役法律制度的主要内容

兵役法律制度，是国家关于公民参加常备武装组织或在常备武装组织之外承担军事义务、接受军事训练的法律制度。其主要内容包括兵役形式；各级兵役机构的设置、任务区分、相互关系；公民服现役、服预备役、接受军事训练、承担军事任务；平时兵员征集和战时兵员动员；以及军人优抚、违反兵役法律制度关于兵役义务规定行为的惩处等法律制度。

(一) 兵役形式和兵役工作机构

1. 兵役形式

兵役形式又称兵役类型。在人类社会军事法律制度发展的历史中，出现过多种多样的兵役形式，当今世界各国的兵役形式基本上可分为义务兵役制、志愿兵役制、义务与志愿相结合的兵役制三种类型。

(1) 义务兵役制也称征兵制，是国家关于公民在一定年龄内必须承担一定期限军事任务的兵役形式，其主要目的在于有效征集兵员。实行义务兵役制，士兵服现役期限短，定期征兵和退伍，有利于兵员更新，更多地储备训练有素的后备兵员；同时，可使更多的人服兵役，公民的兵役负担比较合理。另一方面，由于士兵服现役期限短，很难掌握复杂的军事技术，难以适应现代军事技术飞速发展的需要。

(2) 志愿兵役制也称募兵制，是根据自愿的原则招收人员参加武装力量的兵役形式。实行志愿兵役制，可以使自愿服役者在武装力量中较长时间服务，有利于熟练地掌握训练难度较大的技术装备，对于保留技术骨干具有重要作用。但志愿兵役制难以使武装力量在战时保持足够的兵力，不利于后备力量的积蓄，且待遇相应比较高，势必增加武装力量维持经费。

(3) 义务兵与志愿兵相结合，是取义务兵役制和志愿兵役制两者的优长所产生的一种新的兵役形式。随着现代科学技术的发展和武器装备现代化程度的不断提高，武装力量的专业技术愈来愈复杂，专业分工愈来愈细，对各类专业人员的需要量和官兵素质要求也愈来愈高，针对这种情况，世界许多国家自第二次世界大战以来不断改革兵役形式，在采取义务兵役制的同时，又采取可长期服现役的志愿兵役制，产生了义务兵与志愿兵相结合的兵役形式，或称征募混合制。实行征募混合制，不仅可以保持兵员年轻化和积蓄大量的后备兵员，又可以保留一部分技术骨干长期服现役，熟练地掌握先进的武器装备，有利于提高战斗力。

2. 兵役工作机构

兵役工作机构，是国家为便于武装力量兵员补充和后备力量储备，在各级政府及军事系统设置的兵役工作管理部门。它既包括国家与武装力量兵役工作的领导机关，也包括贯彻实施兵役法律制度的具体工作部门，它是贯彻实施兵役法律制度的执法与法律监督机构。

(二) 现役制度和预备役制度

根据公民是以参加常备武装组织的形式服役还是以在常备武装组织之外承担军事义务、接受军事训练的形式服役，可将兵役分为现役和预备役。现役制度和预备役制度分别是兵役制度中关于现役和预备役的相关内容。

1. 现役

一般是指公民自入伍之日起至退伍之日止,在常备武装组织中所服的兵役。现役军人通常分为现役士兵和现役军官两类。公民一经服现役,就必须严格按照武装力量有关条令、条例执行各自承担的职责和任务。现役制度的主要内容包括现役士兵和现役军官的基本条件、来源及服现役的期限;军人服现役的方式;军人的权利和义务;军人军衔等级与晋升规定;军人职务的考核、任免;军人的待遇及奖惩;军人退出现役及安置等。现役制度也可分为现役士兵制度和现役军官制度。

2. 预备役

一般是指公民在常备武装组织外所服的兵役,是国家储备后备兵员的重要形式。预备役制度是国家兵役制度的重要组成部分,是建设国防后备力量的基本途径,是战时后备兵员动员的根本保障。预备役制度的主要内容包括预备役的构成和分类;预备役人员的服役期限和最高服役年龄;预备役的组织;预备役人员的职责、权利和义务;预备役人员的登记;预备役人员的军事训练;预备役人员的职衔晋升、奖惩;预备役人员的退休、退役等。预备役制度也可分为士兵预备役制度、军官预备役制度、预备役组织制度等。

(三) 平时兵员征集和战时兵员动员

1. 平时兵员征集

平时兵员征集也称征兵,是指在和平时期为保障常备武装力量兵员的补充,依照法律规定将符合服现役条件的应征公民征入常备武装组织服现役的制度。平时兵员征集制度的主要内容包括:征集命令的发布;征集的年龄要求;征集的方法和程序;缓征、免征和不征集;以及军事院校从青年学生中招收学员等。

2. 战时兵员动员

战时兵员动员,是指国家为准备或进行战争而征集或招募适龄公民服现役所采取的措施。其主要任务是征召预备役人员和适龄公民入伍并迅速到达部队服现役,以保障军队扩编和伤亡补充所需的兵员。战时兵员动员制度的主要内容包括:战时兵员动员的组织机构及职权;战时兵员动员的准备实施。

除上述内容之外,军人优抚以及公民(含现役军人)、组织违反兵役法律制度关于兵役义务规定行为的惩处等,也是兵役法律制度的重要内容。相关制度将分别在武装力量法规制度、军人荣典优抚法律制度、军事刑事法律制度等章介绍。

二、兵役法律制度的重要作用

兵役法律制度在加强国防和军队建设方面,具有确保兵员来源、确保兵员质量和规范兵役活动等重要作用。

(一) 确保兵员来源

兵役法律制度是确保常备武装力量兵员来源的重要保证。常备武装力量是统治阶级实现国家对内对外职能的工具，其主要任务是战时对外作战，平时保卫和建设国家。武装力量建设顺利进行和取得作战胜利，要有一支稳定的骨干力量，这就必须建立定期征兵和退役的制度。兵役法律制度规定了补充兵员的形式、途径和条件，保证了常备武装力量的兵员来源。

兵役法律制度是储备国防后备力量的重要保证。建设一支常备军，是巩固国防、抵抗侵略、保卫国家的需要。但是常备军的数量是有限的，庞大的常备军不仅影响国家的经济建设，而且影响常备军自身的建设。因此，要巩固国防，在建设常备军的同时，还要加强国防后备力量的建设。兵役法律制度中的预备役制度，既可以积蓄建设国防后备力量所需要的普通兵员，也有利于解决补充训练难度较大的国防后备力量技术兵员和军官的问题。

兵役法律制度是战时补充足够数量的兵员投入战争的重要保证。战争具有突发性和破坏性，人力、物力消耗多。一旦发生战争，常常需要有足够数量的后备力量作为补充。兵役法律制度除对平时兵员征集作了规定外，还对战时兵员动员作了专门规定，规定公民战时迅速应召、依法履行兵役义务，满足战时组建扩建军队的需要，有利于保证有足够数量的兵员投入战争。

(二) 确保兵员质量

兵役法律制度是确保兵员政治纯洁的重要保证。武装力量的特殊职能和任务，不仅要求其成员具有良好的军事技能，而且还要具备良好的政治素质，不允许有犯罪分子、敌对分子、自首变节分子、贪生怕死分子等在武装力量中服役。兵役法律制度不仅规定依照法律剥夺政治权利的人不得服兵役，而且还规定了不征集被羁押正在受侦查、起诉、审判的或者被判处徒刑、拘役、管制正在服刑的应征公民，有利于保证兵员在政治上的纯洁性。

兵役法律制度是激励兵员战斗精神的重要力量。兵员战斗精神是提高武装力量战斗力的重要保障。如果力量涣散、军心不稳，武装力量不仅对外作战不能取胜，就是在平时也不能很好地履行保卫和建设国家的职能。兵役法律制度在强调依法服兵役是公民应尽的义务的同时，还规定了现役军人的优待和退出现役的安置等问题，不仅有利于提高公民依法服兵役的积极性和自觉性，而且有利于提高军心士气，增强武装力量的战斗力。

(三) 规范兵役活动

兵役法律制度确定了国家兵役活动领导体制，明确了兵役工作机构职责权限及工作程序，规定了公民、组织在履行兵役义务时的具体要求，还建立起平时储备武力、积蓄后备兵员和战时输送武力、动员大批后备兵员补充到常备武装力量的重要转化机制，严格规范了兵役活动的整个过程。以科学完备的兵役法律制度规范兵役活动，有利于解决国防和武装力量建设的兵员来源问题，使兵员成分按期更替，不断保持新鲜血液、保持朝气、保持战斗力；有利于建设一支数量充足、素质良好、结构合理、装备精良、训练有素、反应快速的强大后备力量，不断强化军事潜力；有利于根据战时动员的需要，对预备役人员进行科学编组，合理区分动员层次，建设完善的动员体制，为战时实施快速动员做好准备。

三、兵役法律制度的基本原则

兵役法律制度的基本原则，是贯穿于兵役法律制度贯彻实施全过程，并对整个兵役活动具有普遍指导意义的行为准则。我国兵役法律制度贯彻实施中应当遵循以下原则：

(一) 平时征集与战时动员相结合原则

平时征集是一国和平时期保持国防实力、确保常备兵员更新的重要方法，能够为维护国防安全、赢得战争胜利奠定坚实的基础。战时兵员动员是把国防潜力转化为国防实力，取得战争胜利的重要举措。当今世界，和平与发展仍然是时代的主题。但就国家安全形势而言，当前我国面临的生存安全问题和发展安全问题、传统安全威胁和非传统安全威胁相互交织。特别是随着亚太地区政治、经济和战略格局发生历史性变化和调整，我国周边安全环境不稳定不确定因素增加；随着我国的快速兴起，外部与我国的利益摩擦碰撞持续增多。面对这样的形势，为了保卫国家的安宁、维护世界的和平，我们必须大力加强国防建设，充分做好平时征集和战时兵员工作，并把二者有机地结合起来。

(二) 现役与预备役相结合原则

现役是公民履行兵役义务的主要形式，几乎所有国家都把服现役置于武装力量建设的主体地位，并且主要通过现役兵力来显示国家的军事实力。预备役是国家储备后备兵员的重要方式，其功能在于战时实施兵员的快速补充，提高战时兵员的保障能力。当今世界各国在加强现役部队建设的同时，也都非常重视和加强后备力量的建设和发展。实践证明，维持适度规模的国家常备军，编制适量的现役军人，是国防稳固的根基，是战争胜利的保障；另一方面，战时能否迅速动员强大的预备役作为后备力量同样不可小视。可见，强调现役与预备役相结合，既是我国国防和军队建设历史经验的总结，也是打赢未来信息化条件下局部战争的客观要求。

（三）义务与权益相结合原则

服兵役是宪法规定的公民的基本义务。兵役义务是兵役法确立兵役主体法律地位的基本出发点，也是决定兵役主体能否享受兵役权益的先决条件。兵役权益，是指兵役法律制度所规定的兵役主体由于履行兵役义务所享有的权利和利益，如军人伤亡抚恤、退役安置、医疗保险及军人军属优待等。可见，相对于法治社会其他领域立法的"权利本位观"而言，军事法特别是兵役法律制度领域是以"义务本位观"为立法基础的。也应看到，强调兵役主体的义务，并不意味着可以置兵役主体的权益于不顾，而必须遵循义务与权益相结合的原则。例如，各国兵役法律制度在规定兵役义务的同时，往往也明确规定了兵役主体特别是军人享有的各种优待、抚恤权益，体现了对军人的尊重和对军人价值的肯定，也充分调动了军人忠于职守、杀敌保国的积极性。

（四）奖励与惩处相结合原则

兵役法律制度的有效贯彻实施，除了依靠国家机关、企业事业单位、社会团体和广大公民的自觉遵守外，也离不开国家执法机关按照法定的权限和程序实施奖励和惩处。兵役法律制度中关于奖励和惩处的规定，既为公民、组织和兵役工作机构的行为模式选择提供了指引，也通过相关执法机关依法实施奖励和惩处，实现鼓励先进、惩戒违法的功能，从而严明法纪，维护兵役法律制度的权威性和严肃性。只有把奖励与惩处有机地结合起来，才能确保兵役工作的顺利进行和兵役任务的圆满完成。

第二节 我国基本兵役制度及兵役工作机构

1984年第六届全国人民代表大会第二次会议通过，2011年第十一届全国人民代表大会常务委员会第二十三次会议修正通过的《中华人民共和国兵役法》，在其第一章总则中，规定我国实行"两个结合"的兵役制度，并明确规定了我国的兵役工作机构及其职权。

一、我国基本兵役制度

基本兵役制度主要包括兵役法律制度中关于应履行兵役义务的人员、兵役的分类、服役的方式等方面内容的规定。我国现行《兵役法》第2条规定，中华人民共和国实行义务兵与志愿兵相结合、民兵与预备役相结合的兵役制度。这一规定确立了我国"两个结合"的基本兵役制度。"两个结合"的兵役制度，是对建国六十多年来兵役制度建设经验的总结，是根据我国、我军的实际情况提出来的，具有鲜明的中国特色和时代特征。

（一）义务兵与志愿兵相结合

实行义务兵与志愿兵相结合，是我国针对现代科学技术飞速发展、部队现代化武器装备不断增加的新形势，取义务兵役制和志愿兵役制两者的优长而实行的兵役制度。其具体内容就是在采取义务兵役制的同时，将部分具备一定军事素养的义务兵改为志愿兵，或以合同方式直接从地方招收专业人员到部队当志愿兵，使过去曾由部分干部担任的、专业性较强的工作业务将由志愿兵担任，这样既减少了干部编制，又保留了技术骨干。实行义务兵与志愿兵相结合的兵役制度，对于适应新的形势，加快推进国防和军队现代化，巩固和提高部队战斗力具有重要意义。

（二）民兵与预备役相结合

实行民兵与预备役相结合，是我国加强国防动员和后备力量建设、拓展和深化军事斗争准备的重要战略举措。它是继承传统民兵制度的实际需要，也是建立完善预备役制度的必要补充。民兵是不脱离生产的群众武装组织，是中国人民解放军的助手和后备军，是我国武装力量的组成部分。无论是在长期的革命战争中，还是在做好未来军事斗争准备中，民兵都具有重要作用。但是，从打赢未来信息化条件下局部战争的需要看，只有民兵制度，没有健全的预备役制度也是不行的。现代战争对兵员动员提出了更高的要求，仅要求兵员的数量要多，而且质量要高，特别是需要储备大批的预备役军官和技术兵员。而这一要求仅靠民兵组织是不能满足的。因此，在继续保留和完善民兵制度的同时，建立完备的预备役制度非常必要。通过预备役制度将符合服预备役条件的公民按战时兵力编成的要求组织起来，有计划、有组织、有步骤地对他们进行军事训练，以便战时成建制地进行动员，迅速集结补充部队。由此看来，完善预备役制度同完善民兵制度一样，都是我国后备力量建设一个不可分割的重要组成部分。还应看到，民兵虽然是预备役的基本组织形式，通过民兵组织可以对大部分预备役人员进行组织管理和军事训练，但民兵并不等同于预备役，尤其不能涵盖军官预备役。因此，民兵制度与预备役制度，二者只能密切结合，不能互相代替。

二、我国兵役工作机构

依据我国现行《兵役法》规定，我国兵役工作在国务院、中央军事委员会领导下，由国防部负责，由政府和军队的有关部门共同组织实施，兵役工作机构自上而下分为五个层次。

一是以国防部为国家兵役工作的主管机关。依据相关军事行政法规和军事法规，在实际工作中，国家层面的兵役领导工作是由中国人民解放军总参谋部、总政治部、总后勤部、总装备部共同配合国防部组织实施的。其中，总参谋部负责制定兵役工作规划和各种方针、政策，并协调军队和政府各有关部门的兵役工作；总政治部主要负责和领导兵役工作的宣传、教育等工作；总后勤部主要负责和领导兵役工作中的各项保障工作；总装备部主要负责兵役工作中武器装备的供给与保障。

二是各军区。各军区的有关业务部门在本军区首长的领导下，按照国防部和四总部赋予的任务，负责领导和办理本区域的兵役工作。

三是省军区（卫戍区、警备区）。省军区（卫戍区、警备区）隶属于军区建制，同时又是中国共产党各省（自治区、直辖市）委员会的军事工作部门和省（自治区、直辖市）政府的兵役机关，在军区和同级人民政府的领导下，负责领导和办理本区域内的兵役工作。

四是军分区（警备区）。军分区（警备区）隶属于省军区，同时又是所在地区（地级市、自治州、盟）党委和政府的兵役机关，在省军区和同级地方政府的领导下，负责领导和办理所辖区域内的兵役工作。

五是人民武装部。人民武装部主要在县、自治县、市、市辖区设立，是同级地方中国共产党党委的军事工作部门和政府的兵役机关，在军分区和同级人民政府领导下，负责领导和办理本区域内的兵役工作。人民武装部是我国兵役工作的最基层组织单位，既是本地区的兵役工作领导机关，又是所辖区域内的具体办事机构，具体负责本区域内兵役登记、兵员征集、退伍军人安置、预备役军官和士兵登记、烈军属优抚、民兵预备役人员的教育训练等工作。

《兵役法》还规定，机关、团体、企业事业单位和乡、民族乡、镇的人民政府，依照本法的规定完成兵役工作任务。兵役工作业务，在设有人民武装部的单位，由人民武装部办理；不设人民武装部的单位，确定一个部门办理。

除上述兵役工作机构外，国务院、中央军委联合颁布的《征兵工作条例》规定："征兵期间，县以上地方各级人民政府，应组织兵役机关和公安、卫生及其他有关部门成立征兵办公室，负责办理本区域的征兵工作。机关、团体、企业事业单位和乡、民族乡、镇人民政府，应根据县、市的安排和要求，办理本单位和本地区的征兵工作。"

第三节　我国的现役制度和预备役制度

《中华人民共和国兵役法》规定："兵役分为现役和预备役。在中国人民解放军服现役的称现役军人；经过登记，预编到现役部队，编入预备役部队、编入民兵组织服预备役的或者以其他形式服预备役的称预备役人员"，"本法适用于中国人民武装警察部队"。我国的现役制度和预备役制度，主要体现在《中华人民共和国兵役法》、《中华人民共和国现役军官法》、《中华人民共和国预备役军官法》、《中国人民解放军军官军衔条例》、《中国人民解放军文职干部条例》、《中国人民解放军现役士兵服役条例》等军事法律法规中。

一、现役制度

我国现役制度，主要包括现役士兵服役制度、现役军官制度和文职干部制度等内容。

（一）现役士兵服役制度

依法在中国人民解放军或中国人民武装警察部队中服现役的士兵，称为现役士兵。现役士兵按兵役性质分为义务兵役制士兵和志愿兵役制士兵，义务兵役制士兵称义务兵，志愿兵役制士兵称士官。《中华人民共和国兵役法》和《中国人民解放军现役士兵服役条例》（1988年9月23日中华人民共和国国务院、中华人民共和国中央军事委员会发布，1993年、1999年两次修订）等军事法律法规，对现役士兵服役制度作了具体规定。

1. 士兵的服役管理

（1）士兵的基本条件和服现役期限。士兵必须具备下列基本条件：忠于祖国，热爱社会主义，全心全意为人民服务；忠于职守，刻苦钻研军事技术，熟练掌握手中武器；严格执行国家的法律、法规和军队的条令、条例，尊重领导，服从命令，听从指挥；随时准备打仗，抵抗侵略，保卫祖国。义务兵服现役的期限，从兵役机关批准之日起计算；义务兵服现役的期限为2年。士官从服现役期满的义务兵中选取，根据军队需要，也可以直接从非军事部门具有专业技能的公民中招收；士官实行分期服现役制度，士官服现役的期限，从改选为士官之日算起，至少3年，一般不超过30年，年龄不超过55岁。

（2）士兵的培训、考核及调配使用。新入伍的士兵，必须经过共同科目基础教育训练；专业技术兵必须经过3个月以上的专业培训；班长必须经过3个月以上的集训。部队应当每年对士兵进行训练考核，对专业技术兵进行技术等级标准考核。考核成绩应当作为使用、晋升和奖励的依据。士兵的调配使用，应当严格按照编制的规定执行。士兵在师（旅）范围内调动，须经上一级主管首长批准；跨师（旅）以上单位的调动，由军以上司令机关办理，报上一级领导机关备案。

2. 士兵的军衔

（1）士兵军衔分类。士兵军衔按性质分为志愿兵役制士兵军衔和义务兵役制士兵军衔两类。其中志愿兵役制士兵军衔包括六级士官、五级士官、四级士官、三级士官、二级士官、一级士官等六级；义务兵役制士兵军衔包括上等兵、列兵两级。士兵军衔按等级分为高级士官、中级士官、初级士官和兵四等。其中高级士官包括六级士官、五级士官；中级士官包括四级士官、三级士官；初级士官包括二级士官、一级士官；兵分为上等兵、列兵。士兵军衔中，列兵为最低军衔，六级士官为最高军衔。海军、空军士兵在军衔前分别冠以"海军"、"空军"二字。

（2）士兵军衔的授予与晋升。士兵军衔的授予与晋升，以本人所任职务、德才表现和服役年限为依据。士兵军衔应当按照规定的服现役期限晋升；服现役第一年的列兵被提升为班长职务的，晋升为上等兵军衔。

（3）士兵军衔授予、晋升的批准权限。高级士官由军级单位主官批准；中级士官由师（旅）级单位主官批准；初级士官由团（旅）级单位主官批准。兵的军衔由连或相当于连的单位的主官批准；服现役第一年的列兵担任班长职务，晋升为上等兵军衔的，由营级单位主官批准。

3. 士兵退出现役及安置

（1）士兵退出现役。义务兵服现役期满未被选取为士官的，以及士官服现役满本期规定年限未被批准进入下一期继续服现役的和符合退休条件的，一律退出现役。

（2）义务兵退出现役的安置。根据现行《兵役法》以及《现役士兵服役条例》、《退伍义务兵安置条例》（1987年国务院发布）的相关规定，义务兵退出现役后，按照从哪里来、回哪里去的原则，由原征集的县、自治县、市、市辖区的人民政府接收安置。家居农村的义务兵退出现役后，由乡、民族乡、镇的人民政府妥善安排他们的生产和生活。机关、团体、企业事业单位在农村招收员工时，在同等条件下，应当优先录用退伍军人。荣获二等功以上奖励的，按照家居城镇的义务兵退出现役的安置规定安排工作。家居城镇的义务兵退出现役后，由县、自治县、市、市辖区的人民政府安排工作，也可以由上一级或者省、自治区、直辖市的人民政府在本地区内统筹安排。机关、团体、企业事业单位，不分所有制性质和组织形式，都有按照国家有关规定安置退伍军人的义务。入伍前是机关、团体、企业事业单位职工的，允许复工、复职。

士官退出现役的安置。根据现行《兵役法》以及《现役士兵服役条例》、《中国人民解放军士官退出现役安置暂行办法》（1999年国务院、中央军委发布）的相关规定，士官退出现役后，根据不同具体情形，分别作复员、转业或退休安置。士官复员后，由征集地的县（市）人民政府按退伍义务兵的有关规定妥善安置；士官转业后，按照《兵役法》和国务院、中央军委的有关文件以及国务院、中央军委当年度退伍工作通知的有关规定执行；退休士官的安置，参照军队退休干部的安置办法执行，或在原征集地或者直系亲属所在地分散安置。

（二）现役军官制度

现役军官，是指被任命为排级以上职务或者初级以上专业职务，并被授予相应军衔的现役军人。军官按照职务性质分为军事军官、政治军官、后勤军官、装备军官和专业技术军官五类。《中华人民共和国兵役法》、《中华人民共和国现役军官法》（原称《中国人民解放军现役军官服役条例》，1988年第七届全国人民代表大会常务委员会第三次会议通过，1994年、2000年修正）和《中国人民解放军军官军衔条例》（1988年第七届全国人民代表大会常务委员会第二次会议通过，1994年修正）等军事法律法规，对现役军官制度作了明确规定。

1. 现役军官的基本条件、来源和培训

（1）现役军官的基本条件。现役军官必须具备下列基本条件：忠于祖国，忠于中国共产党，有坚定的革命理想、信念，全心全意为人民服务，自觉献身国防事业；遵守宪法和法律、法规，执行国家的方针、政策和军队的规章、制度，服从命令，听从指挥；具有胜任本职工作所必需的理论、政策水平，现代军事、科学文化、专业知识，组织、指挥能力，经过院校培训并取得相应学历，身体健康；爱护士兵，以身作则，公道正派，廉洁奉公，艰苦奋斗，不怕牺牲。

（2）现役军官的来源。现役军官的来源包括：选拔优秀士兵和普通中学生入军队院校学习毕业；接收普通高等学校毕业生；由文职干部改任；招收军队以外的专业技术人员和其他人员。战时根据需要，可从士兵、征召的预备役军官和非军事部门的人员中直接任命军官。

(3) 现役军官的培训。中国人民解放军实行经院校培训提拔军官的制度。军事、政治、后勤和装备军官每晋升一级指挥职务，应当经过相应的院校或者其他训练机构培训。担任营级以下指挥职务的，应当经过初级指挥院校培训；担任团级和师级指挥职务的，应当经过中级指挥院校培训；担任军级以上指挥职务的，应当经过高级指挥院校培训。在机关任职的军官应当经过相应的院校培训。专业技术军官每晋升一级专业技术职务，应当经过与其所任专业技术职务相应的院校培训。

2. 现役军官的考核和职务任免

(1) 现役军官的考核。考核军官，应当实行领导和群众相结合，根据军官的基本条件和中央军事委员会规定的军官考核标准、程序、方法，以工作实绩为主，全面考核。考核结果分为优秀、称职、不称职三个等次，并作为任免军官职务的主要依据。考核结果应当告知本人。任免军官职务，应当先经考核；未经考核不得任免。

(2) 现役军官职务的任免权限。总参谋长、总政治部主任至正师职军官职务，由中央军事委员会主席任免；副师职（正旅职）、正团职（副旅职）军官职务和高级专业技术军官职务，由总参谋长、总政治部主任、总后勤部部长和政治委员、总装备部部长和政治委员、大军区及军兵种或者相当大军区级单位的正职首长任免，副大军区级单位的正团职（副旅职）军官职务由副大军区级单位的正职首长任免；副团职、正营职军官职务和中级专业技术军官职务，由集团军或者其他有任免权的军级单位的正职首长任免，独立师的正营职军官职务由独立师的正职首长任免；副营职以下军官职务和初级专业技术军官职务，由师（旅）或者其他有任免权的师（旅）级单位的正职首长任免。

(3) 现役军官平时任职的最高年龄。作战部队的军事、政治、后勤、装备军官平时任职的最高年龄分别为：担任排级职务的，30岁；担任连级职务的，35岁；担任营级职务的，40岁；担任团级职务的，45岁；担任师级职务的，50岁；担任军级职务的，55岁；担任大军区级职务的，副职63岁，正职65岁。作战部队以外单位的副团职以下军官和大军区级职务军官，任职的最高年龄依照作战部队的相应规定执行；正团职军官，任职的最高年龄为50岁；师级职务军官，任职的最高年龄为55岁；副军职和正军职军官，任职的最高年龄分别为58岁和60岁。专业技术军官平时任职的最高年龄分别为：担任初级专业技术职务的，40岁；担任中级专业技术职务的，50岁；担任高级专业技术职务的，60岁。

3. 现役军官军衔制度

(1) 现役军官军衔等级的设置。现役军官军衔设将官、校官和尉官三等十级。其中将官设上将、中将、少将，校官设大校、上校、中校、少校，尉官设上尉、中尉、少尉。

（2）现役军官职务等级编制军衔。中国人民解放军实行军官职务等级编制军衔。中央军事委员会主席不授予军衔。中央军事委员会副主席、委员，中国人民解放军总参谋长、总政治部主任的职务等级编制军衔为上将；正大军区职的职务等级编制军衔为上将、中将；副大军区职的职务等级编制军衔为中将、少将；正军职的职务等级编制军衔为少将、中将；副军职的职务等级编制军衔为少将、大校；正师职的职务等级编制军衔为大校、少将；副师职（正旅职）的职务等级编制军衔为上校、大校；正团职（副旅职）的职务等级编制军衔为上校、中校；副团职的职务等级编制军衔为中校、少校；正营职的职务等级编制军衔为少校、中校；副营职的职务等级编制军衔为上尉、少校；正连职的职务等级编制军衔为上尉、中尉；副连职的职务等级编制军衔为中尉、上尉；排职的职务等级编制军衔为少尉、中尉。专业技术军官中，高级专业技术职务的职务等级编制军衔为中将至少校；中级专业技术职务的职务等级编制军衔为大校至上尉；初级专业技术职务的职务等级编制军衔为中校至少尉。

（3）现役军官军衔的首次授予。初任军官职务的人员依照下列规定首次授予军衔：军队中等专业学校毕业的，授予少尉军衔；大学专科毕业的，授予少尉军衔，可以按照人民解放军总政治部的有关规定授予中尉军衔；大学本科毕业的，授予中尉军衔，可以按照人民解放军总政治部的有关规定授予少尉军衔；获得硕士学位的，授予上尉军衔，可以按照人民解放军总政治部的有关规定授予中尉军衔；研究生班毕业，未获得硕士学位的，授予中尉军衔；获得博士学位的，授予少校军衔，可以按照人民解放军总政治部的有关规定授予上尉军衔。战时士兵被任命为军官职务的，按照军官职务等级编制军衔，授予相应的军衔。军队文职干部和非军事部门的人员被任命为军官职务的，按照军官职务等级编制军衔，授予相应的军衔。

（4）现役军官军衔的晋级。《现役军官法》规定了平时军官军衔晋级的期限：少尉晋升中尉的，大学专科以上毕业的为两年，其他为三年；中尉晋升上尉、上尉晋升少校、少校晋升中校、中校晋升上校、上校晋升大校各为四年；大校以上军衔晋级为选升，以军官所任职务、德才表现和对国防建设的贡献为依据。战时军官军衔晋级的期限可以缩短。军官在院校学习的时间，计算在军衔晋级的期限内。军官军衔一般应当按照规定的期限逐级晋升。

（5）现役军官军衔的降级、取消和剥夺。军官因不胜任现任职务被调任下级职务，其军衔高于新任职务等级编制军衔的最高军衔的，应当调整至新任职务等级编制军衔的最高军衔。军官违犯军纪的，按照中央军事委员会的有关规定，可以给予军衔降级处分。对撤销军官职务并取消军官身份的人员，取消其军官军衔。军官被开除军籍的，取消其军衔。军官犯罪，被依法判处剥夺政治权利或者三年以上有期徒刑的，由法院判决剥夺其军衔。

4. 军官退出现役及安置

现役军官达到平时服现役最高年龄，或有其他法定退役情形的，应当退役。军官退出现役后，采取转业由政府安排工作和职务，或者由政府协助就业、发给退役金的方式安置；有的也可以采取复员或者退休的方式安置。

(三) 文职干部制度

中国人民解放军文职干部，是被任命为初级以上专业技术职务或者办事员级以上职务，不授予军衔的现役军人，是国家干部队伍的组成部分。文职干部按照工作性质，分为专业技术文职干部和非专业技术文职干部。《中国人民解放军文职干部条例》(1999年中央军事委员会发布)，对文职干部制度作出了具体规定。

1. 文职干部的基本条件、来源和培训

(1) 文职干部的基本条件。文职干部应具备的基本条件是：坚持马克思列宁主义、毛泽东思想和邓小平理论，执行中国共产党的基本路线和各项方针、政策，热爱社会主义祖国，全心全意为人民服务，自觉献身于国防事业；遵守宪法和法律、法规以及军队的规章、制度，服从命令，听从指挥，遵守纪律，保守军事秘密，恪守职业道德；公道正派，廉洁奉公，团结协作，艰苦奋斗，勤奋敬业，不怕牺牲；具有胜任本职工作所必须的理论、政策水平、科学文化、专业技术知识和实际工作能力；身体健康。

(2) 文职干部的来源。文职干部的来源主要有：军队院校毕业学员；地方高等学校毕业生；现役军官；地方专业技术人员；博士后流动站出站人员和出国留学回国人员。

(3) 文职干部的培训。中国人民解放军实行经院校培训提拔文职干部制度，文职干部应当经过与其所任职务相应的院校培训。

2. 文职干部职务（专业技术）等级、级别

专业技术文职干部的专业技术职务分为高、中、初三级，专业技术等级分为一级至十四级，一级为最高级；非专业技术文职干部的职务等级分为正局级、副局级、正处级、副处级、正科级、副科级、一级科员、二级科员、办事员。文职干部的级别设置为特级、一级至九级，特级为最高级。

3. 文职干部的考核、任免

各级首长、政治机关和业务部门应当对文职干部进行定期或不定期的考核。考

核结果作为职务任免的重要依据。

4. 文职干部退出现役及安置

文职干部达到平时服现役的最高年龄的,应当退出现役。文职干部退出现役后的安置和管理,按照现役军官的有关规定执行。

二、预备役制度

我国预备役制度,主要包括士兵预备役、军官预备役、民兵及预备役部队等制度内容。

(一) 士兵预备役制度

士兵预备役制度,是兵役法律制度中关于预备役士兵的条件和来源、士兵预备役的分类、预备役士兵军事训练及其他军事义务等方面的制度规定。

1. 预备役士兵的条件和来源

预备役士兵是指依法被确定服士兵预备役人员。预备役士兵应具备以下条件:忠于祖国,忠于人民,热爱社会主义;遵守宪法、法律、法规和军队的规章、制度;服从命令,听从指挥;符合兵役法规定的服士兵预备役的年龄,即18岁至35岁;身体健康。预备役士兵的来源主要包括退出现役的士兵以及符合服兵役条件而未服兵役的公民。

2. 士兵预备役的分类

士兵预备役按照预备役士兵的军事素质和年龄情况可分为两类。第一类士兵预备役人员包括:经过登记服士兵预备役的35岁以下的退出现役的士兵;经过登记服士兵预备役的35岁以下的地方与军事专业对口的技术人员;其他编入预备役部队和预编到现役部队的28岁以下的预备役士兵。第二类士兵预备役人员包括:除服第一类士兵预备役的人员外,编入民兵组织的人员;其他经过登记服士兵预备役的35岁以下的男性公民;第一类士兵预备役第三项所列人员,29岁转入第二类士兵预备役。

3. 预备役士兵的军事训练及其他军事义务

预备役士兵的军事训练,在民兵组织、预备役部队中进行,或者采取其他组织形式进行。未服过现役的编入预备役部队、预编到现役部队的预备役士兵和基干民兵,在18岁至22岁期间,应当参加30天至40天的军事训练;其中专业技术兵的训练时间,按照实际需要适当延长。服过现役和受过军事训练的预备役士兵的复习训练,普通民兵和未编入民兵组织的预备役士兵的军事训练,按照中央军事委员会的规定进行。

预备役士兵在必要的时候还应参加应急训练;在国家发布动员令后,应随时准备应召服现役，在接到通知后，必须准时到指定的地点报到。

（二）军官预备役制度

预备役军官，是被确定为人民解放军预备役排级以上职务等级或者初级以上专业技术职务等级，被授予相应的预备役军官军衔，并经兵役机关登记的预备役人员。军官预备役制度，是兵役法律制度中关于预备役军官的条件、来源和分类、职务等级和职务、军衔、登记和征召以及培训等方面的制度规定。《兵役法》和《预备役军官法》（1995 年第八届全国人民代表大会常务委员会第十三次会议通过，2010 年第十一届全国人民代表大会常务委员会第十六次会议修订）是我国军官预备役制度的主要法律渊源。

1. 预备役军官的条件、来源和分类

（1）预备役军官应当具备下列基本条件：忠于祖国，遵守宪法和法律、法规；服从命令，听从指挥；符合服军官预备役的年龄；退出现役或者接受过军事专业培训并经考核合格，具有与其职务相应的科学文化知识、组织指挥能力或者专业技能；身体健康。

（2）预备役军官从下列人员中选拔：退出现役的军官和文职干部；退出现役的士兵；专职人民武装干部和民兵干部；普通高等学校毕业学生；非军事部门的专业技术人员；符合预备役军官基本条件的其他公民。

（3）军官预备役按照平时管理和战时动员的需要，分为两类：在预备役部队任职的和预编到现役部队的预备役军官为第一类军官预备役；其他预备役军官为第二类军官预备役。

2. 预备役军官的职务等级和职务

对被确定服军官预备役的人员，应当确定职务等级。预备役军事、政治、后勤军官的职务等级设置为：正师职、副师职、正团职、副团职、正营职、副营职、正连职、副连职、排职。预备役专业技术军官的职务等级设置为：高级专业技术职务、中级专业技术职务、初级专业技术职务。

3. 预备役军官的军衔

预备役军官军衔设预备役将官、预备役校官和预备役尉官三等八级。其中预备役将官设预备役少将；预备役校官设预备役大校、上校、中校、少校；预备役尉官设预备役上尉、中尉、少尉。预备役军官实行职务等级编制军衔。

4. 预备役军官的培训

未服过现役或者未接受过军事专业培训的人员，被选拔为预备役军官的，在确定预备役军官职务等级前，应当接受军事专业培训。预备役军官在服预备役期间，应当参加三个月至六个月的军事训练。国务院和中央军事委员会在必要的时候，可以决定对预备役军官实施应急训练，预备役军官必须按照规定接受应急训练。

(三) 民兵制度

民兵制度，是兵役法律制度中关于民兵的性质和任务、民兵的分类、民兵组织等方面的制度规定。《兵役法》和《民兵工作条例》(1990年中央军事委员会、国务院发布)是我国民兵制度的主要法律渊源。

1. 民兵的性质和任务

民兵是不脱离生产的群众武装组织，是中国人民解放军的助手和后备力量。民兵的任务是：积极参加社会主义现代化建设，带头完成生产和各项任务；担负战备勤务，保卫边疆，维护社会治安；随时准备参军参战，抵抗侵略，保卫祖国。

2. 民兵的分类

民兵分为基干民兵和普通民兵。28岁以下的退出现役的士兵和经过军事训练的人员，以及选定参加军事训练的人员，编为基干民兵；其余18岁至35岁符合服兵役条件的男性公民，编为普通民兵。

3. 民兵组织

乡、民族乡、镇和企业事业单位建立民兵组织。民兵按照便于领导、便于活动、便于执行任务的原则编组。农村一般以行政村为单位编民兵连或者营，城市一般以企业事业单位、街道为单位编民兵排、连、营、团。基干民兵单独编组，根据民兵人数分别编班、排、连、营或者团。

(四) 预备役部队制度

预备役部队是以预备役人员为基础，现役人员为骨干，按规定的体制编制组成的部队。预备役部队制度，是兵役法律制度中关于预备役部队的性质和任务、预备役部队官兵来源、预备役部队的编组等方面的制度规定。

1. 预备役部队的性质和任务

预备役部队列入中国人民解放军序列，平时按照规定进行训练，必要时可以依照法律规定协助维护社会秩序，战时根据国家发布的动员令转为现役部队。

2. 预备役部队官兵来源

预备役部队官兵包括现役军人和预备役人员。预备役部队中的现役军人包括：预备役部队师、旅、团、营和部分连队的军政主官及机关主要干部编为现役军人；预备役部队师、团机关还编配少量士官和义务兵。预备役部队中的预备役士兵必须是服第一类士兵预备役的人员，预备役部队中的预备役军官必须是服第一类军官预备役的人员。

3. 预备役部队的编组

预备役部队编成预备役师、旅、团、营、连、排建制。省（自治区、直辖市）编预备役师，地级市编预备役团，县编预备役营，相应几个乡镇、街道或企业单位编连。预备役师隶属省军区建制，战时按军委、总部、大军区指示，归指定的现役部队指挥。海军、空军预备役师、团战时归海军、空军指挥。

第四节　我国的平时兵员征募和战时兵员动员制度

平时兵员征募和战时兵员动员制度，是实现兵役法律制度最终目的的根本手段和保障。

一、平时征集

我国《兵役法》和《征兵工作条例》（1985年国务院、中央军事委员会公布，2001年修订），对平时征集制度作了明确规定。

（一）平时征集的对象与免征、缓征、不征集

每年12月31日以前年满18岁的男性公民，应当被征集服现役。当年未被征集的，在22岁以前，仍可以被征集。根据军队需要，可以征集18岁至22岁女性公民服现役。根据军队需要和自愿的原则，可以征集当年12月31日以前年满17岁未满18岁的男女公民服现役。

有严重生理缺陷或者严重残疾不适合服现役的公民，免征。应征公民是维持家庭生活的唯一劳动力或者是正在全日制学校就学的学生，可以缓征。应征公民被羁押正在受侦查、起诉、审判的或者被判处有期徒刑、拘役、管制正在服刑的，不征集。另外，其他一些具有严重政治表现问题，如依法被劳动教养、少年管教、收容审查过，或者在机关、企业、学校等单位被开除公职、厂籍、学籍以及被开除党籍、留党察看、开除团籍的人员等，一般也不宜作为征集对象。

（二）平时征集的程序与组织实施

1. 兵役登记

每年12月31日以前年满18岁的男性公民，都应当在当年9月30日以前，按照县、自治县、市、市辖区的兵役机关的安排，进行兵役登记。经兵役登记和初步审查合格的，称应征公民。

2. 体格检查

应征公民的体格检查,由县、市征兵办公室根据征兵任务统一组织,同级卫生行政部门具体负责。机关、企业事业单位和乡镇人民政府以及街道办事处,应组织应征公民按时到指定医院或者体检站进行体格检查。

3. 政治审查

应征公民的政治审查工作,由县、市征兵办公室统一组织,公安机关具体负责,有关单位予以协助。机关、团体、企业事业单位、村民(居民)委员会和乡镇人民政府以及街道办事处和公安派出所,应当按照有关规定对体检合格的应征公民认真进行政治审查。县、市征兵办公室对准备批准服役的应征公民应当逐个进行政治复审。

4. 审定新兵

县、市征兵办公室在审定新兵时,应对体检、政审合格的应征公民进行全面衡量,择优批准政治思想好、身体好、文化程度高的服现役。

5. 新兵交接

交接新兵工作,可以采取由县(市、区)派人送兵、部队派人接兵或新兵自行到部队报到的办法进行。

6. 运输新兵

部队应在征兵开始日的15天前,按照规定提出本单位新兵运输计划。省(自治区、直辖市)征兵办公室,应根据新兵人数和乘车、船、飞机起止地点,按照运输的有关规定,向军区联勤部门提出本地区新兵运输计划。铁道、交通部门应根据新兵运输计划,及时调配运输工具,保证新兵安全到达部队。县、市征兵办公室和接兵部队,应当按照运输计划按时组织启运。

7. 检疫、复查和退兵

新兵经部队检疫和复查,因身体、政治情况不符合条件不宜在部队服现役的,作退兵处理。

二、军事院校从青年学生中招收学员

军事院校从青年学生中招收学员,也是兵员供给和补充的重要途径之一。《兵役法》和《中国人民解放军院校教育条例》(2000年中央军事委员会颁布)对军事院校学员招收、毕业、结业、肄业安置及开除学籍的处理等作了具体规定。

(一) 学员招收

根据军队建设的需要,军事院校可以从青年学生中招收学员。招收学员的年龄,不受征集服现役年龄的限制。学员入学前，必须按照国家和军队的有关规定，接受政治审查、体格检查和入学考试或者考核，符合条件的，由院校按照有关规定录取。学员入学后，由院校进行政治、身体复查。经复查、复试合格者取得学籍，不合格者淘汰。地方青年学生学员在取得学籍的同时取得军籍。

(二) 毕业、结业、肄业的安置及开除学籍的处理

军事院校实行学员综合素质考核和全程筛选制度。学员在规定的修业年限内，学完教学计划规定的全部课程或者修满相应的学分，经考核合格的，准予毕业；毕业学员由院校发给毕业证书，按照规定任命为现役军官或者文职干部；毕业学员必须服从组织分配；鼓励毕业学员到边远、艰苦地区工作。在规定的修业年限内，学完全部课程，经考核不合格未达到毕业条件的，作结业处理；结业学员由院校发给结业证书，回入学前户口所在地，由县、自治县、市、市辖区的人民政府按照国家同等院校结业生的安置办法安置。因患慢性疾病或者其他原因不宜在军事院校继续学习，经批准退学的，作肄业处理；肄业学员由院校发给肄业证书，由入学前户口所在地的县、自治县、市、市辖区的人民政府接收安置。学员被开除学籍的，由入学前户口所在地的县、自治县、市、市辖区的人民政府接收，按照国家同等院校开除学生的处理办法办理。

三、战时兵员动员

战时兵员动员是国防动员的重要内容。我国《兵役法》和《国防动员法》（2010年第十一届全国人民代表大会常务委员会第十三次会议通过）对战时兵员动员作了相关规定。

(一) 战时兵员动员的准备

《兵役法》规定：为了对付敌人的突然袭击，抵抗侵略，各级人民政府、各级军事机关，在平时必须做好战时兵员动员的准备工作。《国防动员法》规定：公民和组织在和平时期应当依法完成国防动员准备工作。

战时兵员动员准备的主要内容包括：国家根据国防动员的需要，按照规模适度、结构科学、布局合理的原则，储备所需的预备役人员。国务院、中央军事委员会根据国防动员的需要，决定预备役人员储备的规模、种类和方式。预备役人员按照专业对口、便于动员的原则，采取预编到现役部队、编入预备役部队、编入民兵组织或者其他形式进行储备。国家根据国防动员的需要，建立预备役专业技术兵员储备区。国家为预备役人员训练、储备提供条件和保障。预备役人员应当依法参加训练。县级以上地方人民政府兵役机关负责组织实施本行政区域预备役人员的储备工作。

县级以上地方人民政府有关部门、预备役人员所在乡（镇）人民政府、街道办事处或者企业事业单位，应当协助兵役机关做好预备役人员储备的有关工作。预编到现役部队和编入预备役部队的预备役人员、预定征召的其他预备役人员，离开预备役登记地一个月以上的，应当向其预备役登记的兵役机关报告。

（二）战时兵员动员的实施

《兵役法》规定：在国家发布动员令以后，各级人民政府、各级军事机关，必须迅速实施动员。《国防动员法》规定：公民和组织在国家决定实施国防动员后，应当完成规定的国防动员任务。

战时兵员动员实施的主要内容包括：国家决定实施国防动员后，县级人民政府兵役机关应当根据上级的命令，迅速向被征召的预备役人员下达征召通知；被征召的预备役人员所在单位应当协助兵役机关做好预备役人员的征召工作；从事交通运输的单位和个人，应当优先运送被征召的预备役人员；预定征召的预备役人员，未经其预备役登记地的县级人民政府兵役机关批准，不得离开预备役登记地，已经离开预备役登记地的，接到兵役机关通知后，应当立即返回或者到指定地点报到。在国家发布动员令以后，现役军人停止退出现役，休假、探亲的军人必须立即归队；预备役人员随时准备应召服现役，在接到通知后，必须准时到指定的地点报到；机关、团体、企业事业单位和乡、民族乡、镇的人民政府负责人，必须组织本单位被征召的预备役人员，按照规定的时间、地点报到；交通运输部门要优先运送应召的预备役人员和返回部队的现役军人。战时遇有特殊情况，国务院和中央军事委员会可以决定征召 36 岁至 45 岁的男性公民服现役。

（三）战后复员安置

战争结束后，需要复员的现役军人，根据国务院和中央军事委员会的复员命令，分期分批地退出现役，由各级人民政府妥善安置。

第八章 国防教育法律制度

国防教育法律制度,是一国关于普及和加强公民国防教育的法律制度总称。我国国防教育法律制度,主要包括《宪法》、《国防法》、《教育法》中关于国防教育的相关规定,《中华人民共和国国防教育法》(2001年第九届全国人民代表大会常务委员会第二十一次会议通过),《全民国防教育大纲》(2006年国家国防动员委员会),以及大量关于国防教育的地方性法规和规章。

第一节 概述

国防教育,是国家为巩固和加强国防而对全体公民进行的基本教育,是国防建设和国防活动的重要组成部分。国防教育法律制度是开展全民国防教育的可靠法制保障,在国防和军事法制及全民教育制度中占据非常重要的地位,为增强全民国防观念,振奋民族精神,提高国民素质和培养国防人才发挥了重要的规范和保证作用。

一、国防教育法律制度的主要内容

国防教育法律制度的主要内容,包括国防教育的组织领导和工作机构,国防教育的基本内容,国防教育的组织实施和管理,国防教育的保障等法律制度。

(一) 国防教育的组织领导和工作机构

国防教育是一项全局性、长期性的全民教育活动,其组织性和计划性很强,如果没有健全的组织领导和工作机构做保证,是很难达到教育目的的。在国防教育法律制度中明确规定专门负责全民国防教育的组织领导体制和各级工作机构,是保持国防教育事业持久发展的首要条件。国防教育的组织领导和工作机构制度,是确定国防教育的组织领导体制以及工作机构设置、职能区分、相互关系等方面的规范和准则,为贯彻落实国防教育法律制度提供组织保证。

(二) 国防教育的基本内容

国防教育的内容是国防教育的基本要素之一,是指国防教育主体向国防教育对象所传授的思想、知识和技能的总和。国防教育具体内容的确定,因各国国防的性质、任务、发展战略和国防建设的目标差异而不尽相同,但一般都包含国防理论教育、国防精神教育、国防历史教育、国防形势教育、国防政策教育、国防科技教育、国防法制教育、国防常识教育和军事技能训练等内容。

(三) 国防教育的组织实施和管理

国防教育的组织实施,是指各类国防教育主体依据国防教育法律法规,充分利用各种国防教育资源,有序高效地开展国防教育活动,向国防教育对象传授思想、知识和技能,有组织、有计划地达成国防教育目的的一系列活动。国防教育的管理,是指国防教育组织领导机构和各级工作机构依托国家机关、武装力量、社会团体、企业事业单位、学校和家庭等的国防教育网络体系和资源,依法规划、组织、指导、协调和检查国防教育工作。国防教育的组织实施和管理,是国防教育法律制度规范的核心内容。

(四) 国防教育的保障

国防教育保障,是指为国防教育提供和创造必要条件的各种措施,是国防教育法律制度的重要组成部分,目的是满足国防教育所需的财力、物力、人力需求,确保国防教育的顺利进行。其具体内容包括经费保障、师资保障、教材保障、设施保障及责任制度等。

二、国防教育法律制度的重要作用

国防教育法律制度,对于规范国防教育活动,普及和加强国防教育,发扬爱国主义精神,促进国防建设和社会主义精神文明建设,有着十分重要的现实意义和深远的历史意义。

(一) 为调整国防教育活动中的各种关系提供法律依据

在国防教育活动中,各个主体之间必然会产生各种各样的社会关系,这些复杂的社会关系如果得不到有效地调整和规范,就会直接影响国防教育的开展。国防教育法律制度赋予全体公民在国防教育中的权利和义务,并保证这些权利义务的实现。在国防教育活动中,无论是宪法、教育法,还是国防法、国防教育法,都规定了公民和组织的权利义务,是人们进行国防教育行为的基本准则,为理清国防教育中的权利义务关系提供了法律依据。

(二) 为全面实施国防教育活动提供制度保障

国防教育活动的全面实施,有赖于国防教育活动的法规化、制度化。国防教育在国防建设中的重要地位,决定了国防教育活动必须防止和克服时冷时热的不正常现象。国防教育法律制度的确立和完善,使国防教育活动在对象上具有明确性,在内容上具有系统性,在效用上具有稳定性,在时间上具有长期性,为全面实施国防教育活动提供了制度保障。

三、国防教育法律制度的基本原则

国防教育法律制度的基本原则,是贯穿于国防教育法律制度贯彻实施全过程,并对国防教育活动具有普遍指导意义的行为准则。我国《国防教育法》确定了国防教育法律制度的原则,即国防教育实行经常教育与集中教育相结合、普及教育与重点教育相结合、理论教育与行为教育相结合的原则。

(一) 经常教育与集中教育相结合的原则

经常教育是指利用常规的教育形式进行经常性国防教育,如通过媒体宣传、活动培养、典型推动、环境熏陶、文学艺术感染等途径,进行长期不懈、形式多样、生动活泼的国防教育,将教育融入公民日常的工作、学习、生活之中;集中教育是利用特定时机或者对特定人员实施的国防教育,如利用全民国防教育日和其他重大节日、纪念日,征兵、民兵和预备役人员集训、学生军训,以及国际国内重大事件等时机,有组织、有计划地开展专题、系统的国防教育。经常教育与集中教育相结合,侧重于解决和处理好教育形式的多样性问题。

坚持经常教育,是基于战争危险依然存在这一前提;注重集中教育,是基于有利于强化受教育者国防观念这样的根本目的。经常教育与集中教育两者之间,既有联系又有区别。从教育的对象上看,经常教育所针对的受教育者具有普遍性,通常是针对全体社会成员;集中教育所针对的受教育者则既具有普遍性,也具有特定性,除针对一般社会成员外,还专门针对国家机关、武装力量、社会团体、企事业组织中的领导干部和有关的工作人员。从教育内容上看,经常教育的内容主要是基础性国防知识,注重国防知识的普及;集中教育的内容则主要是系统性国防知识,注重国防知识的提高。从教育方式上看,经常教育主要是利用大众宣传媒介和学校固定的课程传播国防知识;集中教育则主要是采取报告讲座、观摩操作、图上作业、实地演练等方法,或者利用特定时机和活动传播国防知识。从教育时间上看,经常教育通常制定长远目标、中期规划、年度计划，以保证持续稳定地实施教育；而集中教育则通常集中时间和人员，以求短期强化和见效。总之，经常教育与集中教育是适应国防教育不同要求的两种必不可少的形式，只有把这两种形式有机地结合起来，才能更好地实现国防教育的目标。

(二) 普及教育与重点教育相结合原则

普及教育是指对全体社会成员普遍进行的教育，教育的内容主要是国防精神和国防常识；重点教育是指对社会特定人员重点进行的教育，教育的内容主要是国防知识和军事技能。普及教育与重点教育相结合，侧重于解决和处理好教育对象的层次性问题。

在我国，普及教育和重点教育两种层次的国防教育，在学校国防教育系统和社会国防教育系统中有着不同的体现。从学校国防教育系统看，高校学生和高中生接受重点教育，初中生和小学生接受普及教育；从社会教育系统看，国家机关、社会团体、企事业单位、城乡基层组织的负责人和现役军人、预备役人员、民兵接受重点教育，其他公民接受普及教育。普及教育主要由学校和基层单位组织实施，重点教育一般由专门机构或者军事机关组织实施。

普及教育与重点教育相结合，就是坚持面向社会，面向全体公民，着眼国防建设现实需要与未来发展，突出领导干部、青少年和民兵、预备役人员，有所侧重地进行教育，使国防教育既覆盖全民，又重点推进。

(三) 理论教育与行为教育相结合的原则

理论教育主要是进行国防基础理论、国防历史、国防常识、国防经济、国防科技、国防外交和国防法制等理论知识的教育，使受教育者掌握基本的国防理论知识，提高对国防的理性认识，增强国防观念。行为教育主要是进行国防体育、军事训练和参加有关的国防活动等实际行为的教育，使受教育者学会运用有关的国防理论知识，提高实际参加国防建设与斗争的行为能力。理论教育与行为教育相结合，侧重于解决和处理好教育内容的全面性问题。

理论教育与行为教育是相互制约的。理论教育中所灌输的理论知识，是行为教育中实践活动的基础；行为教育的实践活动，则是对理论教育中理论知识的运用与提高。如果没有理论教育，或者缺乏有效的理论教育，行为教育则难以为继，或者难以取得预期的效果；如果没有行为教育，或者缺乏有效的行为教育，理论教育则成为空洞的知识灌输，或者造成部分理论知识的流失。因此，理论教育与行为教育二者不可偏废，必须有机地结合起来，这样才能保证国防教育的质量。

理论教育与行为教育相结合，就是通过普及国防知识，学习国防理论，引导公民认清国防建设的重要性，树立牢固的国防观念，为履行国防义务提供思想保证；通过组织军事技能培训，体验军事生活，参与国防建设实践，开展拥军优属、拥政爱民等活动，增强公民履行国防义务的意识和能力，把国防观念转化为保卫祖国、建设祖国的实际行动。

第二节 国防教育领导体制和工作机构

《中华人民共和国国防教育法》在其第一章总则中，确立了我国国防教育工作的领导体制，规定了国家和地方各级国防教育工作机构的工作职责。

一、国防教育领导体制和领导机构

《国防教育法》确立的我国国防教育领导体制是：国务院领导全国的国防教育工作。中央军事委员会协同国务院开展全民国防教育。地方各级人民政府领导本行政区域内的国防教育工作。驻地军事机关协助和支持地方人民政府开展国防教育。

依据《国防教育法》的有关规定，2001年，国务院、中央军事委员会确定由国家国防动员委员会担负领导全国国防教育的职责。2003年，中共中央、中央军事委员会确定的军队体制编制调整改革总体方案，明确国家国防教育的领导权仍归国家国防动员委员会。依此，国家国防动员委员会为国家国防教育工作最高主管机构。

20世纪80年代初开始，一些省（自治区、直辖市）、市（地区）、县（自治县、市、市辖区）陆续成立国防教育领导机构，称国防教育委员会或国防教育领导小组，为议事协调性质的领导机构。《国防教育法》颁布实施后，各省（自治区、直辖市）先后依据该法制定或修订地方性国防教育法规，进一步规范地方各级国防教育领导机构设置及职责权限。

从有关法规和实践看，国家和地方各级国防教育领导机构的职权主要包括：确立国防教育的方针、政策和任务；制定有关国防教育的法规、规章；宣传和贯彻国防教育法律、法规和政策；协调有关部门的国防教育工作；根据国防建设的需要，确定各级各类国防人才培养目标，制定国防教育计划和实施大纲，审查国防教育课程设置，统一编写或审定国防教育的教材；培养国防教育师资队伍；监督国防教育经费的预算和使用；提供国防教育基本的物质技术条件；总结和推广国防教育的先进经验；表彰国防教育的先进单位和个人，处理违反国防教育法律法规的行为，等等。

二、国防教育工作机构及职责

《国防教育法》规定:"国家国防教育工作机构,规划、组织、指导和协调全国的国防教育工作。县级以上地方负责国防教育工作的机构,组织、指导、协调和检查本行政区域内的国防教育工作。教育、民政、文化宣传等部门,在各自职责范围内负责国防教育工作。征兵、国防科研生产、国民经济动员、人民防空、国防交通、军事设施保护等工作的主管部门,依照本法和有关法律、法规的规定,负责国防教育工作。工会、共产主义青年团、妇女联合会以及其他有关社会团体,协助人民政府开展国防教育。"这些规定明确了我国国防教育工作机构的组织体系及其职责。

国家国防教育办公室是国家国防教育工作机构。2002年,国家国防动员委员会成立国防教育办公室,其职能由国家国防动员委员会综合办公室承担。2003年,军队体制编制调整改革总体方案明确由中国人民解放军总政治部群众工作办公室承担原国家国防动员委员会综合办公室承担的国防教育工作职能,履行国家国防教育办公室职能。其主要职责是:组织和指导全国国防教育工作;拟定国家国防教育政策、法规、规划,组织编写国防教育大纲和教材;组织协调地方和军队有关部门宣传贯彻中国共产党和国家关于国防教育的方针政策,开展国防教育活动;检查督促全国国防教育工作的落实,总结、推广国防教育工作经验;管理全国国防教育基金组织和其他国防教育社会组织;组织开展国防教育政策理论研究;等等。

依据《国防教育法》和地方性国防教育法规,地方各级成立的设于各级国防教育委员会或国防教育领导小组之下的国防教育办公室,负责国防教育委员会或国防教育领导小组的日常工作。从实践看,地方国防教育工作机构一般由教育、民政、文化宣传等部门,工会、共青团、妇联等社会团体的有关人员组成,主要职责是:组织实施国防教育规划;指导下级国防教育工作机构的工作,贯彻执行上级国防教育工作机构的指示和要求;管理和使用国防教育经费;协调国防教育师资培训工作;组织国防教育理论研究活动;承办国防教育领导机构交办的其他工作;等等。另外,一些企业事业组织、学校也成立了国防教育办公室,负责本单位的国防教育工作。

第三节 国防教育的内容

国防教育的内容十分丰富,涉及的领域非常广泛,并且随着形势任务的发展变化而需要不断充实、调整、更新。《全民国防教育大纲》第二章专门规定了国防教育的内容。

一、国防教育内容的确定

国防教育是是实现国防教育目标的基本条件，因此，国防教育内容的确定，首先必须以实现国防教育目标为原则。我国《国防教育法》规定："国家通过开展国防教育，使公民增强国防观念，掌握基本的国防知识，学习必要的军事技能，激发爱国热情，自觉履行国防义务。"依据这一目标，《全民国防教育大纲》规定："国防教育的内容，突出爱国主义主旋律，着眼维护国家安全统一和保障国家发展利益的需要，依据国防和军队现代化建设的理论和方针原则确定。"为实现国防教育目标，国防教育内容应包含精神性教育、知识性教育和技能性教育等内容。

另外，《全民国防教育大纲》还规定：各地区、各部门可以根据形势任务的发展变化，结合国际国内重大事件和当地历史、人文、地域特点，区分不同教育对象，灵活设置教育内容，努力增强国防教育的主动性、针对性和实效性。

二、国防教育的基本内容

我国国防教育的基本内容，包括国防理论、国防知识、国防历史、国防法规、国防形势与任务和国防技能六个方面。

1. 国防理论

国防理论是国防活动规律的科学总结，是人们参与国防活动的行动指南。国防理论教育的内容主要包括：学习马克思列宁主义军事理论、毛泽东军事思想、邓小平新时期军队建设思想、江泽民国防和军队建设思想、党关于新形势下国防和军队建设思想；学习我国国防政策和军事战略，了解国防建设、国防斗争，特别是信息化战争的理论，提高国防理论素养和组织、参加国防建设的能力。

2. 国防知识

国防知识是指公民关于国防活动的基础性知识，是公民认识国防、了解国防、增强国防观念的基础。国防知识教育的内容主要包括：学习国家领土、领海、领空和国家海洋权益知识，学习信息化战争知识、军事高科技知识、国防经济知识，了解人民军队的性质、宗旨和任务，了解我国的国防领导体制、武装力量体制、兵役制度和国防动员体制，掌握基本的国防常识。

3. 国防历史

国防历史是国防活动发展的过程，是人们认识国防的一面镜子。国防历史教育的内容主要包括：学习我国古代、近代和现代国防与战争历史，进行爱国主义、集体主义、革命英雄主义教育，着重使公民了解中华民族为国家统一、独立、富强而浴血奋战的历程，了解中国共产党领导全国人民和人民军队在中国革命各个历史阶段建立的功勋，了解革命先烈、民族英雄和仁人志士的高尚品格和光辉事迹，激发爱国之心、报国之志。

4．国防法规

国防法规是调整国防领域各种社会关系的法规制度的总称，是规范公民国防义务和权利、保障国防活动顺利进行的行为准则。国防法规教育的内容主要包括：学习宪法的有关条款，学习国防法、兵役法、国防教育法、军事设施保护法等国防法律法规，使公民明确国防义务与权利，增强履行国防职责、关心支持国防和军队建设的自觉性。

5．国防形势与任务

国防形势与任务，是指国家在国防建设和国防斗争领域所面临的情况，及其对国防建设和国防斗争所提出的要求。国防形势与任务教育的主要内容包括：针对国际国内形势，进行反对分裂、维护祖国统一的教育，讲清国家安全面临的战略环境，明确国防建设与国防斗争的任务，增强公民的忧患意识。

6．国防技能

国防技能是公民应当具备的基本军事体能、技术和能力。国防技能教育的内容主要包括：组织开展学生军训和群众性的国防体育活动，使公民了解掌握防空袭、核生化武器防护、战场救护、轻武器使用、单兵和分队战术技术等军事技能，强健体魄，磨炼意志，不断提高身体素质和国防技能。

三、不同对象国防教育的重点内容

《全民国防教育大纲》针对不同对象国防和军事素质要求特点，明确规定了各类人员国防教育的内容重点或基本内容。

（一）国家机关工作人员

领导干部国防教育的内容重点是：马克思主义国防与战争理论，党和国家关于国防建设的方针政策，信息化战争知识、新军事变革知识、国防经济知识和现代国防科学技术知识，国家主权、国防历史和国防法律法规知识，国防形势与任务，基本军事技能。

国家机关一般工作人员国防教育的内容重点是：马克思主义国防与战争理论，信息化战争知识和国防科普知识，国防法律法规知识，国家主权常识，国防历史与现状，国家安全形势，基本军事技能。

从事征兵、国防科研生产、国民经济动员、人民防空、国防交通、国防教育、军事设施保护等国防建设事业的国家机关工作人员，还应当学习和掌握履行职责所必需的专门国防知识和技能。

（二）学生

小学学生国防教育的内容重点是：国家领土及主权知识；国旗、国徽、国歌知识，党旗、军旗知识；人民军队的光辉战斗历程；民族英雄、革命先烈的光辉事迹。

初中学生国防教育的基本内容是：国防与战争常识；中国国防简史；人民军队的性质、宗旨和优良传统；近代以来我国反侵略斗争的历史；国防科普知识；防空袭和核生化武器防护知识。

高级中学（含相当于高级中学的学校）国防教育内容主要包括：马克思主义军事思想；我国国防建设成就、国防方针政策和国防领导体制；人民军队的发展历程，性质、宗旨和职能任务；国防法律法规；武装力量知识；近现代国防历史；国防科技知识；信息化战争基本常识；国际战略环境与国家安全形势。

高等学校国防教育内容主要包括：马克思主义战争观；毛泽东军事思想、邓小平新时期军队建设思想、江泽民国防和军队建设思想、党关于新形势下国防和军队建设思想；中国国防概况；世界新军事变革与军事高科技知识；信息化战争知识；国际战略格局与我国安全形势。

（三）民兵、预备役人员

民兵、预备役人员国防教育的内容重点是：马克思主义国防与战争理论；人民战争思想；国防法律法规；我国国防方针政策和国防领导体制；后备力量建设知识；军事高技术知识；信息化战争知识；国家安全形势；民兵、预备役部队职能任务。

（四）工人、农民和其他社会人员

工人、农民和其他社会人员国防教育的内容重点是：爱国主义精神；我国国防方针政策；国防法律法规；国防科普知识；防空袭和核生化武器防护知识；基本的军事技能常识。

第四节　国防教育的组织实施和管理

我国《国防教育法》和《全民国防教育大纲》，分别从国防教育资源（学校国防教育、社会国防教育）和国防教育对象（国家机关工作人员、学生、民兵和预备役人员、其他人员）的角度，对国防教育的组织实施和管理作了明确规定。

一、学校国防教育

学校的国防教育是全民国防教育的基础，是实施素质教育的重要内容。学校国防教育，主要是通过设置适当的国防教育课程，或者将国防教育的内容纳入有关课程，来传授国防知识和军事技能。

（一）学校国防教育的组织实施

《国防教育法》规定，学校应当将国防教育列入学校的工作和教学计划，采取有效措施，保证国防教育的质量和效果。由于学校的教学对象有着不同的层次，小学和初级中学、高等学校和高级中学及相当于高级中学的学校在国防教育组织实施方面有着不同的具体要求和内容。

1. 小学和初级中学的国防教育

小学和初级中学应当将国防教育的内容纳入有关课程，将课堂教育与课外活动相结合，对学生进行国防教育。有条件的小学和初级中学可以组织学生开展以国防教育为主题的少年军校活动。小学和初级中学可以根据需要聘请校外辅导员，协助学校开展多种形式的国防教育。

2. 高等学校、高级中学（含相当于高级中学的学校）的国防教育

高等学校、高级中学和相当于高级中学的学校应当将课堂教学与军事训练相结合，对学生进行国防教育。高等学校应当设置适当的国防教育课程，高级中学和相当于高级中学的学校应当在有关课程中安排专门的国防教育内容，并可以在学生中开展形式多样的国防教育活动。高等学校、高级中学和相当于高级中学的学校学生的军事训练，由学校负责军事训练的机构或者军事教员按照国家有关规定组织实施。

（二）学校国防教育的管理

教育行政部门应当将国防教育列入工作计划，加强对学校国防教育的组织、指导和监督，并对学校国防教育工作定期进行考核。教育行政部门、共产主义青年团组织和其他有关部门应当加强对少年军校活动的指导与管理。军事机关应当协助学校组织学生的军事训练。学校组织军事训练活动，应当采取措施，加强安全保障。

二、社会国防教育

《国防教育法》规定："中华人民共和国公民都有接受国防教育的权利和义务。普及和加强国防教育是全社会的共同责任。一切国家机关和武装力量、各政党和各

社会团体、各企业事业组织以及基层群众性自治组织，都应当根据各自的实际情况组织本地区、本部门、本单位开展国防教育。"依此，我国国防教育法律制度建立起完善的国防教育网络体系，有效发挥了各类国防教育资源的作用。

（一）国家机关工作人员的国防教育

1. 领导干部的国防教育

各级领导干部是本地区、本部门国防教育的组织者、领导者，也是国防教育的重点对象，必须带头接受国防教育，积极参加国防教育活动。对领导干部进行国防教育的措施包括：各级党校、行政学院和干部院校，应当将领导干部的国防教育纳入教学和培训计划，开设国防教育课程，内容和时间安排由有关部门结合实际作出规定。各地区、各部门应当按照国家的统一安排，选送领导干部到有关军事院校接受培训。各地区、各部门党委（组）中心组理论学习，应当有计划地安排国防教育的内容。各地区、各部门应当采取举办国防知识讲座、形势报告、组织过"军事日"等多种形式，对领导干部进行经常性的国防教育。

2. 一般工作人员的国防教育

国家机关一般工作人员应当具备基本的国防知识，有一定的军事技能；积极支持国防建设，自觉维护国防利益，有较强的国防观念和国家安全意识。对国家机关一般工作人员的国防教育，应当根据各自的工作性质和特点，结合在职理论学习与业务培训，采取形势报告、理论授课和经常性教育活动等多种形式进行。国家机关公务员考核，应当设置国防教育方面的内容。

（二）民兵、预备役人员的国防教育

军区、省军区（卫戍区、警备区）、军分区（警备区）和县、自治县、市、市辖区的人民武装部，应当按照国家和军队的有关规定，对民兵、预备役人员进行国防教育，筑牢国防观念，培育战斗精神，掌握现代国防知识和军事技能，积极参加和支持国防建设，自觉履行保卫祖国的义务。

民兵、预备役人员的国防教育，利用政治教育和组织整顿、军事训练、执行勤务、征兵教育以及重要节日、纪念日，采取集中教育与个人自学、理论灌输与活动渗透相结合的方式进行。

民兵、预备役人员的国防教育，应当以基干民兵、第一类预备役人员和担任领导职务的民兵、预备役人员为重点，建立和完善制度，保证受教育的人员、教育时间和教育内容的落实。对基干民兵，预编到现役部队、编入预备役部队的预备役人员，每年至少安排四次国防教育课，普通民兵和其他预备役人员每年安排两次国防教育课；参加年度军事训练的民兵、预备役人员，利用训练中政治教育时间安排国

防教育。民兵、预备役人员的国防技能训练，按照国家有关民兵、预备役人员参加军事训练的规定组织实施。

(三) 其他人员的国防教育

工人、农民和其他社会人员，应当自觉接受国防教育，掌握国防常识，明确国防义务，关心支持国防建设，树立国防观念和国家安全意识。

城市居民委员会、农村村民委员会应当将国防教育纳入社区、农村社会主义精神文明建设的内容，利用全民国防教育日，结合征兵教育、拥军优属以及重大节日、纪念日活动，对居民、村民进行国防教育。城市居民委员会、农村村民委员会可以聘请退役军人协助开展国防教育活动，向居民和村民普及基本的国防知识和必要的军事技能。

企业事业组织应当将国防教育列入职工教育计划，结合政治教育、业务培训、文化体育等活动，对职工进行国防教育。承担国防科研生产、国防设施建设、国防交通保障等任务的企业事业组织，应当根据所担负的任务，制定相应的国防教育计划，有针对性地对职工进行国防教育。

社会团体应当根据各自的活动特点，对所属工作人员和所联系的公民群体进行国防教育。

文化、新闻、出版、广播、电影、电视等部门和单位应当根据形势和任务的要求，采取多种形式开展国防教育。中央和省、自治区、直辖市以及设区的市的广播电台、电视台、报刊应当开设国防教育节目或者栏目，普及国防知识。

烈士陵园、革命遗址和其他具有国防教育功能的博物馆、纪念馆、科技馆、文化馆、青少年宫等场所，应当为公民接受国防教育提供便利，对有组织的国防教育活动实行优惠或者免费；被命名为国防教育基地的，应当对有组织的中小学生免费开放，在全民国防教育日向社会免费开放。

第五节 国防教育的保障

为了使国防教育深入持久有效地开展进行，必须建立和完善关于国防教育保障的制度机制。我国《国防教育法》专章规定了国防教育的保障，根据《国防教育法》的基本规定，《全民国防教育大纲》进一步明确规范了国防教育的保障措施。

一、经费和物资保障

各级人民政府应当将国防教育纳入国民经济和社会发展计划,并根据开展国防教育的需要,在财政预算中保障国防教育所需的经费。国家机关、事业单位、社会团体开展国防教育所需的经费,在本单位预算经费内列支;企业开展国防教育所需经费,在本单位职工教育经费中列支。学校组织学生军事训练所需的经费,按照国家有关规定执行。国家鼓励社会组织和个人捐赠财产,资助国防教育的开展。社会组织和个人资助国防教育的财产,由依法成立的国防教育基金组织或者其他公益性社会组织依法管理。

国防教育物资包括武器弹药等军事专用物资和生活、医疗、交通等军民通用物资。国防教育物资保障包括物资的筹措、储备、分配和管理。国防教育物资筹措,通常由各单位和军事训练基地根据国防教育的实际需要,采取物资请领、采购订货和租赁等形式进行。军事训练所需的武器弹药,由训练基地根据实际需求,向当地人民武装部请领。国防教育物资储备,通常由各单位和军事训练基地组织进行。国防教育物资分配,由各单位和军事训练基地根据实际需要或标准进行。国防教育物资管理,要建立健全严格的制度,采取周密的措施,控制好物资的验收、入库、储存、维护、出库、回收等环节。

二、场所和设施保障

场所和设施保障,是指以相对固定的场所及其设备对国防教育活动进行的保障。国防教育场所和设施保障,主要采取基地保障、军民结合保障和代用保障三种方式。基地保障方式是由国防教育基地来保障国防教育活动的方式。军民结合保障方式是地方受训人员借用军队现有营房、军事训练场地、军事设施、军事装备和教学设备保障国防教育训练的方式。代用保障方式是用非国防教育专用的场地设施,如操场、教室及其他设施保障国防教育的方式。国防教育场所和设施保障的总要求,是尽最大可能为国防教育提供高质量的场所设施条件,选好、管好、用好国防教育的各种场地设施,提高场地设施的效能,以保障国防教育活动的顺利进行。

三、师资和教材保障

师资保障是指建立相对稳定的国防教育教员队伍,以保障国防教育活动顺利开展。各级国防教育工作机构应当组织、协调有关部门做好国防教育教员的选拔、培训和管理工作,加强国防教育师资队伍建设。中国人民解放军和中国人民武装警察部队应当根据需要和可能，为驻地有组织的国防教育活动选派军事教员。国防教育教员根据工作性质，分为专职教员和兼职教员。专职教员主要承担高等学校、高级中学（含相当于高级中学的学校）国防教育教学和学生军事训练。兼职教员主要协助机关、学校、社区、农村和企业事业组织开展国防教育教学和活动。国防教育教员应当从热爱国防教育事业，具有较高的思想政治素质、系统的国防知识和必要的军事技能、较强的组织和任教能力的人员中选拔。专职教员应当具备教师任职资格或者是军队派遣军官。

教材保障是指建立与国防教育大纲相配套的国防教育教材体系，以保障国防教育活动顺利开展。国防教育教材分为基本理论、基础知识、应用教材等。基本理论教材主要适用于国防教育学科建设，由国家国防教育办公室组织编写。基础知识教材主要适用于面向社会普及国防知识，由国家和省、自治区、直辖市国防教育工作机构组织编写。应用教材主要适用于不同地区、不同类别教育对象开展国防教育，由国家有关部门或地方有关部门依据《全民国防教育大纲》并结合本系统、本地区的特点组织编写。国防教育教材未经审查不得出版发行。基本理论和基础知识教材，由国家国防教育办公室组织专门委员会审查把关；应用教材由国家有关部门或省、自治区、直辖市国防教育工作机构会同军地有关部门审查把关。各地区、各部门可以根据需要，组织编写国防知识读本，用于辅助和补充国防教育教材。

四、检查和考评措施

各级人民政府有关部门和国防教育工作机构，应当对本行政区域内的机关、基层组织、社会团体、企业事业组织以及其他社会组织开展国防教育情况，适时组织检查，定期进行考核评估，发现和解决问题，促进全民国防教育的落实。考核评估的具体办法和标准，由省、自治区、直辖市国防教育工作机构会同有关部门，依据《国防教育法》和《全民国防教育大纲》的规定，结合本地区实际制定。

第九章　国防经济法律制度

国防经济法律制度，是一国关于国防经济活动及其管理的法律制度总称。我国国防经济法律制度的法律渊源，主要包括《宪法》关于国民经济和国防建设的条款、《国防法》关于国防经费和国防资产、军事订货的规定，以及相关军事行政法规和军事行政规章。

第一节　概述

国防经济是以国民经济为基础，以保障国家安全、满足军事需求为目的的经济领域。国防经济法律制度是国家对国防经济活动实施领导和管理、国防经济主体组织开展国防经济活动的基本依据。

一、国防经济法律制度的主要内容

国防经济法律制度的内容，主要包括国防经费制度、军事采购制度、军品贸易出口管理制度和国防资产管理制度等。

1. 国防经费制度

国防财政拨款是国防经费的基本来源，国防经费则是国防经济活动的前提。国防经费制度是指国防经费的来源、分配及使用管理方面的相关制度，主要包括国防财政拨款制度、国防经费分配制度以及国防经费使用管理制度等。

2. 军事采购和军品贸易出口管理制度

军事采购制度，是指国家调整军品采购活动中发生的国防经济关系的相关制度，主要包括军事采购管理体制、军事采购范围、军事采购模式、军事采购方式和程序、军事采购救济等方面的制度。军品贸易出口管理制度，是指国家规范和调整军品出口活动中产生的军品贸易关系的相关制度，主要包括军品贸易主体、军品贸易秩序等方面的内容。

3. 国防资产管理制度

国防资产管理制度，是指国家调整国防资产占有、使用、处置、保护等管理关系的相关制度。国防资产管理制度主要包括军事设施保护、军队国有资产管理、军工企业国防资产管理、人防及其他社会国防资产管理等方面的制度。

此外，关于国防科研生产以及关于军队内部军事经济管理和保障等方面的制度，也是国防经济法律制度的重要内容。由于当今世界各国高度重视国防科研生产，关于国防科技的法律法规一般已形成一定的数量规模，从而从国防经济法律制度中分离出来成为国防和军事法律制度中相对独立的一个分支部门，因此我们将专章介绍国防科技法律制度。而关于军队内部军事经济管理和保障方面的制度，我们将在军队工作法规制度一章中进行介绍。

二、国防经济法律制度的重要作用

我国国防经济法律制度，对于协调国防经济与国民经济关系，建立、维护国防经济良好的运行秩序，保障国防经济主体合法权益，具有十分重要的意义。

1. 保证国防经济与国民经济协调发展

国民经济是国防经济的基础和源泉，国民经济的状况决定着国防经济的数量与质量。反过来，国防经济为国民经济发展提供安全保障，并在一定程度上促进国民经济和社会生产力的发展。同时也应看到，如果不能很好地处理国民经济与国防经济的关系，特定条件下也可能出现国防经济阻碍国民经济发展的情况。因此，必须实现国防经济与国民经济的协调发展，使之形成良性循环。国防经济法律制度遵循国防经济一定要适合国民经济状况的规律，根据国家安全需要，通过确定国防经济与国民经济的恰当比例，把国防经济纳入到国民经济大系统中去，充分发挥国防经济对国民经济的促进作用，又从国民经济的不断增长中，获得国防经济发展的源泉，从而保证二者的协调发展。

2. 建立、维护国防经济良好的运行秩序

国防经济良好的运行秩序，是国防经济满足国防和军事需要的重要保障。国防经济法律制度通过对国防人力、物力、财力等国防资源要素进行合理配置和结构优化，通过对军品生产、采购、使用管理等国防经济行为实施有效调控，建立起公平、高效的国防经济运行秩序并保障其良好运行，从而为国防和武装力量建设提供可靠的经济保障。

3. 保障国防经济主体合法权益

国防经济的首要目的是满足国防和军事需要，同时，在社会主义市场经济条件下，也必须重视满足国防经济主体自身的利益需要。国防经济法律制度明确规范国防经济主体的权利与义务，通过各种制度设计引导国防经济主体行为，对违反法律的行为予以惩罚制裁，从而有效维护国防经济主体的合法权益，充分调动其依法实施国防经济活动的积极性。

三、国防经济法律制度的基本原则

国防经济法律制度的基本原则，是贯穿于国防经济法律制度创制实施全过程，并对国防经济活动和国防经济管理具有普遍指导意义的行为准则。根据《国防法》和相关法律规定及国防经济活动的实际特点，我国国防经济法律制度的基本原则包括满足国防和军事需要原则、统筹经济建设和国防建设原则、国防经济效益原则、遵循军事规律与经济规律原则等。

1. 满足国防和军事需要原则

国防经济法律制度通过规范国防经济活动，以国家强制力维护国防经济秩序，妥善管理、使用国家财政拨付的国防物资和经费，加强国防建设，提高军队战斗力。

2. 统筹经济建设和国防建设原则

党的十八大报告提出："必须坚持以国家核心安全需求为导向，统筹经济建设和国防建设"。国防经济立法必须按照满足国防和军事需求的要求，立足于国民经济基础，通过不断完善制度规范，统筹经济建设与国防建设，保障国防经济和国民经济的协调发展。

3. 国防经济效益原则

国防经济活动作为国防活动，首先要注重国防和军事效益的实现；同时，国防经济活动作为一种特殊的经济活动，同样也要追求经济效益的实现。而且，国防经济活动过程中追求经济效益，有利于保障有限的国防资源要素发挥更大的效用，从而更好地实现国防和军事效益。因此，国防经济立法和执法应当坚持国防军事效益与经济效益的统一，建立健全经济核算和科学管理制度，保障国防经济活动以较少的人力、物力和财力，最大限度地满足国防军事需要。

4. 遵循军事规律和经济规律原则

一方面，国防经济法律制度必须体现军事规律的特殊要求，为平时国防和军队建设以及战时国防经济动员提供法律依据和保障。另一方面，国防经济法律制度应当借鉴国民经济工作领域的成功经验和好的做法，保证国防经济活动符合经济规律的一般要求。

第二节　国防经费制度

我国《国防法》关于国防经费的规定以及武装力量关于军费使用管理方面的军事法规和规章，是我国国防经费制度的主要法律渊源。

一、国防经费的来源及拨款制度

国防经费是国防经济活动的主要资金来源，是保障国防活动顺利进行的财力基础，是国防力量、军事力量的重要因素。国防经费的主要组成部分是国家预算分配给军队使用的军费，此外，还包括供国防力量其他部分建设使用的费用。其中，军费又包括国防预算内经费和国防预算外经费。国防预算内经费，即本年度国家预算分配给军队的国防费；国防预算外经费，是指在一个年度内国家国防费预算拨款以外的经费，主要有包干经费结余、杂项收入、企业利润、生产收益等。在此，主要介绍作为军费的国防经费来源及拨款制度。

（一）国防经费的来源

国防经费作为一个客观的经济范畴，是社会在一定时期内为维护国家安全而支出的费用总额。国防经费不同于国防总基金，它们的区别在于：国防总基金是国家现有的国防要素价值之和，它等于历年支付的国防经费累计总额减去历年中消耗的价值总额后的余额；国防经费则是一定时期内（通常以年度为单位）国家新增的各种国防要素建设的价值之和。国防经费是国防总基金的一部分，国防经费开支，逐年增加，国防总基金也就不断扩大。

国防经费的来源，从根本上说，是物质生产部门劳动者创造的国民收入。但在特定条件下，战争赔款、外来军援、民众捐献、社会集资等，也可以成为国防经费的直接来源。

（二）国防经费的拨款制度

我国《国防法》规定："国家保障国防事业的必要经费。国防经费的增长应当与国防需求和国民经济发展水平相适应"；"国家对国防经费实行财政拨款制度"。我国国防经费的主要来源是国家财政拨款。关于国防经费的财政拨款制度，主要包括国防经费的预算、划拨和决算制度。

1. 国防经费拨款预算制度

国防经费拨款的预算，是中央预算的重要组成部分。《中华人民共和国预算法》是国防经费预算管理的主要依据。根据预算法的有关规定，国防经费预算的各级管理职权可划分为：全国人民代表大会负责国防经费预算的最终审批；国务院、中央军事委员会负责国防经费预算的审查；中国人民解放军总后勤部和其他有关部门负责国防经费预算的具体管理。

2. 国防经费的划拨制度

经费划拨是实施国防经费财政拨款的重要环节。国防经费预算经批准后，国务院财政部门应当按照拨款计划、规定时间、资金渠道及时拨付资金。为加强资金管理，确保资金的正常划拨，对各金融机构汇划的款项，汇出银行要及时办理，汇入银行要及时解付，不得扣压、滞留或者退回；要根据国防部门资金划拨、用款规律和特点，采取必要措施，确保正常用款。国防部门应当严格遵守国家金融管理的有关政策规定，积极协助银行搞好资金划拨和管理工作。

3. 国防经费拨款的决算制度

国防经费决算是国防经费预算的执行结果，由执行国防经费预算的财务部门，在预算年度终了后，按照规定的时间和程序逐级编制、汇总的活动的总称。根据预算法的规定和国防经费决算管理的实际情况，我国国防经费决算的编制和审批程序为：中国人民解放军总后勤部和其他有关部门汇总编制国防经费决算，报国务院、中央军事委员会审核批准，纳入中央决算，提交全国人民代表大会审查批准后，解除国防经费使用部门对国家的财务责任。

二、国防经费的分配及使用管理制度

国防经费的分配，是国民收入再分配在国防系统的延伸，是国家财政资金在国防领域的运用。国防经费的使用管理，是协调国防经费有效运用的活动。搞好国防经费的分配与使用管理，目的在于提高国防经费的效益，更好地发挥国防财力对于国防和军队建设的保障作用。

（一）国防经费分配制度

国防经费分配制度包括国防经费的分配原则及国防经费的构成等内容。

国防经费的分配原则。国防经费的分配，应当遵循以下原则要求：服从全局，照顾局部，搞好经费收支平衡；保障重点，兼顾一般，留有充分余地；量力而行，尽力而为，发挥各方面的积极性；计划管理，厉行节约，讲求经济效益。

国防经费的构成

国防经费的构成,是对国防经费进行分配后各类资金的实际状况。依据相关法律法规,我国国防经费的构成包括维持性经费、建设性经费以及代管经费,具体又可划分为生活费、公务费、事业费、装备维修管理费、装备购置费、基本建设费、科学研究费以及其他经费八大类。

(1) 生活费。生活费是保障武装组织有生力量基本生活需要的经费,它包括维持军官、士兵与在编职工生活需要的工资、津贴费、伙食费、被装购置费、退役费、福利费、抚恤费等内容。

(2) 公务费。公务费是保障武装力量各项任务顺利进行所需的事务性经费,一般包括公杂费、特支费、差旅费、给养器材费、水电照明费等。

(3) 事业费。事业费是保障武装力量各级职能部门完成事业任务所需的经费,主要包括军事训练费、院校教育费、民兵工作费、情报业务费、无线电管理费、气象业务费、测绘业务费、机要业务费、政治工作费、出版费、卫生事业费、兽医事业费、被装管理费、营房管理费、国防工程管理费、民兵装备管理费、开办费、军事交通费、物资部门业务费等。

(4) 装备维修管理费。装备维修管理费是维护、修理和管理各种武器装备所需的经费。使用装备维修管理费,目的在于使各种武器装备经常处于良好状态,以保证军事训练和战备任务的完成。

(5) 装备购置费。装备购置费是主要用于购置武器装备的经费。

(6) 基本建设费。基本建设费是指国防领域的基本建设工程所需的经费,主要包括国防工程建筑费、营房工程建筑费、工厂场地工程建筑费、基本建设勘察设计费等科目。

(7) 科学研究费。科学研究费指用于军事学术和技术研究的支出费用,主要包括科研设备费、科研材料费,外部协作费、科研业务费等。

(8) 其他经费。其他经费是指用于具有突然性和随机性事务的费用。

(二) 国防经费的使用管理制度

国防经费的使用管理制度,主要包括关于国防经费使用中的预算、决算管理,财务管理,财务的审计、监督管理等制度。《关于进一步加强军队财务管理的若干规定》(1992年中央军事委员会发布)、《中国人民解放军审计条例》(2007年中央军事委员会发布)、《中国人民解放军预算外经费管理规定》(2000年中国人民解放军总后勤部发布)、《中国人民解放军关于违反财经法规处罚的暂行规定》(1989年中国人民解放军总参谋部、总政治部、总后勤部联合颁发)等军事法规、规章,对军队国防经费的使用管理作了规定。其中,《关于进一步加强军队财务管理的若干规定》包括经费预算管理、供应实力管理、经费集中统一管理、生产经营财务管理、审计和财务监督、加强党委对财务工作的领导等内容。《中国人民解放军审计条例》包括适用范围、审计机构和审计人员、审计职责、审计职权、审计程序、审计建设等规定。这些制度对于加强国防经费使用管理,提高国防经费使用效益,促进军队党风廉政建设具有重要作用。

第三节 军事采购与军品贸易出口管理制度

军事采购和军品出口管理制度是关于军品流通领域的管理制度。军事采购是指军队为了履行职能,采用法定方式、方法和程序,获取武器装备、其他军用物资以及工程和服务的活动,军事采购制度可以保证军队在透明的条件下依法采购军品,做到保障有力。军品出口有利于搞活本国国防经济,促进国民经济发展,同时也具有一定的风险性,必须对相关制度建设予以规范和管理。

一、军事采购制度

《政府采购法》(2002年第九届全国人民代表大会常务委员会第二十八次会议通过)规定:"军事采购法规由中央军事委员会另行制定"。这为我国军事采购制度建设提供了法律依据。《国防法》规定:"国家根据国防建设的需要和社会主义市场经济的要求,实行国家军事订货制度,保障武器装备和其他军用物资的采购供应"。这一规定表明,我国军事采购制度主要包括武器装备采购制度和其他军用物资采购制度。

(一) 武器装备采购制度

我国武器装备采购制度,主要体现在《中国人民解放军装备采购条例》(2002年中央军事委员会发布)以及依据该条例制定颁发的《中国人民解放军装备采购计划管理规定》、《中国人民解放军装备承制单位资格审查管理规定》、《中国人民解放军装备采购方式与程序管理规定》、《中国人民解放军装备采购合同管理规定》和《中国人民解放军同类型装备集中采购管理规定》等军事规章中。武器装备采购制度的主要内容包括:

1. 武器装备采购的范围

武器装备采购的范围包括采购武器、武器系统和军事技术器材等武器装备。

2. 武器装备采购的主管机关及其职责

中国人民解放军总装备部主管全军的武器装备采购工作；总部分管有关装备的部门，军（兵）种装备部主管本系统的装备采购工作。

3. 武器装备采购方式

武器装备采购方式包括公开招标采购、邀请招标采购、竞争性谈判采购、单一来源采购、询价采购以及经总装备部认可的其他方式采购等。采取各种采购方式均应遵循相关程序管理规定。

4. 武器装备采购合同

武器装备采购合同由装备采购主管机关（部门）授权的驻厂军事代表机构或者其他机构与确定的装备承制单位以书面形式订立。总部分管有关装备部门、军（兵）种装备部应当组织驻厂军事代表机构，依据相关规定履行装备采购合同约定的义务，并监督装备承制单位保证装备采购合同的履行。

5. 采购装备的质量监督和检查验收

总部分管有关装备部门、军（兵）种装备部应当组织驻厂军事代表机构，依据装备采购合同的要求，加强质量监督；驻厂军事代表机构应当定期或者不定期对装备承制单位质量管理体系进行审核，促进装备承制单位质量管理体系持续有效运行。总部分管有关装备部门、军（兵）种装备部应当组织驻厂军事代表机构，对承制单位提交的产品进行检查验收。

（二）军用物资、工程和服务采购制度

关于武器装备之外的军用物资以及工程和服务采购方面的制度，包括《政府采购法》、《合同法》（1999年第九届全国人民代表大会第二次会议通过）、《招标投标法》（1999年第九届全国人民代表大会常务委员会第十一次会议通过）的一般性规定，还包括2011年中央军事委员会向全军批转的《总后勤部关于深化军队物资、工程和服务采购改革方案》以及依据该改革方案制定的《军队物资采购管理规定》、《军队物资招标管理规定》、《军队物资采购合同管理规定》、《军队物资采购机构审价工作管理规定》、《军队物资、工程、服务集中采购资金支付暂行办法》和《军队物资、工程、服务采购审计规定》等军事规章。

《总后勤部关于深化军队物资、工程和服务采购改革方案》的基本内容包括：

1. 指导思想、原则和目标

以适应国家社会主义市场经济发展和军队质量建设要求，遵循政府采购制度基本原则，借鉴外军采购有益做法，积极推进采购改革，逐步建立统一管理、分工明确、有效监督、顺畅高效的军队采购制度。坚持集中采购、坚持集中支付、公开透

明、安全保密和积极稳妥原则。军队采购改革的基本目标是，立足现行体制编制，调整管理职能，理顺工作关系，建立规章制度，强化监督机制，基本实现采购活动规范化，采购队伍专业化，采购管理信息化，初步建立起具有我军特色的采购制度框架体系。

2. 采购组织体系与职能

全军物资、工程、服务采购管理工作，在中央军委领导下，由总后勤部归口负责，实行总部、大单位和部队后勤三级管理体制。改革方案对总部机关和采购机构工作职能、大单位机关和采购机构工作职能、军以下部队采购工作职能作出了具体规定。

3. 采购范围、管理形式和方法

采购范围包括：军队作战、训练、科研、生活等需要的物资、工程和服务采购。军队物资采购管理形式分为三种：综合采购机构集中采购、专业采购机构集中采购和单位分散采购。采购管理方法包括：军队物资、工程、服务集中采购项目，实行目录管理。

4. 采购工作程序

改革方案对物资、工程、服务采购工作程序作了基本规定。另外，各项规章还分别对物资、工程、服务采购工作程序作了具体规定。

二、军品贸易出口管理制度

军品贸易出口管理制度，是调整军品出口贸易活动中社会关系相关制度的总称。1994年全国人民代表大会常务委员会公布的《中华人民共和国对外贸易法》（2004年修订），规定国家实行统一的对外贸易制度。此后，依据该法制定了一系列关于军品贸易出口的法规制度，包括《中华人民共和国监控化学品管理条例》、《中华人民共和国核出口管制条例》、《中华人民共和国军民两用品及相关技术出口管制条例》、《中华人民共和国军品出口管理条例》和《中华人民共和国导弹及相关物项和技术出口管制条例》等。这些法规主要规定了军品贸易出口应当遵循的基本原则，军品贸易出口的主管部门及基本职责，军品贸易出口的主体及其基本的权利和义务，军品贸易出口许可法律制度，以及有关核出口管制、军民两用品及相关技术出口管制、导弹及相关物项和技术出口管制等方面的制度。军品贸易出口管理制度，对于规范军品出口管理，履行国际军控和防扩散条约，维护国家安全和社会公共利益，具有十分重要的作用。在此重点介绍《中华人民共和国军品出口管理条例》和《中华人民共和国导弹及相关物项和技术出口管制条例》两项法规。

(一)《中华人民共和国军品出口管理条例》

《中华人民共和国军品出口管理条例》(1997年国务院、中央军事委员会发布，2002年修订)是我国规范军品贸易出口管理的重要军事行政法规。其主要内容有：

1. 适用范围

军品出口是指用于军事目的的装备、专用生产设备及其他物资、技术和有关服务的贸易性出口。警用装备的出口也适用该条例。

2. 军品出口的原则

军品出口应当遵循有助于接受国的正当自卫能力，不损害有关地区的和世界的和平、安全与稳定，不干涉接受国内政等原则。

3. 军品出口管理

国家实行统一的军品出口管理制度，禁止任何损害国家利益和安全的军品出口行为，依法保障正常的军品出口秩序。军品出口经营权由国家军品出口主管部门审查批准。军品贸易公司依法自主经营、自负盈亏，不得有危害国家安全及违反法律和法规的行为。未取得军品出口经营权的任何单位或者组织，不得从事军品出口经营活动。国家禁止个人从事军品出口经营活动。

4. 军品出口许可制度

国家对军品出口实行许可制度，军品出口项目、合同，应当依照规定申请审查批准。重大军品出口项目、合同，应当经国家军品出口主管部门会同国务院、中央军事委员会有关部门审查，报国务院和中央军事委员会批准。

(二)《中华人民共和国导弹及相关物项和技术出口管制条例》

《中华人民共和国导弹及相关物项和技术出口管制条例》(2002年国务院公布)是我国规范导弹及相关物项和技术出口管理活动的军事行政法规。其主要内容有：

1. 出口管制

国家对导弹及相关物项和技术出口实行严格管制，实行许可证件管理制度。从事导弹及相关物项和技术出口的经营者，须在国务院对外经济贸易主管部门登记。

2. 出口程序

出口导弹及相关物项和技术，应当向国务院对外经济贸易主管部门提出申请，填写出口申请表，并提交相应文件。国务院对外经济贸易主管部门对申请进行审查后作出许可或不许可的决定。出口申请经审查许可的，由国务院对外经济贸易主管部门颁发出口许可证件。对国家安全、社会公共利益有重大影响的导弹及相关物项和技术出口，国务院对外经济贸易主管部门应当会同有关部门报国务院、中央军事委员会批准。

3. 接受方保证条款

要求接受方保证，未经中国政府允许，不将中国供应的导弹及相关物项和技术向申明的最终用户以外的第三方转让。

第四节 国防资产管理制度

国防资产管理，是国家为保证国防资产的保值增值、合理使用和提高效益，对国防资产进行计划、组织、协调、监督和控制的活动。我国国防资产管理法律制度，主要包括《国防法》关于国防资产管理的基本规定，《中华人民共和国军事设施保护法》（1990年第七届全国人民代表大会常务委员会第十二次会议通过）以及其他相关军事法律、法规和规章中关于国防资产管理方面的制度。

一、国防资产管理制度的基本规定

（一）国防资产的概念及其产权归属

国防资产是指国家直接用于防务和国防建设的资产。我国《国防法》第37条规定："国家为武装力量建设、国防科研生产和其他国防建设直接投入的资金、划拨使用的土地等资源，以及由此形成的用于国防目的的武器装备和设备设施、物资器材、技术成果等属于国防资产。国防资产归国家所有。"依据这一规定，从来源及产权关系看，国防资产是国家以货币或实物形式对防务和国防建设的投入以及由此形成的资产，其产权属国家所有；从最终目的看，国防资产直接用于国防目的；从使用管理主体的角度，国防资产可分为军队国有资产、军工企业国防资产、人防及其他社会领域的国防资产；从表现形态的角度，国防资产可分为资金、武器装备和设备设施、物资器材等实物资源、技术成果等无形资产。

（二）国防资产宏观管理政策及要求

《国防法》第38条规定："国家根据国防建设和经济建设的需要，确定国防资产的规模、结构和布局，调整和处分国防资产。""国防资产的管理机构和占有、使用单位，应当依法管理国防资产，充分发挥国防资产的效能。"

（三）国防资产保护

《国防法》第39条规定："国家保护国防资产不受侵害，保障国防资产的安全、完整和有效。""禁止任何组织或者个人破坏、损害和侵占国防资产。未经国务院、中央军事委员会或者国务院、中央军事委员会授权的机构批准,国防资产的占有、使用单位不得改变国防资产用于国防的目的。国防资产经批准不再用于国防目的的,依照有关法律、法规的规定管理。"

《国防法》关于国防资产的条款,为我国国防资产管理立法和国防资产管理、保护实践提供了基本法律依据。

二、军事设施保护制度

军事设施指国家直接用于军事目的,供军事上使用的特定的建筑、场地和设备等,是国防资产的重要组成部分。军事设施保护制度,是调整国家保护军事设施活动中各种社会关系相关制度的总称。我国军事设施保护制度的法律渊源,主要包括《中华人民共和国军事设施保护法》(1990年第七届全国人民代表大会常务委员会第十二次会议通过)、《中华人民共和国军事设施保护法实施办法》(2001年国务院、中央军事委员会发布)以及其他一系列关于军事设施保护的法规和规章。

(一)军事设施保护主管机关及保护方针

中国人民解放军总参谋部在国务院和中央军事委员会的领导下,主管全国的军事设施保护工作;军区司令机关主管辖区内陆军、海军、空军的军事设施保护工作。国家对军事设施实行分类保护、确保重点的方针。军事设施改作民用的,军用机场、港口、码头实行军民合用的,须经国务院和中央军事委员会批准。

(二)军事设施保护义务

各级人民政府和军事机关应当从国家安全利益出发,共同保护军事设施,维护国防利益。设有军事设施的地方,有关军事机关和县级以上地方人民政府应当相互配合,协调、监督、检查军事设施的保护工作。中华人民共和国的所有组织和公民都有保护军事设施的义务。禁止任何组织或者个人破坏、危害军事设施。任何组织或者个人对破坏、危害军事设施的行为,都有权检举、控告。

(三)军事设施保护区域的划定

国家根据军事设施的性质、作用、安全保密的需要和使用效能的要求,划定军事禁区、军事管理区;没有划入军事禁区、军事管理区的军事设施,也应当采取保护措施。军事禁区和军事管理区,由国务院和中央军事委员会确定,或者由军区根据国务院和中央军事委员会的规定确定。陆域和水域的军事禁区、军事管理区的范围,由军区和省(自治区、直辖市)人民政府共同划定,或者由军区和省(自治区、直辖市）人民政府、国务院有关部门共同划定。空中军事禁区和特别重要的陆地、水域军事禁区的范围，由国务院和中央军委划定。军事禁区、军事管理区范围的划定或者调整，应当在确保军事设施安全保密和使用效能的前提下，兼顾经济建设、自然环境保护和当地群众的生产、生活。县级以上地方人民政府编制经济和社会发展计划时，应考虑军事设施保护的需要，并征求有关军事机关的意见。安排建设项目或者开辟旅游点，应避开军事设施；确实不能避开，需要将军事设施拆除或者改作民用的，由省、自治区、直辖市人民政府和军区级军事机关商定，并报国务院和中央军事委员会批准。

（四）军事设施保护措施

军事禁区管理单位应当根据具体条件，按照划定的范围，为陆地军事禁区修筑围墙、设置铁丝网等障碍物；为水域军事禁区设置障碍物或者界线标志。未经军区级以上军事机关批准，禁止陆地、水域军事禁区管理单位以外的人员、车辆、船舶进入禁区，禁止对禁区进行摄影、摄像、录音、勘察、测量、描绘和记述。禁止航空器进入空中军事禁区。军区和省（自治区、直辖市）人民政府或者军区和省（自治区、直辖市）人民政府、国务院有关部门在共同划定陆地军事禁区范围的同时，根据保护禁区内军事设施的要求，必要时可以在禁区外围共同划定安全控制范围，并在其外沿设置安全警戒标志。在军事禁区外围安全控制范围内，当地群众可以照常生产、生活，但是不得进行爆破、射击以及其他危害军事设施安全和使用效能的活动。没有划入军事禁区、军事管理区的军事设施，军事设施的管理单位应当采取有效措施予以保护；军队团级以上管理单位可以委托当地人民政府予以保护。在没有划入军事禁区、军事管理区的军事设施一定距离内进行采石、取土、爆破等活动，不得危害军事设施的安全和使用效能。

（五）军事设施管理职责

军事设施管理单位和县级以上人民政府应当制定具体保护措施，可以公告施行。各级军事机关应当严格履行保护军事设施的职责，教育军人爱护军事设施，建立健全保护军事设施的规章制度，监督检查、解决军事设施保护工作中的问题。军事设施管理机关应当认真执行有关保护军事设施的规章制度，建立军事设施档案，对军事设施进行检查、维护。军事禁区、军事管理区的管理单位应当依照有关法律、法规的规定，保护军事禁区、军事管理区内的自然资源和文物。军事设施管理单位必要时应当向县级以上地方人民政府提供军用地下、水下电缆、管道的位置资料。地方进行建设时，当地人民政府应当对军用地下、水下电缆、管道予以保护。军事禁区、军事管理区需要公安机关协助维护治安管理秩序的，经国务院和中央军事委员会决定或者由有关军事机关提请省（自治区、直辖市）公安部门批准，可以设立公安机构。各级人民政府应当对公民加强国防教育，增强国防观念，保护军事设施，保守军事设施秘密，制止破坏、危害军事设施的行为。对非法进入军事禁区的，或者在军事禁区和禁区外围安全控制范围内非法进行摄影、摄像、录音、勘察、测量、描绘和记述的，或者进行破坏、危害军事设施活动的人员，军事设施管理单位的值勤人员应当予以制止；不听制止的，可依照国家有关规定，采取必要的强制措施，在危及军事设施安全或者值勤人员生命等紧急情况下可以使用武器。

三、军队国有资产管理制度

军队国有资产是我国国防资产的核心内容，是指属于国家所有，依法由军队占有、使用、管理的各种类型的财产和财产权利，包括武器装备、设备设施、物资器材、货币资金以及无形资产等。《中国人民解放军国有资产管理暂行规定》及关于军队国有资产管理各个环节的具体法规制度，对军队国有资产产权登记、资产评估、财产清查、资产处置、资产报告、实物资产计价核算管理等方面作了具体规定；关于军队各种类型国有资产管理方面的法规制度，包括《关于进一步加强军队财务管理的若干规定》、《中国人民解放军预算外经费管理规定》、《中国人民解放军武器装备管理条例》、《中国人民解放军房地产管理条例》、《中国人民解放军土地使用管理规定》等大量军事法规和规章。本章第二节已经述及国防经费管理制度，关于武器装备、物资器材、军队房地产和军队无形资产管理制度的内容，我们将分别在国防科技法律制度一章及军队工作法规制度一章中军队后勤工作法规制度、军队装备工作法规制度等部分予以介绍。

四、人民防空国有资产管理制度

人民防空国有资产也是我国国防资产的重要组成部分，是指人民防空主管部门及所属单位占有、使用及管理的，在法律上确认为国家所有，能以货币计量的各种经济资源的总和，包括人民防空部门及所属单位占有、使用的国有资产和管理的人防工程、指挥、通信、警报设备设施等两大部分。1998年国家人民防空办公室、国家国有资产管理局发布的《人民防空国有资产管理规定》，对人民防空国有资产的管理、使用、评估和处置以及人民防空国有资产的产权登记、报告制度与监督等方面的内容作了具体规范。

（一）人民防空国有资产的管理

1. 管理体制

人民防空国有资产实行国家统一所有，政府分级监管，单位占有、使用的管理体制。人防工程和指挥、通信、警报设备设施等资产，由人防主管部门实行行业管理；人防部门及所属单位占有、使用的国有资产按国有资产管理部门的有关规定进行管理。

2. 管理任务

人民防空国有资产管理的任务主要包括：建立健全各项管理规章制度；明晰产权关系，实施产权管理；保障资产的安全和完整；推动资产的合理优化配置，充分发挥其效益。

3. 管理机构

国家人民防空办公室是全国人防国有资产管理的专业主管部门，负责全国人防国有资产管理工作。县级以上地方各级人民政府人防办公室是本行政区域人防国有资产的主管部门。

（二）人民防空国有资产的使用

人防国有资产贯彻"长期准备、重点建设、平战结合"的人防建设方针，最大限度地开发利用。要做到优化配置、物尽其用、充分发挥使用效益。对长期闲置不用的资产，人防主管部门有权按规定调剂使用。

（三）人民防空国有资产的评估和处置

1. 人防国有资产的评估

人防国有资产如出现资产有偿转让、租赁、抵押、拍卖，企业兼并、出售、联营、股份经营，开办中外合资、合作经营企业，企业清算等情形时，必须进行人防资产评估。人防国有资产评估，由占有单位委托省级以上国有资产管理行政主管部门授予评估资格的评估机构进行。资产评估结果，经本级人民政府人防主管部门审核同意，报同级国有资产管理行政主管部门确认。

2. 人防国有资产的处置

各级人防主管部门要加强人防国有资产处置的管理，制止人防国有资产处置中的违纪行为，维护人防国有资产的合法权益。占有、使用单位处置人防国有资产时，应根据不同情况，报相应人防主管部门审批。人防国有资产的处置收入，均属国家所有。

第十章 国防科技法律制度

国防科技法律制度,是一国关于国防科研和国防工业生产的法律制度总称。我国国防科技法律制度的法律渊源,主要包括《宪法》关于"国家发展自然科学和社会科学事业,普及科学和技术知识,奖励科学研究成果和技术发明创造"以及"国家加强武装力量的革命化、现代化、正规化建设,增强国防力量"等条款、《国防法》关于国防科研生产的规定,以及相关军事行政法规和军事行政规章。党的十八大提出:"坚持走中国特色军民融合式发展路子,坚持富国和强军相统一,加强军民融合式发展战略规划、体制机制建设、法规建设。"这对我国国防科技法律制度的改革完善提出了更高要求。

第一节 概述

国防科技是一般科技中的特殊部分,是指直接为国防服务的科学技术。国防科技法律制度是国家对国防科学技术研究和国防工业生产活动实施领导和管理、国防科研机构和国防工业生产企业事业单位组织开展国防科研生产活动的基本依据。

一、国防科技法律制度的主要内容

国防科技法律制度的主要内容,包括国防科技领导体制、国防科研管理法律制度和国防工业生产管理法律制度。

1. 国防科技领导体制

国防科技领导体制,是国家领导和管理国防科研和国防工业生产的组织体系与相应制度的总称,主要包括国家领导、管理国防科研和国防工业生产的机构设置,各级职责和权限区分,以及相应的组织管理规则和制度体系等。世界主要国家的国防科技领导体制,大致可分为四种模式:一是国防部统一领导,军种具体实施。美国是实行这一体制最典型的国家;二是国防部集中统一领导。西欧国家大多实行这种体制;三是国防部统一领导,研制与采购分开管理。以色列和日本实行这一体制;四是政府和军队分阶段管理。政府负责武器装备研制与生产的管理;军队负责提出武器装备需求和技术要求,制定发展规划计划,对科研和生产过程实施监督,负责武器装备的采购。我国国防科技领导体制为第四种模式。

2. 国防科研管理法律制度

国防科研管理,是国防科研生产管理主体与国防科研主体(国防科研生产管理对象之一)之间就国防科研活动过程而产生形成的管理与被管理关系。国防科研管理法律制度主要包括关于国防科研活动中的计划组织、经费管理、合同管理、科研程序、人员管理、成果管理及技术监督等方面的一系列法律制度。

3. 国防工业生产管理法律制度

国防工业生产管理,是国防科研生产管理主体与国防工业生产主体(国防科研生产管理另一对象)之间就国防工业生产活动过程而产生形成的管理与被管理关系。国防工业生产管理法律制度主要包括关于国防工业生产计划、军工产品质量管理等方面的法律制度。

应当看到,国防科研与国防工业生产二者之间有着紧密联系。例如,我国国防科研领导管理体制和国防工业生产领导管理体制是相一致的,一般统称为国防科技领导体制。在许多情形下,国防科研主体同时也是国防工业生产主体(或者说国防工业生产主体也在很大程度上承担国防科研职能);同时,国防科研生产领域的一些管理制度,如标准管理、计量管理等,往往既针对国防工业生产,也涉及国防科研活动。因此,在国防科技法律制度的实践运行中,关于国防科研管理的法律制度与关于国防工业生产管理的法律制度是不可机械割裂的。

另外,广义的国防科技法律制度,除主要包括上述关于国防科研管理和国防工业生产管理的法律制度之外,还包括关于军事订货及武器装备管理等方面的法律制度。由于这些国防科技活动主要由武装力量内部的军事法规进行规范,对此,我们将在军队工作法规制度一章中的军队装备工作法规制度部分专门进行介绍。

二、国防科技法律制度的重要作用

我国国防科技法律制度,在确定国防科技工作的法律地位和基本方针,规范国防科研生产行为、保障国防科研生产工作顺利进行以及促进国防科技成果的应用、提高部队战斗力等方面具有重要作用。

(一) 确定国防科技工业的重要地位和基本方针

国防科技不仅是国家科技战线的一个重要方面,同时也是国防和军队现代化的关键性环节。我国《宪法》和《国防法》的相关规定,明确了国防科技工作在国家科技发展及国防和军队建设中的重要地位。同时,我国《国防法》还明确规定了国防科技工业的目标任务、基本方针、能力要求和发展重点。其目标任务是:国家建立和完善国防科技工业体系,发展国防科研生产,为武装力量提供性能先进、质量可靠、配套完善、便于操作和维修的武器装备以及其他适用的军用物资,满足国防需要;其基本方针是:国防科技工业实行军民结合、平战结合、军品优先、以民养军的方针;其能力要求是:国家统筹规划国防科技工业建设,保持规模适度、专业配套、布局合理的国防科研生产能力;其发展重点是:国家促进国防科学技术进步,加强高新技术研究,发挥高新技术在武器装备发展中的先导作用,增加技术储备,研制新型武器装备。

(二) 保障国防科技生产工作顺利进行

国防科技是国防建设系统工程中的一个子系统,同时它本身也是一个庞大的系统工程。随着现代科学技术的发展,武器装备日趋高技术化。越是高技术武器的研制与生产,越是需要协调好各方面的关系,求得最佳整体效益。因此只有建立起相应的法律、法规、规章、制度,这个系统才能高效、正常运转。国防科技法律制度通过一系列法律法规,保证国防科研生产工作获得必要的经费、物资、情报资料、人才等方面的支持,为国防科研生产创造良好的外部环境,同时又严格规范国防科研生产活动的各个环节和程序,为国防科研生产工作的顺利进展提供了有力的法律保障。

(三) 促进国防科技成果的应用、提高部队战斗力

国防科研的直接目的在于提高部队战斗力。国防科技成果如果不应用、推广,就无法转化为直接的生产力、战斗力。国防科技法律制度中很重要的一项内容就是关于科技成果的鉴定、定型、奖励、专利、转让等方面的规定,从法律上鼓励、促进技术成果的应用与推广。这对于国防科技成果转化、增强技术保障能力和提高部队的战斗力具有十分积极的作用。

三、国防科技法律制度的基本原则

国防科技法律制度的基本原则,是贯穿于国防科技法律制度创制实施全过程,

并对国防科研生产活动具有普遍指导意义的行为准则。根据《国防法》和其他相关法律规定及国防科研生产活动的实际特点，我国国防科技法律制度的基本原则包括维护国防和军事利益原则、军民融合原则、平战结合原则等。

（一）维护国防和军事利益原则

维护国防和军事利益，是军事法共同的基本原则。国防科技法律制度作为军事法的重要组成部分，也应将增强国防实力、维护国防和军事利益作为其基本着眼点。国防科技法律制度的创造实施中遵循维护国防和军事利益原则，就是要做到统筹规划、突出重点，明确国防科研生产的正确方向，规范和引导国防科研生产活动；就是要依据国防科研和国防工业生产活动领域的特点和规律，体现自身特点和要求，科学确立国防科技领导体制，建立和完善国防科技工业体系；就是要设定和实施严格的质量标准，保证国防科研成果和国防工业产品的质量技术水平。

（二）军民融合原则

走中国特色军民融合式发展路子的重要思想，是在深刻总结我国国防科技工业领域长期坚持的"军民结合、寓军于民"经验基础上形成的国家战略。国防科技法律制度创制实施中遵循军民融合原则，就是要深入推进军民融合式发展，认真贯彻国家"十二五"时期以国家核心安全需求为导向统筹经济建设和国防建设规划，进一步完善上下衔接、完善配套、操作性强的国防科技法律制度体系；就是要建立健全有利于集中统一管理的领导决策、军地协调、需求对接、资源共享、经费管理体制机制；就是要健全资金投入、税收激励、金融支持等法规制度，确保国防科技工业领域的军民融合式发展有力、有序、有效推进。

（三）平战结合原则

国防科技法律制度创制实施中遵循平战结合原则，要求平时积极进行国防科研生产能力规划和基础设施建设，提高国防科研生产的技术水平及军民兼容程度，制定法律法规，开展国防科研生产培训和演练，健全国防科研生产动员体制等；战时应根据战争的需要，及时实施国防科研生产战时动员，迅速有效实现生产扩产、技术扩散、产品转产、改装武器装备和紧急抢修。

第二节 国防科技领导体制和国防科技工业体系

从规范领域和调整对象的角度看，国防科技法律制度是调整国防科研生产主管部门（管理主体）与国防科研生产企业事业单位（科研生产主体）之间在国防科研生产领域的权利义务关系的法律制度。我国国防科技法律制度中，关于国防科技领导体制和国防科技工业体系的相关规定确立了国防科技法律制度中的主体制度。

一、我国国防科技领导体制

建国以来，为适应不同时期国防科研生产需要，我国国防科技领导体制经历了多次改革和调整。较长时期内，是在行政系统设国务院国防工业办公室和地方各级国防办公室，领导、管理全国和地方各级的国防科研和工业工作；在军队系统设中央军委科技装备委员会办公室、中国人民解放军国防科学技术委员会，领导、管理全军的科技装备和国防科研工作。

1982年，全国人民代表大会常务委员会通过《关于设立国防科学技术工业委员会的决议》，决定将原国务院国防工业办公室、中央军委科技装备委员会办公室、中国人民解放军国防科学技术委员会撤销、合并，设立国防科学技术工业委员会。国防科学技术工业委员会隶属军队建制，在国务院、中央军事委员会领导下，统一领导、管理全国国防科技和国防工业工作，既是中央军委统管全军国防科学技术工作的领导机关，也是国务院统管其所属各国防工业部门的国防科研和国防工业的领导机关。

1997年通过的《国防法》规定，国务院领导和管理国防科研生产，中央军事委员会批准武装力量的武器装备体制和武器装备发展规划、计划，协同国务院领导和管理国防科研生产。同时还规定，国家对国防科研生产实行统一领导和计划调控，地方各级人民政府应当对承担国防科研生产任务的企业事业单位给予协助和支持。这些规定明确了我国国防科研生产宏观管理体制。

1998年，第九届全国人大第一次会议通过《关于国务院机构改革方案的决定》，撤销1982年成立的国防科工委，以原国家计委国防司为基础组建新的国防科技工业委员会，成为国务院的职能管理部门之一，对国防科技工业进行行业管理。同时，以原国防科工委和总参谋部装备部为主体，组建隶属于中央军事委员会领导的总装备部，以加强军队武器装备建设的集中统一领导和武器装备全系统、全寿命（从武器研制、采购到维修、报废整个生命周期）的管理。总装备部作为全军武器装备建设工作的领导机关，与国防科研生产单位的关系是供求关系、订货关系。

2008年，按照政企分开、供需分开的原则，遵循适度竞争的要求，国务院对国防科技工业的宏观管理体制做了进一步调整，将国防科学技术工业委员会、信息产业部、国务院信息化办公室三大中央部委合并成工业和信息化部；同时，在工业和信息部组建国家国防科技工业局。国防科工局承担原国防科工委管理国防工业的职能，管理对象从主要面向国防工业转变为面向全社会承担武器装备科研生产任务的所有企业事业单位。这一组织架构的安排打破了军民分离的管理界限，对于推进军民融合式国防科研生产体系建设，实现国防科技工业与国家大工业规划的有效衔接，促进国防与民用资源的共享和融合发展，具有里程碑式的重要意义。

二、我国国防科技工业体系

《国防法》规定："国家建立和完善国防科技工业体系，发展国防科研生产。"建立和完善国防科技工业体系，是国家领导、管理国防科研生产活动的重要职责。

我国国防科技工业体系，由承担国防科研生产任务的企业事业单位构成。承担国防科研生产任务的企业事业单位，主要是各类国防科技研究机构或国防工业生产企业，它们既包括军队系统的相关单位，也包括地方系统的相关单位。其中，承担国防科研任务的单位（及其所属的科技工作人员）即国防科研主体，承担国防工业生产的单位即国防工业生产主体。

国有国防工业企业集团是我国国防科研生产任务的主要承担者，在我国国防科技工业体系中占有重要地位。1982年，根据第五届全国人大常委会《关于国务院部委机构改革实施方案的决定》，二、三、四、五、六、七部分别更名为核、航空、电子、兵器、航天工业部和中国船舶工业总公司。其中核、航空、兵器、航天工业部由国务院、中央军委双重领导，由国防科工委归口管理；设立的中国船舶工业总公司是生产和经营的经济实体，标志着国防工业的管理开始由按产品经济管理向商品经济管理转变。1983年，国务院、中央军委决定把电子、船舶工业有关武器装备的科研、生产业务由国防科工委统一归口，并与国家经委实行双重领导。此后，针对国防科研生产领域存在的弊端，不断调整军民结合管理体制，逐渐把国防科技工业纳入整个国民经济系统之中。

1999年，与国防科技工业宏观管理体制调整改革相适应，我国国防科技工业体系也进行了较大的调整。根据国务院的批复，原五大国防工业总公司（中国核工业总公司、中国航天工业总公司、中国航空工业总公司、中国船舶工业总公司、中国兵器工业总公司）改组为十大集团公司（即中国核工业集团公司、中国核工业建设集团公司、中国航天科技集团公司、中国航天机电集团公司、中国航空工业第一集团公司、中国航空工业第二集团公司、中国船舶工业集团公司、中国船舶重工集团公司、中国兵器工业集团公司、中国兵器装备集团公司），2001年，又将信息产业部所属军工研究院（所）改组成立电子军工集团公司。各集团公司是国家特大型国有企业，由中央管理，作为国家授权投资的机构，对其全资企业、控股企业和参股企业的国有资产行使出资人权利和相应责任。在市场机制的推动下，国防工业企业集团及下属企业自主地从事科研生产。这些改组标志着我国一种新的武器装备建设和国防工业管理体制的诞生，从管理体制上实现军政分开、政企分开，需求和供给分开，打破国防工业部门垄断。

新时期，为了适应国防建设和国民经济建设的双重需要，我国国防科技工业体系进一步推进改革调整。一是进一步精干军工主体，鼓励全社会各种资源参与国防科技工业建设，建立并逐步完善"小核心、大协作"、寓军于民的军品科研生产新体系。2007年，国防科工委（现国家国防科技工业局）发布实施《国防科工委关于非公有制经济参与国防科技工业建设的指导意见》，国防科技工业正式向非公有制经济企业敞开大门；2012年，国防科技工业局和中国人民解放军总装备部联合印发《鼓励和引导民间资本进入国防科技工业领域的实施意见》，明确了鼓励和引导民间资本进入国防科技工业的原则和领域、民营企业参与承担武器装备科研生产任务及其方法途径以及民间资本进入国防科技工业投资建设领域的范围和具体操作办法。二是加快推进股份制改造，初步建立了以股份制为公有制主要实现形式、多种经济成分并存的军工经济发展格局。2001年，国防科工委、发改委和国资委联合发布《军工企业股份制改造的指导意见》，2007年国防科工委又相继发布《军工企业股份制改造实施暂行办法》与《中介机构参与军工企事业单位改制上市管理暂行规定》两个文件。三是积极稳妥推进科研院所改革和机制创新，逐步建立了以企业和科研院所为主体、产学研结合、军民互动、资源共享的科技创新体系。四是支持和引导军工企业事业单位实行专业化重组，进一步优化产业结构，提高产业集中度和资源配置效率，初步实现由粗放型向集约型的经济增长方式转变。2010年，国务院、中央军委印发《关于建立和完善军民结合、寓军于民武器装备科研生产体系的若干意见》，为国防科技工业体系的进一步发展完善提供了指导意见。

此外，关于国防科研生产主体资质的相关法律制度，也是国防科技主体法律制度的重要内容。目前我国相关立法主要包括2008年国务院、中央军事委员会公布的《武器装备科研生产许可管理条例》，以及2010年工业和信息化部、中国人民解放军总装备部公布的《武器装备科研生产许可实施办法》等。

第三节 国防科研管理法律制度

国防科研管理法律制度的内容十分丰富。从我国相关立法看，主要包括关于国防科研的计划与经费管理、过程管理、成果管理和技术监督等方面的法律制度。

一、国防科研计划与经费管理制度

国防科研计划与经费管理，是对国防科研活动进行宏观管理和调控的主要手段。国防科研计划和经费管理制度，是国防科技法律制度中关于国防科研计划管理和国防科研经费管理的相关法律制度。

（一）国防科研计划管理制度

所谓国防科研计划，是指依法确定国防科研活动的发展目标和战略部署。国防科研计划是开展国防科学技术研究和武器装备研制、分配国防科研试制经费以及签订科研合同的依据。国防科研计划管理，是指运用国防科研规划和计划，组织、指导和协调国防科研活动的管理工作。国防科研计划管理法律制度，则是依法编制科研规划和计划并组织实施的相关法律制度。目前我国关于国防科研计划管理方面的法律制度，主要包括《国防科学技术研究和武器装备研制计划管理暂行办法》、《国防科技工业基础科研工作计划和经费管理暂行办法》以及《中国人民解放军武器装备军内科研工作管理规定》中关于计划管理的规定等。这些法规、规章分别对我国国防科研计划的编制、审批、下达、实施、检查、验收和总结等作了具体规定，对于规范和指导国防科研计划的编制、实施发挥了良好作用。

（二）国防科研经费管理制度

国防科研经费是组织开展国防科研活动的基本条件。国防科研经费的主要来源是国防费支出的军队科研费和国家财政支出的国防科研试制费，此外还有少量其他来源，如国防科研主管部门及国防科研机构自筹资金以及社会资助等。我国在国防科研经费管理方面的法规制度，主要有《国防科研试制费拨款管理暂行办法》、《国防科研试制费预决算管理暂行办法》、《国防科研试制费管理规定》以及《中国人民解放军装备科研条例》中关于经费管理的规定等、《中国人民解放军武器装备军内科研工作》等。这些法规、规章分别对我国国防科研经费的分配原则、开支范围以及预决算管理、科研价格管理、审计监督等作了具体规定，有效提高了国防科研经费使用效益。

二、国防科研过程管理制度

国防科研过程管理制度，主要包括国防科研合同管理、国防科研程序管理制度等内容。

（一）国防科研合同管理制度

国防科研合同是国防科研成果主管部门或其授权单位与国防科研机构之间就国防科研活动达成的协议，是国防科研机构组织开展国防科研活动的直接依据。根据科研性质的不同，可将国防科研合同分为国防科学技术预研合同和武器装备研制合同两类。1987年国务院、中央军委发布的《武器装备研制合同暂行办法》和1989年原国防科工委发布的《国防科学技术预先研究项目合同暂行规定》等军事行政法规、规章，分别对我国国防科学技术预先研究合同和武器装备研制合同的订立依据、主要内容、签订程序、合同效力、违约责任及合同管理等作了明确规定，标志着我国国防科研活动开始实行合同制，并使国防科研合同管理走上了法制化轨道。

（二）国防科研程序管理制度

国防科研程序也可分为国防科学技术预先研究程序和武器装备研制程序两类。目前我国关于国防科研程序管理制度方面的立法，主要包括《常规武器装备研制程序》、《战略武器装备研制程序》和《人造卫星研制程序》等。根据相关规定，国防科学技术预先研究程序包括开题论证、方案研究、实验研究和总结鉴定等基本环节。常规武器装备研制程序一般划分为论证、方案研究、工程研制、设计定型和生产定型五个阶段；战略武器装备研制程序一般划分为论证、方案研究、工程研制和定型四个阶段；人造卫星研制程序一般划分为论证、方案研究、工程研制和使用改进四个阶段。以上各阶段均应依次进行，每个阶段的工作达到规定要求后，方可转入下阶段工作。

三、国防科研成果管理制度

国防科研成果管理制度，包括国防科研成果的产权性质及归属、成果鉴定、成果信息管理、成果保护及奖励等内容。目前我国关于国防科研成果管理制度的相关立法，主要有《国防科学技术预先研究暂行管理办法》、《武器装备研制合同暂行办法实施细则》中关于国防科学技术预研成果和武器装备研制成果归属的规定，2004年原国防科工委颁布的《国防科学技术成果鉴定管理办法》关于成果鉴定管理的规定，1984年国务院、中央军事委员会发布的《国防科学技术情报工作条例》关于国防科研成果解密保密和信息交流的规定，2004年国务院、中央军事委员会颁布的《国防专利条例》关于国防专利的规定，以及2004年原国防科工委公布的《国防科学技术奖励办法》（2006年修订）关于国防科学技术奖励的规定等。

（一）国防科研成果归属制度

我国《国防法》第37条规定："国家为武装力量建设、国防科研生产和其他国防建设直接投入的资金、划拨使用的土地资源，以及由此形成的用于国防目的的武器装备和设备设施、物资器材、技术成果等属于国防资产。国防资产归国家所有。"《国防科学技术预先研究暂行管理办法》规定："武器研制合同全额国家拨款，其研制成果归国家所有"；"凡由国家提供的资金和设备完成的国防科技预研成果的所有权归国家"。因此，利用国防科研试制费和由国防费支出的军队科研费等国家提供的资金和设备完成的国防科研成果归国家所有。《武器装备研制合同暂行办法实施细则》规定："对于国家所有的技术成果，研制单位享有技术成果专利的申请权、持有权和非专利技术成果的使用权、转让权，但在使用费和保密方面受到一定限制"等。除上述科研成果之外，参照科技部、财政部《关于国家科研计划项目研究成果知识产权管理的若干规定》以及其他有关规定，国防科研机构自筹资金或由其他投资所取得的科研成果，应根据成果实际性质或合同约定，分别决定其产权归属，但国家根据需要可保留合理介入的权利。

（二）国防科研成果鉴定制度

国防科研成果鉴定是指有关科技成果管理机构，聘请同行专家，按照规定的程序和形式，对国防科研成果进行鉴别和评价，并作出结论的活动。根据《国防科学技术成果鉴定管理办法》，需要鉴定的国防科技成果有：在武器装备及其配套产品的科研（含预先研究、技术基础）、生产、试验以及相关工作中取得的科技成果；在核能和平利用、民用航天、民用航空、民用高性能船舶、民用爆破器材及其他主要满足军事目的的军民两用技术和产品开发中取得的科技成果；在国防基础性技术研究中取得的科技成果；在为决策科学化和管理现代化而进行的国防科技工业软科学研究中取得的科技成果。基础理论研究成果，即自然科学中纯理论性的研究成果，主要表现形式为学术论文及已获得发明专利的应用技术成果，不列入国防科技成果鉴定范围。国防科技成果鉴定分为会议鉴定、函审鉴定、检测鉴定三种形式，并统一使用《国防科学技术成果鉴定证书》。国防科技成果的鉴定，必须按规定的程序进行。

（三）国防科技信息管理制度

根据《国防科技情报工作条例》规定，在国防科技情报工作中，必须在加强交流的同时，十分注意保密，严格执行国家和军队的有关保密规定。各单位和个人在外事活动中得到的重要科技情报资料，必须按有关规定及时交给本系统的国防科技情报资料归口单位。资料归口单位应迅速加以处理，尽快交流使用。

国防科研成果的保密管理也是国防科技信息管理制度的重要组成部分。国防科研成果秘密分为绝密、机密和秘密三级。国防科研成果绝密的范围包括：属于国防尖端技术的核心部分或在国防建设上有特殊重要意义的调查资料、科研成果和科学技术事项。机密的范围包括：在国防建设上有重要作用的调查资料、科研成果和科学技术事项。秘密的范围包括：获国务院部委级、军队级和国家级科技奖励的国防专用科技成果；获国防专利的科技成果；对国防具有潜在应用价值的阶段性科技成果和新技术成果；对提高武器装备战术性能有作用的新技术、新工艺和新材料。另外，有关军事部门下达的各种科研、调查任务书、计划和成果的密级，按下达单位的规定执行任务确定其密级。不同密级的国防科研成果设定不同的保密期限，保密期限届满即自行解密。国防科技成果的保密和解密，应遵循既确保国家秘密安全，又有利于国防科研成果推广应用的原则，其工作由国家主管部门负责归口管理，国务院有关主管部门、军队有关主管单位负责本系统的国防科研成果的保密和解密工作。

（四）国防科研成果保护制度

国防科研成果保护制度包括国防知识产权制度以及国防科技秘密保护制度等。我国相关法规主要是《国防专利条例》。该条例对国防专利的申请、审查和授权，国防专利的实施，国防专利的管理和保护等内容作了规定。依据该条例，国务院国防科学技术工业主管部门和中国人民解放军总装备部分别负责地方系统和军队系统的国防专利管理工作，包括国防专利申请的受理与审查、复审和无效宣告、实施、纠纷调处，指定国防专利代理机构等职责。

（五）国防科学技术奖励制度

我国关于国防科学技术奖励的制度，主要包括《国防科学技术奖励办法》和《国防科学技术奖励办法实施细则》。《国防科学技术奖励办法》规定了国防科学技术奖励的方针、原则，国防科学技术奖的设置和奖励范围、评审机构及职责、申报条件和程序、评审与授予以及异议处理等内容。依据该办法，国防科学技术奖设特等奖、一等奖、二等奖、三等奖，实行限额申报、限额授奖，每年评审一次。国防科学技术奖通过对科技成果的评审，奖励对完成该项科技成果作出突出贡献的单位和个人。

四、国防科研技术监督制度

推行标准化,采用法定计量单位,是国家的一项重要技术经济政策,是科研管理的重要组成部分。搞好军用标准化,加强国防计量工作,是促进国防科学技术的进步、提高武器装备的水平、实现我军现代化、正规化建设的基础技术工作。根据《中华人民共和国标准化管理条例》和《中华人民共和国计量法》,国务院、中央军事委员会制定发布了相关法规,对军用标准化管理和国防计量管理工作的有关问题做了明确规定。

(一) 军用标准化管理制度

1984年国务院、中央军事委员会批准发布的《军用标准化管理办法》,是一部关于军用标准化管理的专门性法规。该办法对军用标准的制订、修订和审批、发布,军用标准的贯彻执行,标准化机构和任务以及标准化工作的奖惩等作出了明确规定,对加强军用标准化管理、促进国防科学技术进步,具有重要作用。

(二) 国防和军队计量管理制度

1990年国务院、中央军事委员会发布的《国防计量监督管理条例》和2003年中央军事委员会发布的《中国人民解放军计量条例》,是关于国防和军队计量管理工作的主要法规。这两部法规分别对国防和军队计量工作的基本任务、计量技术机构及职责、测量标准、计量检定人员、监督管理,以及奖励与处分等内容作了规定,规范了国防和军队计量行为,对于推动促进国防和军队计量工作的发展、加强国防科研计量监督发挥了重要作用。

第四节 国防工业生产管理法律制度

国防工业生产管理法律制度,是调整国家管理国防工业企业和国防工业企业在生产经营活动中各种军事关系的法律制度的总称。我国国防工业生产管理法律制度,主要包括国防工业生产计划管理、军工产品质量管理以及中国人民解放军驻厂军事代表制度等内容。

一、国防工业生产计划管理制度

《国防法》和《中国人民解放军装备条例》等法律法规规定,国家对国防科研生产实行统一领导和计划调控。国家对国防工业企业的国防工业生产实行计划管理，武器装备及其专用配套产品、原材料的研制生产任务列入国家计划。军品生产计划，经国务院、中央军委审批后下达。国防科工局及各省、自治区、直辖市国防科工办负责军品生产计划的实施，协调、解决有关问题，保证军品生产计划的完成。国防工业企业必须执行国家军品生产计划，完成军品生产任务，保证武器装备的质量。根据规定，国防工业企业可与需方签订合同，明确各方的权利和义务。

二、军工产品质量管理制度

军工产品质量优劣，是关系到军队现代化建设和国家民族安危的大问题。在长期的军工产品质量管理的实践中，我国已形成了比较完整的质量管理制度。这方面的法规、规章主要有《军工产品质量管理条例》(1987 年国务院、中央军委批准，原国防科工委发布)以及《军工产品承制单位质量保证体系考核管理暂行办法》等。

(一) 建立健全质量保证体系

研制、生产军工产品的企业单位和订购军工产品的单位必须建立健全质量保证体系，并由国务院有关业务主管部门进行考核。考核合格者，方可承担军工产品的研制、生产任务。质量保证体系包括：(1) 建立健全质量责任制。厂 (所) 长对本单位质量工作全面负责，并应当明确规定本单位业务技术部门和人员的质量职责。(2) 根据需要设置质量保证组织，并在厂 (所) 长的领导下行使职权。(3) 质量工作人员有权越级反映质量问题。任何单位或者个人对越级反映质量问题的人员，不得打击报复。(4) 编制质量管理手册。质量管理手册的编制应当坚持指令性、系统性和可检查性的原则。(5) 承制单位接受研制任务的，应当编制可靠性保证大纲；接受生产任务的，应当编制质量保证大纲。(6) 制定年度质量计划，实行目标管理。

(二) 研制、生产、使用过程的质量管理

在研制过程中，研制、生产军工产品的企业单位必须保证产品的设计及其制造工艺的质量符合研制任务书 (或者技术协议书) 和合同的要求。要根据有关规定和产品特点，制订具体的研制程序，明确划分研制阶段，实施分阶段控制，建立分级、分阶段的设计质量、工艺质量和产品评审制度；实行图纸和技术文件的校对、审核、批准三级审签制度，工艺和质量会签制度，标准化检查制度；履行首件鉴定程序，组织产品质量评审，以确保产品质量特性与有关文件规定相一致。

在生产过程中，研制、生产军工产品的企业单位必须保证产品质量符合设计工艺文件规定和合同要求。进行生产操作必须符合下列要求：工艺文件、作业指导书和质量保证文件符合设计和合同要求；生产、试验设备和工艺装备经检定合格；工

作环境符合规定；操作人员经考核合格。同时，建立技术状态管理制度，实行批次管理制度和首件自检、互检、专检制度。

在验收过程中，研制、生产军工产品的企业单位必须保证交付使用的产品质量符合研制任务书和合同规定的要求。对产品要进行检查、试验，确认产品符合验收标准后，方能提交军代表验收。产品出厂，必须符合以下要求：有检验机构和厂（所）长签署的产品检验合格证；经军代表验收合格，有产品使用维护说明书；包装必须符合国家规定或者合同要求。要根据产品特点，制订包装、搬运、发送的质量控制程序，按规定为使用单位提供技术服务。

（三）不合格产品的处理

研制、生产军工产品的企业单位的检验人员应当按照技术文件规定检验产品，做出合格或者不合格的结论，其保证组织应当按照规定处理不合格品。不合格品应当有明显的识别标志，并应当与合格品相隔离，不合格品的性质和处理经过，应当记录在案。

除了上述质量管理制度外，还建立了质量管理中的计量和测试管理制度、外购器材管理制度、质量信息管理制度、质量成本管理制度等一系列制度。

三、驻厂军事代表制度

军事代表是军队为执行武器装备建设计划向承担国防科研生产任务的企事业单位派出的代表，其任务主要是根据国务院、中央军事委员会关于军工产品科研、生产和质量管理的规定，对军工产品进行检验和验收；对生产过程进行质量监督；参与军工产品研制的质量保证工作；对军工产品提出订价意见；负责军队与工厂的联络等。1989年国务院、中央军事委员会发布的《中国人民解放军驻厂军事代表工作条例》，对驻厂军事代表制度作了规定，主要包括军事代表的条件与职责、军事代表组织机构和工作关系、军事代表在产品检验、验收和质量监督等方面的具体要求等内容。驻厂军事代表制度对于保证国防工业生产产品质量具有重要作用。

第十一章　国防动员法律制度

国防动员,亦称战争动员,是指国家为准备战争和实施战争而在相应的范围内由平时状态转入战时状态所采取的统一调动人力、物力、财力的紧急措施。按动员领域,国防动员分为武装力量动员、经济动员、政治动员、民防动员和科技动员等;按动员内容,分为人力动员、物力动员和财力动员;按动员规模,分为总动员和局部动员;按动员时机,分为战前动员和开战后动员;按动员阶段,分为战争初期动员、战争中期动员和战争后期动员;按动员方式,分为秘密动员和公开动员等。总之,采取何种形式进行动员,主要是依据战争的规模、进程和国家的战略意图来确定。国防动员法律制度,是指国家调整国防动员中各种社会关系的法律制度总称。我国国防动员法律制度的法律渊源,主要包括《宪法》关于宣战和发布动员令等内容的条款、《国防法》关于国防动员和战争状态的规定、《中华人民共和国国防动员法》(2010年第十一届全国人民代表大会常务委员会第十三次会议通过)以及相关军事法律、军事行政法规和军事行政规章。

第一节　概述

国防动员涉及国家各个领域和整个社会生活,必须依靠法律给予保障。国防动员法律制度,是平时进行动员准备、战时实施动员的法律依据。

一、国防动员法律制度的主要内容

国防动员法律制度的内容,主要包括国防动员组织领导体制、国防动员的准备和实施、各领域国防动员制度以及民用资源的征用与补偿制度等。

1. 国防动员组织领导体制

国防动员组织领导体制，是指国防动员组织领导机构的设置、职权划分及相互关系的制度体系。国防动员组织领导机构一般包括国防动员决策领导机构、协调机构和执行机构，各组织领导机构分别承担相应职责。

2. 国防动员的准备和实施

国防动员准备，是指为在战争状态或紧急状态下有效地进行动员实施而在和平时期进行的准备活动。国防动员实施，是指依据最高权力机关发布的动员令和动员计划，采取各种非常措施，使社会诸领域全部或部分由平时状态转入战时状态，将战争潜力转化为战争实力。国防动员准备和实施制度，是关于国防动员准备、实施内容及程序方面的规定。

3. 各领域国防动员制度

各领域国防动员制度，是指根据国防动员的内容，在国防动员法律制度中对武装力量、经济、交通、民防以及科技等各领域内国防动员制度作出的具体规定。

4. 民用资源的征用与补偿制度

民用资源征用是指国家机关或组织为实现一定的国防利益，依照法律规定的条件和程序，强制取得公民或其他组织财产的使用权或个人劳务的国防行为。由于民用资源征用是对社会资源的特殊支配与使用，被征用的财产是义务人的合法财产，如征用对义务人的合法权益造成损害的，理应得到相应补偿。民用资源的征用与补偿制度，是国防动员法律制度中关于民用资源征用的原则和程序以及补偿的原则、范围和标准等方面的制度规定。

二、国防动员法律制度的重要作用

国防动员是将国防潜力转化为国防实力的重要举措，是实现平战结合、军民结合、寓军于民的重要形式，是加强国防建设、增强综合国力的重要内容。我国的国防动员法律制度，对于依法加强国防动员建设，积蓄国防潜力，增强国防实力，提升综合国力，维护国家安全和发展，具有十分重要的意义。

一是规范动员行为，保证动员建设顺利进行。随着我国改革开放的深入开展和社会主义市场经济的发展，国防动员建设所处的社会环境发生了深刻变化，主要依靠行政手段开展国防动员工作已很难适应新的形势。对于国防动员这项极其复杂的社会系统工程，组织实施十分繁杂，必须借助于法律制度对国防动员的目的、方针、原则、权利、义务、奖励、惩处等方面进行规范，建立起适应国家经济社会发展变化的国防动员体制机制，科学规范政府、公民和组织在国防动员活动中的责任、权利和义务，确保国防动员决策和领导行为规范化，社会组织和公民在动员中的行为规范化，促进国防动员建设又好又快发展。

二是提高国家平战转换能力，为维护国家安全提供制度机制保障。当今世界，和平与发展仍然是时代的主题。但世界并不安宁，传统安全威胁与非传统安全威胁相互交织，我国安全面临诸多挑战，为此，必须增强忧患意识和国防观念。通过制定国防动员法律制度，有利于对国防动员做出明确规范，为国防动员的准备和实施提供法律依据，切实提高国家平战转换的能力，确保在国家主权、统一、领土完整和安全遭受威胁时，能够依法实施快速动员，为应对危机、遏制战争、打赢战争提供有力的制度机制保障。

三是显示卫国决心，有效震慑他国犯我心理。国防动员法律制度在对内统一国家意志、规范动员行为的同时，也以法律制度的形式向国际社会显示了国家动员的国防潜力，保护国家安全和利益的决心。制定国防动员法律制度的目的之一，就是为了显示保卫国家安全的决心，表明国家确实可能存在着现实的或潜在的战争危险，向国内外表明国家不甘屈服的决心和英勇无畏的斗志。在遭受威胁时，通过动员和战争来消除威胁，显示国家对人力、物力、财力的一种组织能力，表明国家对动员问题的运筹、决策和指导的能力，表明国家有打赢卫国战争的能力，坚决维护国家的主权、统一、领土完整和安全。这种决心的显示，在国内，必将激发全体公民的爱国热情和同仇敌忾的斗志；在国外，必然起到表明立场、争取盟友和警告潜在对手的作用。而这些能力，正是国防动员潜力中不可或缺的，甚至是起决定作用的因素，也是构成国防威慑力的重要条件。无论是公民的国防精神，还是国家对动员的组织领导，都是一个主权国家民族凝聚力的体现，而隐喻其中的则是不可战胜的决心和信心。

三、国防动员法律制度的基本原则

国防动员法律制度的基本原则，是贯穿于国防动员法律制度创制实施全过程，并对国防动员的准备和组织实施具有普遍指导意义的行为准则。根据《国防动员法》和相关法律规定及国防动员准备、实施的实际特点，我国国防动员法律制度的基本原则包括统一领导、全民参与、长期准备、重点建设、统筹兼顾、有序高效等原则。

1. 统一领导

国防动员是一种国家行为。加强党中央、国务院和中央军委对国防动员工作的统一领导，是动员工作顺利开展的根本保证。《宪法》和《国防法》规定，国务院、中央军事委员会统一领导动员准备和动员实施工作；地方人民政府统一领导和管理本行政区的动员准备和动员实施工作。

2. 全民参与

毛泽东同志指出了"战争伟力之最深厚根源存在于民众之中""兵民是胜利之本"等许多著名论断，充分说明人民群众是关乎战争胜利的重要因素。国防动员工作涉及军事、政治、经济、科技、教育、文化、卫生等多个领域，只有充分发扬毛泽东人民战争思想，才能调动广大人民群众参与国防动员工作的积极性，才能提高国防动员建设效益。

3. 长期准备

国防动员准备工作是一项庞大的系统工程，牵涉到国家社会生活的方方面面，必须把这项工作纳入国民经济建设和社会发展规划之中，必须结合国家经济建设、国防建设和武装力量建设等一道进行，做到常抓不懈，贯穿于和平建设时期的始终，否则，就难以满足紧急之需。只有通过长期的积累，才能积蓄出强大的国防潜力，才可能转化出强大的国防实力，这不仅是应付未来可能爆发的各种战争的客观需要，同时也是制止战争、创造出和平建设环境的威慑力量。

4. 重点建设

国防动员准备必须突出以打赢信息化条件下局部战争为基点的各项动员准备。国家国防动员体制的完善程度，往往成为衡量一个国家国防能力和战争水平的重要标志之一；武装力量是国防动员的核心，其建设质量的高低直接影响到战争的胜负；科学技术历来是战争发展的内在动力和深层命脉，现代科学技术的迅猛发展已经使得现代战争在某种程度上表现为高技术的较量，拥有高技术优势的一方明显地掌握着更多的战场主动权。因此，国防动员建设尤其要把国防动员体制建设、武装力量的质量建设、高技术动员建设等放在动员准备的重中之重的位置。

5. 统筹兼顾

统筹兼顾是深入贯彻落实科学发展观的根本方法。国防动员建设遵循统筹兼顾的原则，就是要求国防动员工作在发展自身的过程中必须与经济基础相适应，注重与经济建设协调发展；必须坚持以国家核心安全需求为导向，统筹经济建设和国防建设，提高国防动员和后备力量建设质量。国防动员建设是增强综合国力的重要方面，它与国家经济建设是一个既相对独立又紧密联系的有机整体，两者统一于国家的根本利益。国防动员建设主要着眼于国家安全的需要，经济建设主要着眼于国家发展的需要。国防动员建设及其提供的国家安全环境是经济建设和国家发展的保障，而国家的发展和经济的增长又为国防动员建设提供必要的物质基础。只有坚持统筹兼顾的原则，才能实现国防动员工作与经济建设的良性互动。

6. 有序高效

有序高效是我国国家安全所面临的紧迫形势对国防动员准备与组织实施提出的迫切要求。遵循有序高效原则，就是国防动员工作要在有序开展前提下，不断提高国防动员建设的效益。一是要突出重点战略方向的动员准备，以保证国家一个时期军事战略目标的顺利实现；二是抓住动员各要素中起关键作用的要素的健全和功能完善，如动员体制、武装力量建设、国防科技的发展、全民的国防教育、信息动员、动员指挥自动化建设和法规制度建设等；三是争取战备和经济双重效益。

第二节 国防动员组织领导体制

国防需求是国防动员的牵引因素和源动力，国防动员基础是国防动员的依托和前提，国防动员组织领导体制则是国防需求与国防动员基础之间的桥梁，是发挥国防动员基础作用、保障国防需求的组织制度。健全国防动员体制，是国防动员准备的重要内容，对快速有效地实施动员发挥关键的作用。我国《宪法》、《国防法》和《国防动员法》确立了我国的国防动员组织领导体制。

一、国防动员决策领导机构及其职权

国防动员决策领导机构是国防动员的核心和最高层次的机构。我国《宪法》规定：全国人民代表大会"决定战争和和平的问题"；全国人民代表大会常务委员会"在全国人民代表大会闭幕期间，如果遇到国家遭受武装侵犯或者必须履行国际间共同防止侵略的情况，决定战争状态的宣布"，"决定全国总动员或者局部动员"；中华人民共和国主席根据全国人民代表大会的决定和全国人民代表大会常务委员会的决定，"宣布战争状态，发布动员令"。《宪法》还规定：中华人民共和国国务院负责"领导和管理国防建设事业"，中华人民共和国中央军事委员会"领导全国武装力量"。《国防法》规定：国务院和中央军事委员会"共同领导动员准备和动员实施工作"。《宪法》序言还规定了中国共产党在国家生活中的领导作用。

依据《宪法》和《国防法》，全国人民代表大会及其常务委员会是我国国防动员决策机构，国务院和中央军事委员会是国防动员最高领导机构。我国国防动员决策领导工作机制是：国防动员在党中央的统一领导下，平时动员的准备工作由国务院、中央军委按照宪法规定的职责分别组织实施；战时，经全国人民代表大会或全国人

民代表大会常务委员会决定进入战争状态，决定实行全国总动员或局部动员，并由国家主席宣布后，由国务院、中央军事委员会组织动员实施。

二、国防动员协调机构及其职权

国防动员协调机构，是实现国家最高决策机构关于动员准备与实施意图的咨询、参谋、议事部门，也是组织协调国家各部门、各行业及各地区落实执行动员任务的机关。我国国防动员协调机构为各级国防动员委员会。

1994年，为加强对国防动员工作的集中统一领导，国务院、中央军事委员会作出决定，撤销国家人民防空委员会、中央军委人民武装委员会和国务院、中央军委交通战备领导小组，成立国家国防动员委员会，主管全国的国防动员协调工作。此后开始成立各级国防动员委员会及其办事机构。

《国防动员法》对各级国防动员委员会及其办事机构职权的规定包括：国家国防动员委员会在国务院、中央军事委员会的领导下负责组织、指导、协调全国的国防动员工作；按照规定的权限和程序议定的事项，由国务院和中央军事委员会的有关部门按照各自职责分工组织实施。军区国防动员委员会、县级以上地方各级国防动员委员会负责组织、指导、协调本区域的国防动员工作。国防动员委员会的办事机构承担本级国防动员委员会的日常工作，依法履行有关的国防动员职责。

三、国防执行机构及其职权

国防动员执行机构，是各个领域、各个行业落实与执行最高决策机构赋予的各种动员任务的基本单位，它既是上一级动员机构下属的执行机关，又是本部门、本行业动员工作的领导部门。我国国防动员执行机构主要包括政府部门的动员领导与执行系统、军队的动员领导与执行系统、社会团体及群众的动员领导与执行系统。

依据《国防法》和《国防动员法》及相关法规，各类国防动员执行机构的职责包括：政府部门动员领导执行系统根据上级赋予的动员任务，制订本部门的动员计划和方案，运用政府机关的权力，检查、监督、落实与执行动员任务；平时结合经济建设，积极做好人力、物力、财力和先进军事科技的开发和储备；战时按照前后方兼顾、各个时期兼顾的原则，采取有效措施，按计划将各种潜力迅速转变为军事实力。军队的动员领导执行系统根据国防和战争的需要，向上级部门提出需求；按照上级下达的动员计划，组织武装力量动员活动；和平时期，在政府部门的领导和配合下，具体组织后备力量的训练、管理等业务工作。社会团体及群众的动员领导执行系统在政府动员机构的组织领导下，进行政治动员活动，引导社会舆论，积极参加和支持动员工作，完成有关物资征用任务等。

第三节 国防动员的准备和实施

《宪法》、《国防法》和《国防动员法》的相关规定，明确了我国国防动员准备和实施的内容与程序。

一、国防动员的准备

国防动员准备主要包括国防动员计划、国防动员实施方案和国防动员潜力统计调查等内容。《国防动员法》第15条规定：国家实行国防动员计划、国防动员实施预案和国防动员潜力统计调查制度。

（一）国防动员计划的概念、内容及编制程序

《国防动员法》规定：国防动员计划根据国防动员的方针和原则、国防动员潜力状况和军事需求编制。军事需求由军队有关部门按照规定的权限和程序提出。各级国防动员计划的编制和审批，按照国家有关规定执行。县级以上人民政府应当将国防动员的相关内容纳入国民经济和社会发展计划。军队有关部门应当将国防动员实施预案纳入战备计划。县级以上人民政府及其有关部门和军队有关部门应当按照职责落实国防动员计划。国家建立国防动员计划评估检查制度。

国防动员计划，是根据国防动员方针和原则、国防动员潜力状况和军事需求编制，对国防动员准备和实施活动所作出的安排和部署，是为国防动员实施而预先编制的行动方案，是国防动员准备的主要内容和国防动员实施的基本依据。

国防动员计划的基本内容包括：国防动员的目的和要求，国防动员的内容和任务，国防动员的时序安排，国防动员的组织领导，国防动员的方式方法，国防动员计划的审批、修改和调整权限，国防动员计划的启动和终止条件，以及相关保障措施和工作条件等。

编制国防动员计划的基本程序是：成立编制工作组织领导机构，分析预测国防动员需求，调查掌握国防动员潜力，搞好供需衔接与协调，组织拟制国防动员计划（草案），修订完善国防动员计划（草案），批准下达国防动员计划。

（二）国防动员实施预案的概念、内容及编制程序

《国防动员法》规定：国防动员实施预案，根据国防动员的方针和原则、国防动

员潜力状况和军事需求编制。军事需求由军队有关部门按照规定的权限和程序提出。国防动员实施预案与突发事件应急处置预案应当在指挥、力量使用、信息和保障等方面相互衔接。各级国防动员实施预案的编制和审批，按照国家有关规定执行。县级以上人民政府及其有关部门和军队有关部门应当按照职责落实国防动员实施预案。国家建立国防动员实施预案执行情况的评估检查制度。

国防动员实施预案，是为了保障国家应对战争、突发事件和紧急状态的需要，根据国防动员方针和原则、国防动员潜力状况和军事需求，由军队和政府有关部门在平时预先编制的国防动员实施方案，它是国防动员平时准备的重要内容和优化模式，是战时（急时）国防动员实施的重要依据和实现快速动员的有效措施。

国防动员实施预案的基本内容包括：编制预案的目的和依据，编制预案的环境条件分析，预案的主要任务，预案的时序要求，相关单位的职责分工，完成动员任务的方法途径，预案的审批、修改和调整权限，相关保障措施和条件，预案的启动和终止条件，以及预案的承担单位及相关要求等。

编制国防动员实施预案的基本程序是：成立编制工作组织领导机构，分析预测国防动员的内容和任务，摸清相关国防动员潜力状况，拟制国防动员实施预案（草案），修改和完善国防动员实施预案（草案），批准实施国防动员实施预案。

（三）国防动员潜力调查统计的概念、内容及方式方法

《国防动员法》规定：县级以上人民政府统计机构和有关部门应当根据国防动员的需要，准确及时地向本级国防动员委员会的办事机构提供有关统计资料。提供的统计资料不能满足需要时，国防动员委员会办事机构可以依据《中华人民共和国统计法》和国家有关规定组织开展国防动员潜力专项统计调查。

国防动员潜力统计调查，是根据国家军事战略、经济社会发展战略和国防动员建设发展的实际需要，采用科学的调查和统计方法，有计划、有步骤地搜集、统计、整理和分析国防动员潜力状况的过程。定期或不定期地组织开展国防动员潜力统计调查，是摸清各类可动员资源的数量、质量、结构、规模、技术性能和地域分布等情况，正确制定国防动员建设发展战略的客观需要。

国防动员潜力统计调查的基本内容，就是对蕴藏在国防动员基础和综合国力中的可动员人力、物力、财力、科技力和精神力资源，进行搜集、统计、分析、衡量和评估。

从不同的目的和要求出发，国防动员潜力统计调查可分别采取全面调查、重点调查、典型调查和抽样调查等具体的方式方法。

二、国防动员的实施

国防动员实施,是运用国家的权力将国防潜力转化为战争实力的行动,是国防动员由准备付诸实行的实质性、决定性阶段和步骤。

(一) 国防动员实施的程序

国防动员的实施程序,是指按时间先后和内容对国防动员过程的安排。国防动员有其自身的规律性,反映在时间和内容上就是必须按照一定的程序展开。一般来说,国防动员的基本程序是:动员决策、发布动员令、加强动员机构、修订动员计划、组织调动国防资源、检查与评估、动员实施终止。

1. 动员决策

动员决策是在正确分析国家安全形势的基础上,按照法定程序对动员作出决定的过程。决定实施动员的权限属于国家最高权力机关。动员决策通常要集中多方面的意见后民主决定,国家有关动员咨询机构的咨询意见,对决策机关实施正确决策有着重要作用。

2. 发布动员令

动员令是指国家宣布转入战时状态的命令,通常分为局部动员令和总动员令。发布动员令是实现国防动员决策的决定性环节,意味着宣布进入"战争状态",国家开始实行战时管制。动员令由国家元首或政府首脑发布。

3. 强化动员机构

各级各类动员组织领导机构和职能部门,在国防动员中肩负着重大的使命。动员实施中,要特别注重强化各级政府和军事机关的领导指挥职能作用,要按战时需要完善执行机构内部设置并适当调整人员、加强力量。

4. 修订动员计划

动员计划是在平时制订的,虽然在编制时无不力求周密完美,但战时客观条件的发展变化不可能与编制计划时的分析和预见完全一致,而总是存在或大或小的差异。因此,为使动员计划与战时的客观条件相一致,必须按照实际情况对原定计划进行修订。

5. 组织调动国防资源

组织调动国防资源,就是把一切可用于战争的人力、物力、财力进行定向聚集,将其平时的使用方向改变为服务于战争。这一活动是国防动员实施阶段的核心内容。

6. 检查与评估

国防动员的检查与评估,是以实战要求为尺度,采取科学手段和方法,对国防动员实施进行全面考评的活动，其目的在于发现和解决问题，总结和推广经验，确保动员的质量和效果。

7. 动员实施终止

当国家即将取得或者已经取得应对战争、突发事件和紧急状态斗争的决定性胜利，各项动员实施任务已经基本完成，继续组织开展动员实施已经失去必要时，国家和政府应当作出终止动员实施的决定。决定动员实施终止的权限和程序，与决定动员实施的权限和程序一致。

(二) 国防动员实施的内容

国防动员实施的内容，包括国防动员过程中对社会各领域国防资源的组织调动，国防动员实施过程中的宣传教育，国防动员实施过程中的国防勤务，以及国防动员实施过程中采取的特别措施等。

1. 各领域国防资源的组织调动

主要包括武装力量动员、经济动员、交通动员、民防动员和科技动员等。具体内容将在本章第三节各领域国防动员制度部分详细介绍。

2. 宣传教育

《国防动员法》规定：各级人民政府应当组织开展国防动员的宣传教育，增强公民的国防观念和依法履行国防义务的意识。有关军事机关应当协助做好国防动员的宣传教育工作。国家机关、社会团体、企业事业单位和基层群众性自治组织，应当组织所属人员学习和掌握必要的国防知识与技能。各级人民政府应当运用各种宣传媒体和宣传手段，对公民进行爱国主义、革命英雄主义宣传教育，激发公民的爱国热情，鼓励公民踊跃参战支前，采取多种形式开展拥军优属和慰问活动，按照国家有关规定做好抚恤优待工作。新闻出版、广播影视和网络传媒等单位，应当按照国防动员的要求做好宣传教育和相关工作。

3. 国防勤务

国防勤务，是指国家决定实施国防动员后，公民和组织在人民政府组织下担负的支援保障军队作战、承担预防与救助战争灾害以及协助维护社会秩序的任务。《国防动员法》规定：国家决定实施国防动员后，县级以上人民政府根据国防动员实施的需要，可以动员符合本法规定条件的公民和组织担负国防勤务。被确定担负国防勤务的人员，应当服从指挥、履行职责、遵守纪律、保守秘密。担负国防勤务的人员所在单位应当给予支持和协助。交通运输、邮政、电信、医药卫生、食品和粮食供应、工程建筑、能源化工、大型水利设施、民用核设施、新闻媒体、国防科研生产和市政设施保障等单位，应当依法担负国防勤务。

4. 特别措施

《国防动员法》规定：国家决定实施国防动员后，根据需要，可以依法在实施国防动员的区域，采取对某些特殊行业实行管制，对人员活动的区域、时间、方式以及物资、运载工具进出的区域进行必要的限制，在国家机关、社会团体和企业事业单位实行特殊工作制度，为武装力量优先提供各种交通保障等特别措施。在全国或者部分省、自治区、直辖市实行特别措施，由国务院、中央军事委员会决定并组织实施；在省、自治区、直辖市范围内的部分地区实行特别措施，由国务院、中央军事委员会决定，由特别措施实施区域所在省、自治区、直辖市人民政府和同级军事机关组织实施。组织实施特别措施的机关应当在规定的权限、区域和时限内实施特别措施。特别措施实施区域内的公民和组织，应当服从组织实施特别措施的机关的管理。采取特别措施不再必要时，应当及时终止。

第四节 各领域国防动员制度

国防动员是筹措人力、物力、财力为国家安全防卫服务的活动。这些人力、物力、财力是分别存在于各个部门、各个领域的。从动员领域的角度来看，国防动员的内容包括武装力量动员，经济动员，交通、通信和卫生动员，人民防空动员，科学技术动员等各个方面。关于武装力量动员制度的内容，我们已在兵役法律制度一章中作了介绍，本节重点介绍经济动员、交通动员、民防动员和科技动员等领域的制度内容。

一、经济动员

经济动员，是国家为了保障战争的物资需求和稳定战时经济秩序，促使企业、经济部门以至整个国民经济转入为战争服务的轨道，调整经济资源配置，增加武器装备及其他军用物资生产所进行的活动。以经济部门为分类标准，可把经济动员分为工业动员、农业动员、商业贸易动员、劳动力动员、财政金融动员等。

（一）工业动员

工业动员，指国家扩建、新建、调整工业生产能力，迅速增加武器装备及战争需要的其他工业品的产量，保障战争需求的活动。工业可以分为国防工业部门和民用工业部门。国防工业又可分为担负现实军品生产任务的常备军工企业与平时处于封存状态的后备军工企业。常备军工企业是动员的首要对象,在现代局部战争中,工业动员一般主要靠动员常备军工企业。后备军工企业与民用工业是持续动员的基础。工业动员制度主要包括国防动员法律制度中关于工业动员体制、产品结构、工业布局及战时工业生产组织管理等方面的规定。《国防动员法》第四章"与国防密切相关的建设项目和重要产品"、第六章"战略物资储备与调用"以及第七章"军品科研、生产与维修保障"中关于军品生产的相关制度规定,是工业动员制度中的重要内容。

(二) 农业动员

农业动员,指国家在战时调整和挖掘农业生产潜力,维护农业设施,努力增加农副产品的产量和国家征购量,满足战争和人民战时生活对农产品的需要所进行的活动。农业动员制度,包括农业动员体制、战时农业生产结构以及农业生产组织管理制度等。依据相关法律法规,战时应加强对农业生产的集中管理,适当增加农产品的指令性计划,建立与战时需要相适应的农业生产组织形式。

(三) 贸易动员

贸易动员,指国家在商品流通领域,通过改组贸易管理体制,实行战时政策等手段,达到控制商品流通秩序和流向,满足战争和人民生活对各种商品需求所进行的活动。贸易动员制度包括国内贸易管制和对外贸易管制。国内贸易管制的措施包括:扩大国家直接计划管理的物资种类和数额,颁布战时产品管制目录,对各种产品实行分类管理,重点管制对军工生产和战时经济秩序起支柱作用的产品以及生活必需品,必要时对生活必需品实行定额配给。利用委托加工、军事订货等经济手段和统购统销、限量供应等行政手段,干预物资流向,使之符合战争的需要。采取各种措施控制物价,实行国家定价或最高限价。加强市场行政管理,打击投机倒把行为,严禁囤积居奇、哄抬物价和黑市交易,维护战时经济秩序。对外贸易管制的措施包括:调整外贸经营权,建立健全适应战时特点的外贸管理制度,如进出口许可证制度、保护关税制度、货运监管制度、查禁走私制度、进出口商品检验制度等,严格控制重要战略物资和生活必需品的出口及一般物资的进口,实行外汇管制和计划分配使用。对敌国的贸易制裁视情采取必要的反制裁措施。根据战争形势和实际需要,依法冻结敌对国家及其企业和个人的在华资产。

(四) 财政金融动员

财政金融动员,指国家为保障战争需要而采取的筹措和分配资金、维持财政金融秩序的活动。经费筹集包括财政和金融两个基本渠道,实施财政金融动员,应着眼于增加国家的财政收入，合理调节分配关系，引导社会消费适应战争特点，同时兼顾经济稳定和发展。财政金融动员的主要措施包括实行战时税制、实行战时预算、增加国债发行、加强金融监管等。

（五）劳动力动员

劳动力动员，指国家统一调配和使用劳动力，开发劳动力资源，以满足武装力量扩编、军工生产及其他领域对人力的需求所进行的活动。劳动力是各经济部门的生产和服务人员，又可转化为军队兵员和支前保障人员，其动员活动融合于各个领域的动员活动之中。劳动力动员的主要措施包括根据战争需要调配劳动力，实行战时就业制度、扩大劳动力资源总量，实行战时劳动制度、提高劳动强度和效率等。

二、交通动员

交通动员，是为了应对战争、突发事件和紧急状态的需要，国家有计划、有步骤地把为国防建设服务的交通体系及民用运力，由平时状态转入战时（急时）状态所进行的一系列活动。

（一）国防交通动员

国防交通，是指为国防建设服务的铁路、公路、水路、航空、管道、邮电通信等交通体系。《国防交通条例》（1995年国务院、中央军事委员会发布）对国防交通的管理机构及其职责、国防交通工程设施的范围及维护管理措施、战时国家运力动员和征用以及各级政府和单位在军事运输中的义务作了规定。此外，2006年中国人民解放军总参谋部、总后勤部发布的《铁路军事运输计划管理规定》，对铁路运输计划的主管机关及职责、运输范围与等级、计划的编报和审批、计划的变更和撤销及计划实施等作了具体规定。

（二）民用运力动员

民用运力动员，是指战时及平时特殊情况下，根据国防动员的需要，国家依法对机关、社会团体、企业事业单位和公民所拥有的或者管理的民用运载工具及相关设备、设施、人员，进行统一组织和调用。《民用运力国防动员条例》（2003年国务院、中央军事委员会发布）对民用运力动员的准备、实施、补偿与抚恤及经费保障等作了具体规定。

三、民防动员

民防是民众防护的简称。民防动员，是指国家组织民众预防战争灾害和消除战争灾害后果的活动。随着现代化武器装备的发展，特别是飞机、中远程导弹等空中打击兵器性能的大幅度提高，以及新的作战理论的发展和运用，空中打击的意义和地位出现了革命性的变化，空袭与反空袭成为现代战争的重要形式，因此，民防动员的主要内容是人民防空动员。我国《人民防空法》（1996年第八届全国人民代表大会常务委员会第二十二次会议通过）和《国防动员法》对人民防空动员和战争灾害的预防与救助等制度作了规定。

《人民防空法》确定了人民防空的方针和原则，确立了人民防空工作的领导和管理体制，还规定了人民防空工程建设要求及维护管理、通信和警报建设管理、疏散组织方法、群众防空组织以及人民防空教育等内容。

《国防动员法》第八章"战争灾害的预防与救助"规定，国家实行战争灾害的预防与救助制度，保护人民生命和财产安全，保障国防动员潜力和持续动员能力。具体内容包括：（1）国家建立军事、经济、社会目标和首脑机关分级防护制度。分级防护标准由国务院、中央军事委员会规定。军事、经济、社会目标和首脑机关的防护工作，由县级以上人民政府会同有关军事机关共同组织实施。（2）承担军事、经济、社会目标和首脑机关防护任务的单位，应当制订防护计划和抢险抢修预案，组织防护演练，落实防护措施，提高综合防护效能。（3）国家建立平战结合的医疗卫生救援体系。国家决定实施国防动员后，动员医疗卫生人员、调用药品器材和设备设施，保障战时医疗救护和卫生防疫。（4）国家决定实施国防动员后，人员、物资的疏散和隐蔽，在本行政区域进行的，由本级人民政府决定并组织实施；跨行政区域进行的，由相关行政区域共同的上一级人民政府决定并组织实施。承担人员、物资疏散和隐蔽任务的单位，应当按照有关人民政府的决定，在规定时间内完成疏散和隐蔽任务。（5）战争灾害发生时，当地人民政府应当迅速启动应急救助机制，组织力量抢救伤员、安置灾民、保护财产，尽快消除战争灾害后果，恢复正常生产生活秩序。遭受战争灾害的人员和组织应当及时采取自救、互救措施，减少战争灾害造成的损失。

四、科技动员

科技动员，是指国家为保障国防对科学技术的需要，调整科技研究机构及人员，筹措科技设备、资料及成果所进行的活动。科技动员主要包括科技研究机构动员，科技人员动员，科技经费、设备和物资动员以及科技成果和科技情报动员。我国《国防动员法》主要对军品科研动员作了相关规定。

（一）军品科研机构动员

军品科研机构，是从事军品研究、设计、开发、集成、创新的组织实体。军品科研机构动员,是指为了应对战争、突发事件和紧急状态的需要,国家把军品科研机构拥有的人力、物力、财力和科技力资源,由平时状态转入战时(急时)状态所进行的一系列活动。

(二) 军品科研人员动员

军品科研人员,通常是指具有一定专业水准和科研开发能力,并直接从事军品科研开发活动的人员。军品科研人员动员,是指为了应对战争、突发事件和紧急状态的需要,国家把军品科研人员由平时状态转入战时(急时)状态所进行的一系列活动。

(三) 军品科研设施、设备和物资动员

军品科研设施、设备和物资,是开展军品科研活动的物质基础。军品科研设施、设备和物资动员,是指为了应对战争、突发事件和紧急状态的需要,国家把军品科研设施、设备和物资及其相应的体制,由平时状态转入战时(急时)状态所进行的一系列活动。

(四) 军品科研经费动员

军品科研经费,是进行军品科研活动的重要条件,离开了科研经费的支持,军品科研活动就难以正常进行。军品科研经费动员,是指为了保障应对战争、突发事件和紧急状态的需要,国家把科研经费的全部或者一部分转入应战(应急)研究轨道所进行的一系列活动。

(五) 军品科研成果动员

军品科研成果,是军品科研活动的结果。军品科研成果动员,是指为了保障应对战争、突发事件和紧急状态的需要,国家有计划、有组织地把军品科研成果及其相应的体制,由平时状态转入战时(急时)状态所进行的一系列活动。

第五节 民用资源征用与补偿制度

民用资源征用与补偿是国防动员法律制度的重要内容。我国《国防动员法》第十章专门规定了民用资源征用与补偿制度。

一、民用资源征用

民用资源,是指组织和个人所有或者使用的用于社会生产、服务和生活的设施、

设备、场所和其他物资。我国《国防动员法》规定，任何组织和个人都有接受依法征用民用资源的义务。

（一）民用资源征用的原则

国防动员中的民用资源征用，应当遵循"国防利益必需"原则。民用资源征用的目的在于借助法制手段，实现国家紧急处置权与公民财产权之间在特殊国防需求下的配置与平衡。国家机关或组织可以而且只能为了国防利益必需的相关事项对民用资源进行征用，即国家只能在军事斗争等军事利益必需的前提下进行征用，如果国家可以采取其他方法配置社会资源，则不得采用民用资源征用手段。

我国《国防动员法》规定："国家决定实施国防动员后，储备物资无法及时满足动员需要的，县级以上人民政府可以依法对民用资源进行征用。"该规定是国防动员中民用资源征用"国防利益必需"原则的直接体现。另外，《国防动员法》关于民用资源免予征用范围（个人和家庭生活必需的物品和居住场所；托儿所、幼儿园和孤儿院、养老院、残疾人康复机构、救助站等社会福利机构保障儿童、老人、残疾人和救助对象生活必需的物品和居住场所；法律、行政法规规定免予征用的其他民用资源）的规定，也体现了这一原则要求。

（二）民用资源征用程序

民用资源征用程序，是指民用资源征用行为必须遵循法定的方法、步骤和时限等形式。民用资源征用程序主要包括民用资源征用的申请、审批、执行等环节，特殊紧急情势下也可依法采取临时征用的简易程序，如《中华人民共和国戒严法》（1996年第八届全国人民代表大会常务委员会第十八次会议通过）规定：根据执行戒严任务的需要，戒严地区的县级以上人民政府可以临时征用国家机关、企业事业组织、社会团体以及公民个人的房屋、场所、设施、运输工具、工程机械等。

《国防动员法》规定："需要使用民用资源的中国人民解放军现役部队和预备役部队、中国人民武装警察部队、民兵组织，应当提出征用需求，由县级以上地方人民政府统一组织征用。县级以上地方人民政府应当对被征用的民用资源予以登记，向被征用人出具凭证。"这对民用资源征用的执行提出了具体要求。

（三）被征用民用资源的改造和返还

1. 被征用民用资源的改造

被征用民用资源的改造，是在民用资源原有总体结构和功能的前提下，通过一定的工程技术改造措施，使之达到军事用途目的的活动。《国防动员法》规定：被征用的民用资源根据军事要求需要进行改造的，由县级以上地方人民政府会同有关军事机关组织实施。承担改造任务的单位应当按照使用单位提出的军事要求和改造方案进行改造,并保证按期交付使用。改造所需经费由国家负担。

2. 被征用民用资源的返还

《国防动员法》规定:被征用的民用资源使用完毕,县级以上地方人民政府应当及时组织返还;经过改造的,应当恢复原使用功能后返还;不能修复或者灭失的,以及因征用造成直接经济损失的,按照国家有关规定给予补偿。这一规定,明确了被征用民用资源返还的时限、方式和程序要求。

二、被征用民用资源的补偿

被征用民用资源的补偿制度,主要包括补偿原则、补偿范围和补偿标准等内容。

(一)补偿原则

补偿一般可以分为充分补偿、适当补偿。充分补偿的原则通常适用于平时,如应对重大自然灾害、处理突发事件、军事演习等,主要按经济成本,并考虑市场因素,尽可能照顾被征用个人和组织的经济利益。适当补偿的原则通常适用于战时,即国家为了应对战争,不考虑市场因素和其他因素,只按直接经济损失和实际受损失程度适当给予补偿。我国国防动员法律制度确立的补偿原则是适当补偿。如《国防法》规定:"县级以上人民政府对被征用者因征收、征用所造成的直接经济损失,按照国家有关规定给予适当补偿。"

(二)补偿范围

《国防动员法》规定:被征用的民用资源使用完毕,"不能修复或者灭失的,以及因征用造成直接经济损失的,按照国家有关规定给予补偿。"这一规定明确了补偿范围包括三个方面:一是不能修复的,二是灭失的,三是因征用造成直接经济损失的。另外,我国《物权法》、《民用运力国防动员条例》等法律法规也对被征用民用资源的补偿范围作了一些规定。如《民用运力国防动员条例》规定:"拥有或者管理民用运力的单位和个人,因履行民用运力国防动员义务造成的下列直接财产损失,由中央财政和县级以上地方各级财政给予适当补偿:(1)民用运载工具及相关设备和港口、码头、机场、车站等设施的灭失、损坏、折旧;(2)民用运载工具及相关设备和港口、码头、机场、车站等设施的操作、保障人员的工资或者津贴;(3)应当给予合理补偿的其他直接财产损失。"

(三)补偿标准

被征用民用资源的补偿标准,应当按征用造成的直接经济损失和实际受损失程度进行计算。(1)征用实物补偿标准。如被征用固定资产中的设备设施、交通工具等,返还时能够继续使用的,按征用期间直接消耗成本计算补偿,或者按征用期间固定资产折旧计算补偿,也可以按征用期间损毁程度折价计算补偿,造成其他损失的,按直接经济损失计算补偿;无法返还或者返还时已经失去使用价值的,按征用时的资产净值相应补偿。(2)劳务补偿标准。主要是指被征用民用资源的操作和保障人员的误工补贴、基本生活费和其他相关费用,通常按照当地同等劳力的平均工资水平和生活水平给予补偿。(3)因征用造成其他直接财产损失的,按照国家和地方有关规定给予补偿。

第十二章 特别行政区驻军法律制度

特别行政区驻军法律制度,是关于中华人民共和国中央人民政府在特别行政区派驻军队履行防务职责的法律制度,包括香港特别行政区驻军法律制度和澳门特别行政区驻军法律制度。

第一节 概述

在香港、澳门驻军,是中华人民共和国对香港、澳门恢复行使主权最主要和最重要的体现。制定和实施特别行政区驻军法律制度,是中国政府实践"一国两制"方针,充分体现国家对香港、澳门的主权,确保驻军履行防务职责的法律保障。

一、特别行政区驻军法律制度的主要内容

特别行政区驻军法律制度,主要体现在《中华人民共和国香港特别行政区驻军法》(1996年第八届全国人民代表大会常务委员会第二十三次会议通过)和《中华人民共和国澳门特别行政区驻军法》(1999年第九届全国人民代表大会常务委员会第十次会议通过)中。这两部特别行政区驻军法律,以宪法和特别行政区基本法为依据,分别规定了香港和澳门特别行政区驻军的领导关系和组成、职责和权限、驻军与特别行政区的关系、驻军人员的纪律与义务以及驻军人员的司法管辖等内容。

香港和澳门两个特别行政区驻军法律制度的内容大体相似,但也有所区别。例如,由于澳门刑法典将保安处分纳入刑事制裁的范畴,作为刑罚的必要补充,因而《澳门特别行政区驻军法》中有涉及澳门驻军人员保安处分的规定;而香港法律中并无保安处分制度,因而《香港特别行政区驻军法》中则没有关于保安处分的

规定。

另外，由于具体情况的差异，两个特别行政区驻军法律制度在体系方面也有所不同。香港在中国恢复行使主权之前，一直有英国驻军，香港原有法律对驻港英军的权利和豁免有许多具体规定，对此，1997年第八届全国人民代表大会常务委员会通过的《关于根据〈中华人民共和国香港特别行政区基本法〉第一百六十条处理香港原有法律的决定》规定："采用为香港特别行政区法律的香港原有法律，自1997年7月1日起，在适用时，应作出必要的变更、适应、限制或例外，以符合中华人民共和国对香港恢复行使主权后香港的地位和《基本法》的有关规定"，"有关英国驻香港军队的权利、豁免及义务的规定，凡不抵触《基本法》和《中华人民共和国香港特别行政区驻军法》的规定者，予以保留，适用于中华人民共和国中央人民政府派驻香港特别行政区的军队。"依据这一规定，香港特别行政区制定了《法律适应化（驻军）条例》，对有关英国驻香港军队的香港原有法律进行了适应性修改。因此，香港特别行政区驻军法律制度体系，在作为其骨干的《香港特别行政区驻军法》之外，也包括这些经过适应性修改的原有法律。而澳门自1975年葡萄牙军队撤离至1999年中国恢复行使主权之间一直没有驻军，原有法律中也没有驻军相关制度，不存在适应性修改的问题，而是由澳门特别行政区依据《基本法》和《驻军法》制定新的法律为驻军履行职责提供保障。因此，澳门特别行政区驻军法律制度体系，在作为其骨干的《澳门特别行政区驻军法》之外，还包括澳门特别行政区制定的《军事设施的保护》、《中国人民解放军驻澳门部队维持社会治安和救助灾害》等一系列法律。

二、特别行政区驻军法律制度的重要作用

特别行政区驻军法律制度，对于保障国家有效管理特别行政区的防务，保障特别行政区驻军依法履行职责，维护国家的主权、统一、领土完整，保持特别行政区的安全、稳定、繁荣和发展，具有重要作用。

一是保障国家有效领导管理特别行政区的防务。国防属于国家的主权事务。根据我国《宪法》的规定，领导和管理国防建设事业属于中央人民政府即国务院的职权；《中华人民共和国香港特别行政区基本法》（1990年第七届全国人民代表大会第三次会议通过）规定，中央人民政府负责管理香港特别行政区的防务；《中华人民共和国澳门特别行政区基本法》（1993年第八届全国人民代表大会第一次会议通过）规定，中央人民政府负责管理澳门特别行政区的防务。因此，管理香港、澳门特别行政区的防务，属于国家事务和中央的权力。为了保障中央人民政府有效地管

理特别行政区的防务，中央人民政府派出部队进驻特别行政区具体负责防务，并制定驻军法对有关特别行政区防务和驻军事务作出规定，明确了中央人民政府和中央军事委员会对特别行政区防务的管理权和对特别行政区驻军的指挥权，从而保证了中央对特别行政区防务责任的落实，保证了中央领导、管理特别行政区防务权力的实现。

二是保障特别行政区驻军依法履行职责。特别行政区驻军法律制度，对驻军的职责作了专门规定，并对驻军的法律地位、与特别行政区政府的关系、驻军人员的义务与纪律，以及驻军人员的司法管辖等作了明确规定，既为驻军设定了明确的职责和适应特别行政区驻军环境的各种行为规范，要求驻军严格履行职责和遵守法律规定，又为驻军履行职责规定了必需的权限和必要的保障条件，使驻军有法可依、有章可循，并要求驻军有法必依、违法必究，从而保障了特别行政区驻军依照法律规定有效履行职责。

三是维护国家的主权、统一、领土完整和特别行政区的安全。特别行政区是中国的神圣领土，军队是维护国家主权、统一和领土完整各种因素和力量中最重要的因素和最强大的力量，维护国家主权、统一和领土完整是军队的神圣使命和职责。我国《宪法》规定，中华人民共和国武装力量的任务是巩固国防、抵抗侵略，保卫祖国、保卫人民的和平劳动。据此，特别行政区驻军法律制度规定，防备和抵抗侵略，保卫特别行政区的安全是特别行政区驻军的职责；维护祖国的安全、荣誉和利益，维护特别行政区的安全是特别行政区驻军人员的义务。

四是维护特别行政区的持续稳定和繁荣。香港是一个国际化大都市。一方面，西方各主要国家和各个政治阵营都在香港有自己的力量和影响，甚至把香港作为自己的角斗场。另一方面，香港又是一个政治十分敏感、经济比较脆弱的地区，极易受到各种政治、经济因素的干扰和影响。澳门和香港隔海相望，与香港一样是一个国际化、经济高度开放的城市。因此，保持香港、澳门的社会稳定非常重要，持续稳定是特别行政区长期繁荣的前提和条件。特别行政区驻军是保持特别行政区社会稳定的一个十分重要的因素。特别行政区驻军法律制度对维护特别行政区的稳定繁荣作了许多明确规定，如规定了在战争状态时和特别行政区进入紧急状态时，以及应特别行政区政府的请求并经中央政府批准协助特别行政区政府维持社会治安和救助灾害时驻军的职能和作用；此外，特别行政区驻军法律制度对驻军的职责与权限，驻军与特别行政区政府的关系，驻军人员的义务与纪律，驻军人员的司法管辖等问题的规定，对于消除某些传媒对解放军的歪曲和丑化，化解港人、澳人对驻军的误解和疑虑，融洽特别行政区的军政军民关系，增强特别行政区居民对驻军的了解和认识,都具有重要作用,有利于保持特别行政区的持续稳定繁荣。

三、特别行政区驻军法律制度的基本原则

特别行政区驻军法律制度的基本原则,是贯穿于特别行政区驻军法律制度创制实施全过程,并对特别行政区驻军活动具有普遍指导意义的行为准则。我国特别行政区驻军法律制度的基本原则包括维护国家主权、统一、领土完整,贯彻落实"一国两制"方针,不干预特别行政区的地方事务等基本原则。

(一)维护国家主权、统一、领土完整

在特别行政区驻军,本身就是国家主权的体现,是维护国家统一、领土完整的重大举措。特别行政区驻军法律制度把维护国家主权、统一、领土完整和特别行政区的安全作为特别行政区驻军最基本的职责和最首要的义务。这就要求特别行政区驻军必须忠实地履行职责和义务,确保我国政府对特别行政区行使主权,确保香港永不再脱离祖国的版图,确保特别行政区不受外来入侵威胁,能有一个和平安全的环境。这是特别行政区驻军法律制度最主要的立法目的,也是其必须贯穿始终的一项基本原则。

(二)贯彻落实"一国两制"方针

"一国两制"的构想最早是针对台湾问题提出来的,首先运用于解决香港和澳门问题。香港、澳门回归祖国后,中央政府坚定不移地贯彻"一国两制"方针。"一国两制"方针的基本内容是:在祖国统一的前提下,国家的主体坚持社会主义制度,同时在香港、澳门、台湾保持原有的资本主义制度和生活方式长期不变。特别行政区驻军法律制度的制定实施,必须以贯彻落实"一国两制"方针为贯穿始终的指导思想和基本原则。从实践看,特别行政区驻军法律制度正是"一国两制"方针在特别行政区防务方面的具体化,"一国两制"方针是特别行政区驻军法律制度的灵魂。

(三)不干预特别行政区的地方事务

《香港特别行政区驻军法》和《澳门特别行政区基本法》都明确规定特别行政区驻军不干预特别行政区地方事务,并对驻军与特别行政区政府的关系作了具体规定。不干预特别行政区的地方事务,是对驻军处理与特别行政区政府关系时的总的要求,是"一国两制"、"高度自治"在特别行政区驻军法律制度中的具体体现,也是对特别行政区基本法相关规定的重申。

第二节　关于驻军领导关系和部队组成的基本规定

《香港特别行政区驻军法》和《澳门特别行政区驻军法》在第一章总则部分，分别规范了中国人民解放军驻香港、澳门部队的名称、领导关系、部队组成及员额、轮换制度和驻军费用等内容。

一、驻军的名称和领导关系

（一）驻军的名称

中央人民政府派驻香港、澳门特别行政区负责防务的军队，分别称中国人民解放军驻香港部队（简称香港驻军）、中国人民解放军驻澳门部队（简称澳门驻军）。这一规定表明，中央人民政府派驻特别行政区负责防务的军队是中国人民解放军部队。《香港特别行政区基本法》和《澳门特别行政区基本法》规定，中央人民政府负责管理特别行政区的防务，特别行政区政府负责维持特别行政区的社会治安。中国人民解放军是国家的常备军，它的主要职责和基本职能就是抵抗外来侵略，保卫国家安全，负责国家防务。因此，中国人民解放军部队派驻特别行政区负责防务，是由解放军的职能所决定的。

（二）领导关系

香港、澳门驻军由中华人民共和国中央军事委员会领导。适量和精干的中国人民解放军进驻香港、澳门，是我国对香港、澳门恢复行使主权的象征，是捍卫国家领土完整、保障香港和澳门长期繁荣稳定的重大举措。通过法律形式明确香港、澳门驻军的领导关系，符合国家对特别行政区驻军的要求和安排，也适应了法治社会立法公开透明的要求。根据《宪法》关于中央军事委员会领导全国武装力量的规定，为了表明中央军委对香港防务与驻军的责任与职权，对中央军委与特别行政区驻军的关系在法律上进行定位，驻军法明确规定，特别行政区驻军由中华人民共和国中央军事委员会领导。这样规定，表明了国家对特别行政区驻军的高度重视，保证了党指挥枪的原则不因驻军环境的改变而受到影响。

二、驻军部队的组成及员额

两部驻军法分别规定：香港驻军由中国人民解放军陆军、海军、空军部队组成，其员额根据香港特别行政区防务的需要确定；澳门驻军的部队组成、员额根据澳门特别行政区防务的需要确定。

香港驻军由陆军、海军、空军部队组成。这样规定，一方面是为了适应香港防务的实际需要，香港的陆防、海防、空防由陆、海、空军部队组成的香港驻军负责；另一方面，更重要的则是象征中国政府对香港行使包括领陆、领海、领空在内的领土主权。由于澳门地域狭小，派驻的军队数量较少，以陆军为主，因此，澳门驻军没有明确规定部队组成，而是原则规定部队的组成根据防务需要确定。

特别行政区驻军的员额根据特别行政区防务的需要确定。这一规定，有两点应当明确：一是确定驻军员额是中央的权力，不是特别行政区的权力。二是驻军员额是根据特别行政区防务的需要确定，防务需要的标准是客观的、实际的，驻军员额的数量由中央来确定，和平时期驻军会少一些，战争状态时、紧急状态时，特别行政区的和平、安全与稳定受到威胁时，中央将根据实际情况决定驻军员额。

三、驻军人员轮换制度

香港驻军、澳门驻军实行人员轮换制度。这一规定表明，特别行政区驻军人员要定期进行轮流替换。

由于兵役义务和军人职业以及军队性质和任务的特殊性，部队及其人员是应经常进行换防和调动的。特别行政区驻军人员也要进行换防和调动，这是不言而喻的。驻军法对驻军实行人员轮换制度作出明确规定，主要考虑是特别行政区的社会制度和社会环境都比较特殊，驻军人员的责任比较重大，要实行特殊的管理制度。与驻内地部队相比，对特别行政区驻军人员的管理和要求要更加严格，纪律约束和限制要更多。

还应看到，驻军实行人员轮换制度，是中央的权力，而不是特别行政区自治范围内的事务，不需要同特别行政区政府进行磋商。实行人员轮换制度的具体办法，如轮换的时间、轮换的方式等，由中央军委决定。

四、驻军费用

香港驻军费用、澳门驻军费用由中央人民政府负担。驻军法重申了特别行政区基本法关于驻军费用由中央人民政府负担的规定。这样规定，是国家从大局出发作出的重要决策，也为驻军部队切实履行国家赋予的使命职责提供了可靠的物质条件。驻军费用由中央人民政府负担，体现了驻军的国家性质，体现了驻军不干预特别行政区地方事务的精神，有利于保持特别行政区的持续稳定和繁荣，符合国家大局和根本利益。

特别是香港驻军费用由中央人民政府负担,体现了我国在香港驻军与英国在香港驻军的一个根本性区别。长期以来,香港政府负担了驻港英军的大部分费用。我国在香港驻军,在中央人民政府不在香港特别行政区征税的情况下,由中央人民政府负担驻军费用,这与英国政府要香港纳税人供养驻港英军的做法形成了鲜明对比。

第三节 驻军的职责和权限

两部特别行政区驻军法,在第二章分别规定了香港驻军、澳门驻军的职责和保障职责履行所必需的权限。

一、驻军的防务职责

特别行政区驻军的职责,是驻军神圣使命的集中体现和必然要求。两部基本法规定特别行政区驻军负责特别行政区的防务,这是基本法赋予驻军的重要使命,因此,防务职责是驻军的基本职责。两部驻军法规定,特别行政区驻军的防务职责包括:防备和抵抗侵略,保卫特别行政区的安全;担负防卫勤务;管理军事设施;承办有关的涉外军事事宜。

(一) 防备和抵抗侵略,保卫特别行政区的安全

防备和抵抗侵略,保卫特别行政区的安全,这是特别行政区驻军最主要和最基本的职责。《宪法》第29条规定:"中华人民共和国的武装力量属于人民。它的任务是巩固国防,抵抗侵略,保卫祖国,保卫人民的和平劳动,参加国家建设事业,努力为人民服务"。特别行政区驻军是人民解放军的一部分,必然要履行国家武装力量的任务和职能。中央人民政府和中央军委赋予特别行政区驻军的主要任务就是负责特别行政区的防务。防备和抵抗侵略,保卫特别行政区的安全,是负责特别行政区防务的基本要求,体现了宪法精神,反映了特别行政区驻军职能的本质。

保卫特别行政区的安全,包括防止外患和内乱的威胁两个方面。一是防止外患,防备和抵抗外来侵略;二是防止内乱,防止内部颠覆。防范和制止任何试图颠覆合法产生的特别行政区政府的叛乱,防范和制止任何危害国家统一和安全的动乱,维护特别行政区的和平与稳定,是驻军的重要责任。

(二）担负防卫勤务

担负防卫勤务是特别行政区驻军的一项经常性的防务职责。防卫勤务指与特别行政区防卫事务有关的各种军事勤务活动，包括为抗击外敌入侵而进行的各种战备活动，如勘察和熟悉地形、作战值班、战备演练、查验可疑海空情况等军事活动；也包括执勤、值班、巡逻、训练、军事通信维护和运输等各种军事勤务。

（三）管理军事设施

管理军事设施是特别行政区驻军的一项日常性的防务职责。军事设施是指国家直接用于军事目的的建筑、场地和设备。特别行政区的军事设施是驻军驻守特别行政区履行防务职责的重要物质基础。因此，管理军事设施是特别行政区驻军的一项重要职责。管理军事设施，主要包括正确使用军事设施，制定军事设施的管理办法，维修和保护军事设施，等等。

（四）承办有关的涉外军事事宜

承办有关的涉外军事事宜是与防务有关的驻军职责。根据基本法的规定，中央人民政府负责管理特别行政区的防务。特别行政区的对外军事事务由中央人民政府及授权机关负责。特别行政区驻军承办的有关涉外军事事宜，主要是需要驻军承办的来港、澳外军的联络、协助、接待等具体事宜，以及其他需要驻军处理的涉外军事事宜。

二、驻军在特殊情况下的职责

两部基本法规定，在平时，全国性法律除列于基本法附件三者外，不在特别行政区实施。但在战争状态或特别行政区进入紧急状态这两种特殊情况下，中央人民政府可发布命令将有关全国性法律在特别行政区实施。依此，在战争状态或特别行政区进入紧急状态的特殊情况下，特别行政区承担执行在特别行政区实施的全国性法律的职责。

在全国人民代表大会常务委员会决定宣布战争状态时，为了赢得战争和保卫国家安全的需要，中央人民政府可以发布命令，将基本法附件三以外的有关全国性法律，如动员、兵役、治安、戒严等法律，在特别行政区实施。这些全国性法律与军队有着密切关系，对军队的职责有着明确规定，为了保卫国家和特别行政区的安全，充分发挥军事力量在战争中的特殊重要的作用，特别行政区驻军应当根据这些在特别行政区实施的全国性法律的有关规定，切实履行职责。

在全国人民代表大会常务委员会因特别行政区内发生特别行政区政府不能控制

的危及国家统一或者安全的动乱而决定特别行政区进入紧急状态时，中央人民政府可发布命令，将基本法附件三以外的有关全国性法律，如有关维持社会治安秩序、打击刑事犯罪、突发事件应对、实行戒严管制、进行平叛防暴等法律，在特别行政区实施。特别行政区驻军应当根据这些在特别行政区实施的全国性法律的有关规定，切实履行职责。

三、驻军的权利

驻军的权利是驻军履行职责、执行任务的重要条件和必要保证。驻军法对驻军和驻军人员的豁免权及其他有关权利、驻军人员对妨碍执行职务行为的依法制止权作了规定。

（一）驻军和驻军人员的豁免权及其他有关权利

驻军法规定，特别行政区驻军的飞行器、舰船等武器装备和物资以及持有驻军制发的证件或者证明文件的执行职务的人员和车辆，不受特别行政区执法人员检查、搜查和扣押；驻军和驻军人员并享有在特别行政区实施的法律规定的其他权利和豁免。为了保证驻军履行防卫职责，驻军法对与驻军履行防务职责直接有关的即可能影响或妨碍驻军履行防务职责、执行军事任务的检查、搜查和扣押的豁免权作了明确规定；为了维护驻军及驻军人员合法利益，对其他法定权利和豁免作了概括性规定。

（二）驻军人员对妨碍执行职务行为的依法制止权

驻军法规定，驻军人员对妨碍其执行职务的行为，可以依照在特别行政区实施的法律的规定采取措施予以制止。依法制止权的法律依据包括特别行政区法律、在特别行政区实施的全国性法律以及我军条令条例所规定的制止妨碍执行职务行为的权力和措施。

第四节 驻军与特别行政区政府的关系

两部特别行政区驻军法，在第三章分别规定了香港驻军、澳门驻军与香港特别行政区政府和澳门特别行政区政府的关系。

一、对驻军的基本要求

驻军法规定，驻军不干预特别行政区的地方事务。这是对驻军在处理与特别行政区关系时的基本要求。特别行政区的地方事务主要指特别行政区高度自治权范围内的事务，如特别行政区的行政管理权、立法权、独立的司法权和终审权等，驻军都不应过问。

二、对特别行政区政府的要求

特别行政区政府应当支持驻军履行防务职责，比如，为驻军履行防务职责提供必要的土地、交通、运输、通讯、物资、气象情报以及水、电、气、排污等方面的保障和便利条件。同时，特别行政区政府还有责任保障驻军及驻军人员的合法权益，禁止一切危害驻军利益和侵害驻军人员人身权、财产权及其他合法权益的行为。

特别行政区制定政策和拟定法案涉及驻军的，应当征求驻军的意见，考虑防务和驻军的需要。这种要求与特别行政区的高度自治权是相一致的。应当指出，对于特别行政区社会成员必须普遍执行和遵守的政策和法律，驻军也应当毫不例外地自觉执行和遵守。只有当特别行政区的政策和法案是把驻军当作特定对象予以规范或设定义务时，或者特别行政区的政策或法案有可能影响到驻军履行防务职责或其他正常活动时，驻军才可以向特别行政区提出意见或建议。

三、驻军和特别行政区政府在军事活动中的关系

驻军进行训练、演习等军事活动，如果涉及特别行政区公共利益，应当事先通报特别行政区政府。比如，在陆地进行射击训练，有可能影响附近居民的正常活动；在海上进行射击训练，有可能影响海上航行和捕捞；进行军事演习、兵力调动，有可能影响交通或需要封闭某一地区；等等。在这种情况下，就应事先通报特别行政区政府。这一规定的作用，一是特别行政区政府可采取必要措施予以协助配合；二是可事先通告有关区域的人员，作出相应安排。

四、军事设施保护和军事用地的调整

特别行政区的军事设施是特别行政区防务的物质基础，必须加强保护。军事设施的保护离不开驻军与特别行政区政府的相互配合。为此，驻军法要求驻军与特别行政区政府共同保护特别行政区内的军事设施。具体内容包括：一是军事禁区的划定和宣布。驻军法规定，驻军会同特别行政区政府划定军事禁区，军事禁区的位置、范围由特别行政区政府宣布。二是军事禁区安全的维护。驻军法规定，特别行政区政府应当协助驻军维护军事禁区的安全，禁止任何组织或者个人破坏、危害军事设施；驻军以外的人员、车辆、船舶和飞行器未经驻军最高指挥官或者其授权的军官

批准，不得进入军事禁区；军事禁区的警卫人员有权依法制止擅自进入军事禁区和破坏、危害军事设施的行为。三是军事禁区内的自然资源、文物古迹以及非军事权益的保护。驻军法规定，驻军对军事禁区内的自然资源、文物古迹以及非军事权益，应当依照特别行政区的法律予以保护。

驻军的军事用地，既要能满足驻军履行防务职责的需要，又要有利于特别行政区经济发展的需要。为此，驻军法规定：驻军的军事用地，经中央人民政府批准不再用于防务目的的，无偿移交特别行政区政府；特别行政区政府如需将驻军的部分军事用地用于公共用途，必须经中央人民政府批准，经批准的，特别行政区政府应当在中央人民政府同意的地点，为驻军重新提供军事用地和军事设施，并负担所有费用。

五、驻军协助维持社会治安和救助灾害的程序及权力

维持特别行政区的社会治安和救助灾害，是特别行政区自治范围内的事务，是特别行政区政府的职责。协助特别行政区政府维持社会治安和救助灾害，是基本法赋予驻军的一项重要任务，特别行政区政府在必要时可以向中央人民政府请求驻军协助维持社会治安和救助灾害。依此，驻军法规定：特别行政区政府的请求经中央人民政府批准后，驻军根据中央军事委员会的命令派出部队执行协助维持社会治安和救助灾害的任务，任务完成后即返回驻地；驻军协助维持社会治安和救助灾害时，在特别行政区政府的安排下，由驻军最高指挥官或者其授权的军官实施指挥；驻军人员在协助维持社会治安和救助灾害时，行使与其执行任务相适应的特别行政区法律规定的权力。

六、驻军与特别行政区政府的联系机制

依据宪法、特别行政区基本法和国防法的相关规定，直属于中央人民政府的特别行政区政府和由中央人民政府派驻香港负责防务的军队分别自成系统（分属行政系统和军事系统），二者互不隶属，互不干预。但由于同在一个地区履行职责，二者又必然会产生必要的联系。例如，特别行政区政府要为驻军履行防务职责提供必要的土地、交通、运输、通讯、物资及水、电、气、排污等方面的合作；驻军要根据法律规定派出部队执行协助特别行政区政府维持社会治安和救助灾害的任务。因此，驻军与特别行政区政府之间也是一种密切配合、互相支持的关系，必须建立起必要的联系机制。

驻军法规定：驻军和特别行政区政府应当建立必要的联系，协商处理与驻军有

关的事宜。这一规定既为建立联系机制提供了法律依据，同时也对驻军和特别行政区政府联系机制协商处理事宜的范围作了严格限制，即"协商处理与驻军有关的事宜"，与驻军无关的或地方的事宜不属协商处理的范围。

驻军与特别行政区政府是一种新型的关系。通过联系机制的建立，必将加强双方的沟通和联系，增进双方的友好合作，既有利于驻军更好地履行职责，也有利于特别行政区的稳定繁荣。

第五节　驻军人员的义务、纪律及司法管辖

两部特别行政区驻军法，在第四章、第五章分别规定了香港驻军人员、澳门驻军人员的义务、纪律及司法管辖。

一、驻军人员的义务与纪律

（一）驻军人员的义务

特别行政区驻军人员应当履行的义务共五项。一是忠于祖国，履行职责，维护祖国的安全、荣誉和利益，维护特别行政区的安全。这是全体驻军人员的特定义务。二是遵守全国性的法律和特别行政区的法律，遵守军队的纪律。驻军人员受到多种法律和纪律的约束，这是由驻军人员身份的多重性决定的，也是保障驻军依法履行职责的需要。三是尊重特别行政区政权机构，尊重特别行政区的社会制度和生活方式。尊重地方政府是我军的优良传统。特别行政区是直辖于中央人民政府的地方行政区域，尊重特别行政区政权机构，这是国家对驻军的必然要求，也是正确处理特别行政区军政关系必须坚持的一项基本原则。四是爱护特别行政区的公共财产和居民及其他人的私有财产。这是我军性质和宗旨的体现。我军是人民军队，爱护人民的财产，包括公共财产和私有财产。五是遵守社会公德，讲究文明礼貌。这是对社会成员普遍的道德要求。驻军法把这种道德义务上升为对驻军人员的法律要求，成为全体驻军人员的法律义务。

（二）驻军人员的纪律

两部驻军法根据国家对驻军的特殊要求，考虑到特别行政区的社会特点，对驻军人员的纪律作出了特殊规定。一是驻军人员不得参加特别行政区的政治组织、宗教组织和社会团体。这一规定既是驻军不干预特别行政区地方事务的具体体现，也

是加强部队管理的有效措施。二是驻军和驻军人员不得以任何形式从事营利性经营活动。无论是驻军及所属单位，还是任何驻军人员个人，都不得从事、参与或介入任何营利性经营活动，不得通过商业手段为本单位或个人获取经济利益。三是驻军人员不得从事与军人职责不相称的其他任何活动。我军《内务条令》对各类军人的职责都作了具体规定，驻军法对驻军人员的职责也作了明确规定，凡是违反军人职责的行为，都是严格禁止的。

（三）驻军人员违法违纪行为应承担的责任

为了保障驻军人员严格履行义务和遵守纪律，驻军法规定：驻军人员违反全国性的法律和特别行政区的法律的，依法追究法律责任；驻军人员违反军队纪律的，给予纪律处分。这不仅是从严治军、保证军队战斗力的要求，也是驻军取信于特别行政区居民，维护"一国两制"方针的要求。

二、驻军人员的司法管辖

驻军人员的司法管辖，包括刑事案件的管辖、民事案件的管辖以及司法管辖限制、司法协商等内容。

（一）驻军人员刑事案件的管辖

1. 军事司法机关和特别行政区法院及有关执法机关的管辖权

驻军法规定：驻军人员犯罪的刑事案件由军事司法机关管辖；但是，驻军人员非执行职务的行为，侵犯特别行政区居民、驻军以外的其他人的人身权、财产权以及其他违反特别行政区法律构成犯罪的案件，由特别行政区法院以及有关的执法机关管辖。这一规定，首先明确了军事司法机关对驻军人员的所有刑事案件拥有管辖权。在这个前提下，又以"但书"的形式，明确了特别行政区法院以及有关的执法机关对符合一定条件的驻军人员的刑事案件可以优先行使管辖权。

2. 特殊情况的管辖

驻军法规定：军事司法机关和特别行政区法院以及有关执法机关对各自管辖的驻军人员犯罪的案件，如果认为由对方管辖更为适宜，经双方协商一致后，可以移交对方管辖。这是针对驻军人员刑事案件管辖中的特殊情况作出的特殊规定。主要是考虑在驻军人员司法管辖的实践中，不能排除有个别的案件出于特殊原因需要交给对方管辖的情况。

3. 涉嫌犯罪的驻军人员被香港特别行政区执法人员拘捕后的移交

驻军法规定：凡是被特别行政区执法人员因涉嫌犯罪依法拘捕的人员，查明是驻军人员的，应当移交驻军羁押。

4. 驻军人员被特别行政区法院判处刑罚的执行

驻军法规定：驻军人员被特别行政区法院判处剥夺或者限制人身自由的刑罚（澳门：或者保安处分）的，依照特别行政区的法律规定送交执行。即被判刑（澳门：或者保安处分）的驻军人员，要在特别行政区的监狱或其他惩教场所服刑（澳门：或者适用保安处分）。驻军法同时又规定：特别行政区有关执法机关与军事司法机关对执行的地点另行协商确定的除外。也就是说，经过军地双方协商后，对于被特别行政区法院判刑（澳门：或者保安处分）的驻军人员，也可以送回内地执行。

（二）驻军人员民事案件的管辖

驻军人员在特别行政区可能发生的民事案件主要有侵权案件和合同纠纷案件两类。驻军法对这两类案件的管辖，区分不同情况分别作了规定。

1. 侵权案件的管辖

侵权案件可分为驻军执行职务行为引起的侵权案件和非执行职务行为引起的侵权案件。按照驻军法的规定，无论哪一种侵权案件发生，侵权和被侵权的双方当事人首先可以协商、调解解决争议。但如果当事人一方或双方不愿通过调解、协商，或者调解、协商仍不能解决纠纷的，被侵权人也可以向法院提起诉讼。不同情况的侵权案件，有不同的诉讼途径，即驻军人员非执行职务的行为引起的民事侵权案件，由特别行政区法院管辖；执行职务的行为引起的民事侵权案件，由中华人民共和国最高人民法院管辖。驻军法还规定，最高人民法院审理驻军人员因执行职务行为引起的民事侵权案件，对侵权行为的损害赔偿适用特别行政区法律。

2. 合同纠纷案件的管辖

对于合同纠纷案件，首先，当事人双方可以进行调解、协商；其次，当事人双方可以依据在合同中订立的仲裁条款，或者在发生合同争议后达成的仲裁协议，提请当事人双方选定的仲裁机构对合同纠纷作出裁断；再次，当事人双方不愿仲裁的，任何一方可以直接向特别行政区法院提起诉讼；如果当事人双方另有约定，选择特别行政区以外的其他法院提起诉讼，只要不违反法律规定，也是允许的。

（三）司法管辖限制

出于维护国家防务利益的需要，驻军法对特别行政区法院涉及驻军案件的司法权，规定了两个重要的限制。第一个限制是驻军的国防等国家行为不受特别行政区法院管辖。驻军的国防等国家行为，包括抵御侵略、制止动乱、部队换防、军事训练和演习、军事设施的修建等。第二个限制是特别行政区法院作出的判决和裁定涉及驻军的机关或者单位的财产执行的，驻军的机关或者单位必须履行，但是，不得对驻军的武器装备、物资和其他财产实施强制执行。但是，依据我国民事诉讼法和特别行政区法律的规定，驻军的机关和单位必须履行特别行政区法院的判决和裁定。

(四) 司法协商

在驻军人员的刑事案件、民事案件的管辖、审判以及判决的执行等活动中，会有大量的司法问题需要军地双方的司法机关进行沟通和协助。比如军地双方代为送达诉讼文书，代为询问当事人、证人等。由于这些问题比较具体，在驻军法中不可能、也没有必要一一作出规定。因此，驻军法对军事司法机关和特别行政区法院以及有关执法机关在司法方面的联系与相互提供协助的问题，作了原则性规定，即军事司法机关可以与特别行政区法院和有关执法机关通过协商进行司法方面的联系和相互提供协助。

第十三章 武装警察法律制度

武装警察法律制度，是规范和保障人民武装警察部队、人民武装警察履行职责行为的法律制度总称，是我国国防和军事法律制度体系中一个重要而特殊的分支部门。

第一节 概述

中国人民武装警察部队是中华人民共和国武装力量的组成部分，调整人民武装警察部队、人民武装警察履行职责行为过程中发生的各种社会关系的武装警察法律制度，具有军事法律制度的属性。同时，由于中国人民武装警察部队在领导指挥体制、具体任务职责等方面体现出与国家武装力量其他组成部分不同的特殊性，因而，武装警察法律制度也必然具有一些与其他军事法律制度不同的鲜明特色。

一、武装警察法律制度的主要内容

武装警察法律制度表现形式的结构比较复杂。既包括国家专门性的武装警察法律，也包括其他法律中的相关规定；既包括国防和军事法律中关于武装警察部队的规定，也包括警察法、戒严法、突发事件应对法等法律中涉及武装警察部队和武装警察的规定；既包括专门关于武装警察部队和武装警察的军事行政法规和军事法规，也包括涉及武装警察部队和武装警察的其他行政法规；既包括适用于武装警察部队和武装警察的军事行政法规和军事法规，也包括武装警察部队规章。从具体的法律制度内容看，武警法律制度主要包括武装警察部队的领导指挥体制、武装警察部队的任务与职责、武装警察的义务和权利以及武装警察部队履行职责的保障措施等制度。

关于普遍适用于包括武装警察在内的武装力量内部的军事法规,我们将在军队工作法规制度一章中进行介绍。本章重点介绍专门性的武装警察法律、法规,其他法律、法规中的相关规定以及武警部队规章的主要内容。

二、武装警察法律制度的重要作用

武装警察法律制度,对于规范和保障人民武装警察部队依法履行职责,维护国家安全和社会稳定,保障公民、法人和其他组织合法权益,具有重要作用。

一是规范和保障人民武装警察部队依法履行职责。武装警察法律制度明确规定了武装警察的领导指挥体制,有利于协调处理好武装警察部队在履行职责过程中的各种关系;武装警察法律制度明确规定了人民武装警察部队的任务和职责,赋予武警官兵执行勤务及其他各项任务的职权,为武装警察部队和武装警察执行任务、履行职责提供了法律依据;武装警察法律制度明确规定了武装警察的权益及履行职责的保障措施,为武装警察履行职责提供了法律保障,有利于稳定军心、凝聚士气,解决好涉及广大武装警察官兵切身利益的问题。

二是维护国家安全和社会稳定。武装警察部队是以承担维护社会稳定和治安秩序的安全保卫任务为主要职责的内卫部队,在维护国家安全和社会稳定方面,发挥着既不同于中国人民解放军、也不同于公安机关的重要特殊作用。长期以来,武装警察部队承担着国家赋予的固定目标执勤、临时警卫、处置突发性事件及反恐怖作战等安全保卫和防卫作战、抢险救灾、参加国家经济建设等任务,做出了突出的贡献。近年来,武装警察部队执行安全保卫任务增多,用兵频率增高,对武装警察法律制度体系的健全完善提出了更高要求。可见,随着实践的发展,武装警察法律制度必将在武装警察部队依法维护国家安全和社会稳定方面发挥越来越为重要的作用。

三是保障公民、法人和其他组织合法权益。人民武装警察部队承担着重要的执法职能,其执法活动涉及公民、法人和其他组织的合法权益。随着整个社会法治意识的提高,公民权利意识日益增强。武装警察法律制度确立了严格审批、依法用警的原则,明确规定了武装警察部队和武装警察履行职责的程序要求,规定了武装警察执行任务时的纪律和义务,在赋予武装警察相关职权的同时,也建立起对其执行任务的监督机制,对于有效保障公民、法人和其他组织合法权益具有重要作用。

三、武装警察法律制度的基本原则

武装警察法律制度的基本原则,是贯穿于武装警察法律制度创制实施全过程，并对武装警察部队和武装警察履行职责活动具有普遍指导意义的行为准则。我国武装警察法律制度的基本原则包括统一领导、分级指挥，依法用警，执法为民等。

一是统一领导、分级指挥的原则。武装警察部队是国家武装力量的组成部分，必须坚持党的绝对领导。武装警察法律制度规定，武警部队由国务院、中央军事委员会领导，实行统一领导与分级指挥相结合的体制。统一领导、分级指挥的原则，是党指挥枪原则在武装警察法律制度中的具体体现，有利于武警部队坚决听从党中央的指挥，保证党中央、国务院、中央军委的有关指示得到及时、有力的贯彻执行；同时也有利于地方党委政府能依照政策和法律规定，在一定的权限内有效地调动和使用武警部队。

二是依法用警的原则。武装警察部队既是国家武装力量的组成部分，同时又是国家重要的执法力量，无论是从兵力运用的角度还是依法行政的角度，这支力量的运用都必须依法进行。遵循依法用警的原则，首先要依法调动使用武装警察力量。在部署、调动、使用武警部队时，要严格依照武警法和国务院、中央军委关于武警部队部署和兵力调动使用批准权限规定和其他法律、法规执行。其次武装警察部队和武装警察要依照法律规定的职责和程序严格执法。武警部队执法是在人民政府及公安机关统一部署下进行的，要坚决服从指挥，执行上级的指示和要求，严格依照法定程序执法；武警官兵只能行使法律赋予的职权，严格在法定权限内执法，确保部队行动符合法律规定；武警部队执法必须自觉接受各种监督检查，防止玩忽职守、滥用职权等违法行为的发生。

三是执法为民的原则。武装警察部队和武装警察依法履行职责，维护国家安全和社会稳定，归根结底是要保障人民安居乐业。遵循执法为民原则，就是要始终保持人民武装力量的性质、宗旨、本色和作风，在执法中坚决维护人民群众的切身利益，把保障人民群众利益作为执法基础，把维护国家安全和社会稳定与保障人民群众利益有机结合起来。在执法中特别应注意，在可采取多种强制措施达到执法目的的情况下，应当选择对社会和个人损害最小的方式，把损失减小到最低程度。

第二节 武装警察部队的性质和领导指挥体制

我国《宪法》、《国防法》的有关条款和《中华人民共和国人民武装警察法》

(2009年第十一届全国人民代表大会常务委员会第十次会议通过)的相关规定，以宪法、法律的形式，明确了人民武装警察部队的性质、宗旨和领导指挥体制。

一、武装警察部队的性质和宗旨

中国人民武装警察部队是在中国共产党领导下的一支重要武装力量。早在第二次国内革命战争时期、抗日战争时期和第三次国内革命战争时期，为了适应对敌斗争和巩固人民革命政权的需要，在各个苏区、抗日根据地、解放区，就曾先后建立不同名称的执行公安保卫任务的武装，如警卫营、警备团、保安团、保安大队、警卫队、政治保卫队等，担负着保卫首长、警卫机关、肃清特务汉奸、看押罪犯和维持社会治安等任务。

新中国成立以后，这支部队的名称经历了多次调整和变化，先后称为中国人民公安部队（1949年8月～1951年9月）、中国人民解放军公安部队（1951年9月～1955年7月）、中国人民解放军公安军（1955年7月～1957年8月）、中国人民公安部队（1957年9月～1958年12月）、中国人民武装警察部队（1958年12月～1963年1月）、中国人民公安部队（1963年2月～1966年6月，1966年7月撤销公安部队番号）和中国人民武装警察部队（1982年3月至今）。

无论名称如何调整变化，中国人民武装警察部队的性质始终不变。1949年颁布的《中国人民政治协商会议共同纲领》规定："中华人民共和国的武装力量，即人民解放军、人民公安部队和人民警察，是属于人民的武力。"我国现行《宪法》规定："中华人民共和国的武装力量属于人民。"我国《国防法》规定："中华人民共和国的武装力量属于人民"，"中华人民共和国的武装力量，由中国人民解放军现役部队和预备役部队、中国人民武装警察部队、民兵组成。"《人民武装警察法》规定："人民武装警察部队是国家武装力量的组成部分。"这些规定表明，中国人民武装警察部队是我国武装力量的重要组成部分，是中国共产党领导的人民武装力量；中国人民武装警察部队和人民解放军一样，都是人民的子弟兵，来自人民，属于人民，服务于人民，都以全心全意为人民服务为宗旨。

二、武装警察部队的领导指挥体制

新中国成立后，武装警察部队的领导指挥体制也经历了多次调整变化。在1982年6月中国人民武装警察部队重新组建以前，这支部队的领导指挥体制主要包括四种类型：一是主要归军队系统领导管理。包括1949年8月～1951年9月、1957年9月～1958年12月中国人民公安部队的时期，1951年9月～1955年7月中国人民解放军公安部队的时期。1966年7月中国人民公安部队的番号撤销，部队编入人民解放军建制。二是主要归公安系统领导管理。主要是1958年12月～1961年11月中国人民武装警察部队的时期。三是军队与公安系统分管。包括1955年7月～1957年8月中国人民解放军公安军时期，1973年6月～1982年6月实行兵役制的武装民警由中国人民解放军、公安部门分工管理的时期。四是军队与公安系统双重领导。包括1961年11月～1963年1月中国人民武装警察部队的时期，1963年2月～1966年6月中国人民公安部队的时期。

中国人民武装警察部队重新组建后，其领导指挥体制随着实践发展需要也有过调整。1995年之前，武装警察部队领导指挥体制实行"一统二分"原则，即由国务院、中央军委统一领导，由地方各级党委、政府、公安机关和上级武警部队分级管理、分级指挥。1995年3月，国务院、中央军委对武警部队领导指挥体制作出调整，将原来"一统二分"体制改为"两统一分"体制，即由国务院、中央军委统一领导、统一管理与各级公安机关分级指挥。2009年，《人民武装警察法》规定："人民武装警察部队由国务院、中央军事委员会领导，实行统一领导与分级指挥相结合的体制。"这一规定以法律的形式，确定了人民武装警察部队实行"统一领导与分级指挥相结合"的领导指挥体制。

"统一领导与分级指挥相结合"领导体制的具体内容包括：统一领导，是指武警部队的最高指挥权，集中于党中央、中央军委；武警部队属于国务院编制序列，由国务院、中央军委统一领导；全国武警实行统一的军衔制度，统一制式服装；武警总部在国务院、中央军委领导下，主要负责领导管理武警内卫和黄金、森林、水电、交通部队的军事、政治、后勤工作，对列入武警部队序列的警卫、边防、消防部队的军事、政治、后勤工作进行指导。分级指挥是指武警部队执行安全保卫、抢险救灾等任务时接受地方县级以上政府和上级武警部队的指挥；地方政府对武警部队的指挥，主要是通过武警部队的指挥员和指挥机关实施；在执行公安任务和相关业务建设方面，武警总部接受公安部的领导，内卫总队及其以下武警部队接受同级公安部门的领导。统一领导与分级指挥相结合，是指武警部队不论在任何时候、任何情况下，都必须坚定不移、毫不动摇地听从党中央、中央军委的指挥，坚决贯彻执行党中央、国务院、中央军委的决策和指示；在兵力部署、调动、使用方面必须严格按照国务院、中央军委的规定，坚持严格审批、依法用警的原则；同时，自觉尊重和服从地方党委政府的领导，在执行公安保卫任务方面自觉接受公安机关的领导和指挥，圆满完成地方党委政府及其公安机关赋予的安全保卫任务。

第三节　武装警察部队的组织构成和任务职责

武警部队的组织构成和任务职责，是武装警察法律制度的重要内容。我国武装警察法律制度，对武警部队的组织构成和任务职责作出了明确规定。

一、武装警察部队的组织构成

武警部队的组织构成，包括武警部队的警种结构和层级结构两个方面的内容。

（一）警种结构

武警部队包括内卫、黄金、森林、交通、水电、边防、消防、警卫八个警种，根据具体情况可分为三种类型。

1. 直接隶属于武警总部系统的武警内卫部队

武警内卫部队是武装警察部队的主要组成部分。根据任务职责的不同，又可分为执勤部队、特种部队和机动部队。

2. 列入武装警察部队建制、接受武警总部统一领导管理和指挥的警种部队

这类警种部队包括黄金、森林、交通和水电等部队。武警总部设黄金、森林、交通和水电部队指挥部，为各警种部队直接领导管理机构。

（1）黄金部队。黄金部队组建于1979年，受中国人民解放军基建工程兵总部和国家冶金部双重领导；1985年列入武警部队序列，受公安部和冶金部双重领导；1999年，根据国务院、中央军委决定，黄金部队实行武警总部和国家黄金主管部门双重领导管理体制：武警总部对黄金部队的军事、政治、后勤工作实施统一领导管理，国家经贸委（2003年改为国家发改委）负责黄金部队的地质勘察、生产规划布局的协调和行业政策法规的指导。

（2）森林部队。森林部队组建于1948年，1954年由武装护林队改编为森林警察；1978年森林警察实行义务兵役制；1988年列入武警部队序列，由林业部和公安部双重领导；1999年，根据国务院、中央军委决定，森林部队实行武警总部和国家林业局双重领导管理体制：武警总部对森林部队的军事、政治、后勤工作实行统一领导和管理，国家林业局负责森林部队业务工作的领导与指导。

（3）水电部队。水电部队组建于1966年，受中国人民解放军基建工程兵总部和国家水电部双重领导；1983年移交水电部领导管理，并接受中央军委领导；1985年

列入武警部队序列,受公安部和水电部双重领导;1999年之后,水电部队列入武警部队建制,由武警总部统一领导和管理。

(4) 交通部队。交通部队组建于1968年,受中国人民解放军基建工程兵总部和国家交通部双重领导;1985年列入武警部队序列,受公安部和交通部双重领导,以交通部领导为主;1999年之后,交通部队列入武警部队建制,由武警总部统一领导和管理。

3. 列入武装警察部队序列、由公安机关领导管理的警种部队

这类警种部队包括武警边防、消防和警卫等部队。公安部设边防局、消防局、警卫局等业务局,分别是边防、消防、警卫部队的管理指挥机关,在公安部的领导下,分别管理指挥边防、消防、警卫部队的业务工作。

(二) 层级结构

中国人民武装警察部队设武警总部、武警总队(师)、武警支队(团)等三级领导机关。

1. 武警总部

1982年,根据形势发展需要,中共中央决定重新组建武警部队。武警部队作为公安部门的一个组成部分,由公安部门分级管理、分级指挥,部队建设由公安机关领导,武警总部履行调研与协调职能。1995年3月3日,国务院、中央军委发出《关于调整中国人民武装警察部队领导管理体制问题的决定》规定,武警部队由国务院和中央军委双重领导,实行统一领导管理与分级指挥相结合,赋予武警总部领导指挥武警部队的权力。1995年12月7日,国务院、中央军委发出《关于调整武警总部等级问题的通知》,将武警总部由副大军区级调整为正大军区级,武警总部司令部、政治部由正军级调整为副大军区级,后勤部为正军级不变。武警总部对武警内卫部队、交通、水电、黄金部队及兵团指挥部实施全面领导,对边防、消防、警卫武警的军事、政治、后勤进行指导。

2. 武警总队(师)

(1) 武警总队

武警总队分省(自治区、直辖市)武警总队和各警种总队。省(自治区、直辖市)武警总队是武警部队部署在各省、自治区、直辖市的指挥机构,主要任务是贯彻执行武警总部的各项部署和指示,结合本地区特点抓好部队建设,在地方党委、政府和武警总部党委领导下,完成执勤、处置突发事件任务。各警种总队是分别部署在各任务区域,领导指挥所在总队的业务和部队建设的领导指挥机关。公安边防、消防武警各总队在公安厅(局)和边防局、消防局的双重领导下,分别指挥本总队完成本地区的执勤任务;交通、水电、黄金、森林警种,在各警种指挥部领导下,

分别担负各项执勤或生产建设任务。

（2）武警师

1999年1月5日，中央军委发出《关于调整武警部队体制编制有关问题的通知》规定：武警机动师的建制隶属于武警总部，部队的指挥，兵力调动、使用和编制，干部管理工作，由武警总部负责；军事训练、行政管理、政治工作、后勤保障，分别由各省（自治区、直辖市）武警总队领导管理。

（3）武警兵团指挥部

武警兵团指挥部编制在武警新疆总队，在领导管理体制上，接受新疆生产建设兵团党委和武警新疆总队党委双重领导，以建设兵团党委领导为主，担负内卫执勤任务。

3. 武警支队（团）

（1）武警支队分为直属支队和地区支队，直属支队隶属于总队，主要担负省属执勤目标和机动任务；地区支队接受武警总队和地方党委双重领导，主要担负处置突发事件任务。武警支队设有领导机关，下辖若干个大队或若干个中队。

（2）武警团。武警机动团隶属于武警机动师，下设营、连、排、班。

二、武装警察部队的任务职责

《国防法》规定：中国人民武装警察部队"担负国家赋予的安全保卫任务，维护社会秩序"。《人民武装警察法》规定："人民武装警察部队担负国家赋予的安全保卫任务以及防卫作战、抢险救灾、参加国家经济建设等任务。"

（一）武装警察部队的任务

1. 安全保卫任务

国家赋予的安全保卫任务是武装警察部队担负的主要任务。《人民武装警察法》规定，人民武装警察部队执行的安全保卫任务主要包括：国家规定的警卫对象、目标和重大活动的武装警卫；关系国计民生的重要公共设施、企业、仓库、水源地、水利工程、电力设施、通信枢纽的重要部位的武装守卫；主要交通干线重要位置的桥梁、隧道的武装守护；监狱和看守所的外围武装警戒；直辖市、省、自治区人民政府所在地的市，以及其他重要城市的重点区域、特殊时期的武装巡逻；协助公安机关、国家安全机关、司法行政机关、检察机关、审判机关依法执行逮捕、追捕、押解、押运任务，协助其他有关机关执行重要的押运任务；参加处置暴乱、骚乱、严重暴力犯罪事件、恐怖袭击事件和其他社会安全事件；国家赋予的其他安全保卫任务。

《人民武装警察法》还规定：人民武装警察部队执行防卫作战、抢险救灾、参加国家经济建设等任务，依照有关法律、行政法规和国务院、中央军事委员会的有关规定执行。

武装警察部队的防卫作战任务，就是在战时除完成各项安全保卫任务、维护好后方社会治安外，根据中央军委的命令和指示，积极协同人民解放军防卫作战，抵抗侵略，保卫祖国。武警部队担负防卫作战任务的具体形式主要包括侦察、警戒、驻守、武装巡逻、狙击、袭击、伏击、堵截追击、反击、攻击、阻击、追击、搜索等。

积极参加抢险救灾，保卫国家和人民生命财产安全，是武警部队的一项突击性任务。武警部队可能参与的抢险救灾任务主要有：抗洪抢险；扑灭山林火灾；处置空难事件；处置列车颠覆事件；其他灾害（难）性事件（事故）的处置等。武警部队遂行抢险救灾任务的具体内容一般包括：保护重要目标、国家和人民生命财产的安全，抢救（运）国家和人民生命财产，担负灾害、事故现场的安全警戒，维护灾区社会治安及完成当地党委、政府赋予的其他任务。

2. 参加国家经济建设的任务

除通过担负安全保卫、防卫作战、抢险救灾等任务保障支援国家经济建设外，武装警察部队的一些专业警种还直接参加国家经济建设。

武装警察部队各警种担负的主要任务有所侧重。内卫部队的主要任务，一是承担固定目标执勤和城市武装巡逻任务，保障国家重要目标的安全；二是处置各种突发事件，维护国家安全与社会稳定；三是支援国家经济建设和执行抢险救灾任务。黄金、水电、交通、森林部队既担负经济建设任务，同时又负有维护国家安全和社会稳定的任务。其中，黄金部队主要担负黄金地质勘察、黄金生产任务；水电部队主要承担国家能源重点建设项目，包括大中型水利、水电工程以及其他建设任务；交通部队主要担负公路、港口及城建等施工任务；森林部队主要担负东北、内蒙古、云南森林的防火灭火以及维护林区治安、保护森林资源的任务。边防部队主要担负边境检查、管理和部分地段的边界巡逻以及海上缉私；消防部队主要担负防火灭火任务；警卫部队主要担负党和国家领导人、省市主要领导及重要来访外宾警卫任务。

（二）武装警察部队执行任务时的职权

武装警察部队执行任务、履行职责时，依法享有相应职权。《人民武装警察法》重点规定了武装警察部队执行安全保卫任务时的职权。

1. 采取特定措施权

人民武装警察部队按照县级以上人民政府公安机关的部署执行安全保卫任务，可以采取以下措施：（1）对进出警戒区域的人员、物品、交通工具进行检查，对按照规定不允许进出的，予以阻止；对强行进出的，采取必要措施予以制止；（2）在武装巡逻中，经现场指挥员同意，对有违法犯罪嫌疑的人员当场进行盘问并查验其证件，对可疑物品和交通工具进行检查；（3）协助执行道路交通管制或者现场管制；（4）对聚众危害社会秩序或者执勤目标安全的，采取必要措施予以制止、驱散；（5）根据执行任务的需要，向相关单位和人员了解有关情况或者在现场实施必要的侦察。

2. 控制、移交权

人民武装警察执行安全保卫任务，发现有下列情形的人员，经现场指挥员同意，应当及时予以控制并移交公安机关、国家安全机关或者其他有管辖权的机关处理：正在实施犯罪的；通缉在案的；违法携带危及公共安全物品的；正在实施危害执勤目标安全行为的。

3. 优先乘坐公共交通工具和优先通行权

人民武装警察因执行安全保卫任务的紧急需要，经出示人民武装警察证件，可以优先乘坐公共交通工具；遇交通阻碍时，优先通行。

4. 临时使用他人物资权

人民武装警察部队因执行安全保卫任务的需要，在特别紧急情况下，经现场最高指挥员出示人民武装警察证件，可以临时使用有关单位或者个人的设备、设施、场地、交通工具以及其他物资，使用后应当及时返还，并支付适当费用；造成损失的，按照国家有关规定给予补偿。

5. 协助搜查权

人民武装警察部队协助公安机关、国家安全机关执行逮捕、追捕任务，根据所协助机关的决定，协助搜查犯罪嫌疑人、被告人、罪犯的人身和住所以及涉嫌藏匿犯罪嫌疑人、被告人、罪犯或者违法物品的场所、交通工具等。

6. 使用警械、武器权

人民武装警察执行安全保卫任务使用警械和武器，依照人民警察使用警械和武器的有关法律、行政法规的规定执行。

除《人民武装警察法》规定的人民武装警察部队和人民武装警察执行安全保卫任务职权外，我国《治安管理处罚法》、《集会游行示威法》、《戒严法》、《突发事件应对法》、《人民警察法》、《监狱法》以及《消防法》、《铁路法》等法律，也有关于人民武装警察部队和人民武装警察任务职权的相关规定。

（三）武装警察部队任务职责的法律属性

从武警部队任务职责的内容看，分别具有军事属性、行政属性和刑事司法属性。

例如，防卫作战任务具有直接的军事属性；抢险救灾任务以及安全保卫任务中的参加处置暴乱、骚乱、严重暴力犯罪事件、恐怖袭击事件和其他社会安全事件的任务，具有非战争军事行动的属性。安全保卫任务中的武装警卫、武装守卫、武装守护、武装警戒、武装巡逻等任务，以及依据《人民武装警察法》、《人民警察法》、《集会游行示威法》、《戒严法》、《突发事件应对法》等法律赋予武警部队在执行这些任务时所拥有的行政职权，具有鲜明的行政属性。安全保卫任务中的协助公安机关、国家安全机关、司法行政机关、检察机关、审判机关依法执行逮捕、追捕、押解等任务，则具有刑事司法属性。

第四节　武装警察部队履行职责的保障制度

　　为保障武装警察部队有效履行职责，武装警察法律制度明确规定了武装警察执行任务中的义务及权利，以及其他一系列保障措施。

一、武装警察的义务和权利

　　《人民武装警察法》规定了人民武装警察的义务，对于人民武装警察依法履行职责、执行任务具有重要意义。其主要内容包括：人民武装警察执行任务，应当服从命令、听从指挥，不得滥用职权、玩忽职守；人民武装警察遇到公民人身、财产安全受到侵犯或者处于其他危难情形，应当及时救助；人民武装警察不得有非法剥夺、限制他人人身自由，非法搜查他人的身体、物品、交通工具、住所、场所，包庇、纵容违法犯罪活动，泄露国家秘密、军事秘密以及其他违法违纪行为；人民武装警察执行任务，应当按照规定着装，持有人民武装警察证件；人民武装警察应当举止文明，礼貌待人，遵守社会公德，尊重公民的宗教信仰和风俗习惯。

　　另外，《人民武装警察法》还规定：人民武装警察享有《中华人民共和国国防法》和有关法律、行政法规规定的现役军人的权益；人民武装警察因执行任务伤亡的，按照国家有关军人抚恤优待的规定给予抚恤优待。关于人民武装警察权益相关规定的具体内容，参见军人权益保障法律制度一章。

二、武装警察部队执行任务的保障措施

　　《人民武装警察法》还重点规定了人民武装警察部队执行安全保卫任务的一系列

保障措施。具体内容包括:

(一) 通报制度

为了保障人民武装警察部队执行安全保卫任务,国务院有关部门、县级以上地方人民政府及其有关部门应当及时向人民武装警察部队总部、驻本行政区域的人民武装警察部队通报有关社会治安形势以及突发事件的情况。

(二) 支持与协助制度

人民武装警察部队执行安全保卫任务,公民、法人和其他组织应当给予必要的支持和协助;公民、法人和其他组织对人民武装警察部队执行安全保卫任务给予协助的行为受法律保护;公民、法人和其他组织协助人民武装警察部队执行任务造成人身伤亡和财产损失的,按照国家有关规定给予抚恤优待和补偿。

(三) 经费、设施及其他保障制度

人民武装警察部队执行国家赋予的安全保卫任务及相关建设所需经费,列入中央和县级以上地方财政预算,按照国家有关规定给予保障;执勤目标单位及其上级主管部门应当按照国家有关规定,为担负执勤任务的人民武装警察部队提供执勤设施、生活设施等必要的保障;在有毒、粉尘、辐射、噪声等严重污染或者高温、低温、缺氧以及其他恶劣环境下的执勤目标单位执行安全保卫任务的人民武装警察,享有与执勤目标单位工作人员同等的保护条件和福利补助,并由执勤目标单位或者其上级主管部门给予保障。

(四) 教育训练制度

人民武装警察部队应当根据执行任务的需要,加强对所属人民武装警察的教育和训练,提高依法执行任务的能力。

除《人民武装警察法》规定的人民武装警察部队和人民武装警察执行安全保卫任务保障措施外,我国《治安管理处罚法》、《集会游行示威法》、《戒严法》、《突发事件应对法》、《人民警察法》、《监狱法》以及《消防法》、《铁路法》等法律,也有关于人民武装警察部队和人民武装警察执行其他任务保障措施的相关规定。

第十四章 军人权益保障法律制度

军队是执行特殊任务的武装集团，军人职业的特殊性决定军人为了服从国家利益和军事需要，其作为普通公民享有的一般权益会不同程度地受到限制。在国防和军队建设中贯彻以人为本的理念，要突出对军人合法权益的保障。军人权益保障法律制度，是关于军人权益及其保障的法律制度总称。

第一节 概述

军人权益，是指法律规定的公民因服兵役而享有的权益。军人权益的内容，既包括军人作为公民而享有的宪法所赋予的公民基本权利，也包括宪法和法律所赋予军人因履行其特殊职责而享有的特有权益。军人特有权益，主要包括军人人身权利，如军人人格尊严权利、履行职责行为受法律保护的权利、对军婚进行特殊保护等；政治权利，如选举权与被选举权、申诉控告权、荣典褒扬等政治荣誉权等；经济权利，如生活待遇、抚恤优待等；社会权利，如退役安置、社会福利、社会保险等。我国《宪法》，《国防法》、《兵役法》、《现役军官法》、《预备役军官法》、《现役士兵服役条例》等军事法律法规，以及《中华人民共和国军人保险法》（2012年第十一届全国人民代表大会常务委员会第二十六次会议通过）、《军人抚恤优待条例》（2004年国务院、中央军委发布，2011年修订）、《烈士褒扬条例》（2011年国务院发布）等关于军人权益保障方面的专门性军事法律法规，对军人权益及其保障作了规定。

一、军人权益保障法律制度的主要内容

我国军人权益保障法律制度，除包括宪法关于公民基本权利的规定之外，在军

人特有权益及其保障方面,主要包括军人荣典褒扬及人身权利、军人抚恤优待、军人社会保险及军人退役安置等内容。

(一) 军人荣典褒扬及人身权利特殊保护制度

军人荣典褒扬制度,是关于军人享有荣典和褒扬等政治荣誉权利及其保障的法律制度。其中,军人荣典制度包括关于军人因履行职务而享有国家表彰和奖励权利的制度,军人的军衔、授勋制度等;军人褒扬制度,主要是指为了弘扬烈士精神而确立的关于纪念烈士,学习、宣传烈士事迹,以及关于烈士的评定、烈士褒扬金、烈士纪念设施的保护和管理等方面的制度。军人人身权利保护制度,包括国家采取有效措施保护现役军人的人格尊严,对现役军人的婚姻实行特别保护以及现役军人依法履行职责的行为受到法律保护等内容。

(二) 军人抚恤优待制度

军人抚恤优待制度,是指以国家财政投入为主要资金来源,对现役军人、服现役或者退出现役的残疾军人以及复员军人、退伍军人、烈士遗属、因公牺牲军人遗属、病故军人遗属、现役军人家属实行各种优待、抚恤的社会保障制度。其中,军人抚恤制度具体包括死亡抚恤、伤残抚恤等内容,社会优待制度主要包括优待对象的医疗、教育、住房及就业保障以及社会福利、社会救助、退役安置等内容。

(三) 军人保险制度

军人保险制度,是指国家通过立法、设立专项基金,在军人遇到死亡、伤残、年老、退役等风险时,给予一定经济补偿和帮助的一种社会保障制度。我国的军人保险制度具体包括军人伤亡保险、军人退役医疗保险、军人退役养老保险、随军未就业的军人配偶保险以及军人保险基金等方面的内容。

二、军人权益保障法律制度的重要作用

我国军人权益保障法律制度,对于体现社会的公平性、调动军人的积极性、维护权利的现实性等方面,具有重要作用。

一是进行利益补偿,体现社会的公平性。法律是利益的调整器,社会的公平正义正是通过法律对各种利益关系的调整而实现的。军人因承担服兵役的义务,使其相对于普通公民而言,在法定利益上一定程度地受到限制或减损。一方面,军人这一特殊职业,导致其在享有宪法赋予公民的基本权利方面受到一定限制,如我军条令条例规定,军人不具有结社、宗教信仰的自由等;另一方面,军人这一特殊职业,也决定了军人比普通公民承担更多的法律义务,具有更高的风险性、奉献性等特征。

作为对军人法定利益限制或减损的补偿,通过军人权益保障立法,赋予军人一定的特有权益,是社会公平性的重要体现。

二是明确规范权益,调动军人的积极性。市场经济条件下,社会物质利益观念强化,必然会对军人的思想和行为带来一定的冲击。军人权益保障法律制度,对军人特有的政治权益(军人选举权与被选举权、军人的申诉权与控告权等)、人身权益(军人荣典褒扬、军人婚姻特殊保护、军人人格尊严保护、军人履行行为的保护等)、经济权益(军人工资待遇、军人抚恤优待等)和社会权益(军人受社会尊重、军人退役安置、军人保险以及军人的其他社会保障制度等)予以明确规范,对于调动军人的积极性,促使广大官兵安心本职、有效履行职责具有重大意义。

三是构建保障机制,维护权利的现实性。军人权益保障法律制度,不仅赋予军人广泛的特有权益,同时,还通过构建军人权益保障的执法、司法和法律服务机制,使军人能够利用法律武器有效维护自身合法权益,使这些法定权益能够在社会生活中得以切实实现,成为军人真正享有的现实权利。

三、军人权益保障法律制度的基本原则

军人权益保障法律制度的基本原则,是贯穿于军人权益保障法律制度创制实施全过程,并对军人权益保障活动具有普遍指导意义的行为准则。我国军人权益保障法律制度的基本原则包括继承传统、适应发展,待遇从优、同步增长,国家、社会、群众相结合等。

(一)继承传统、适应发展的原则

军人权益保障法律制度的制定与实施,既要坚持继承发扬我党我军优良传统,又要适应我国社会发展的现实状况。一方面,要立足于我们是社会主义国家,军队是人民子弟兵的性质,从我国现阶段的实际情况出发,不能把军人权益的特殊性强调到不适当的程度,也不能脱离我国的国情,单纯与外军相比,向国家和社会提出过高的权益保障要求。另一方面,要保障军人与其他社会成员一道合理分享社会发展成果,使军人在社会主义市场经济条件下,能够得到与其所付出的劳动相适应的经济报酬,享受到军人为了履行国家赋予的特殊义务而应享有的特殊权利,达到军人权利与义务的统一,责任与荣誉的统一,使官兵的军人意识和全民的国防意识都得到增强。同时,军人权益保障法律制度的制定与实施,要有利于贯彻落实中央军委新时期军事战略方针及指导思想,有利于加速我军革命化、现代化、正规化建设,有利于增强部队的凝聚力,有利于提高战斗力。要注重研究新形势下国家、社会、军队遇到的新情况、新问题和新特点,正确处理当前与长远、国防与经济、军队与

地方等一系列关系；要注重搞好平战协调，使部队无论在平时还是在战时都能保持高度的稳定和集中统一，使军人既无现实之虑，也无后顾之忧。

（二）待遇从优、同步增长的原则

军人肩负着保卫祖国的特殊使命，从事的是危险职业，应当享有与军人职业相关的特有权益。军人权益保障立法应当明确体现对军人权益的特殊保护，使军人职业受到社会的尊重，受到国家和人民群众的优待。其具体内容包括：保障抚恤优待对象的生活水平不低于当地平均生活水平；军人待遇及优抚标准应与人民生活水平相适应；在不超出国民经济承受能力的前提下，军人待遇应随着国民经济发展适时提高等。

（三）国家、社会、群众相结合的原则

军人权益保障，不仅是国家的重要工作，而且是全社会的义务，国家机关、社会团体、企业事业单位和广大人民群众，都应当在军人权益保障方面依法履行各自的义务。确立这一原则，首先是由于单纯依靠国家的抚恤优待，不可能完全解决军人权益保障问题，更多地还需要全社会的努力；同时，军人权益保障除了国家抚恤优待能够较好地解决经济权益保障外，更多地还需要精神上的安慰和生活上的照顾，只有通过社会和人民群众的拥军意识和热情关怀才能弥补。因此，这一原则的基本要求就是：在国家抚恤优待的同时，充分发挥社会和群众的力量，实行社会优待。

第二节 军人荣典褒扬及人身权利特殊保护制度

我国《宪法》以及《刑法》、《婚姻法》、《国防法》、《兵役法》、《现役军官法》、《中国人民解放军军官军衔条例》、《预备役军官法》、《烈士褒扬条例》、《中国人民解放军纪律条令》等法律法规，对军人荣典褒扬及人身权利特殊保护作出了相关规定。

一、军人荣典褒扬制度

军人视荣誉为生命，这是军人职业及军人使命任务的特殊性所决定的。建立专门的军人荣典及军人褒扬制度，是各国军事法律制度建设的通行做法，对于激发军人报效国家的荣誉感、调动军人保家卫国的积极性具有十分重要的意义。

(一) 我国的军人荣典制度

我国《宪法》规定：全国人民代表大会常务委员会行使"规定军人和外交人员的衔级制度和其他专门衔级制度"、"规定和决定授予国家的勋章和荣誉称号"等职权；国家主席行使"授予国家的勋章和荣誉称号"等职权。这些规定是我国军人荣典制度的宪法依据。我国《国防法》规定："国家采取有效措施保护现役军人的荣誉"。

依据宪法和国防法的规定，《中国人民解放军军官军衔条例》、《预备役军官法》以及《现役士兵服役条例》等军事法律法规，分别确立了中国人民解放军现役军官、预备役军官和士兵军衔制度（参见兵役法律制度一章）；《现役军官法》和《中国人民解放军纪律条令》分别规定了军官的奖励和军人奖励及纪念章等制度（参见军队工作法规制度一章）。这些制度构成了我国军人荣典制度的核心内容。

此外，1988年第七届全国人民代表大会常务委员会第二次会议通过、中央军事委员会公布的《关于授予军队离休干部中国人民解放军功勋荣誉章的规定》，也是关于我国军人荣典制度的重要法律。其主要内容包括：(1) 中国人民解放军功勋荣誉章分为红星功勋荣誉章（分为两级）、独立功勋荣誉章和胜利功勋荣誉章三种。(2) 各种功勋荣誉章的授予对象。(3) 授予功勋荣誉章的人员在军内的优待。(4) 授予军队离休干部功勋荣誉章，由中央军事委员会决定，中央军事委员会主席颁布命令。

(二) 我国的军人褒扬制度

我国《烈士褒扬条例》主要规定了烈士褒扬及烈士遗属抚恤优待等内容。该条例规定："公民在保卫祖国和社会主义建设事业中牺牲被评定为烈士的，依照本条例的规定予以褒扬"。与《烈士褒扬条例》的规定相适应，我国《军人抚恤优待条例》中对现役军人死亡被批准为烈士、被确认为因公牺牲或者病故的褒扬及其遗属抚恤等作了具体规定。

1. 军人死亡被批准为烈士、被确认为因公牺牲或者病故的条件及程序

《烈士褒扬条例》规定了公民牺牲评定烈士的条件及申报、评定为烈士的程序；并特别规定：现役军人牺牲，预备役人员、民兵、民工以及其他人员因参战、参加军事演习和军事训练、执行军事勤务牺牲应当评定烈士的，依照《军人抚恤优待条例》的有关规定评定。依据《烈士褒扬条例》，《军人抚恤优待条例》具体规定了现役军人死亡被批准为烈士、被确认为因公牺牲或者病故的条件及程序；同时还规定：军队离休、退休干部和退休士官的抚恤优待，按照本条例有关现役军人抚恤优待的规定执行；因参战伤亡的民兵、民工的抚恤，因参加军事演习、军事训练和执行军

事勤务伤亡的预备役人员、民兵、民工以及其他人员的抚恤,参照本条例的有关规定办理。

2. 烈士褒扬

《烈士褒扬条例》规定:国务院民政部门负责全国的烈士褒扬工作;县级以上地方人民政府民政部门负责本行政区域的烈士褒扬工作。各级人民政府应当把宣传烈士事迹作为社会主义精神文明建设的重要内容,培养公民的爱国主义、集体主义精神和社会主义道德风尚;机关、团体、企业事业单位应当采取多种形式纪念烈士,学习、宣传烈士事迹。烈士证书由烈士遗属户口所在地的县级人民政府民政部门向烈士遗属颁发。国家建立烈士褒扬金制度。按照国家有关规定修建的烈士陵园、纪念堂馆、纪念碑亭、纪念塔祠、纪念塑像、烈士骨灰堂、烈士墓等烈士纪念设施,受法律保护。

3. 烈士褒扬的保障

烈士褒扬和烈士遗属抚恤优待经费列入财政预算。县级以上人民政府应当加强对烈士纪念设施的保护和管理,为纪念烈士提供良好的场所。对在烈士褒扬工作中做出显著成绩的单位和个人,按照国家有关规定给予表彰、奖励。

二、军人人身权利特殊保护制度

军人人身权利特殊保护制度,主要包括对军人人格尊严、人身自由和履职行为及军人婚姻进行特殊保护的制度规定等。

(一) 军人人格尊严、人身自由和履职行为的特殊保护

军人除和普通公民一样享有人格尊严、人身自由不受侵犯的基本权利之外,我国法律法规还对军人人格尊严、人身自由和履职行为予以特殊保护。具体内容包括:一是禁止冒充军人。如《国防法》第 25 条中有关于"禁止冒充现役军人"的规定,《刑法》第 372 条规定:"冒充军人招摇撞骗的,处三年以下有期徒刑、拘役、管制或者剥夺政治权利;情节严重的,处三年以上十年以下有期徒刑。"二是未经军队司法机关批准或决定,不得对军人实施劳动教养、拘留、逮捕和审判。三是保障军人依法执行职务。如《刑法》第 368 条规定:"以暴力、威胁方法阻碍军人依法执行职务的,处三年以下有期徒刑、拘役、管制或者罚金。"

(二) 军人婚姻的特殊保护

对军人婚姻实行特殊保护,是我们党和国家的一贯做法。早在建国之前,党和人民政府就十分重视依法保护军人婚姻,并对军人离婚问题实行特殊保护政策。如 1934 年制定的《中华苏维埃共和国婚姻法》规定,红军战士之妻要求离婚,须得其

夫同意。新中国成立后，1950年颁布的第一部《中华人民共和国婚姻法》对军人家庭的离婚问题作出专门规定："现役革命军人与家庭有通讯关系的，其配偶提出离婚，须得革命军人的同意。"根据这一立法精神，党中央、国务院以及最高人民法院等有关部门对于切实做好军婚保护工作，妥善处理军人配偶的离婚问题，作出了一系列专门规定。

为了有效保护军人婚姻家庭，维护部队稳定，现行《婚姻法》第33条对军婚再次作了保护性规定："现役军人的配偶要求离婚，须得军人同意，但军人一方有重大过错的除外"；同时，我国《刑法》第259条第1款专门设置了破坏军婚罪，规定"明知是现役军人的配偶而与之同居或者结婚的，处三年以下有期徒刑或者拘役"，从而进一步加强了军婚的保护力度。

第三节 军人抚恤优待制度

根据《国防法》、《兵役法》的规定，国务院、中央军委联合发布的《军人抚恤优待条例》专门对军人抚恤和军人优待工作作了明确具体的规定；另外，我国《现役军官法》、《预备役军官法》和《现役士兵服役条例》等法律法规中，也有关于军人抚恤优待的内容。

一、军人抚恤制度

根据《军人抚恤优待条例》的规定，军人抚恤制度主要包括军人死亡抚恤和军人残疾抚恤等内容。

（一）军人死亡抚恤

军人死亡抚恤，是指国家为表示对烈士或因公牺牲、病故军人荣誉的肯定，对其家属的关怀、抚慰，并帮助解决其家属因失去亲人而出现的生活困难，对其家属发给抚恤金的制度。死亡抚恤又可分为一次性抚恤和定期抚恤两类。

1. 一次性抚恤

一次性抚恤是国家为表示对死亡军人家属的抚慰，并帮助解决部分生活困难而一次集中发给一定数额的抚恤金的制度。一次性抚恤金的发放，实行的是死亡性质和本人死亡时的工资收入相结合的原则。

（1）一次性抚恤金的发放标准。《军人抚恤优待条例》规定："现役军人死亡，根据其死亡性质和死亡时的月工资标准，由县级人民政府民政部门发给其遗属一次性抚恤金，标准是：烈士和因公牺牲的，为上一年度全国城镇居民人均可支配收入的 20 倍加本人 40 个月的工资；病故的，为上一年度全国城镇居民人均可支配收入的 2 倍加本人 40 个月的工资。月工资或者津贴低于排职少尉军官工资标准的，按照排职少尉军官工资标准计算。"

（2）一次性抚恤金的增发及增发比例。对于获得荣誉称号或者立功的烈士、因公牺牲军人、病故军人，其遗属在应当享受的一次性抚恤金的基础上，由县级人民政府民政部门按照一定比例增发一次性抚恤金。其中，获得中央军事委员会授予荣誉称号的，增发 35%；获得军队军区级单位授予荣誉称号的，增发 30%；立一等功的，增发 25%；立二等功的，增发 15%；立三等功的，增发 5%。对于多次获荣誉称号或者立功的烈士、因公牺牲军人、病故军人，其遗属由县级人民政府民政部门按照其中最高等级奖励的增发比例，增发一次性抚恤金。

（3）一次性特别抚恤金。对生前作出特殊贡献的烈士、因公牺牲军人、病故军人，除按照《军人抚恤优待条例》规定发给其遗属一次性抚恤金外，军队可以按照有关规定发给其遗属一次性特别抚恤金。

（4）一次性抚恤金发放对象。一次性抚恤金发给烈士、因公牺牲军人、病故军人的父母（抚养人）、配偶、子女；没有父母（抚养人）、配偶、子女的，发给未满 18 周岁的兄弟姐妹和已满 18 周岁但无生活费来源且由该军人生前供养的兄弟姐妹。

2. 定期抚恤

定期抚恤是指国家对生活困难的烈士家属、因公牺牲、病故军人家属定期发给一定数额的抚恤金的制度。

（1）享受定期抚恤金的条件。《军人抚恤优待条例》规定，对符合下列条件之一的烈士遗属、因公牺牲军人遗属、病故军人遗属，发给定期抚恤金：父母（抚养人）、配偶无劳动能力、无生活费来源，或者收入水平低于当地居民平均生活水平的；子女未满 18 周岁或者已满 18 周岁但因上学或者残疾无生活费来源的；兄弟姐妹未满 18 周岁或者已满 18 周岁但因上学无生活费来源且由该军人生前供养的。对符合享受定期抚恤金条件的遗属，由县级人民政府民政部门发给《定期抚恤金领取证》。

（2）定期抚恤金的标准。定期抚恤金标准应当参照全国城乡居民家庭人均收入水平确定。定期抚恤金的标准及其调整办法，由国务院民政部门会同国务院财政部门规定。

（3）其他规定。县级以上地方人民政府对依靠定期抚恤金生活仍有困难的烈士遗属、因公牺牲军人遗属、病故军人遗属，可以增发抚恤金或者采取其他方式予以补助，保障其生活不低于当地的平均生活水平；享受定期抚恤金的烈士遗属、因公牺牲军人遗属、病故军人遗属死亡的，增发 6 个月其原享受的定期抚恤金，作为丧葬补助费，同时注销其领取定期抚恤金的证件。

（二）军人残疾抚恤

军人残疾抚恤，是指国家依法为现役军人因战、因公或因病致残而提供一定的物质保障。

1. 残疾抚恤的范围及残疾等级

《军人抚恤优待条例》规定：现役军人残疾被认定为因战致残、因公致残或者因病致残的，依照本条例的规定享受抚恤。因此，军人残疾抚恤的范围包括现役军人因战致残、因公致残或者因病致残的情形。该条例还规定：残疾的等级，根据劳动功能障碍程度和生活自理障碍程度确定，由重到轻分为一级至十级；残疾等级的具体评定标准由国务院民政部门、人力资源社会保障部门、卫生部门会同军队有关部门规定。

2. 残疾抚恤金

（1）残疾抚恤金的发放。退出现役的残疾军人，按照残疾等级享受残疾抚恤金，残疾抚恤金由县级人民政府民政部门发给；因工作需要继续服现役的残疾军人，经军队军级以上单位批准，所在部队按照规定发给残疾抚恤金。

（2）残疾抚恤金的标准。残疾军人的抚恤金标准应当参照全国职工平均工资水平确定。县级以上地方人民政府对依靠残疾抚恤金生活仍有困难的残疾军人，可以增发残疾抚恤金或者采取其他方式予以补助，保障其生活不低于当地的平均生活水平。

3. 退出现役残疾军人因旧伤复发或因病死亡的抚恤

退出现役的因战、因公致残的残疾军人因旧伤复发死亡的，由县级人民政府民政部门按照因公牺牲军人的抚恤金标准发给其遗属一次性抚恤金，其遗属享受因公牺牲军人遗属抚恤待遇。

退出现役的因战、因公、因病致残的残疾军人因病死亡的，对其遗属增发 12 个月的残疾抚恤金，作为丧葬补助费；其中，因战、因公致残的一级至四级残疾军人因病死亡的，其遗属享受病故军人遗属抚恤待遇。

4. 退出现役的一级至四级残疾军人的供养及护理

退出现役的一级至四级残疾军人，由国家供养终身；其中，对需要长年医疗或者独身一人不便分散安置的，经省级人民政府民政部门批准，可以集中供养。

对分散安置的一级至四级残疾军人发给护理费，护理费的标准为：因战、因公一级和二级残疾的，为当地职工月平均工资的50％；因战、因公三级和四级残疾的，为当地职工月平均工资的40％；因病一级至四级残疾的，为当地职工月平均工资的30％。退出现役的残疾军人的护理费，由县级以上地方人民政府民政部门发给；未退出现役的残疾军人的护理费，经军队军级以上单位批准，由所在部队发给。

二、军人优待制度

根据《国防法》、《兵役法》、《现役军官法》等军事法律以及《烈士褒扬条例》、《军人抚恤优待条例》等专门性法规的规定，享受军人优待的对象主要包括现役军人及其家属、服现役或者退出现役的残疾军人以及复员军人、退伍军人、烈士遗属、因公牺牲军人遗属、病故军人遗属等。

（一）现役军人及家属优待

1. 一般规定

《国防法》规定：国家和社会优待现役军人；国家保障现役军人享有与其履行职责相适应的生活福利待遇，对在条件艰苦的边防、海防等地区或者岗位工作的现役军人在生活福利等方面给予优待；国家和社会优待现役军人家属。《兵役法》规定：现役军人和现役军人家属，应当受到社会尊重，受到国家和人民群众的优待。《军人抚恤优待条例》规定的现役军人及其家属优待包括：（1）现役军人交通旅行及参观优待。现役军人凭有效证件优先购票乘坐境内运行的火车、轮船、长途公共汽车以及民航班机；现役军人凭有效证件乘坐市内公共汽车、电车和轨道交通工具享受优待；现役军人凭有效证件参观游览公园、博物馆、名胜古迹享受优待。（2）驻特定地区现役军人子女教育优待。驻边疆国境的县（市）、沙漠区、国家确定的边远地区中的三类地区和军队确定的特、一、二类岛屿部队现役军人的子女报考普通高中、中等职业学校、高等学校，在录取时按照国家有关规定给予优待；接受学历教育的，在同等条件下优先享受国家规定的各项助学政策，现役军人子女的入学、入托，在同等条件下优先接收。（3）驻特定地区现役军人家属安置。驻边疆国境的县（市）、沙漠区、国家确定的边远地区中的三类地区和军队确定的特、一、二类岛屿部队的现役军官、文职干部、士官，其符合随军条件无法随军的家属，所在地人民政府应当妥善安置，保障其生活不低于当地的平均生活水平。

2. 现役士兵及其家属的优待

《士兵服役条例》规定：义务兵享受供给制生活待遇，士官享受供给制和薪金制相结合的生活待遇；士兵在服现役期间，享受公费医疗待遇；士兵生活有困难的，应适当给予补助；该条例还对士兵的探亲、士官家属随军以及士官家属符合随军条件未随军的待遇作了规定。《军人抚恤优待条例》规定：义务兵服现役期间，其家庭由当地人民政府发给优待金或者给予其他优待，优待标准不低于当地平均生活水平。义务兵和初级士官入伍前是国家机关、社会团体、企业事业单位职工（含合同制人员）的，退出现役后，允许复工复职，并享受不低于本单位同岗位（工种）、同工龄职工的各项待遇；服现役期间，其家属继续享受该单位职工家属的有关福利待遇。义务兵和初级士官入伍前的承包地（山、林）等，应当保留；服现役期间，除依照国家有关规定和承包合同的约定缴纳有关税费外，免除其他负担。义务兵从部队发出的平信，免费邮递。

3. 现役军官及其家属的优待

《现役军官法》规定：军官实行职务军衔等级工资制和定期增资制度，按照国家和军队的有关规定享受津贴和补贴，军官按照规定离职培训、休假、治病疗养以及免职待分配期间，工资照发；军官享受公费医疗待遇；军官住房实行公寓住房与自有住房相结合的保障制度；军官享受休假待遇；军官的家属随军、就业、工作调动和子女教育，享受国家和社会优待。

(二）残疾军人和复员、退伍军人及其家属的优待

1. 一般规定

《军人抚恤优待条例》规定：残疾军人、复员军人、带病回乡退伍军人享受医疗优惠待遇。残疾军人、复员军人、带病回乡退伍军人承租、购买住房依照有关规定享受优先、优惠待遇；居住农村的抚恤优待对象住房有困难的，由地方人民政府帮助解决。

2. 残疾军人及其家属的优待

《军人抚恤优待条例》规定的残疾军人及其家属的优待包括：（1）伤病医疗优待。国家对一级至六级残疾军人的医疗费用按照规定予以保障；七级至十级残疾军人旧伤复发的医疗费用，已经参加工伤保险的，由工伤保险基金支付，未参加工伤保险，有工作的由工作单位解决，没有工作的由当地县级以上地方人民政府负责解决；七级至十级残疾军人旧伤复发以外的医疗费用，未参加医疗保险且本人支付有困难的，由当地县级以上地方人民政府酌情给予补助。（2）生活福利优待。在国家机关、社会团体、企业事业单位工作的残疾军人，享受与所在单位工伤人员同等的生活福利和医疗待遇；所在单位不得因其残疾将其辞退、解聘或者解除劳动关系。（3）残疾军人及其家属子女就业入学优待。残疾军人、一级至四级残疾军人的子女，报考普通高中、中等职业学校、高等学校，在录取时按照国家有关规定给予优待；接受学历教育的，在同等条件下优先享受国家规定的各项助学政策。（4）交通旅行

及参观优待。残疾军人凭《中华人民共和国残疾军人证》优先购票乘坐境内运行的火车、轮船、长途公共汽车以及民航班机，享受减收正常票价50%的优待；残疾军人凭《中华人民共和国残疾军人证》免费乘坐市内公共汽车、电车和轨道交通工具；残疾军人凭有效证件参观游览公园、博物馆、名胜古迹享受优待。

3. 复员、退伍军人及其家属的优待

《军人抚恤优待条例》规定的残疾军人及其家属的优待包括：义务兵和初级士官退出现役后，报考国家公务员、高等学校和中等职业学校，在与其他考生同等条件下优先录取；复员军人生活困难的，按照规定的条件，由当地人民政府民政部门给予定期定量补助，逐步改善其生活条件。

（三）烈士及因公牺牲军人、病故军人遗属的优待

烈士及因公牺牲军人、病故军人的遗属，除享受国家抚恤外，还依法享受国家和社会的各种优待。

1. 一般规定

根据《烈士褒扬条例》和《军人抚恤优待条例》，烈士及因公牺牲军人、病故军人遗属的优待包括：烈士、因公牺牲军人、病故军人的子女、兄弟姐妹，本人自愿应征并且符合征兵条件的，优先批准服现役；烈士、因公牺牲军人、病故军人遗属承租、购买住房依照有关规定享受优先、优惠待遇；居住农村的抚恤优待对象住房有困难的，由地方人民政府帮助解决。

2. 烈士遗属的优待

《烈士褒扬条例》规定的优待包括：(1) 医疗优待。烈士遗属享受相应的医疗优惠待遇。(2) 烈士子女优先录用公务员。烈士的子女符合公务员考录条件的，在同等条件下优先录用为公务员。(3) 烈士子女教育优待。烈士子女接受学前教育和义务教育的，应当按照国家有关规定予以优待，在公办幼儿园接受学前教育的，免交保教费；烈士子女报考普通高中、中等职业学校、高等学校研究生的，在同等条件下优先录取；报考高等学校本、专科的，可以按照国家有关规定降低分数要求投档；在公办学校就读的，免交学费、杂费，并享受国家规定的各项助学政策。(4) 烈士遗属就业优待。烈士遗属符合就业条件的，由当地人民政府人力资源社会保障部门优先提供就业服务。烈士遗属已经就业，用人单位经济性裁员时，应当优先留用。烈士遗属从事个体经营的，工商、税务等部门应当优先办理证照，烈士遗属在经营期间享受国家和当地人民政府规定的优惠政策。(5) 住房保障优待。符合住房保障条件的烈士遗属承租廉租住房、购买经济适用住房的，县级以上地方人民政府有关部门应当给予优先、优惠照顾；家住农村的烈士遗属住房有困难的，由当地人民政

府帮助解决。(6) 孤老烈士遗属供养优待。男年满60周岁、女年满55周岁的孤老烈士遗属本人自愿的，可以在光荣院、敬老院集中供养；各类社会福利机构应当优先接收烈士遗属。

3. 因公牺牲军人、病故军人遗属的优待

因公牺牲军人子女报考普通高中、中等职业学校、高等学校，在录取时按照国家有关规定给予优待；接受学历教育的，在同等条件下优先享受国家规定的各项助学政策；国家兴办优抚医院、光荣院，治疗或者集中供养孤老和生活不能自理的抚恤优待对象；各类社会福利机构应当优先接收抚恤优待对象。

第四节 军人保险制度

军人保险制度是军人权益保障法律制度的重要内容，对于弥补军人因职业风险而造成的损失、维护军队稳定和国家安全具有重要的积极作用。我国《国防法》规定："国家实行军人保险制度"。《中华人民共和国军人保险法》（2012年第十一届全国人民代表大会常务委员会第二十六次会议通过）、《军人保险制度实施方案》（1998年国务院、中央军事委员会批准，中国人民解放军四总部联合发布）、《中国人民解放军军人伤亡保险暂行规定》（1998年中国人民解放军四总部联合发布）和《中国人民解放军军人退役医疗保险暂行办法》（1999年国务院、中央军事委员会批准）等法律法规和规范性文件，构建起我国军人保险制度的基本框架。

一、军人保险制度实施方案

《军人保险制度实施方案》是我国关于实施军人保险制度的规范性文件，该方案确立了建立军人保险制度的总体思路和依据，标志着中国人民解放军保险制度的正式实施。其主要内容包括军人保险的基本原则、目标、项目、保险基金的筹集与给付、离退休干部的养老待遇、军队职工保险、军人保险管理体制及军人保险制度的实施步骤等。

1. 军人保险的基本原则

军人保险的基本原则是：保险项目设置体现军队和军人职业特点，保险待遇有利于激励军人安心服役；保险基金由国家和军人共同负担，个人缴费与军人承受能力相适应；管理体制实行统一领导、政事分开，保险基金集中统管、依法运营。

2. 军人保险的目标

军人保险的目标是逐步建立与国家社会保险制度相衔接，与军人抚恤优待、退役安置等政策制度相配套，与社会保障总体水平相适应，资金来源稳定可靠，管理体制相对独立，法规制度健全，具有中国特色的军人保险制度。

3. 军人保险项目

军人保险项目主要包括军人伤亡保险、退役养老保险和退役医疗保险。

4. 保险基金的筹集与给付

保险基金主要由国家、单位和个人共同筹集；军人保险金的给付标准，参照同职级国家公务员和职工的保险给付水平确定，并体现军人职业特点。

5. 离退休干部的养老待遇

保证离退休人员的养老、医疗保险待遇不低于国家同职级离退休公务员。

6. 军队职工保险

军队职工保险由军队统一组织，具体实施办法参照国家有关规定制定。

7. 军人保险管理体制

设立全军军人保险委员会，下设军人保险行政管理机构和基金管理机构。

8. 军人保险制度的实施步骤

在对军人保险制度进行全面研究论证的基础上，按照先急后缓、先易后难，积极稳妥的原则逐步实施。

二、军人保险基金

1. 军人保险基金的资金构成

军人保险基金由个人缴费、中央财政负担的军人保险资金以及利息收入等资金构成。个人缴费的保险资金：军人应当缴纳的保险费，由其所在单位代扣代缴；随军未就业的军人配偶应当缴纳的保险费，由军人所在单位代扣代缴。中央财政负担的保险资金、中央财政负担的军人保险资金，由国务院财政部门纳入年度国防费预算。

2. 军人保险基金的项目

《军人保险法》规定：军人保险基金包括军人伤亡保险基金、军人退役养老保险基金、军人退役医疗保险基金和随军未就业的军人配偶保险基金。各项军人保险基金按照军人保险险种分别建账，分账核算，执行军队的会计制度。

3. 军人保险基金管理

军人保险基金按照国家和军队的预算管理制度，实行预算、决算管理。军人保险基金实行专户存储。军人保险基金由中国人民解放军总后勤部军人保险基金管理机构集中管理。军人保险基金管理机构应当严格管理军人保险基金,保证基金安全。军人保险基金应当专款专用,按照规定的项目、范围和标准支出,任何单位和个人不得贪污、侵占、挪用,不得变更支出项目、扩大支出范围或者改变支出标准。

三、各项军人保险的基金筹集管理、保险给付及与社会保险的衔接

《军人保险法》以及《军人伤亡保险暂行规定》、《军人退役医疗保险暂行办法》,对各项军人保险的基金筹集、管理及保险给付或与国家社会保险的衔接等作了具体规定。

(一) 军人伤亡保险

1. 军人伤亡保险基金的筹集、管理

《军人保险法》规定:军人伤亡保险所需资金由国家承担,个人不缴纳保险费。《军人保险法》和《军人伤亡保险暂行规定》均明确规定,军人伤亡保险基金实行集中统管。

2. 军人伤亡保险受益人

依据《军人伤亡保险暂行规定》,军人死亡保险金受益人为军人的配偶、子女、父母、兄弟姊妹、祖父母、外祖父母;军人可以在受益人中,指定特定的受益人及其收益份额,未指定受益人的,依照《中华人民共和国继承法》的有关规定执行。军人伤残保险受益人为军人本人。

3. 军人伤亡保险的给付

《军人保险法》规定:军人因战、因公死亡的,按照认定的死亡性质和相应的保险金标准,给付军人死亡保险金;军人因战、因公、因病致残的,按照评定的残疾等级和相应的保险金标准,给付军人残疾保险金;已经评定残疾等级的因战、因公致残的军人退出现役参加工作后旧伤复发的,依法享受相应的工伤待遇。依据《军人伤亡保险暂行规定》,军人伤亡保险给付金额,以全军干部月平均工资收入为计算单位。军人死亡保险金给付标准为:被批准为革命烈士的72个月;因公牺牲的48个月。军人伤残保险金给付标准为:因战致残的,特等42个月,一等36个月,二等甲30个月,二等乙24个月,三等甲18个月,三等乙12个月;因公致残的,特等36个月,一等30个月,二等甲24个月,二等乙18个月,三等甲12个月,三等乙6个月;因病致残的,一等24个月,二等甲18个月,二等乙12个月。

(二) 军人退役医疗保险

1. 军人退役医疗保险基金的筹集、管理

军队退役医疗保险基金由国家财政拨款和军人缴纳的退役医疗保险费组成。《军

人保险法》规定：参加军人退役医疗保险的军官、文职干部和士官应当缴纳军人退役医疗保险费，国家按照个人缴纳的军人退役医疗保险费的同等数额给予补助；义务兵和供给制学员不缴纳军人退役医疗保险费，国家按照规定的标准给予军人退役医疗保险补助；军人退役医疗保险个人缴费标准和国家补助标准，由中国人民解放军总后勤部会同国务院有关部门，按照国家规定的缴费比例、军人工资水平等因素确定。军队退役医疗保险基金实行集中管理。

2. 个人账户的建立

依据《军人退役医疗保险暂行办法》，军官、文职干部和士官所在单位后勤财务部门负责为其建立退役医疗保险个人账户，逐月将个人缴纳的退役医疗保险费和国家给予的军人退役医疗保险补助一并计入个人账户，并以此作为计发军人退役医疗保险金的依据；义务兵、供给制学员不建立个人账户；义务兵退出现役时，按其服役年数和标准给付军人退役医疗保险金。军人牺牲病故，个人账户资金可以依法继承。

3. 与社会医疗保险制度的衔接

《军人保险法》规定：军人入伍前已经参加基本医疗保险的，由地方社会保险经办机构和军队后勤（联勤）机关财务部门办理基本医疗保险关系转移接续手续；军人退出现役后参加职工基本医疗保险的，由军队后勤（联勤）机关财务部门将军人退役医疗保险关系和相应资金转入地方社会保险经办机构，地方社会保险经办机构办理相应的转移接续手续；军人服现役年限视同职工基本医疗保险缴费年限，与入伍前和退出现役后参加职工基本医疗保险的缴费年限合并计算；军人退出现役后参加新型农村合作医疗或者城镇居民基本医疗保险的，按照国家有关规定办理。

(三) 军人退役养老保险

1. 军人退役医疗保险基金的筹集、管理

《军人保险法》规定：军人退出现役参加基本养老保险的，国家给予退役养老保险补助；军人退役养老保险补助标准，由中国人民解放军总后勤部会同国务院有关部门，按照国家规定的基本养老保险缴费标准、军人工资水平等因素拟订，报国务院、中央军事委员会批准。军人退役养老保险基金实行集中管理。

2. 与社会养老保险及军人退休养老办法的衔接

军人入伍前已经参加基本养老保险的，由地方社会保险经办机构和军队（联勤）机关财务部门办理基本养老保险关系转移接续手续；军人退出现役后参加职工基本养老保险的，由军队后勤（联勤）机关财务部门将军人退役养老保险关系和相应资金转入地方社会保险经办机构，地方社会保险经办机构办理相应的转移接续手续，军人服现役年限与入伍前和退出现役后参加职工基本养老保险的缴费年限合并计算。军人退出现役后参加新型农村社会养老保险或者城镇居民社会养老保险的，按照国家有关规定办理转移接续手续。军人退出现役到公务员岗位或者参照公务员法管理的工作人员岗位的，以及现役军官、文职干部退出现役自主择业的，其养老保险办法按照国家有关规定执行。军人退出现役采取退休方式安置的，其养老办法按照国务院和中央军事委员会的有关规定执行。

（四）随军未就业军人配偶的保险

1. 随军未就业军人配偶保险基金的筹集、管理

《军人保险法》规定：国家为随军未就业的军人配偶建立养老保险、医疗保险等。随军未就业的军人配偶参加保险，应当缴纳养老保险费和医疗保险费，国家给予相应的补助。

2. 与社会养老、医疗保险的衔接

随军未就业的军人配偶随军前已经参加社会保险的，由地方社会保险经办机构和军队后勤（联勤）机关财务部门办理保险关系转移接续手续。随军未就业的军人配偶实现就业或者军人退出现役时，由军队后勤（联勤）机关财务部门将其养老保险、医疗保险关系和相应资金转入地方社会保险经办机构，地方社会保险经办机构办理相应的转移接续手续。军人配偶在随军未就业期间的养老保险、医疗保险缴费年限与其在地方参加职工基本养老保险、职工基本医疗保险的缴费年限合并计算。随军未就业的军人配偶达到国家规定的退休年龄时，按照国家有关规定确定退休地，由军队后勤（联勤）机关财务部门将其养老保险关系和相应资金转入退休地社会保险经办机构，享受相应的基本养老保险待遇。

第十五章　军队工作法规制度

军队工作法规制度，是指依据宪法和法律关于国防和武装力量建设基本政策、基本制度的规定，通过军事法规、军事规章等形式体现的，调整军队内部关系，规范军队军事、政治、装备、后勤等各方面建设工作的法规制度总称。

第一节　概述

军队工作法规制度是我国军事法律制度中的重要而特殊的内容。从立法数量和规模看，在我国军事法律制度体系中占主体地位；从立法主体看，主要包括中央军事委员会、军委各总部、各军兵种、各军区及武装警察部队；从规范内容看，主要规范军队各方面建设工作；从适用范围看，一般适用于军队内部；从公开程度看，一般具有不同程度的保密性。

一、军队工作法规制度的主要内容

军队工作法规制度的主要内容，依据不同标准可以作不同分类：

以军队工作领域为标准，可分为军队军事工作法规制度、军队政治工作法规制度、军队后勤工作法规制度和军队装备工作法规制度。其中，军事工作法规制度主要包括作战战备、教育训练、信息情报、管理教育等方面的法规制度；政治工作法规制度主要包括组织建设、干部人事、宣传教育、政法保卫等方面的法规制度；后勤工作法规制度主要包括财务审计、医疗卫生、军需生产、军事交通、油料物资和营房基建等方面的法规制度；装备工作法规制度主要包括装备科研、装备采购、装备保障、科技信息、技术合作与交流等方面的法规制度。

以表现形式为标准，可分为军事法规和军事规章。其中，中央军事委员会制定发布军事法规，军事法规适用于全军和武装警察部队；军委各总部、各军兵种、各军区及武装警察部队制定发布军事规章，军事规章的效力等级低于军事法规，总部制定的军事规章适用于全军和武装警察部队，其他机关制定的军事规章适用于本系统。

以立法依据和制定目的为标准，可分为自主性法规、执行性法规和补充性法规。其中，自主性法规，是指军事领导机关为履行宪法和法律所赋予的职能而制定和发布的法规、规章，其名称通常叫做"条例"、"决议"、"决定"、"命令"、"规则"、"规定"等；执行性法规，是指为实施宪法、军事法律和上级机关所发布的法规、命令、决定、指示而制定的法规、规章，其名称通常称为"实施办法"、"施行细则"、"措施"、"办法"、"要则"、"标准"等；补充性法规，是指为补充法律和法规而制定的法规、规章，其名称通常叫做"补充规定"、"补充规则"等。

此外，以适用社会状态为标准，还可将军队工作法规制度分为平时工作法规制度和战时工作法规制度。

二、军队工作法规制度的重要作用

党的十八大报告强调，要坚持以推动国防和军队建设科学发展为主题，以加快转变战斗力生成模式为主线，全面加强军队革命化现代化正规化建设。军队工作法规制度，对于指导和推动军队建设科学发展、将军队各项工作纳入法制化轨道、促进部队战斗力的生成和提高等方面，都具有重要作用。

（一）有利于指导和推动军队建设科学发展

军队工作法规制度指导和推动军队建设科学发展的作用，体现在两个方面。一是通过党的军事指导理论的法制化，以法规制度的形式为军队建设科学发展提供有力的思想武器。党的军事指导理论，是我们党以马克思列宁主义军事理论为指导，在长期的革命和社会主义建设（特别是国防和军队建设）实践中形成的，关于战争、关于国防和军队建设基本问题的理性认识。其基本内容，包括毛泽东军事思想、邓小平新时期军队建设思想、江泽民国防和军队建设思想、党关于新形势下国防和军队建设思想四个组成部分。《中国人民解放军内务条令》、《中国人民解放军政治工作条例》和《中国人民解放军军事训练条例》等法规制度，都明确载入了党的军事指导理论的内容，实现了党的军事指导理论的法制化，确立了党的军事指导理论在国防和军队建设中的指导地位。二是按照推动军队科学发展的要求，科学立法，民主立法，并紧密结合世界军事变革发展趋势，紧贴军事斗争准备需求，将军队建设实践中的宝贵经验和党的军事指导理论创新成果以法规制度的形式固化下来，与时俱进地创新体制机制和法规制度，为军队建设科学发展提供了明确的指引和导向。

(二) 有利于将建军治军各项工作纳入法制化轨道

全面推进依法治国，军队建设和军事斗争准备工作也不例外。依法治军是我军建军治军的一项重要方针，贯彻落实依法治军方针，其根本要求就是将建军治军各项工作都要纳入到法制化的轨道。军队工作法规制度将建军治军各项工作纳入法制化轨道方面所发挥的重要作用，也主要体现在两个方面。一是通过军队工作法规制度的创制，逐渐形成了反映现代军事发展规律、体现人民军队性质和优良传统的军事法规体系，使军队军事、政治、后勤、装备等各个领域的各项工作实现有法可依。二是通过军队工作法规制度的有效实施，为建军治军各项工作依法顺利开展提供了法规制度保障。

(三) 有利于促进部队战斗力的生成和提高

军队工作法规制度促进部队战斗力生成提高的重要作用，主要体现在三个方面。一是确保新时期军事战略方针的贯彻落实。新形势下，面对高科技迅猛发展所带来的世界新军事变革对我军开展军事斗争准备所带来的严峻挑战的深刻影响，针对未来新的作战对象、新的作战样式和新的军事斗争准备的目标，我军进一步完善了积极防御的战略方针。各项军队工作法规制度，分别从不同的角度明确提出了确保新时期战略方针贯彻的指导思想，为贯彻落实新时期军事战略方针，不断拓展和深化军事斗争准备，提高以打赢信息化条件下局部战争能力为核心的完成多样化军事任务能力提供了保证。二是军队工作法规制度紧跟世界新军事革命加速发展的潮流，推动中国特色军事变革深入发展，深入推进军队组织形态现代化，构建中国特色现代军事力量体系，为战斗力生成模式转变提供体制机制保障。三是军队工作法规制度着眼于培育战斗精神，发挥战斗力构成要素中"人"的作用，通过严格奖惩，有效提升了全体官兵令行禁止、步调一致、依法办事的意识，充分调动了全体官兵献身国防、履职尽责的积极性。

三、军队工作法规制度的基本原则

军队工作法规制度的基本原则，是指贯穿于军队工作法规制度的创制与实施，对军队工作立法和实施具有指导和制约意义的根本性准则。军队工作法规制度的基本原则包括法治原则、效益原则和从严原则等。

(一) 法治原则

首先，军队工作法规制度的创制实施必须以宪法和法律为依据。宪法是国家的根本大法，是其他各部门法的母法，也是军队工作法规制度的创制基础；我国宪法中关于国防和武装力量建设的条款，是军队工作法规制度创制的最高法律依据。《国防法》等军事法律，规定了国防和武装力量建设中带有根本性、全局性的重大问题或某一方面的重大问题，效力于包括军队在内的全社会；军队工作法规制度创制实施的主要目的，在于贯彻落实军事法律，或依据法律及国家关于军队建设的重大方针、政策和决策调整军队内部关系，因此，其创制实施也应以法律为依据。其次，军队工作法规制度的创制实施，必须牢固树立依法治军理念，严格遵循依法办事的行为模式。在军队工作法规制度的创制实施中，只有牢固树立依法治军理念，才能真正保障法规制度设计的科学性、合理性，才能不断增强全体官兵对包括军队工作法规制度在内的法律制度的信仰；军队各项工作的组织开展，都必须以法规制度为依据，全体官兵都应当严格行使法规制度所规定的职权或严格履行法规制度所规定的义务，尤其是各级领导、指挥、管理主体在执行法规制度时，必须严格做到依法办事，严格按照权限和程序执法，不随意变通，不以情代法，坚决克服处事不公、谋取私利的现象。

（二）效益原则

效益原则是现代法制应当共同遵循的一项基本原则，军队工作法规制度的效益原则，具体指向国家军事利益，因此也可称为维护国家军事利益原则。国家军事利益主要包括国防和军队的建设利益、部队战斗力的巩固和提高以及作战行动的利益、军事科技研究成果的保护和应用、军人的合法权益等。国家军事利益是国家利益的重要组成部分，它对外关系到国家的安全、主权和领土完整的维护，对内关系到国家经济建设的顺利进行、国家政权的巩固和人民安居乐业的保障。因此，维护国家军事利益，也是军队工作法规制度创制实施应当遵循的一项基本原则。

（三）从严原则

严格要求、从严管理，是古今中外治军之道的精要所在，是适应建军治军内在规律、维护和实现国家军事利益的必然要求。军队工作法规制度的从严原则，是建军治军内在规律在法规制度建设中的客观反映，是指相对于其他社会领域的法制建设而言，军队工作法规制度的规范内容和实施要求都更为严格。首先，军队工作法规制度的规范内容更为严格。例如，我军《内务条令》、《纪律条令》中，规定军人应当承担和履行比普通公民要求更高的军事义务，规定军人违反军队工作法规制度时应承担更为严格的法律责任。其次，军队工作法规制度的实施要求更为严格。军队各项工作的组织开展，军事实践活动特别是战争的激烈性和残酷性，军队工作的特殊性质，都要求军队各项工作的组织开展必须从严，都必须以严格落实法规内容为基本要求,必须以合法的程序、合适的方法和手段进行;同时,从严原则强调"依法从严",即"从严"应当限定在"法定"的范围和幅度之内,只有依据法规制度的规定从严要求,才能严得合理、严得科学,才能真正做到尊重科学、尊重规律,确保军队各项工作取得预期成效。

第二节 军队军事工作法规制度

军队军事工作法规制度,是军队关于调整作战战备、教育训练、信息情报、管理教育等活动中各种关系的法规制度的总称,是组织领导和开展军事工作的基本依据。军队军事工作法规制度对于规范军队军事工作,维护军队的高度稳定和集中统一,培养军人优良的作风和严明的纪律,增强部队战斗力,具有重要意义。

一、军队军事工作基本法规

军队军事工作,主要由军队各级司令部领导并组织实施。我军军事工作基本法规包括《中国人民解放军司令部条例》(2006年中央军事委员会发布)和《中国人民解放军司令部建设纲要》(2000年中央军事委员会发布,2008年修订发布)。

(一)《中国人民解放军司令部条例》

《中国人民解放军司令部工作条例》是中国人民解放军关于各级司令部建设和工作的法规。该条例的主要内容包括:

1. 司令部的地位和职能

司令部是军事工作的领导机关和首长的指挥机关,是军队的指挥中枢,在党委和首长领导下,统一组织领导军事建设,统一组织指挥军事行动。司令部的基本职能是保障首长定下决心和实现首长决心。

2. 总参谋部的地位和职权

中国人民解放军总参谋部是中央军委的军事工作机关,是全国武装力量军事工作的领导机关,是中国人民解放军的总司令部;在中央军委领导下,组织领导全国武装力量军事建设,组织指挥全国武装力量军事行动。总参谋部的职权主要包括:大政方针建议,组织领导军事建设,组织指挥军事行动,协调有关工作,立法和法制管理,组织领导全军战备工作,组织和管理全军组织编制工作,组织领导动员工作和后备力量建设,组织领导全军外事工作,指导有关机构工作,信息保障,对武装警察部队行使的职权,中央授予的其他职权等。

3. 参谋长的地位、职权和职责

参谋长是部队首长之一,是协助主官领导军事建设、指挥军事行动的主要组织者和协调者,直接领导司令部的工作和建设。参谋长根据主官的指示或者授权,可以主官的名义向部队下达命令、指示,也可以司令部或者本人的名义向部队下达指示和通知、通报。参谋长的职责主要分为部队首长和司令部直接首长两个方面。

4. 司令部和参谋人员的基本职责

司令部的基本职责主要包括作为首长参谋机关的职责、作为首长指挥机关的职责、作为部队军事领导机关的职责、作为直属部队直接领导和上级司令部的职责等。司令部业务部门领导的基本职责,主要包括作为业务部门行政负责人的职责,作为分管工作方面参谋长主要助手的职责,作为部队某项业务主管的职责,作为业务系统上级业务部门领导对下级业务部门领导和直属部队、分队的职责。参谋人员的基本职责,主要包括搜集、掌握并向首长提供有关情况,分析判断情况并提出建议,拟制机关公文和作战文书,传达首长命令、指示,检查贯彻执行情况,协调解决有关问题,参加值班等。

此外,《司令部条例》还对组织领导军事建设、组织指挥作战、组织指挥处置突发事件、司令部内部外部关系、司令部工作制度、司令部建设、作战文书等作了规定。

(二)《中国人民解放军司令部建设纲要》

《中国人民解放军司令部建设纲要》是关于军队各级司令部全面建设的法规。该条例是为具体贯彻落实《中国人民解放军司令部条例》关于司令部建设基本要求、指导思想的规定制定发布的,对司令部建设的原则、思想政治建设、组织建设、业务建设、作风纪律建设、指挥手段建设以及司令部建设的组织领导等方面作了具体规定,对于指导各级司令部及参谋人员提高能力、努力建设高效能军事机关具有重要作用。

二、作战、战备法规制度

我军作战和战备工作方面的法规制度,主要包括中国人民解放军作战条令系列和《全军部队战备工作若干规定》及各军兵种战备工作细则等。

(一)作战条令

作战条令是中国人民解放军作战法规和作战规章的统称,是中国人民解放军各级各类部队战备、训练和作战的基本依据。

1. 作战条令的体系

中国人民解放军作战条令,由战役纲要和战斗条令两部分组成。(1)战役纲要部分。战役纲要分为两个层次,第一层次是《联合战役纲要》,居于作战条令的最高层次;第二层次是军(兵)种战役纲要,分为陆军战役纲要、海军战役纲要、空军战役纲要、第二炮兵战役纲要、战役后勤保障纲要、战役装备保障纲要等。(2)战斗条令部分。战斗条令分为三个层次,第一层次为《合成军队战斗概则》,是战斗条令部分的"总纲";第二层次有合成军队师、团战斗条令,海军合同战斗条令,空军战斗条令,合成军队战斗后勤保障条令,合成军队战斗装备保障条令等;第三层次为各兵种及专业兵战斗条令,主要包括陆军兵种战斗条令、海军兵种战斗条令、空军兵种战斗条令、第二炮兵战斗条令、后勤系统专业兵战斗条令等。

2. 作战条令的规范内容

作战条令主要规范作战性质和任务,作战背景和特点,作战基本指导思想,作战基本原则,各种作战力量的任务与运用,作战指挥、作战保障,以及作战中的后勤保障、装备保障和政治工作等内容。

中国人民解放军作战条令对于加强军队作战准备、指导未来作战具有重要意义。随着现代战争的发展、军队体制编制的调整和作战任务的进一步明确,中国人民解放军作战条令将增加新的种类和内容。

(二)战备工作法规制度

做好战备工作,是各级首长、机关和部(分)队的共同职责和任务。我军现行的战备工作法规制度,主要包括《全军部队战备工作若干规定》(1992年中央军事委员会发布)及各军兵种战备工作细则等。

《全军部队战备工作若干规定》是全军各部队战备工作的基本依据,对我军战备工作的总体要求、基本原则、各级职责、战略预备队等特定部队的特定战备任务、日常战备制度、战备计划、部队战备设施建设、战备等级、协助维护社会秩序行动准备以及战备工作检查考核等作了明确规定。

三、军事教育训练法规制度

我军军事教育训练法规制度,主要包括以《中国人民解放军军事训练条例》(2002年中央军事委员会发布)与《中国人民解放军院校教育条例》(2002年中央军事委员会发布)为基本法规的军事训练法规制度和军队院校教育法规制度。

(一)军事训练法规制度

军事训练是提高部队战斗力的根本途径,是军队有效履行职能的重要保证,是军事斗争准备的关键环节。《中国人民解放军军事训练条例》是我军组织实施军事训练的基本依据。该条例的主要内容包括：

1. 军事训练的方针、原则和基本任务

中国人民解放军军事训练，必须贯彻科技兴训、依法治训，从实战需要出发、从难从严训练的方针；遵循训战一致、教养一致、科学练兵、勤俭练兵、保证质量、注重效益的原则；军事训练的基本任务是：掌握军事知识和技能，演练现代作战的组织指挥和战法，开展军事学术研究，检验作战理论、体制编制和各类装备，培养坚强的意志、优良的作风、严明的纪律，锻炼强健的体魄，全面提高官兵的综合素质和部队的整体作战能力。

2. 军事训练的对象和要求

军事训练对象为士兵、军官和遂行作战任务或者保障任务的建制单位、联合部队以及其他临时编组单位。军事训练应当以士兵、军官的单个训练为基础，以单位的整体训练为重心。士兵、军官、单位的年度军事训练综合成绩应当达到及格以上，其中应急机动作战部队、战略预备队年度军事训练单位综合成绩必须达到良好以上。

3. 军事训练的组织实施与考核评定

军事训练的组织实施包括计划、准备、施训、登记统计与总结报告四个环节。对士兵、军官、单位的军事训练质量和水平，必须依据训练大纲和等级评定标准等有关规定进行考核和评定。

此外，《中国人民解放军军事训练条例》还对各级首长、机关组织领导军事训练的具体职责及军事训练的保障等方面作了明确规定。依据《中国人民解放军军事训练条例》，各立法主体还出台了一系列关于军事训练的配套法规、规章，如《中国人民解放军战略训练规定》、《中国人民解放军战役训练规定》、《中国人民解放军军事训练计划规定》、《中国人民解放军军事训练保障规定》、《中国人民解放军军事训练考核规定》、《中国人民解放军军事训练等级评定规定》、《中国人民解放军军事训练登记统计报告规定》，以及各军兵种、军区发布的军事训练条例实施细则等。

（二）军队院校教育法规制度

军队院校教育是培养军事人才的基本途径，在我军军事人才培养方面具有"主渠道"和"集体干部部"作用。《中国人民解放军院校教育条例》是我军组织实施院校教育的基本依据。该条例的主要内容包括：

1. 院校教育的基本任务和方针

院校教育的基本任务是培养高素质军事人才，发展军事科学技术，为军队建设服务。院校教育的方针是：必须坚持以马克思列宁主义、毛泽东思想、邓小平理论和江泽民一系列重要论述为指导，以新时期军事战略方针为依据，面向现代化，面向世界，面向未来，适应军队建设和"打得赢"、"不变质"的需要，使受教育者成为德、智、军、体等方面全面发展的高素质人才。

2. 院校教育的基本制度

院校教育包括学历教育和非学历教育，学历教育包括高等学历教育和中等专业学历教育；院校教育以全日制教育形式为主，也可以采取非全日制教育形式；军队院校实行军队教育考试、学业证书、学位和教育评估等制度。

3. 对教员及其他教育工作者的要求

军队院校实行教员资格制度、教员职务任命制度，部分教员岗位可以实行聘任制；院校对教员的政治思想、职业道德、业务水平和工作实绩定期进行考核评定；条例还对院校管理干部、教学辅助人员和其他专业技术干部的资格作了规定。

4. 对学员的招收、录取、考核、毕业、分配的办法和要求

军队院校的学员从军队干部、士兵和地方普通高等学校、中等学校毕业生中招收；学员入学前要接受政治审查、体格检查、入学考试或者考核；入学后，由院校进行政治、身体复查，士兵学员接受军事、文化复试；军队院校实行学员综合素质考核和全程筛选制度。条例还对学员的毕业、申请学位、分配等事项作了规定。

此外，《中国人民解放军院校教育条例》还规定了总部、军种、兵种、军区管理院校机构的职责以及院校领导和机关各部门主要机构的职责。依据《中国人民解放军院校教育条例》，各立法主体还出台了一系列关于军队院校教育的配套法规、规章，如《中国人民解放军院校教学工作条例》、《中国人民解放军军队院校学员学籍管理条例》、《中国人民解放军军队院校学员淘汰实施办法》、《中国人民解放军自学考试条例》等。

四、军队管理法规制度

我军管理法规制度，主要包括三大共同条令，以及其他一些关于组织编制管理、安全管理、人员管理、战场管理等方面的法规制度。

（一）共同条令

共同条令系内务条令、纪律条令、队列条令的总称，是我军建设的基本法规，是部队正规化管理的基本依据和手段，是全体军人的行为准则。

1. 内务条令

《中国人民解放军内务条令》（2010年中央军事委员会发布），是我军关于内务建设的法规，是我军内务建设的基本依据。其基本内容包括：内务建设的基本依据和

指导思想、内务建设的基本原则、军人的职责、军队内部关系、军人的仪容举止、军人对外交往和零散人员管理等。此外，该条令还对军人宣誓、部队战备、训练、执勤及日常管理制度，国旗、军旗、军徽的使用和国歌、军歌的奏唱等。《中国人民解放军内务条令》的颁布实施，对于贯彻新时期军队建设的方针、原则，继承和发扬优良传统，坚持依法治军，全面推进军队的革命化、现代化、正规化建设，提高部队战斗力，具有重要意义。

2. 纪律条令

《中国人民解放军纪律条令》（2010年中央军事委员会发布），是我军关于军队纪律和实施奖惩的法规，是我军实施纪律奖惩的基本依据。其基本内容包括：纪律的性质和作用，纪律的基本内容和基本要求，维护、巩固纪律的指导方针、原则和措施，奖励、处分、行政看管等特殊措施，控告和申诉制度，以及首长责任和纪律监察等。《中国人民解放军纪律条令》的颁布实施，对于维护和巩固中国人民解放军的纪律，正确实施奖惩，保证军队的高度集中统一，加强革命化、现代化、正规化建设，巩固和提高战斗力，具有重要作用。

3. 队列条令

《中国人民解放军队列条令》（2010年中央军事委员会发布），是我军关于队列动作、队列队形和队列指挥的法规，是我军队列生活的准则和队列训练的基本依据。其基本内容包括：队列纪律，队列要求和首长、机关的责任，队列指挥，队列队形，队列动作，分队乘坐汽车，敬礼，国旗的掌持、升降和军旗的掌持、授予与迎送，阅兵的权限、形式和程序等。《中国人民解放军队列条令》的颁布实施，对于规范人民军队的队列动作、队列队形和队列指挥，保持整齐划一和严格正规的队列生活，培养军人优良的作风和严格的组织纪律性，增强部队战斗力，具有重要作用。

（二）其他管理法规

军队其他管理法规，主要包括《中国人民解放军警备条令》、《中国人民解放军组织编制管理条例》、《中国人民解放军现役士兵管理条例》、《中国人民解放军士官管理规定》以及《中国人民解放军合成军队战场勤务教令》等。其中，《中国人民解放军警备条令》是我军实施警备工作的基本依据，规定了警备工作的性质和主要任务，警备工作的原则，警备工作的领导机构及相互关系，警备司令部的职责和工作制度等内容；《中国人民解放军组织编制管理条例》是我军规范组织编制管理工作的法规，规定了组织编制的性质，组织编制管理工作的基本任务，组织编制管理工作的指导思想、方针和原则，各级组织编制工作职责和权限，组织编制工作各个环节，以及组织编制管理工作的奖励与处分等内容；《中国人民解放军现役士兵管理条例》、

《中国人民解放军士官管理规定》对义务兵和士官服役管理、军衔设定、奖励处分、待遇以及士官的配备选取、培训教育、日常管理与考核等作了规定;《中国人民解放军合成军队战场勤务教令》中关于战场管理的规定,包括阵地人员、设施、行政生活、武器装备、伙食及卫生管理等内容。

五、军事工作领域的其他法规制度

除上述法规制度之外,军队军事工作法规制度还包括军事信息情报法规制度、执行多样化军事任务法规制度、军队外事工作法规制度等。其中,军事信息情报法规制度,主要包括关于侦察情报(如《中国人民解放军合成军队侦察情报条例》)、通信机要(如《中国人民解放军无线电管理条例》、《中国人民解放军通信保密规则》)、信息管理(如《中国人民解放军保密条例》、《中国人民解放军技术安全保密条例》、《中国人民解放军计算机信息系统安全保密规定》、《中国人民解放军计算机信息网络国际联网管理规定》等)和指挥自动化(如《中国人民解放军指挥自动化条例》和《中国人民解放军指挥自动化建设纲要》)等方面的法规制度。执行多样化军事任务法规制度,主要包括《防暴条令》、《军队参加抢险救灾条例》和《武装警察部队处置突发事件规定》等。军队外事工作法规制度,主要包括中国人民解放军《对外军事援助缔约工作暂行规定》、《培训外国军事人员管理规定》和《援外军事专家管理规定》等。

第三节 军队政治工作法规制度

军队政治工作法规制度,是军队关于调整政治工作领域的各种军事社会关系,规定军队政治工作的各项活动,保证党对军队实施绝对领导的法规制度总称。军队政治工作法规制度,对于继承和发扬我军政治工作优良传统,增强政治工作的科学性和实效性,保证实现人民军队建设目标和完成各项任务,有效履行历史使命,具有重要的意义和作用。

一、军队政治工作基本法规

《中国人民解放军政治工作条例》(2010年经中共中央、中央军事委员会批准修订),是我军政治工作的基本法规。该条例的主要内容可以概括为四个方面:

一是关于我军的性质和宗旨、基本任务、历史使命、建设目标和要求等方面的规定。(1)性质和宗旨。中国人民解放军是中国共产党缔造和领导,用马克思列宁主义、毛泽东思想和包括邓小平理论、"三个代表"重要思想以及科学发展观等重大战略思想在内的中国特色社会主义理论体系武装的人民军队,是中华人民共和国的武装力量,是人民民主专政的坚强柱石。紧紧地和人民站在一起,全心全意地为人民服务,是这支军队的唯一宗旨。中国人民解放军必须始终不渝地保持人民军队的性质,忠于党,忠于社会主义,忠于祖国,忠于人民。(2)基本任务。中国人民解放军的任务是巩固国防,抵抗侵略,保卫祖国,保卫人民的和平劳动,参加国家建设事业。(3)历史使命。中国人民解放军在新世纪新阶段的历史使命是,为党巩固执政地位提供重要力量保证,为维护国家发展的重要战略机遇期提供坚强安全保障,为维护国家利益提供有力战略支撑,为维护世界和平与促进共同发展发挥重要作用。(4)建设目标和要求。中国人民解放军必须高举中国特色社会主义伟大旗帜,坚持党的基本理论、基本路线、基本纲领和基本经验,贯彻毛泽东军事思想、邓小平新时期军队建设思想、江泽民国防和军队建设思想、胡锦涛关于新形势下国防和军队建设重要论述,把科学发展观作为国防和军队建设的重要指导方针,着眼全面履行新世纪新阶段我军历史使命,贯彻新时期军事战略方针,落实政治合格、军事过硬、作风优良、纪律严明、保障有力的总要求,紧紧围绕打得赢、不变质两个历史性课题,发扬听党指挥、服务人民、英勇善战的优良传统,加快中国特色军事变革,加强军事斗争准备,提高以打赢信息化条件下局部战争为核心的完成多样化军事任务的能力,为建设一支强大的现代化正规化革命军队,推进现代化建设,完成祖国统一,维护世界和平与促进共同发展而奋斗。

二是关于坚持党对军队绝对领导的根本原则及制度的规定。(1)中国人民解放军必须置于中国共产党的绝对领导之下,其最高领导权和指挥权属于中国共产党中央委员会和中央军事委员会。(2)中国共产党在中国人民解放军团以上部队和相当于团以上部队的单位设立委员会,在营和相当于营的单位设立基层委员会,在连和相当于连的单位设立支部。党的各级委员会(支部)是各该单位统一领导和团结的核心。党委(支部)统一的集体领导下的首长分工负责制,是党领导军队的根本制度。

三是关于军队政治工作的原则、根本作风和方法及主要内容的规定。(1)中国人民解放军政治工作必须遵循以下原则:坚持党对军队的绝对领导;坚持人民军队的性质和宗旨;坚持用科学理论武装官兵、培育当代革命军人核心价值观;坚持把思想政治建设摆在军队各项建设的首位;坚持围绕军队现代化建设这个中心开展工作;坚持以人为本、促进官兵的全面发展;坚持官兵一致、军民一致、瓦解敌军;

坚持发扬政治民主、经济民主、军事民主；坚持依法治军、从严治军；坚持继承优良传统与创新发展的统一。（2）中国人民解放军政治工作的根本作风和方法是实事求是和群众路线。（3）中国人民解放军政治工作的主要内容包括思想政治教育、党组织建设、干部队伍建设、共产主义青年团建设和青年工作、民主制度建设、纪律检查和监察工作、政法工作、保卫工作、军事审判、军事检察和司法行政工作、军事宣传工作、科学文化教育、文化体育工作、群众工作、联络工作、军人褒奖、福利和抚恤优待、经常性思想工作、军事训练中政治工作、执行任务中政治工作、战时政治工作、预备役部队和民兵政治工作以及政治工作研究等。

四是关于军队政治工作组织机构、政治工作人员及其职权的规定。（1）军队政治工作组织机构主要包括总政治部、中国共产党在军队中的组织、中国共产党在军队中的纪律检查机关、军区级以下单位政治机关、中国共产主义青年团在军队中的组织、军人代表会议和军人委员会。（2）政治工作人员包括政治委员、政治教导员和政治指导员，政治部（处）主任，政治协理员，政治机关干部等。（3）条例对以上政治工作组织机构和人员的职责义务作了明确规定。

《中国人民解放军政治工作条例》为坚持党对军队的绝对领导提供了法制保证，为开展军队政治工作提供了基本依据和指导，并不断把我军政治工作的新经验凝结和积淀下来，使之理论化、系统化、科学化，在我军建设中具有重要地位。

二、组织建设法规制度

组织建设法规制度，是指规范和调整党在军队中各级组织机构设置、军人社团设置及民主建设等方面的法规制度总称。除《中国人民解放军政治工作案例》中关于组织建设方面的规范内容外，我军组织建设工作现行法规、规章还包括《中国共产党军队委员会工作条例》（2011年中央军事委员会发布）、《中国共产党军队支部工作条例》（2005年中央军事委员会发布）、《中国共产党军队纪律检查委员会工作条例》（2010年中央军事委员会发布）、《中国人民解放军共青团工作条例》（2007年总政治部发布）、《中国人民解放军军人委员会工作条例》（2008年四总部联合发布）等。

1.《中国共产党军队委员会工作条例》

《条例》主要规定了党的各级委员会的任期和产生、党的各级委员会的职权、党的各级委员会工作制度、党的机关（部门）委员会和直属委员会、党的基层委员会以及党委自身建设等方面的制度规范。条例的发布实施，对于加强和改进中国共产党军队各级委员会的领导，促进军队党委工作科学化、制度化、规范化，具有重要意义。

2.《中国共产党军队支部工作条例》

《条例》主要规定了党支部的性质地位，党支部的设置条件和职权，党支部的主要任务，党的支部委员会讨论和决定的事项，党小组制度，党支部七项制度，党支部工作机制和自身建设以及战时党支部工作等方面的内容。条例的发布实施，对于加强和改进中国共产党在军队中的支部建设，推进党支部工作科学化、规范化、制度化，具有重要意义。

3.《中国共产党军队纪律检查委员会工作条例》

《条例》主要规定了军队纪委的性质和地位，纪委组织设置与职责，纪委工作内容与要求，议事和决定的事项、原则与程序，纪委工作制度以及奖励与处分等内容。条例的发布实施，对于加强军队纪委建设，规范军队纪委工作，具有重要意义。

4.《中国人民解放军共青团工作条例》

《条例》明确规定了军队团组织的职责，团干部的职责与选拔培养，团员的发展与教育管理，团的制度，团的活动，战时团的工作，团旗、团徽、团歌的使用，党组织、政治机关对共青团工作的领导等内容，是新时期加强和改善军队共青团工作的基本依据。

5.《中国人民解放军军人委员会工作条例》

《条例》主要规定了军人委员会的性质地位，工作和建设的指导思想、基本任务、基本原则和目标要求，军人委员会的组织设置、工作制度、民主活动、组织领导，以及战时军人委员会工作等内容。条例的颁布，对于巩固发展团结、友爱、和谐、纯洁的官兵关系，增强部队创造力凝聚力和战斗力，具有重要意义。

三、干部人事法规制度

干部人事法规制度，是指调整和规范军队干部人事管理工作的法规制度总称。除《中国人民解放军政治工作条例》中关于干部人事方面的规范内容外，我军干部人事工作现行主要法规、规章还包括《中国人民解放军现役军官职务任免条例》（2002年中央军事委员会发布）、《违犯现役军官职务任免纪律的处理规定》（2004年总政治部、军委纪委发布）、《中国人民解放军专业技术人才奖励规定》（2006年四总部联合发布）、《关于调整专业技术等级的规定》（1994年总政治部发布）、《军队接收普通高等学校毕业生若干规定》（2003年总政治部发布）等。

1.《中国人民解放军现役军官职务任免条例》和《违犯现役军官职务任免纪律的处理规定》是关于军官任免的法规和规章。《条例》对现役军官职务任免原则、程序，军官的考核，后备干部，军官职务晋升，军官的交流调整和任职回避，军官职务的免除，军官职务任免的纪律与监督等问题作出明确规定，是我军任免现役军官的基本依据；《规定》对违反军官职务任免纪律、违反纪律行为的处理及违反纪律任免决定的纠正等作了具体规定。

2.《中国人民解放军专业技术人才奖励规定》和《关于调整专业技术等级的规定》是关于专业技术干部管理的规章。前者规定了奖励适用的范围和方针原则、奖励种类和对象，奖励员额和奖金津贴数额，奖励工作的组织程序，评奖基本规定，奖励经费管理以及处罚等内容；后者主要规定了专业技术等级的设置、幅度和调级最低年限，调整专业技术等级的范围、对象和条件，专业技术等级的确定、套改和审批等内容。两个规定对于鼓励优秀人才脱颖而出，调动专业技术干部献身国防现代化事业的积极性，具有重要意义。

3.《军队接收普通高等学校毕业生若干规定》是关于依托国民教育培养军队干部的规章。该《规定》对军队接收普通高等学校毕业生的计划与标准、考察评估、岗前培训与淘汰等内容作了明确规定，对于加速推进军队人才战略工程，努力选拔和造就大批经过高等教育培养、具有良好素质的品学兼优人才，具有重要作用。

此外，军队干部人事法规制度，还包括关于干部考核（如 2008 年总参谋部、总政治部联合发布的《中国人民解放军指挥军官考核评价纲要》、《中国人民解放军指挥军官考核评价实施办法》和《中国人民解放军指挥军官考核评价标准》等）、福利优抚（如 2003 年总政治部发布的《中国人民解放军现役军官休假探亲规定》、2001 年四总部联合发布的《军官、文职干部和士官奖励工资制度实施办法》等）方面的法规制度。

四、宣传教育法规制度

宣传工作法规制度，是指规范和调整军队思想政治教育、思想政治工作、舆论宣传工作等方面的法规制度总称。除《中国人民解放军政治工作条例》中关于宣传教育方面的规范内容外，我军宣传教育工作现行主要法规、规章还包括《中国人民解放军思想政治教育大纲》（2009 年总政治部发布）、《军队团以上领导干部在职理论学习规定》（2004 年总政治部发布）、《军队基层官兵理论学习规定》（2010 年总政治部发布）、《加强和改进军队院校政治理论课教学的若干规定》（2004 年总参谋部、总政治部联合发布）、《军队基层文化建设暂行规定》（2004 年总政治部、总后勤部联合发布）等。

1.《中国人民解放军思想政治教育大纲》

《大纲》主要规定了思想政治教育的原则、内容、时间、组织实施、基本制度、政治教员、保障、各级职责等内容,是新形势下加强、改进和规范思想政治教育、增强教育的主动性、针对性、实效性的基本依据。

2.《军队团以上领导干部在职理论学习规定》

《规定》包括目的要求、主要内容、基本制度、改进方法、端正学风、组织领导六个部分,明确了军队团级以上领导干部在职理论学习的基本问题,对军队理论武装工作具有重要的规范和促进作用,是我军理论武装工作的重要指导性、规范性文件。

3.《军队基层官兵理论学习规定》

《规定》明确了基层官兵理论学习的地位、目的和根本要求,对学习内容、组织实施、方式方法、骨干队伍及学习保障等内容也作了明确规定,对于加强和规范军队基层官兵理论学习,具有积极作用。

4.《关于加强和改进军队院校政治理论课教学的若干规定》

《规定》包括军队院校政治理论课教学的地位作用和任务要求,深化教学内容改革,改进教学方法,加强理论研究增强教育活力,建设政治强、业务精、纪律严、作风正的教员队伍,加强领导六个部分,对于规范和推动军队院校政治理论课教学改革,提高学员思想政治素质,发挥了重要作用。

5.《军队基层文化建设暂行规定》

《规定》包括军队基层文化工作建设总体要求、各级职责、文化设施建设、文化活动组织、体育活动组织以及队伍建设等内容,对于加强我军基层文化建设具有重要作用。

五、政法保卫法规制度

政法保卫法规制度,是指规范和调整军队保卫工作、军事审判工作、军事检查工作和军事司法行政工作等方面的法规制度。除《中国人民解放军政治工作条例》中关于政法保卫方面的规范内容外,我军政法保卫工作现行主要法规、规章还包括《中国人民解放军预防犯罪工作条例》(2007年中央军事委员会发布)、《军队预防职务犯罪工作若干规定》(2006年四总部联合发布)、《中国人民解放军劳动教养暂行规定》(1994年总政治部发布)、《军队法律服务工作暂行规定》(1993年总政治部发布)等。

1.《中国人民解放军预防犯罪工作条例》和《军队预防职务犯罪工作若干规定》

《条例》对预防犯罪工作的地位作用、指导思想、方针原则和主要任务、工作职责、方法措施等方面作了具体规定;《规定》对预防职务犯罪工作的指导思想、方针原则、地位作用、职责分工、预防重点和方法措施等作出全面系统的规范。

2.《中国人民解放军劳动教养暂行规定》

《规定》对劳动教养的适用对象、原则和主管机关，适用劳动教养的条件，审批权限，被劳动教养人的权利、义务及生活待遇，解除劳动教养与分配等内容作了明确规范。

3.《军队法律服务工作暂行规定》

《军队法律服务工作暂行规定》规定了军队法律服务工作的性质和应遵循的原则，法律顾问处的性质和主要任务及业务范围，军队律师，服务费用及法律咨询站（组）的设置等。

六、政治工作领域的其他法规制度

除上述法规制度之外，军队政治工作法规制度还包括关于群众工作、联络工作、军事训练工作中的政治工作、战时政治工作等方面的法规制度。其中，战时政治工作法规制度作为军队政治工作法规制度中的一个重要组成部分，主要包括《中国人民解放军战时政治工作纲要》（2001年中央军事委员会颁发）和关于舆论战、心理战、法律战等方面的三个纲要。

第四节 军队后勤工作法规制度

军队后勤工作法规制度，是军队关于调整后勤保障和后勤建设领域各种社会关系的法规制度的总称，是军队后勤活动的法规依据。军队后勤工作法规制度，对于加强后勤建设，完成后勤保障任务，保证整个后勤工作与军事战略要求相适应，提高后勤保障能力，具有十分重要的作用。

一、军队后勤工作基本法规

《中国人民解放军后勤条例》（1995年中央军事委员会发布），是规范我军后勤工作的基本法规。该条例的主要内容包括：

1. 后勤工作的基本任务和基本原则

中国人民解放军后勤工作的基本任务是：筹划和运用人力、物力、财力，从经费、物资、卫生、交通运输、基建营房等方面，保障军队建设、作战和其他活动的需要。中国人民解放军后勤工作应当遵循顾全大局,服从整体;平战结合,军民结合;统筹兼顾,突出重点;艰苦奋斗,勤俭节约;科学管理,讲求效益的原则。

2. 各级后勤机关的职责

《条例》根据军队后勤工作的实际情况和要求,分别规定总后勤部,军种、兵种,军区后勤部,集团军(含相当等级的单位)以下部队后勤部(处)的职责。各级后勤机关的具体工作职责有所不同,但是都有组织领导后勤科技装备、教育训练及财务、军需、卫生、物资油料、交通运输、基建营房、审计监督和后勤战备等职责。

3. 后勤保障

《条例》规定了保障体制、经费保障、物资保障、卫勤保障、交通运输保障、基建营房保障等。后勤保障实行在总后勤部统一组织下的建制保障与划区保障相结合、统供与分供相结合的体制,在扩大相互代供、代修、代医范围的基础上,逐步实行三军联勤。

4. 后勤建设

主要规定后勤战备建设、后勤装备建设、后勤教育训练、后勤科学研究及基层后勤建设。明确了后勤各项建设的方针、原则、主要任务、措施和要求等。此外,《条例》还对后勤指挥、后勤管理等方面的工作内容进行了规范。

《条例》的发布施行,对于加强中国人民解放军后勤建设,提高军队后勤保障能力,具有重要意义。

二、财务管理方面的法规制度

我军财务管理方面的法规制度,主要包括1992年中央军事委员会发布的《关于进一步加强军队财务管理的若干规定》、2007年中央军事委员会发布的《中国人民解放军审计条例》和2002年总后勤部颁发的《中国人民解放军会计规则》等。

《关于进一步加强军队财务管理的若干规定》的主要内容包括:(1)经费预算管理。全军团级以上单位的一切经费收支都必须编制年度预算。预算一经批准,必须严格执行。军费分配使用,必须量入为出,留有余地,统筹兼顾,保障重点。(2)供应实力管理。各单位必须按照编制定额征退兵员、调配干部、招用职工;按照编制和人员任免、调配命令(通知)发放薪金、津贴、工资和其他按人头计领的经费,对于违反规定超编的人员,后勤财务部门有权拒绝付拨经费。(3)经费集中统一管理。各级各部门的预算经费,留用的预算外经费包括生产收益、历年预算经费结余和动用库存物资折款,都必须纳入年度综合财务计划,统筹安排使用。

(5) 军队财务的审计、监督和领导。军队任何单位和部门的经济活动都必须接受审计部门和财务部门监督。所有重大经费开支，都要经职能部门论证，提出意见，由党委集体决策。

《中国人民解放军审计条例》，对军队审计工作的适用范围、审计原则、审计机构和人员及其职责和权利、审计程序、审计建设等方面的内容作了详细规定，是军队审计工作的基本依据。

《中国人民解放军会计规则》，规定了军队会计工作的基本原则、军队会计工作管理体制、军队会计核算、军队会计监督以及军队会计工作违法责任等内容。

三、军需物资方面的法规制度

军需物资方面的法规制度，主要包括1996年中央军事委员会发布的《中国人民解放军军需条例》、《中国人民解放军物资条例》和《中国人民解放军油料条例》等。

《中国人民解放军军需条例》，对军需工作的基本任务和原则、军需工作主管机关和各级军需部门的职责、被服装具的后勤保障、给养的后勤保障、军需专业人员的专业训练和军需科研等内容作了比较全面的规范，是军队开展军需工作的基本依据。

《中国人民解放军物资条例》，对军队物资工作的基本任务和原则、军队各级物资部门的职责、军队物资筹措工作、军队物资储备工作、军队物资供应工作、军队物资使用管理、军队物资财务管理、军队物资战备工作、军队物资人员训练以及军队物资科研工作等方面的内容作了明确规定。

《中国人民解放军油料条例》，对军队油料工作的基本任务、原则和保障体制、各级后勤油料部门的职责、油料及其装备、技术保障、军队油库和加油站的管理、油料专业的训练与科研，以及建立和完善油料战备制度等作出了具体规定。

四、军事交通方面的法规制度

军事交通方面的法规制度，主要包括1997年中央军事委员会发布的《中国人民解放军军事交通运输条例》，以及《入伍新兵和退伍老兵运输规定》、《中国人民解放军公路运输规则》、《铁路军事运输管理办法》、《水路军事运输计费付费办法》、《编制部队战备空中输送方案暂行规定》等相关配套规章。

《中国人民解放军军事交通运输条例》，是规范我军军事交通运输工作的基本法规，是全军各单位组织实施军事交通运输工作的基本依据。其主要内容包括：
(1) 基本任务、宗旨和原则。军事交通运输工作的基本任务是运用国家、军队和社会的交通运输设施、设备和运载工具，组织实施军事交通运输，保障部队机动的后勤供应。军事交通运输工作坚持为部队服务、为国防建设服务的宗旨，遵循平战结合、军民结合、统筹规划、分级负责的原则。（2）主管部门及各级职责。总后勤部军事交通运输部是全军军事交通工作的主管部门；条例规定了总后勤部军事交通运输部、军兵种和军区后勤部军事交通运输部门及军以下部队后勤机关在军事交通运输工作方面的职责。（3）条例主要对军事交通运输的计划、组织、实施，军事交通运输装备与设施管理，军事交通运输科研训练，以及交通运输战备工作等各方面的具体制度作了规定。

五、医疗卫生方面的法规制度

医疗卫生方面的法规制度，主要包括1996年中央军事委员会发布的《中国人民解放军卫生条例》，2003年中央军事委员会发布的《中国人民解放军计划生育条例》，2005年总参谋部、总政治部和总后勤部联合发布的《中国人民解放军联勤卫生工作规定》，还包括2000年国务院、中央军事委员会联合发布的《中国人民解放军实施〈中华人民共和国执业医师法〉办法》和2004年国务院、中央军事委员会联合发布的《中国人民解放军实施〈中华人民共和国药品管理法〉办法》等。

《中国人民解放军卫生条例》，对军队卫生工作的基本任务和方针，主管机关和各级职责，军队卫生防病工作的管理，军队医疗保健任务区分和工作制度，药品器材保障方式和工作制度，军队医学教育训练和军队医学科学技术研究，卫生战备要求以及卫生监督制度等作了具体规定，对于推动军队卫生工作全面发展，提高官兵健康水平，具有重要作用。

《中国人民解放军计划生育条例》，对军队计划生育工作的基本原则和方针，计划生育工作机构与职责，生育调节，技术服务以及优待与奖励等方面的内容作了具体规定，对于促进军队计划生育管理工作的规范化、制度化，提高计划生育的管理和服务水平，保障实行计划生育人员的合法权益，具有重要作用。

《中国人民解放军联勤卫生工作规定》，对军队联勤卫生工作的方式和原则，主管机构及各级职责，卫生防疫与防护，医疗保障，卫生战备建设，以及军队联勤卫生工作的管理与监督等方面的内容作了具体规定，对于加强军队联勤卫生保障能力具有重要作用。

六、后勤工作领域的其他法规制度

除上述法规制度之外，军队后勤工作法规制度还包括关于基建营房、绿化环保等方面的法规制度。关于基建营房方面的法规制度,如《中国人民解放军房地产管理条例》(2000年中央军事委员会发布)、《中国人民解放军土地使用管理规定》(1991年总参谋部、总政治部、总后勤部联合发布)、《中国人民解放军地籍管理办法》(1992年总参谋部、总后勤部联合发布)、《军用土地使用权转让管理暂行规定》(1995年总参谋部、总政治部、总后勤部联合发布)等;关于绿化环保方面的法规制度,如《中国人民解放军环境保护条例》(2004年中央军事委员会发布)、《中国人民解放军环境影响评价条例》(2006年中央军事委员会发布)、《中国人民解放军绿化条例》(2005年中央军事委员会发布)和《军队环境监测管理规定》(2003年总后勤部发布)等。

第五节　军队装备工作法规制度

军队装备工作法规制度,是调整军队装备科研、订货、保障部队使用直至装备退役、报废的全系统、全寿命管理活动中各种关系的法规制度的总称,是军队装备活动的法规依据。军队装备工作法规制度,对于保证军队装备工作的集中统一领导,加强装备的全系统、全寿命管理,理顺装备科研、装备订货、部队装备管理、装备技术保障等工作的关系,充分发挥装备的战术技术性能,提高部队的整体作战能力,具有十分重要的意义。

一、军队装备工作基本法规

《中国人民解放军装备条例》(2000年中央军事委员会发布),是规范我军装备工作的基本法规。该条例的主要内容包括:

1. 装备工作的性质和基本任务

中国人民解放军的装备工作是军队工作的基本组成部分,是形成和提高部队战斗力、履行军队职能的重要保障;其基本任务是:贯彻执行中国共产党中央委员会、中央军事委员会的方针政策,发展适应军事斗争需要的装备,保持装备的适度规模和良好技术状态,建立和完善具有中国特色的装备体系,保障军队作战、训练和其他各项任务的完成。

2. 装备工作的指导思想

中国人民解放军的装备工作必须以毛泽东思想、邓小平理论为指导,以新时期军事战略方针为依据，以装备现代化建设为中心，以战斗力为标准，以质量和效益为重点，加快新型装备研制，加强现役装备管理，提高打赢未来信息化战争的装备保障能力。

3. 装备工作的原则

坚持装备建设的集中统一领导，实行装备的全系统、全寿命管理；坚持装备现代化建设与国家经济建设协调发展，满足军事需求，提高部队战斗力；坚持从国情、军情出发，有所为、有所不为，走投入较少、效益较高的装备建设道路；坚持科技强军，依靠科技进步，推动装备发展；坚持自力更生为主，借鉴国外先进技术，努力提高装备的自主创新能力；坚持质量第一，加强科学管理，推进装备的通用化、系列化、组合化；坚持依法治装，严格规章制度，保持良好的装备工作秩序；坚持以人为本，尊重知识，尊重人才，培养和造就高素质的装备人才队伍；坚持继承优良传统，积极改革创新，建立符合装备建设规律和社会主义市场经济体制要求的运行机制。

4. 装备工作主管机关及各级职责

总装备部是全军装备工作的领导机关，在中央军委领导下，主管全军装备工作。《条例》对总装备部及总参谋部、总后勤部分管有关装备部门的职责，军区装备工作的领导机关军区装备部的职责，海军、空军、第二炮兵装备部的职责，分别作出了具体规定。

5. 装备工作的主要内容

装备工作包括装备建设中长期计划、装备体制、科研、订货、调配保障、日常管理、技术保障、战时保障、技术基础、对外合作与交流等。

此外，《条例》还对装备工作要求、装备机关的内部外部关系以及装备经费管理等内容作了明确规定。

二、装备科研方面的法规制度

我军装备科研方面的法规制度，主要包括《中国人民解放军装备科研条例》（2004年中央军事委员会发布）、《中国人民解放军武器装备预先研究条例》（2004年中央军事委员会发布）和《中国人民解放军武器装备军内科研工作管理规定》（2003年总装备部发布）等。

《中国人民解放军装备科研条例》，对装备科研工作的基本任务、指导思想和原则，装备科研工作主管机关及各级职责，装备研制，装备试验，装备定型，装备军内科研，装备技术革新，装备技术引进，以及装备科研经费管理等方面的内容作了具体规定，对于实现装备体系结构优化与资源合理配置，保证装备科研工作持续、高效发展，促进装备现代化建设，具有重要作用。

《中国人民解放军武器装备预先研究条例》，对武器装备预先研究工作的基本任务、指导思想和原则，主管机关及各级职责，计划管理，项目管理，技术引进及专家咨询组织等方面作了规定，对于规范军队装备预先研究工作，加强装备预先研究管理，更好地发挥装备预先研究在装备现代化建设中的先导作用，具有重要意义。

《中国人民解放军武器装备军内科研工作管理规定》，对军内科研工作的地位，军内科研工作的主要任务和要求，军内科研工作的管理部门及职责分工，军内科研项目分类，军内科研计划管理，军内科研项目管理以及军内科研经费管理等内容作了具体规定，对于规范军内装备科研工作，提高科研质量和效益，具有重要作用。

三、装备采购方面的法规制度

我军装备采购方面的法规制度，主要包括《中国人民解放军装备采购条例》（2002年中央军事委员会发布）、《中国人民解放军装备采购合同管理规定》（2003年总装备部发布）、《中国人民解放军装备采购方式与程序管理规定》（2003年总装备部发布）和《中国人民解放军装备购置费管理规定》（2001年总装备部发布）等。

《中国人民解放军装备采购条例》，对装备采购工作的基本任务和方针、原则，装备采购工作的要求，装备采购主管机关及其职责，装备采购方式与合同，以及装备采购计划的分类与拟制、装备采购程序的实行与要求、国外装备采购的原则和方式、监督检查的内容与主体等内容作了明确规定，是我军装备采购工作的基本依据。

《中国人民解放军装备采购合同管理规定》、《中国人民解放军装备采购方式与程序管理规定》和《中国人民解放军装备购置费管理规定》等装备采购方面的军事规章，依据《装备条例》和《装备采购条例》，分别对装备采购合同、方式与程序及装备购置费管理等内容作了具体规定。

四、装备保障方面的法规制度

我军装备保障方面的法规制度，主要包括《中国人民解放军战役装备保障纲要》（2002年中央军事委员会发布）和《中国人民解放军合成军队战斗装备保障条令》（2004年中央军事委员会发布），以及《中国人民解放军装备维修工作条例》（2002年中央军事委员会发布）、《中国人民解放军武器装备管理条例》（2002年总装备部发布）和《中国人民解放军通用装备保障规定》（2004年总参谋部、总后勤部、总装备部联合发布）等。

《中国人民解放军战役装备保障纲要》，明确了战役装备保障体系与力量组织、战役装备保障指挥、战役装备保障勤务的基本内容，规范了联合战役、陆军、海军、空军和二炮战役装备保障的基本方法，为我军诸军兵种战役军团战时装备保障行动提供了基本依据。

《中国人民解放军合成军队战斗装备保障条令》，对合成军队战斗装备保障的基本任务、指导思想和原则，保障指挥，进攻战斗、防御战斗以及特殊条件下的战斗装备保障等内容作了具体规定，是合成军队师、旅、团组织实施战斗装备保障和训练的基本依据。

《中国人民解放军装备维修工作条例》，对装备维修工作的基本任务、指导思想、方针和原则，装备维修工作的主管机关及其职责，装备维修工作的保障体制，计划与经费，维护与修理，器材，设施与设备，技术基础，专业人员，科学研究与改革，以及战时保障等内容，作出了具体规范。

《中国人民解放军武器装备管理条例》，对武器装备管理的基本任务、指导思想和原则，管理体制和各级职责，以及武器装备的调配、动用与使用，封存与启封、保管与保养、维修、技术革新，退役与报废，工作研究、教育与训练、安全管理、战备工作、战时管理等内容，作了明确规定。

《中国人民解放军通用装备保障规定》，对通用装备保障的基本任务、指导思想和原则，主管机关及其职责，以及通用装备的调拨供应，技术管理，修理，维修器材保障，技术安全管理，专业训练，科学研究与改革，经费管理等内容，作了具体规定。

五、装备工作领域的其他法规制度

除上述法规制度之外，军队装备工作法规制度还包括关于装备科技信息、技术合作与交流等方面的法规制度。关于装备科技信息方面的法规制度，主要有2005年中央军事委员会发布的《中国人民解放军装备科技信息工作条例》；关于装备技术合作与交流方面的法规制度，如《中国人民解放军装备条例》中，第十一章专章规定了装备技术对外合作与交流的内容。

第十六章 军事刑事法律制度

军事刑事法律制度,是指国家关于军人或其他人员危害国家国防利益和军事利益构成军事犯罪及其刑事处罚的法律规范总称。军事刑事法律制度是一国刑事法律制度的组成部分,是军事法律制度的重要内容。

第一节 概述

我国的军事刑事法律制度,主要体现为《中华人民共和国刑法》中关于危害国防利益罪和军人违反职责罪的规定,也包括该法中关于侵犯军人特有权益犯罪(如破坏军婚罪)的规定,以及《兵役法》、《国防教育法》、《军事设施保护法》、《现役军官法》等单行军事法律法规中关于军事犯罪行为及其刑事责任的委任性条款等。

一、军事刑事法律制度的主要内容

我国军事刑事法律制度主要包括军事犯罪、军事刑罚等内容。

(一)军事犯罪

军事犯罪是指危害国家国防利益和军事利益,依照法律应当受刑罚处罚的行为。具体来说,是指危害国家的国防物质基础、国防建设和武装力量建设,妨害国防和部队的管理秩序,危害作战和军事行动,逃避或拒绝履行国防义务,破坏部队物质保障,依照法律规定应当受刑罚处罚的行为。军事犯罪的概念,为划分军事犯罪和普通犯罪、是犯罪行为还是一般违法(违反军纪)的行为提供了依据。

(二)军事刑罚

军事刑罚是军事刑事法律制度中确立的,由人民法院对危害国家国防利益和军事利益的犯罪分子适用,并由专门机关执行的最严厉的强制方法。

二、军事刑事法律制度的重要作用

军事刑事法律制度,对于预防和惩罚军事犯罪、维护国家国防和军事利益、保障军队和军人合法权益等方面具有重要作用。

(一)预防和惩罚军事犯罪

惩罚犯罪,保护人民,是刑法的目的。军事刑事法律制度作为刑法的特殊组成部分,其直接目的就是预防和惩罚军事犯罪。军事刑事法律制度通过对军事犯罪、军事刑罚及其具体运用的规定,对一般人产生教育作用,对可能实施军事犯罪行为的人产生震慑作用,对实施了军事犯罪行为的人依法适用军事刑罚,进行强制性的惩罚和改造,发挥有效预防和惩罚军事犯罪的作用。

(二)维护国家国防和军事利益

刑法的任务,是用刑罚同一切犯罪行为作斗争,维护国家、社会和人民利益。军事刑事法律制度作为刑法的特殊组成部分,其维护的具体利益就是国家的国防和军事利益。军事刑事法律制度,将违反国家国防和军事法律、法规,拒不履行国防和军事义务(职责)或以其他形式严重危害国防和军事利益的行为,规定为军事犯罪,并通过运用刑罚手段,打击和惩治军事犯罪行为,为维护国家国防和军事利益提供了重要的法律保障。

(三)保障军队和军人合法权益

保障军队和军人合法权益,是调动军人献身国防、履职尽责积极性的客观需要,也是维护国防和军队建设秩序、巩固和提高部队战斗力的必然要求。根据国防和军队建设的需要,适应军人职业的特点,我国军事法律制度赋予军队和军人广泛的合法权益,同时,还通过对侵犯军队和军人合法权益行为所应承担法律责任的规定,以有效维护和保障军队和军人合法权益的切实实现。其中,对于严重侵犯军队和军人合法权益的犯罪行为所应承担的刑事责任,就是由军事刑事法律制度予以规定的。

三、军事刑事法律制度的基本原则

军事刑事法律制度的基本原则,是指贯穿于军事刑事法律制度的创制与实施,对军事刑事立法和军事刑事司法具有指导和制约意义的根本性准则。军事刑事法律制度的基本原则除包括罪刑法定、平等适用、罪责刑相适应等普通刑法的基本原则之外,还包括其作为军事法律制度的属性所决定的军法从严、战时从严、宽严相济等特有的基本原则。

（一）军法从严原则

军法从严原则，即军事刑事法律制度的制定和适用要从重、从严。军法从严原则是由国防和军事利益的攸关性以及军队的性质、宗旨和任务所决定。我国《刑法》中，危害国防利益罪和军人违反职责罪等军事犯罪可判死刑的条款比较多，表明军事刑罚的法定刑比普通刑罚要重，这是军法从严原则的具体体现。军事刑事法律制度贯彻军法从严的原则，有利于强化公民维护国防利益、履行国防义务意识，有利于督促军人认真履行职责，维护国家国防军事利益和军队稳定。

（二）战时从严原则

在战时特殊的社会条件下，为保证战争胜利，要从重、从严打击危害战时国防军事利益的犯罪行为。这一原则体现为三种情况：一是把"战时"规定为犯罪的构成要件。同样的行为，平时不构成犯罪，只有在战时才构成犯罪，如危害国防利益罪中的战时拒绝、逃避征召或军事训练罪，战时拒绝、逃避服役罪，军人违反职责罪中的战时自伤罪，战时拒绝、故意延误军事订货罪等。二是法条规定了重于平时的法定刑。如擅离、玩忽军事职守罪，逃离部队罪等。三是法条明确规定战时从重处罚。如破坏武器装备、军事设施罪，阻碍执行军事职务罪等。

（三）宽严相济原则

在军法从严的前提下，对危害性较小的犯罪，处以较轻的刑罚，并允许适用战时缓刑制度来教育和改造犯罪军人。《中华人民共和国刑法》规定：在战时，对被判处三年以下有期徒刑没有现实危险宣告缓刑的犯罪军人，允许其戴罪立功，确有立功表现时，可以撤销原判刑罚，不以犯罪论处。这一规定，既有利于在战时尽可能降低因军人犯罪等原因导致的非战斗减员，保存军队有生力量以维护国家国防和军事利益，同时也有利于为危害性较小的犯罪军人在战时特殊背景下改过自新提供机会，体现了宽严相济的原则要求。

第二节　军事犯罪与军事刑罚

我国《刑法》总则中关于犯罪和刑罚的一般规定，同样也适用于军事犯罪和军事刑罚。同时，我国《刑法》及《关于剥夺犯罪军人军衔的规定》（2000年中央军事委员会公布）对军事犯罪及军事刑罚也有一些特殊的规定。

一、军事犯罪

我国《刑法》所规定的军事犯罪，具体是指危害国家的国防物质基础、国防建设和武装力量建设，妨害国防和部队的管理秩序，危害作战和军事行动，逃避或拒绝履行国防义务，破坏部队物质保障，依照法律规定应当受刑罚处罚的行为。

（一）军事犯罪的客体

犯罪客体是指刑法所保护而为犯罪行为所侵犯的社会关系。军事犯罪的客体主要是国家的国防和军事利益关系。其中，国防利益是国家为防备和抵抗外来侵略，制止武装颠覆，保卫国家的主权、统一、领土完整和安全所进行的军事以及与军事有关的政治、经济、外交、科技、教育等方面活动的利益。包括国防物质基础、作战和军事行动、国防管理秩序、武装力量建设等方面的利益。犯罪侵害的对象包括武装部队，军人，军用武器装备，军事设施，军事通信，军事禁区和军事管理区，部队的公文、证件、印章，部队专用标志，军事秘密等。军事利益是与军事活动有直接关系的国家利益，体现在国防和武装力量建设、战争的准备与实施等一系列军事活动之中，如作战行动、设防部署、战备值勤、演习训练、设施建设、武器装备管理、物质保障、军事科研、军工生产、部队管理等。

（二）军事犯罪的客观方面

军事犯罪的客观方面是指刑法规定的军事犯罪活动的客观外在表现，主要包括违法行为、危害结果及违法行为与危害结果间的因果关系，具体表现为行为人实施了违反军人职责，或实施了违反国防法律、法规，拒不履行国防义务或以其他形式危害国防和军事利益，依法应受刑罚处罚的行为。其行为方式，多数犯罪表现为作为，如故意泄露军事秘密罪、冒充军人招摇撞骗罪等；少数犯罪表现为不作为，如战时拒不救治伤病军人罪等；还有个别犯罪既可由作为构成，也可由不作为形式构成，如战时拒绝、逃避征召或军事训练罪等。另外，犯罪的时间和地点，如战时、战场、军事行动地区，对军事犯罪的定罪量刑具有极其重要的意义。

（三）军事犯罪的主体

军事犯罪的主体是指实施了危害国防利益和军事利益行为并依法对自己的行为承担刑事责任的军人、其他人员或单位。军事犯罪的主体有一般主体、特殊主体和单位主体。(1) 一般主体。一般主体指达到刑事责任年龄、具备刑事责任能力的自然人，危害国防利益罪的主体多为一般主体。(2) 特殊主体。特殊主体指军职人员，具体可分为两类：一是现役军人，即中国人民解放军和中国人民武装警察部队的现役军官、警官、文职干部、士兵及具有军籍的学员；二是执行军事任务的预备役人员和其他人员。预备役人员指编入民兵组织和经过登记服预备役的人员，其他人员指军内在编职工等；执行军事任务指执行作战、支前、战场救护等任务。军人违反职责罪的主体均为特殊主体，危害国防利益罪的主体少数为特殊主体，如接送不合格兵员罪等。（3）单位主体。单位可成为某些危害国防利益罪的主体，如战时拒绝、故意延误军事订货罪等。

（四）军事犯罪的主观方面

军事犯罪的主观方面，是指军事犯罪主体对其所实施的危害行为及其危害结果所抱的心理态度，具体包括犯罪的故意和过失及犯罪的动机和目的。军事犯罪的主观方面多数表现为故意，即行为人明知自己的行为会对国家的国防利益和军事利益造成危害而希望或放任该危害结果的发生，如故意泄露军事秘密罪等。少数表现为过失，即行为人应当预见自己的行为会对国家的国防利益和军事利益造成危害而没有预见，或者已经预见而轻信可以避免，如过失泄露军事秘密罪等。另外，有些军事犯罪要求行为人具有一定的目的，如构成非法生产、买卖军用标志罪要求行为人以营利为目的，构成战时自伤罪要求行为人以逃避作战义务为目的。

二、军事刑罚

我国军事刑事法律制度中关于军事刑罚的规定，在军事刑罚体系及其具体运用方面，既适用普通刑法的一般规定，同时也有所区别。

（一）军事刑罚体系

与普通刑法所确立的刑罚体系一样，军事刑罚体系也包括主刑和附加刑两类。但从主刑与附加刑的具体刑种来看，军事刑罚体系与普通刑罚体系的区别体现在：

首先，军事刑罚体系中的主刑也包括管制、拘役、有期徒刑、无期徒刑和死刑等刑种，但其中的管制仅适用于危害国防利益罪，不适用于军人违反职责罪；其中的拘役适用于危害国防利益罪和军人违反职责罪中的平时犯罪，不适用于军人违反职责罪中的战时犯罪。

其次，军事刑罚体系中的附加刑也包括罚金和剥夺政治权利等刑种，但不包括普通刑罚体系附加刑中的没收财产刑种；而且，罚金也仅适用于危害国防利益罪中的部分罪名，不适用于军人违反职责罪。

再次，军事刑罚体系中的附加刑还包括剥夺军衔这一特殊刑种。依据《中国人民解放军军官军衔条例》及《关于剥夺犯罪军人军衔的规定》，对于军人犯罪被依法判处三年以上有期徒刑、无期徒刑、死刑或者剥夺政治权利的，可判决剥夺其军衔。

(二) 军事刑罚的具体运用

军事刑罚的具体运用，特别是对军人违反职责犯罪采取军事刑罚处罚方面，与普通刑罚的具体运用相比，具有以下特点：

首先，在量刑的法定情节方面，普通刑法关于累犯、自首和立功等的规定也适用于军事刑罚的运用；在此之外，我国《刑法》中关于军事犯罪及其刑罚处罚的若干法条，还明确将"战时"作为从重处罚的法定情节。

其次，在刑罚的执行方面，普通刑法关于数罪并罚、缓刑、减刑和假释等的规定也适用于军事刑罚的运用；在此之外，我国《刑法》第449条还明确确立了军人战时缓刑戴罪立功制度。军人战时缓刑戴罪立功制度，是指在战时，对判处三年以下有期徒刑没有现实危险宣告缓刑的犯罪军人，允许其戴罪立功，确有立功表现时，可以撤销原判刑罚，不以犯罪论处的制度。其中，"被判处三年以下有期徒刑没有现实危险宣告缓刑的犯罪军人"，是指依照《刑法》第72条和第73条的规定被宣告缓刑的犯罪军人；"在战时"，是指缓刑考验期限全部或者一部分在战时；"立功表现"，是指受团以上单位表彰或者奖励，因公负伤或者牺牲的，应当视为有立功表现；"撤销原判刑罚，不以犯罪论处"，是指依法定程序使原判不再具有法律效力，原来的行为不再以犯罪追究，行为人没有犯罪前科。

第三节 危害国防利益罪及其刑罚处罚

危害国防利益罪是我国《刑法》规定的军事犯罪罪类之一，是指违反国防法律、法规，拒不履行国防义务或以其他形式危害国防利益，依法应当受刑罚处罚的行为。我国《刑法》分则第七章专门对危害国防利益罪的罪名及其刑罚处罚作了具体规定，共计二十一个罪名，这些罪名又可分为危害作战和军事行动的犯罪、危害国防建设的犯罪、危害国防管理秩序的犯罪和拒不履行国防义务的犯罪四个亚类。

一、危害作战和军事行动的犯罪

危害作战和军事行动的犯罪，包括五个罪名。

1. 阻碍军人执行职务罪

本罪侵犯的直接客体是军人依法执行职务的活动；客观方面表现为以暴力、威胁方法阻碍军人依法执行职务的行为；主体为一般主体；主观方面是故意。犯本罪的，处3年以下有期徒刑、拘役、管制或者罚金。

2. 阻碍军事行动罪

本罪侵犯的直接客体是武装部队的军事行动；客观方面表现为行为人实施了阻碍军事行动，造成严重后果的行为（所谓严重后果，主要指造成战役或战斗的失利，军事任务不能按计划完成，造成武装部队人员伤亡、装备受到较大损失等情况）；主体为一般主体；主观方面是故意。犯本罪的，处5年以下有期徒刑或者拘役。

3. 战时故意提供虚假敌情罪

本罪侵犯的直接客体是我军的作战利益；客观方面表现为行为人在战时故意实施了向武装部队提供虚假敌情，造成严重后果的行为（所谓虚假敌情，是指与事实不符的敌人的信息，具体包括凭空捏造的或者经夸大、缩小的敌方军情和有关军事的政治、经济、地理、气象等情况；所谓严重后果，主要是指扰乱了部队的作战部署，造成战役、战斗的失利及人员装备的损失等）；主体为现役军人以外的普通公民；主观方面是故意。犯本罪的，处3年以上10年以下有期徒刑；造成特别严重后果的，处10年以上有期徒刑或者无期徒刑。

4. 战时造谣扰乱军心罪

本罪侵犯的直接客体是部队的作战利益；客观方面表现为行为人在战时实施了造谣惑众、扰乱军心的行为；主体为现役军人以外的普通公民；主观方面是故意。犯本罪的，处3年以下有期徒刑、拘役或者管制；情节严重的，处3年以上10年以下有期徒刑。

5. 战时拒绝、故意延误军事订货罪

本罪侵犯的直接客体是部队的作战利益；客观方面表现为行为人在战时实施了拒绝或者故意延误军事订货，情节严重的行为（所谓情节严重，主要是指有能力生产军品而拒绝，并且手段恶劣，故意延误重要军品的生产，因拒绝、故意延误军事订货，造成战役、战斗的失利，影响部队完成作战任务等）；主体是特殊主体，仅限于单位，具体承担刑事责任的是负有订货义务的生产、销售单位及其直接负责的主管人员和其他直接责任人员；主观方面是故意。犯本罪的，对单位判处罚金，并对其直接负责的主管人员和其他直接责任人员，处5年以下有期徒刑或者拘役；造成严重后果的，处5年以上有期徒刑。

二、危害国防建设的犯罪

危害国防建设的犯罪，包括四个罪名。

1. 破坏武器装备、军事设施、军事通信罪

本罪侵犯的直接客体是军队战斗力的物质保障；客观方面表现为实施了破坏武器装备、军事设施、军事通信的行为；主体是一般主体；主观方面是故意。犯本罪的，处3年以下有期徒刑、拘役或者管制；破坏重要武器装备、军事设施、军事通信的，处3年以上10年以下有期徒刑；情节特别严重的，处10年以上有期徒刑、无期徒刑或者死刑；战时从重处罚。

2. 故意提供不合格武器装备、军事设施罪

本罪侵犯的直接客体是国家武器装备、军事设施的管理制度以及武装部队的战斗力；客观方面表现为将不合格的武器装备、军事设施提供给武装部队的行为；主体为特殊主体，即只有武器装备、军事设施的生产者和销售者（包括单位）才能构成本罪；主观方面是故意。犯本罪的，处5年以下有期徒刑或者拘役；情节严重的，处5年以上10年以下有期徒刑；情节特别严重的，处10年以上有期徒刑、无期徒刑或者死刑。单位犯本罪的，对单位判处罚金，并对其直接负责的主管人员和其他直接责任人员依照上述规定处罚。

3. 过失提供不合格武器装备、军事设施罪

本罪侵犯的直接客体是国家武器装备、军事设施的管理制度以及武装部队的战斗力；客观方面表现为向武装部队提供了不合格的武器装备、军事设施，并且造成了严重后果（所谓严重后果，是指造成人员伤亡，武器装备、军事设施严重毁损，严重影响部队完成任务等）；主体是特殊主体，即只有武器装备、军事设施的生产者和销售者才能构成本罪；主观方面是过失。犯本罪的，处3年以下有期徒刑或者拘役；造成特别严重后果的，处3年以上7年以下有期徒刑。

4. 接送不合格兵员罪

本罪侵犯的直接客体是国家征兵工作的正常活动；客观方面表现为行为人在征兵工作中实施了徇私舞弊，接送不合格兵员，情节严重的行为（所谓情节严重，是指严重影响部队建设、给部队造成恶劣影响、接送多个不合格兵员等）；主体为特殊主体，即在征兵工作中负有征兵职责的征兵工作人员，包括武装部门负责征兵工作的人员和征兵部队的工作人员；主观方面是故意。犯本罪的，处3年以下有期徒刑或者拘役；造成特别严重后果的，处3年以上7年以下有期徒刑。

三、危害国防管理秩序的犯罪

危害国防管理秩序的犯罪，包括九个罪名。

1. 聚众冲击军事禁区罪

本罪侵犯的直接客体是军事禁区的正常管理秩序；客观方面表现为聚众冲击军

事禁区,严重扰乱军事禁区秩序的行为;主体为一般主体;主观方面是故意。犯本罪的,对首要分子处 5 年以上 10 年以下有期徒刑;其他积极参加的,处 5 年以下有期徒刑、拘役、管制或者剥夺政治权利。

2. 聚众扰乱军事管理区秩序罪

本罪侵犯的直接客体是军事管理区的管理秩序;客观方面表现为聚众扰乱军事管理区秩序,情节严重,致使军事管理区工作无法正常进行,遭受严重损失的行为;主体为一般主体;主观方面是故意。犯本罪的,对首要分子,处 3 年以上 7 年以下有期徒刑;其他积极参加的,处 3 年以下有期徒刑、拘役、管制或者剥夺政治权利。

3. 冒充军人招摇撞骗罪

本罪侵犯的直接客体是军队的良好威信及其正常活动;客观方面表现为实施了冒充军人招摇撞骗的行为;主体为一般主体;主观方面为故意,且具有谋取非法利益的目的。犯本罪的,处 3 年以下有期徒刑、拘役、管制或者剥夺政治权利;情节严重的,处 3 年以上 10 年以下有期徒刑。

4. 煽动军人逃离部队罪

本罪侵犯的直接客体是我国的兵役制度和部队的正常管理秩序;客观方面表现为行为人实施了以口头、书面等形式煽动军人逃离部队,情节严重的行为(所谓情节严重,是指战时煽动的,用欺骗、威胁等手段煽动的,煽动多人逃离的,煽动重要岗位或者指挥、值班、执勤人员逃离的等);主体为一般主体;主观方面是故意。犯本罪的,处 3 年以下有期徒刑、拘役或者管制。

5. 雇用逃离部队军人罪

本罪侵犯的直接客体是我国的兵役制度和部队的正常管理秩序;客观方面表现为行为人实施了雇用逃离部队的军人,情节严重的行为(所谓情节严重,是指雇用多人或者多次雇用的,抗拒部队带人的,雇用机要、保密等重要人员的等);主体是一般主体;主观方面是故意。犯本罪的,处 3 年以下有期徒刑、拘役或者管制。

6. 伪造、变造、买卖武装部队公文、证件、印章罪

本罪侵犯的客体是武装部队公文、证件、印章的管理秩序及其信誉;客观方面表现为行为人实施了伪造、变造、买卖武装部队公文、证件、印章的行为;主体为一般主体;主观方面为故意。犯本罪的,处 3 年以下有期徒刑、拘役、管制或者剥夺政治权利;情节严重的,处 3 年以上 10 年以下有期徒刑。

7. 盗窃、抢夺武装部队公文、证件、印章罪

本罪侵犯的客体是武装部队公文、证件、印章的管理秩序及其信誉;客观方面表现为行为人实施了盗窃、抢夺武装部队公文、证件、印章的行为;主体为一般主

体；主观方面为故意。犯本罪的，处 3 年以下有期徒刑、拘役、管制或者剥夺政治权利；情节严重的，处 3 年以上 10 年以下有期徒刑。

8. 非法生产、买卖武装部队制式服装罪

本罪侵犯的直接客体是武装部队的正常管理活动和信誉；客观方面表现为行为人实施了非法生产、买卖武装部队制式服装、车辆号牌等专用标志，情节严重的行为（所谓情节严重，是指非法生产、买卖军用标志数量较大的，扰乱部队和社会管理秩序的，严重损害部队形象的等）；主体是一般主体；主观方面是故意。犯本罪的，处 3 年以下有期徒刑、拘役或者管制，可以并处或者单处罚金；单位犯本罪的，对单位判处罚金，并对直接负责的主管人员和其他直接责任人员，依照上述规定处罚。

9. 战时窝藏逃离部队军人罪

本罪侵犯的客体是部队的正常管理秩序；客观方面表现为行为人在战时实施了为逃离部队的军人提供隐蔽处所、财物，情节严重的行为（所谓情节严重，是指因为窝藏军人而影响作战或者其他军事任务完成的；窝藏负有重要职责人员的，窝藏多人的等）；主体是一般主体；主观方面是故意。犯本罪的，处 3 年以下有期徒刑或者拘役。

四、拒不履行国防义务的犯罪

拒不履行国防义务的犯罪，包括三个罪名。

1. 战时拒绝、逃避征召、军事训练罪

本罪侵犯的直接客体是国家兵役管理活动；客观方面表现为预备役人员在战时拒绝、逃避征召、军事训练，情节严重的行为（所谓情节严重，是指影响作战或重要军事任务完成的，以暴力抗拒的等）；主体是特殊主体，即只能是预备役人员；主观方面是故意，并且具有逃避履行军事义务的目的。犯本罪的，处 3 年以下有期徒刑或者拘役。

2. 战时拒绝、逃避服役罪

本罪侵犯的直接客体是国家的兵役制度和战时国家军事利益；客观方面表现为战时拒绝、逃避服役，情节严重的行为（所谓情节严重，是指影响作战或者重要军事任务完成的，以暴力抗拒的，煽动他人共同抗拒、逃避的等）；主体是依法应服兵役的公民；主观方面是故意。犯本罪的，处 2 年以下有期徒刑或者拘役。

3. 战时拒绝军事征用罪

本罪侵犯的直接客体是军事征用的管理制度；客观方面表现为行为人在战时实施了拒绝军事征用，情节严重的行为（所谓情节严重，是指煽动他人共同拒绝的，以暴力、威胁方法拒绝的,影响作战等军事任务完成的等);主体为一般主体;主观方面是故意。犯本罪的,处 3 年以下有期徒刑或者拘役。

第四节　军人违反职责罪及其刑罚处罚

军人违反职责罪是我国《刑法》规定的军事犯罪罪类之一,是指军人违反职责,危害国家军事利益,依照法律应当受刑罚处罚的行为。我国《刑法》分则第十章专门对军人违反职责罪的罪名及其刑罚处罚作了具体规定,共计三十一个罪名,这些罪名又可分为危害作战利益的犯罪,违反部队管理制度的犯罪,损害武器装备、军用物资、军事设施的犯罪和危害平民、战俘的犯罪四个亚类。

一、危害作战利益的犯罪

危害作战利益的犯罪,包括十一个罪名。

1. 战时违抗命令罪

本罪侵犯的直接客体是作战指挥秩序;客观方面表现为战时违抗命令,对作战造成危害的行为(所谓造成危害,是指扰乱战斗部署,贻误战机,影响战斗任务的完成等);主体是应接受命令或指示的部属人员;主观方面是故意,即明知是上级的命令而予以违抗,拒不执行。犯本罪的,处 3 年以上 10 年以下有期徒刑;致使战斗、战役遭受重大损失的,处 10 年以上有期徒刑、无期徒刑或者死刑。

2. 隐瞒、谎报军情罪

本罪侵犯的直接客体为作战秩序;客观方面表现为隐瞒、谎报军情,并给作战造成了危害的行为;主体是负有报告军情义务的军内侦察员、通讯员、机要员,以及军内其他负有报告军情责任的军职人员;主观方面必须是出于故意,即明知真实军情而故意将其隐瞒不报或谎报。犯本罪的,处 3 年以上 10 年以下有期徒刑;致使战斗、战役遭受重大损失的,处 10 年以上有期徒刑、无期徒刑或者死刑。

3. 拒传、假传军令罪

本罪侵犯的直接客体是作战指挥秩序;客观方面表现为拒传、假传军令,并对作战造成危害的行为;主体为负有传达军令义务的现役军职人员;主观方面为故意,即明知是军令而拒不传达,或者故意作虚假传达。犯本罪的,处 3 年以上 10 年以下有期徒刑;致使战斗、战役遭受重大损失的,处 10 年以上有期徒刑、无期徒刑或者死刑。

4. 投降罪

本罪侵犯的客体为军人的战斗义务；客观方面表现为行为人在战场上贪生怕死，自动放下武器投降敌人的行为；主体是具有使用武器打击敌人资格的参战军职人员；主观方面是故意，并且行为人具有畏惧战斗、贪生怕死的动机。犯本罪的，处3年以上10年以下有期徒刑；情节严重的，处10年以上有期徒刑或者无期徒刑；投降敌人后，为敌人效劳的，处10年以上有期徒刑、无期徒刑或者死刑。

5. 战时临阵脱逃罪

本罪侵犯的直接客体是军人的作战义务；客观方面表现为战时临阵脱逃的行为，即在战场上或在战斗状态下，行为人实施了擅自脱离战斗岗位而逃跑的行为；主体是参战的军职人员；主观方面是故意，并且具有贪生怕死、畏惧战斗的动机。犯本罪的，处3年以下有期徒刑；情节严重的，处3年以上10年以下有期徒刑；致使战斗、战役遭受重大损失的，处10年以上有期徒刑、无期徒刑或者死刑。

6. 违令作战消极罪

本罪侵犯的直接客体是部队的作战秩序；客观方面表现为违抗命令，临阵畏缩，作战消极，并且因此造成了严重后果的行为（所谓严重后果，是指致使我军损失严重，贻误战机等）；主体是部队中的指挥人员，即具有一定指挥权力的军职人员；主观方面为故意，行为人一般还具有贪生怕死的动机。犯本罪的，处5年以下有期徒刑；致使战斗、战役遭受重大损失或者有其他特别严重情节的，处5年以上有期徒刑。

7. 拒不救援友邻部队罪

本罪侵犯的客体是部队的作战利益和作战秩序；客观方面表现为在战场上拒绝处境危急的友邻部队的救援请求，能救援而拒不救援，从而使友邻部队遭受了重大损失的行为；本罪的主体只能是参战部队的指挥人员；主观方面是故意，即明知友邻部队处境危急请求救援而故意不救援。犯本罪的，处5年以下有期徒刑。

8. 战时造谣惑众罪

本罪侵犯的直接客体是部队的作战利益；客观方面表现为在战时实施了造谣惑众、动摇军心的行为；主体是参加作战的军职人员；主观方面是故意。犯本罪的，处3年以下有期徒刑；情节严重的，处3年以上10年以下有期徒刑；勾结敌人造谣惑众，动摇军心的，处10年以上有期徒刑或者无期徒刑；情节特别严重的，可以判处死刑。

9. 战时自伤罪

本罪侵犯的直接客体是部队的作战利益和军人的军事义务；客观方面表现为在

战时实施了自伤身体,逃避履行军事义务的行为;主体是参加作战的军职人员;主观方面是故意,并且具有逃避履行军事义务的目的。犯本罪的,处3年以下有期徒刑;情节严重的,处3年以上7年以下有期徒刑。

10. 遗弃伤病军人罪

本罪侵犯的直接客体主要是军队的作战利益,同时也侵犯了战场上伤病军人被救护的权利;客观方面表现为在战场上故意遗弃伤病军人,情节恶劣的行为(所谓情节恶劣,是指因贪生怕死而遗弃,因遗弃造成恶劣影响,有条件救助而故意不救助,因遗弃而造成伤病军人死亡、被俘、被杀等严重后果);主体是对伤病军人负有救护任务的直接责任人员,即对伤病员有救护责任的救护人员和指挥人员;主观方面是故意。犯本罪的,对直接责任人员,处5年以下有期徒刑。

11. 战时拒不救治伤病军人罪

本罪侵犯的直接客体是部队的作战秩序和军人的生命健康权;客观方面表现为战时在救护治疗岗位上,有条件救治而拒不救治危重伤病军人的行为;主体是军职人员中具有救护、治疗职责的人员;主观方面是故意,即明知他人属于危重伤病军人,并且有条件救治而拒绝救治。犯本罪的,处5年以下有期徒刑或者拘役;造成伤病军人重残、死亡或者有其他严重情节的,处5年以上10年以下有期徒刑。

二、违反部队管理制度的犯罪

违反部队管理制度的犯罪,包括十二个罪名。

1. 擅离、玩忽军事职守罪

本罪侵犯的直接客体是军职人员的岗位责任制度;客观方面表现为擅离职守、玩忽职守并造成了严重后果的行为(所谓擅离职守,是指擅自离开正在工作的岗位;所谓玩忽职守,是指未履行或未认真履行自己应尽的职责;所谓严重后果,是指造成我军重大军事利益的损失);主体是现役军人中的指挥人员或正在值班、值勤的人员;主观方面为过失。犯本罪的,处3年以下有期徒刑或者拘役;造成特别严重后果的,处3年以上7年以下有期徒刑;战时犯本罪的,处5年以上有期徒刑。

2. 阻碍执行军事职务罪

本罪侵犯的直接客体是指挥和值班执勤秩序;客观方面表现为实施了以暴力、威胁方法阻碍指挥人员或值班、执勤人员执行职务的行为;主体为现役军人;主观方面是故意。犯本罪的,处5年以下有期徒刑或者拘役;情节严重的,处5年以上有期徒刑;致人重伤、死亡,或者有其他特别严重情节的,处无期徒刑或者死刑;战时犯本罪的,从重处罚。

3. 指使部属违反职责罪

本罪侵犯的直接客体是指挥人员依法正当行使指挥权的职责和义务；客观方面表现为行为人滥用职权，指使部属进行违反职责的活动，并造成了严重后果的行为（所谓严重后果，是指影响作战，引起军政、军民严重纠纷，造成人员伤亡、财产重大损失等）；主体是部队中具有一定指挥、调动、命令一定数量部队或下属人员职权的军职人员；主观方面是故意。犯本罪的，处 5 年以下有期徒刑或者拘役；情节特别严重的，处 5 年以上 10 年以下有期徒刑。

4. 军人叛逃罪

本罪侵犯的直接客体是军人忠于祖国的职责和国防安全秩序；客观方面表现为行为人在履行公务期间，擅离岗位，叛逃境外的有关国家或地区，或者在境外叛逃；主体为正在履行公务的军人；主观上有叛逃的故意。犯本罪的，处 5 年以下有期徒刑或者拘役；情节严重的，处 5 年以上有期徒刑；驾驶航空器、舰船叛逃的，或者有其他特别严重情节的，处 10 年以上有期徒刑、无期徒刑或者死刑。

5. 逃离部队罪

本罪侵犯的直接客体是国家的兵役秩序；客观上表现为违反兵役法规，逃离部队，情节严重的行为（所谓情节严重，是指逃离部队时间达 3 个月以上或者 3 次以上，或者逃离部队累计时间达 6 个月以上的，担负重要职责的人员逃离部队的，策动 3 人以上或者胁迫他人逃离部队的，在执行重要任务期间逃离部队的，等等）；主体是现役军人；主观上是故意，目的是逃避继续服兵役。犯本罪的，处 3 年以下有期徒刑或者拘役；战时犯本罪的，处 3 年以上 7 年以下有期徒刑。

6. 擅自出卖、转让军队房地产罪

本罪侵犯的直接客体是军队房地产的管理秩序；客观方面表现为违反规定，擅自出卖、转让军队房地产，情节严重的行为（所谓情节严重，是指出卖、转让大量军队房地产的，给我军军事利益造成重大损失的等）；主体是军队各单位的主管人员和负有房地产管理职责的人员；主观方面是故意。犯本罪的，对直接责任人员处 3 年以下有期徒刑或者拘役；情节特别严重的，处 3 年以上 10 年以下有期徒刑。

7. 虐待部属罪

本罪侵犯的直接客体是部属的人身权利；客观方面表现为实施滥用职权，虐待部属，情节恶劣的行为；主体是处于领导岗位的军职人员；主观方面是故意。犯本罪的，处 5 年以下有期徒刑或者拘役；致人死亡的，处 5 年以上有期徒刑。

8. 私放俘虏罪

本罪侵犯的直接客体是对俘虏的管理秩序；客观方面表现为违反军事纪律，私自释放俘虏的行为;主体是对俘虏有管理、看护等权限的军职人员;主观方面是故意。犯本罪的,处5年以下有期徒刑;私放重要俘虏、私放俘虏多人或者有其他严重情节的,处5年以上有期徒刑。

9. 非法获取军事秘密罪

本罪侵犯的直接客体是保守国家军事秘密的管理制度;客观方面表现为实施了窃取、刺探、收买军事秘密的行为;主体是军职人员;主观方面是故意。犯本罪的,处5年以下有期徒刑;情节严重的,处5年以上10年以下有期徒刑;情节特别严重的,处10年以上有期徒刑。

10. 为境外窃取、刺探、收买、非法提供军事秘密罪

本罪侵犯的直接客体是国家保守军事秘密的管理制度;客观方面表现为实施了为境外机构、组织、人员窃取、刺探、收买、非法提供军事秘密的行为;主体是军职人员;主观方面是故意。犯本罪的,处10年以上有期徒刑、无期徒刑或者死刑。

11. 故意泄露军事秘密罪

本罪侵犯的直接客体是国家军事秘密的管理制度;客观方面表现为实施了违反保守国家秘密法规,泄露军事秘密,情节严重的行为(所谓情节严重,是指动机恶劣的,出卖军事秘密的,多次泄密或者泄露大量秘密的等);主体是军职人员;主观方面是故意。犯本罪的,处5年以下有期徒刑或者拘役;情节特别严重的,处5年以上10年以下有期徒刑;战时犯本罪的,处5年以上10年以下有期徒刑。情节特别严重的,处10年以上有期徒刑或者无期徒刑。

12. 过失泄露军事秘密罪

本罪侵犯的直接客体是国家军事秘密的管理制度;客观方面表现为实施了违反保守国家秘密法规,泄露军事秘密,情节严重的行为(所谓情节严重,是指泄露大量秘密的或者造成严重后果的);主体是军职人员;主观方面是过失。犯本罪的,处5年以下有期徒刑或者拘役;情节特别严重的,处5年以上10年以下有期徒刑。战时犯本罪的,处5年以上10年以下有期徒刑;情节特别严重的,处10年以上有期徒刑或者无期徒刑。

三、损害武器装备、军用物资、军事设施的犯罪

损害武器装备、军用物资、军事设施的犯罪,包括六个罪名。

1. 武器装备肇事罪

本罪侵犯的直接客体是部队武器装备的管理和使用制度;客观上表现为行为人违反武器装备使用规定,情节严重,因而发生责任事故,致人重伤、死亡或者造成

其他严重后果的行为（所谓情节严重，是指故意违反武器装备的使用规定，或者在使用中严重不负责任，或者擅自使用武器装备等）；主体是军职人员；主观方面是过失。犯本罪的，处 3 年以下有期徒刑或者拘役；后果特别严重的，处 3 年以上 7 年以下有期徒刑。

2. 擅自改变武器装备编配用途罪

本罪侵犯的直接客体是武器装备的管理制度；客观方面表现为违反了国家武器装备管理规定，随意改变武器装备的用途，并造成了严重后果的行为；主体是军职人员；主观方面为过失。犯本罪的，处 3 年以下有期徒刑或者拘役；造成特别严重后果的，处 3 年以上 7 年以下有期徒刑。

3. 盗窃、抢夺武器装备、军用物资罪

本罪侵犯的直接客体是国家对武器装备和军用物资的所有权以及军队战斗力的物质保障；客观上表现为行为人秘密窃取或者公然夺取武器装备或军用物资的行为；主体是军职人员；主观方面是故意，并具有非法占有的目的。犯本罪的，处 5 年以下有期徒刑或者拘役；情节严重的，处 5 年以上 10 年以下有期徒刑；情节特别严重的，处 10 年以上有期徒刑、无期徒刑或者死刑。

4. 非法出卖、转让武器装备罪

本罪侵犯的直接客体是国家对武器装备的所有权以及部队战斗力的物质保障；客观方面表现为非法出卖、转让军队武器装备的行为；主体是对于武器装备有合法管理或者职掌权力的军职人员；主观方面是故意，并且一般具有牟利的目的。犯本罪的，处 3 年以上 10 年以下有期徒刑；出卖、转让大量武器装备或者有其他特别严重情节的，处 10 年以上有期徒刑、无期徒刑或者死刑。

5. 遗弃武器装备罪

本罪侵犯的直接客体是部队武器装备的管理秩序；客观方面表现为违抗命令，遗弃武器装备的行为；主体是武器装备的使用者、保管者、指挥者；主观方面是故意。犯本罪的，处 5 年以下有期徒刑或者拘役；遗弃重要或者大量武器装备的，或者有其他严重情节的，处 5 年以上有期徒刑。

6. 遗失武器装备罪

本罪侵犯的直接客体是部队武器装备的管理秩序；客观方面表现为遗失武器装备，不及时报告或者有其他严重情节的行为（所谓其他严重情节，是指意图嫁祸于人的，武器装备被敌人或者犯罪分子利用的，严重影响部队完成任务的等）；主体是军职人员，而且一般是武器装备的合法使用者、持有者及保管者；主观方面是过失。犯本罪的，处 3 年以下有期徒刑或者拘役。

四、危害平民、战俘的犯罪

危害平民、战俘的犯罪，包括两个罪名。

1. 战时残害居民、掠夺居民财物罪

本罪侵犯的直接客体是我军的作战利益、军事行动地区无辜居民的人身、财产权利以及军事行动地区的社会秩序和我军的声誉；客观方面表现为在军事行动地区对无辜居民实施残害、掠夺行为；主体是在军事行动地区进行军事行动的军职人员；主观方面是故意。犯本罪的，处 5 年以下有期徒刑；情节严重的，处 5 年以上 10 年以下有期徒刑；情节特别严重的，处 10 年以上有期徒刑、无期徒刑或者死刑。

2. 虐待俘虏罪

本罪侵犯的直接客体是部队的作战利益和被俘人员的人身权利；客观方面表现为对俘虏实施精神折磨、肉体摧残和生活上不人道待遇的虐待行为；主体一般是管理战俘的人员；主观方面是故意。犯本罪的，处 3 年以下有期徒刑。

第三编

国际军事法律制度

第十七章 国际安全保障法律制度

国际安全保障法律制度,即平时国际军事法,是指保障国际社会集体安全的国际公约、条约、协议以及国际习惯的总称。

第一节 概述

安全是任何个人、组织和社会所面临的基本问题。在国际社会中,国家安全也会受到各种各样的威胁。尽管冷战结束之后,国际社会出现包括经济安全、金融安全、生态环境安全、信息安全、资源安全、恐怖主义、疾病蔓延、跨国犯罪、走私贩毒等新的非传统安全的威胁,但军事安全仍然是国际安全的主要方面。国际社会一直关注国际安全保障问题,特别是20世纪两次世界大战以来,世界各国间不断加强国际安全保障方面的合作,使国际安全保障法律制度不断向前发展。

一、国际安全保障法律制度的历史发展

安全问题对人类及世界的发展至关重要。人类自产生以来,生活在充满安全威胁的环境之中。通过法律创立一个使各国人民都能无所恐惧地生活的世界新秩序,是国际法所要达到的一个重要目的。

(一) 个别安全保障

传统国际法认为,诉诸战争解决国际争端是国家的一项基本权利。由于国际社会是由许多并立的主权国家组成的分权社会,当关系到国家重大利益的争端出现时,国家总是把战争作为解决国际争端的最后手段,特别是强国愿意以武力和战争作为

推行国家政策的工具。面对战争的威胁，为了保障自身的安全，出于本能的反应，各国首先求助于本国的资源，进行扩军备战，以求获得对可能的或假想的敌国的军事优势，或至少保持力量对比的"平衡"。当单一国家的力量不足以抗衡外来威胁时，受威胁的国家就竭力寻求与面临同样威胁的国家结盟或寻求强大国家的保护。此时，国家的安全保障是个别安全保障，即国际安全保障措施是依"个体"或"个体联盟"的方式进行的，也就是指国家凭本国力量或联合友邦来防御其他国家进攻，以维护自身安全的一种方法。

但是，这种个别安全保障的方式本身并不足以保证国家的安全，军备竞赛和结盟形成国家之间或国家军事集团之间的对抗，势均力敌所带来的暂时和平局面不可能永久，当同盟间的平衡被破坏后，战争就不可避免。第一次世界大战不仅打破了过去实现欧洲安定局面的势力均衡，而且给国际秩序带来了混乱和变化。战争带给的灾难促使人们重新思考战争作为实施国策工具的合理性与合法性。为了维护世界和平和确保国家安全，必须采取新的安全保障方式，创立一种共同体式的框架来取代单个国家（或国家联盟）安全保障措施，即从个体安全保障向集体安全保障发展。

（二）国际联盟的集体安全保障实践

第一次世界大战后建立的"国际联盟"，是人类集体安全保障的首次尝试。国际联盟盟约所规定的保障国际和平的法律体制，以集体安全观念为基础，它把14世纪以来一直处于发展之中的集体安全观念首次应用于实践，开始了集体安全保障的法律行动。国际联盟盟约在构建集体安全保障方面的努力主要包括：一是规定了联盟会员国承担的集体安全义务的性质和范围。二是禁止非法诉诸武力。直到国际联盟成立前，除了受1907年第二次海牙和平会议缔结的《限制使用武力以索偿契约债务公约》（海牙第二公约）的约束之外，战争权仍是主权国家的绝对权利。集体安全保障制度的建立，要求对国家的战争权利加以限制。三是规定了对违反盟约义务的制裁。四是确立了集体安全组织的体系及其职权。

但是，国际联盟实行的集体安全保障是所谓的分权体制，即由各会员国自行做出判断和裁决。同时，国际联盟在组织上软弱无力，对发生的关于战争的暴力行为，即"事实上的战争"，不能有效解决。1933年，日本因不满对其发动的"9.18事变"的处理，德国企图打破凡尔赛体制，分别宣布退出国际联盟。1937年，意大利因不满国际联盟对其因埃塞俄比亚战争实行的制裁，也退出了国际联盟。1939年，苏联由于对芬兰的战争遭到了国际联盟的开除。国际联盟终于由于大国（如美国）的不参加以及会员国接二连三的退出和被开除，失掉了作为和平组织的威望。第二次世界大战的爆发，使得国际联盟停止了活动。

虽然国际联盟的集体安全保障实践最终以失败而告终，但依国际联盟盟约建立的集体安全保障体制，无论在理论上还是实践中，都是人类在维持国际和平方面的重大突破和发展。它标志着从个别安全保障制度到集体安全保障制度的历史转折，对于确立和平解决国际争端的国际法原则，推动禁止战争的历史进程，起了一定的作用，对于一战后的国际关系和国际法的发展有着深远的影响。同时，也为二战后的联合国集体安全体制的建立积累了经验。

（三）联合国的集体安全保障实践

国际联盟所追求的集体安全保障的失败，并没阻止国际社会对国际安全保障的探索与完善，二战后所成立的联合国组织是对国际集体安全保障的再次尝试。随着二战结束后联合国宣告正式成立，人类新的普遍性集体安全体制也遂告诞生。在二战废墟上重建的集体安全保障体制，在设计上吸取了国际联盟的经验教训，因而有了巨大的进步。主要表现在：

一是《联合国宪章》把"维持国际和平及安全"定为联合国的首要宗旨，并将"采取有效集体办法，以防止且消除对于和平之威胁，制止侵略行为或者其他和平之破坏"的规定，作为实现上述宗旨的主要措施之一。

二是宪章关于联合国成员国资格的各项规定，为实现安全保障主体的普遍性敞开了大门。并且，在维持国际和平与安全的问题上，宪章使非联合国会员国也负有与会员国同样的义务。

三是各会员国被禁止在其国际关系上使用武力威胁或者武力。但会员国有权在受武力攻击时，在安理会采取必要办法以维持国际和平及安全以前，可行使单独或者集体自卫的权利。

四是为了保证联合国行动迅速有效，各会员国同意将维持国际和平与安全的主要责任授予安全理事会，并同意安全理事会于履行此项责任下的职务时，即系代表各会员国。各会员国还同意依宪章的规定接受并履行安理会断定和平之威胁、和平之破坏，或者侵略行为是否发生，并为维持或者恢复和平，决定采取武力和非武力的强制措施，而各会员国应当通力合作，彼此协助，以执行安理会所决定的强制措施。

五是宪章进一步规定了联合国军队的组织和指挥问题。联合国各会员国从力求对于维持国际和平及安全有所贡献起见，于安理会发令时，并依特别协定，供给为维持国际和平及安全所必需的军队、协助及便利，包括过境权。为使联合国能采取紧急军事办法，会员国应当特别协定将其本国空军部队为国际共同强制行动随时供给调遣。在安理会之下设立一个军事参谋团,在安理会的权力之下,对于受安理会支配的任何军队,负战略上的指挥责任。

六是安理会决策程序采用多数表决制。同时仍保留大国(安理会常任理事国)对非程序事项的决定的"否决权"。

七是宪章还为会员国规定了和平解决国际争端的义务,并以专章规定了解决争端的和平方法、程序和联合国的职权等有关事项。

以《联合国宪章》所确立的新的集体安全体制及裁军、维和行动等集体安全辅助机制为基础,现代国际社会在军控与裁军、维和行动等方面制订了若干重要国际法文件,许多国家之间还在联合国集体安全体制之下,签订了大量的双边或多边建立军事安全互信机制协议,推动国际安全保障法律制度不断发展。

走向集体安全,是人类保障和平的一种发展趋势。集体安全的观念自产生时起,经久不衰,最终发展成为一套体系相对完备的国际安全保障法律制度,表明了这一观念具有强大的生命力。国际安全保障法律制度,为维持国际和平与安全起着积极的作用。它为国际社会规定了使用武力的行为规范,这些规范在绝大多数场合得到了绝大多数国家的遵守;在大国未直接卷入冲突的情况下,安理会对若干威胁国际和平及安全的地区性争端、情势或者事件作出有效的反应,制止或者冷却了绝大多数突发性的战争和大规模武装冲突的不断升级或者国际化;它在保障被压迫民族的民族自决权和维护新独立国家的主权、独立和领土完整方面也作出了积极的贡献,从而有助于普遍和平的维持。

二、国际安全保障法律制度的基本特点

与传统国际法依靠单个国家或国家同盟进行安全保障的机制不同,现代国际安全保障法律制度具有一些突出特点。

第一,国际安全保障法律制度所要保障的对象与目标,不是个别国家或若干国家的安全,而是全球性的普遍的和平与各国安全。集体安全保障体制与旧有的同盟制度完全不同,它没有特定的或假想的敌国,它从根本上否定"集团对立",排斥以一个同盟反对另一个同盟的传统的安全保障方式。在这个制度之下,各国的安全,不仅靠它本身的力量,更主要是依靠整个国际社会的集体力量来保障。

第二,国际安全保障法律制度的核心,是对在国际关系中使用武力或威胁实行法律管制。具体地说,就是通过国际社会的共同约定,接受原则,确定规章,限定合法使用武力的条件,禁止非法诉诸战争或使用武力。在集体安全保障体制下,战争权不再是国家的一项一般权利。任何违反集体安全义务而使用武力的行为均属非

法，均在禁止之列。

第三，国际安全保障法律制度对使用武力的法律管制，是以集体的、各方面的强制力作为后盾的。违反集体安全义务的行为，将依其对国际和平的威胁程度分别受到外交的、经济的乃至军事的制裁。一方面，集体安全组织的所有成员国作为一个整体的力量，能够对任何潜在的侵略国构成相当的威慑力。另一方面，在发生实际侵略行为时，承担集体安全义务的所有其他国家均有义务给予遭受侵略的一方以援助，而对侵略国则不得给予支持，这是又一种威慑。最后，作为维持或恢复和平的最后手段，集体安全保障体制具有直接对和平的破坏者或侵略者实施强制措施的能力。

第四，国际安全保障法律制度是与建立普遍性国际安全组织联系在一起的，国际组织是集体安全体制的存在形式。在一个由众多的主权国家为成员组成的国际社会里，不可能设想建立一个"世界政府"或其他形式的超国家机构来实施集体安全保障。集体安全与国际组织相结合，恰当地反映了集体安全保障体制的性质，即建立在主权国家自我约束和相互约束基础上的国际联合。

第五，国际安全保障法律制度体现着互信、互利、平等、合作的新安全观。国际安全保障法律制度的实际效率，在很大程度上取决于国家间合作的诚意与实际行动。

三、国际安全保障法律制度的内容体系

国际安全保障法律制度，主要由《联合国宪章》确立的集体安全保障体制、联合国维持和平行动以及国际军控与裁军等方面的国际法律制度所构成。

联合国宪章确立的集体安全保障体制，是指《联合国宪章》关于集体安全保障的组织建构和机制安排等方面的制度规定。联合国维持和平行动法律制度，是指关于维和行动的法律依据、行动目的、行动样式及采取维和行动应当遵循的原则和应当遵守的规则等方面的法律制度。国际军控与裁军法律制度，是对国家的军事力量进行削减或者实行某种约束和控制的国际法律制度。

以上三个方面，共同构成了国际安全保障和军事合作法律制度的基本内容，其核心是预防使用武力和对使用武力实施国际法律管制。三个方面都以维护国际和平、地区安全为目的，并相辅相成。《联合国宪章》确立的集体安全保障体制，是国际安全保障法律制度的基石；联合国维和行动法律制度和国际军控与裁军法律制度，是《联合国宪章》确立的集体安全保障体制的重要辅助制度机制和实现国际和平与安全的基本途径和方法。

第二节 《联合国宪章》确立的集体安全保障体制

《联合国宪章》确立的集体安全保障体制,是指《联合国宪章》关于集体安全保障的组织建构和机制安排等方面的制度规定。它是国际安全保障法律制度的基石。

一、《联合国宪章》关于集体安全保障的组织建构

鉴于国际联盟的集体安全机制未能有效地维护国际安全,联合国的创立者特别在组织结构上进行了调整。在国际安全与和平方面,安理会、联合国大会、秘书长和国际法院均有参与处置权。

第一,联合国安理会在维护和平与安全方面负有主要责任,但不是排他性责任。《宪章》第六章规定,"安全理事会得调查任何争端或可能引起国际摩擦或惹起争端之任何情势,以断定该项争端或情势之继续存在是否足以危及国际和平与安全之维持"(第34条)。安理会是维持和平的主要机关,由五大常任理事国构成权力核心。安理会是联合国体系中唯一有权采取强制行动维护国际和平与安全的机关,而且其决议对会员国有约束力。联合国各会员国将维护和平与安全的主要责任授予安理会,并同意依照宪章规定接受并执行安理会的决议。

第二,联合国大会可以讨论宪章范围内的任何问题或事项;除安理会正在处理者外,并可向会员国或安理会提出关于此等问题或事项的建议。联合国大会与联合国安理会,二者共同构成维护国际和平与安全的中枢机关。

第三,联合国秘书长有权直接参与联合国政治活动,《宪章》第十五章规定,"秘书长得将其所认为可能威胁国际和平及安全之任何事件,提请安全理事会注意"(第99条),并可以在安理会发表自己的意见。这是一项具有重大政治意义的职能。联合国秘书长、联合国大会和联合国安理会,三者构成了联合国集体安全的决策机制。

第四,《宪章》第1条规定:为了维护国际和平与安全,应"依正义以及国际法之原则,调整或解决足以破坏和平之国际争端或情势"。在这一方面,国际法院负有重要责任。国际法院可以受理当事国的诉讼请求,但受理非《国际法院规约》当事国的诉讼应由联合国安理会决定。国际法院的管辖权主要是诉讼管辖和咨询管辖。以上规定表明,国际法院是维护国际和平与安全的司法机构。

二、《联合国宪章》关于集体安全保障的机制安排

联合国集体安全保障的机制安排可阐述为：和平解决国际争端，使国无可战之事；集体安全，抗击侵略，使国无可战之敌；裁减军备，解除武装，使国无可战之器；区域办法，协助维和，使冲突无蔓延之势。

第一，和平解决国际争端。《宪章》规定："各会员国在其国际关系上不得使用威胁或武力，或以与联合国宗旨不符之任何其他方法"（第 2 条第 4 款）。《宪章》承认国家的自卫权，但同时规定，国家在行使自卫权时应立即向安理会汇报。作为集体安全保障的主要机构，安理会有权判定自卫行动对维持或恢复国际和平与安全是否必要，这实质上已经具备了强制法的特点。《宪章》第六章详细规定了争端如何和平解决。这些规定意味着战争和强制方法实际上已丧失其合法地位；与此相对应，仲裁、司法解决、调停、斡旋、调查和谈判等方法，更经常地在国际争端中得到使用。

第二，集体安全，抗击侵略。《宪章》第七章具体规定了"对于和平之威胁、和平之破坏及侵略行为之应付办法"（第 39～51 条）。包括"安全理事会应断定任何和平之威胁、和平之破坏或侵略行为之是否存在，并应作成建议或抉择"（第 39 条）；"安全理事会得决定所应采取武力以外之办法，以实施其决议"（第 41 条）；在该办法不足或已经证明为不足时，"得采取必要之空海陆军行动，以维持或恢复国际和平及安全。此项行动得包括联合国会员国之空海陆军示威、封锁及其他军事举动"（第 42 条）。《宪章》第七章通常被视为集体安全保障体制的执行体系，特别是其中的第 39 条、第 41 条和第 42 条，则是该执行体系的核心，是联合国维护国际和平与制止侵略的行动程序及最后手段。

第三，裁减军备和军备控制。裁减军备和军备控制是关乎国际和平与安全的重大问题，将之作为维护国际安全途径古已有之。宪章将该问题的处理权限授予联合国安理会、联合国大会和军事参谋团。联合国大会得考虑裁军及军备管制问题并向成员国和（或）安理会提出建议（第 11 条）；安理会应拟定方案以建立军备管制制度（第 26 条）；军事参谋团可就军备管制及可能的裁军问题向安理会提供意见和协助（第 47 条）。

第四，鼓励区域办法，协助维持和平。对于区域性争端，由于区域内国家熟悉本地区政治、经济、社会、文化和历史状况，了解事件背景、争端各方真实的要求和适宜的途径，故区域办法或区域性国际组织解决争端程序较联合国程序一般更具优越性。为此，宪章并不排除区域办法，而是规定在符合联合国宗旨与原则的前提

下，鼓励会员国在将地方争端提交安理会前，应依据相关区域办法或由相关区域机关力求和平解决；安理会也应鼓励这种和平解决方式的发展。

三、《联合国宪章》集体安全保障体制的局限性

《联合国宪章》确立的集体安全保障体制，在实践中也体现出一定的局限性。

第一，"大国一致原则"在实践中的缺陷。联合国的集体安全体制的最大缺陷，就是它的政治基础——"大国一致原则"。根据这一原则，安理会在断定和平之破坏或侵略行为是否存在，确定具体制裁对象及制裁措施时，均需五个常任理事国一致通过，而常任理事国根据宪章规定享有所谓的"否决权"，因此，联合国集体安全体制的有效运作在很大程度上取决于安理会常任理事国能否保持和谐一致。然而，在国际社会，由于大国及各国家集团之间错综复杂的矛盾，各大国要保持和谐一致实际上经常难以达到。正因为大国间难以就联合国军队的组织体制和原则问题达成一致，致使《宪章》第43条规定的特别协定一直未能缔结，并因此影响到联合国部队的建立，从而进一步使《宪章》第42条规定的武力之强制办法，在维持或恢复国际和平方面有时难以诉诸实施。

第二，限制使用武力的国际法规则受到冲击。在联合国所建立的集体安全体系中，各国使用武力都受到严格的限制，只有在符合《宪章》规定的三种情况下才可以使用武力。冷战结束至今，美国共发动了三次战争，包括科索沃战争、阿富汗战争和伊拉克战争。尤其是伊拉克战争，对限制使用武力的国际法规则产生了冲击。根据宪章规定，使用武力要么得到安理会的批准，要么是在自卫情况下使用。美国在没能得到安理会授权的情况下，实行"先发制人"战略，把"预防性攻击"作为一种自卫形式，以此为借口发动这场战争。这类实践显然严重冲击着限制使用武力的国际法规则。

第三节　联合国维持和平行动法律制度

联合国维持和平行动法律制度，是指关于维和行动的法律依据、行动目的、行动样式及采取维和行动应当遵循的原则和应当遵守的规则等方面的法律制度。它是《联合国宪章》确立的集体安全保障体制的重要辅助制度机制和实现国际和平与安全的基本途径与方法之一。

一、维和行动的创立和发展

联合国维持和平行动（简称维和行动），是指联合国为帮助冲突地区和发生战争或武装冲突的国家制止冲突、解决争端、维持或恢复法律与秩序，通过派遣军事观察员或维持和平部队而采取的无强制执行权力的行动。

美苏对抗的冷战时期，联合国根本不可能实际采取"有效的集体措施"履行宪章所赋予的维护和平和安全使命。在这种情况下，为控制久拖不决的地区冲突，防止其升级，联合国需要采取其他措施为最终解决冲突创造条件。1948年5月29日，联合国安理会通过第50号决议，决定向中东地区部署首支维和部队，负责监督执行以色列与阿拉伯国家之间达成的停火协定。从此，联合国维和行动开始登上历史舞台。

联合国维持和平行动自创立以来，先后经历了冷战时期和冷战后时期两个阶段。冷战时期的维和行动一般被称为传统的维和行动，冷战后的维和行动被称为第二代维和行动。二者分别表现出各自不同的特点。

传统的维和行动，通常是应付有可能威胁国际和平与安全的区域冲突或由于非殖民化过程而出现的权力真空状态，发挥公正而客观的第三者作用，帮助建立并维护停火、监督撤军、制止或遏制冲突中的战斗行动、在冲突国家之间建立缓冲地带，同时进行协同的努力，使交战双方都坐到谈判桌旁，或以其他方式促成和平解决的条件。这一时期的维和行动实践，大体遵循了一些基本原则：第一，维和行动由安理会授权和组织，特殊情况下由联合国大会组织，秘书长亲自指挥；第二，驻在国政府以及直接有关的各方的同意，是维和行动的必要前提；第三，军事人员由中立的会员国自愿提供，军事观察员是非武装的，维和部队配备轻型防御性武器，除自卫以外不得使用武力；第四，严守中立，不干涉驻在国的内部事务，不介入其内部冲突，更不支持一方而反对另一方；第五，安理会政治上协商一致，会员国（包括冲突有关各方、提供部队各国）持续支持与合作也是不可缺少的条件。正因为这些原则与宪章精神相符，维和行动取得了一些进展，并为多数会员国认可和支持。虽然在冷战的环境中，维和行动受到极大制约，作用有限，但它在维护宪章与和平解决地区冲突方面仍是一种有益的手段和创造。1988年，联合国维和部队还曾获得诺贝尔和平奖。

冷战结束以后，随着地区冲突的增加，联合国维和行动次数增多，规模扩大，维和行动的性质和作用也逐渐超出传统的职责范围。冷战后联合国的维和行动表现出新一代维和行动的主要特征：第一，维和行动的职权范围扩大，政治因素比重增加。它不仅限于监督停火,还包括监督公民投票、解除冲突各方武装,监管并销毁武器、遣返难民,维持社会治安,护送人道援助,有时还与强制实施和平行动、裁减军备、制裁措施相配合。第二,维和行动突破了限于同意的原则。冷战后一些地区的国内冲突,使得国家中央权力瓦解,整个国家处于极端不稳定的状态。如"科伊观察团"并未征得伊拉克同意。在索马里内战中,无论是美国等搞的"联合特遣行动",还是第二期"联索行动",都受到冲突中某一方的反对和抵制。波黑塞族对联合国维和行动,也采取了更加抵触的态度。第三,部分偏离了在冲突中保持中立的基本立场。以维持和平为己任的联合国部队首要任务应当是阻止冲突的加剧,促成停火并保持中立,而不是判定谁是谁非,惩罚某一方或单独遏制某一方。只有这样才能为各方所接受,才能有利于停火的实现。但在索马里和波黑,维和部队都不同程度地卷入了其内部冲突,打一派、保一派,支持一方、打击另一方的现象时有发生。这种同有关冲突方对抗的行动,违维和行动的初衷。第四,武力使用不再限于自卫。维和行动执行强制收缴武器、缉捕冲突中的派别头目、保护人道救援行动、实施安全保护及封锁、制裁等项任务时,增加了维和行动使用武力的可能性。这样,武力的使用便大大超出了自卫的限度。虽然联合国的文件解释说,在这种形势下授权使用武力,是"只为有限和局部的目标而不是为结束战争而使用武力",但难免出现武力被滥用的情况,最终导致维和行动性质的蜕变。

二、维和行动的类型

实施联合国维持和平行动最为典型的方式是联合国维持和平部队。联合国维持和平部队,是根据联合国有关决议建立的一支跨国界的特种部队,它受联合国大会或安全理事会的委派,活跃于国际上有冲突的地区。联合国维持和平部队的作用是阻止局部冲突扩大化,或防止冲突再起,并帮助在战争中受害的平民,为最终政治解决冲突创造条件。

联合国维持和平行动的另一种形式是军事观察组。联合国向冲突地区派遣军事观察组,需由安理会或联合国大会决定,并征得有关各方同意,授权联合国秘书长组织。观察组的人员由联合国成员国提供,由非武装的军官组成。在执行任务时,观察员不能携带武器,必须严守中立,不得卷入冲突的任何一方,更不能干涉所在国的内政。它的具体职责视情况和需要有所不同,一般包括:监督停战或停火、撤军;观察、报告冲突地区的局势;执行脱离接触协议;防止非法越界或渗透;以及联合国决议赋予的其他使命。派遣军事观察组是联合国维持和平行动的临时措施,均有一定的期限,视情况需要由安理会决定可延期。

三、维和行动的法律依据

维持和平行动是联合国在协调或解决国际争端的实践中创新出的一种特殊措施,它产生在宪章之后。从《联合国宪章》的规定来看,无论是第六章规定的和平性质的国际干预,还是第七章规定的强制性质的国际干预,都没有提到类似的行动。联合国秘书处的解释是,"在宪章关于调解的条款和关于强制行动的条款之间有一个空白,维持和平行动发展成为填补这种空白的实际办法",以至于联合国第二任秘书长哈马舍尔德称之为《联合国宪章》的第6.5章。

因此,很难说《联合国宪章》的某一条款是维和行动的直接法律根据。但目前多数学者认为,《联合国宪章》第40条是维和行动的法律根据。因为该条规定,在诉诸第41条(使用诸如经济和外交等非武力的制裁措施)或第42条(使用武力的制裁措施)规定的行动之前,安理会可以采取"安全理事会所认为必要或合宜之临时办法",防止冲突局势的恶化,同时它"并不妨碍关系当事国之权利、要求和立场"。这里,宪章要求安理会采取的临时办法,实际是授予它为防止冲突恶化而采取行动的广泛权力。而维和行动就包括在这种广泛权力之中或是属于这种权力的一种。

四、维持和平行动面临的主要问题

要使维和行动在维持世界和平与安全方面发挥更有效的作用,必须解决好如下几个问题:

第一,应坚持传统维和行动中的那些行之有效的原则。联合国维和行动在其长期的实践过程中,形成了被国际社会认可的三项基本准则:即同意原则、中立原则和非武力原则。这使它在冷战时期极其困难的环境中为维护国际和平与安全,防止地区冲突扩大化作出独特的贡献,被誉为联合国所采取的最成功的行动之一。但是冷战结束后,一些国家和地区内部的民族、宗教、社会矛盾极度恶化,导致残酷的内战和武装冲突频发,严重危及地区乃至国际的和平与安全,国际社会迫切需要联合国有所作为。这个时期的维和行动在取得一定成效的同时,也出现了令人担忧的问题,维和行动已经不再严格遵守传统的维和三原则。另外,维和行动必须遵循联合国宪章的宗旨和原则,特别是尊重国家主权和不干涉内政原则。否则,维和行动的性质就可能发生蜕变。

第二,应该完善国际立法,明确规定维和行动的国际法根据,明确有关各方的权利义务关系,避免维和行动被某些大国操纵和控制,把个别或少数国家的政策主张强加给联合国安理会,使得少数国家假联合国之名,行军事干涉之实,使维和行动成为实现某些大国国家利益的工具。

第三，应明确维和行动的性质是维持和平，而不是用武力建立和平。因此，对维和行动使用武力的条件必须限制在自卫的范围之内，坚持以斡旋、调解、谈判等和平手段解决争端，不应动辄采取强制性维和行动。

第四，必须有效解决维和行动所需的人力、财力、物力、资源问题。从20世纪60年代起，联合国维和行动就缺乏资金和供联合国调动的部队，缺乏训练有素、可协调一致的维和人员，缺乏足够的后勤人员。这些因素的不足，使得联合国历次维和行动捉襟见肘、力不从心。

第四节 国际军控与裁军法律制度

国际军控与裁军法律制度，是对国家的军事力量进行削减或者实行某种约束和控制的国际法律制度。它也是《联合国宪章》确立的集体安全保障体制的重要辅助制度机制和实现国际和平与安全的基本途径与方法之一。

一、国际军控与裁军的概念

军控与裁军，就是对国家的军事力量进行削减或者实行某种约束和控制。

军控，即军备控制，是指通过限制军备的发展和使用方式来控制军备发展水平。它既包括对武器系统的数量、类型、性能以及武装力量的数量、编制、装备、部署实施限制的任何方案或过程，也包括那些用于减少军事环境不稳定性的方法。其主要目的是为了减少发生战争的危险，降低对抗水平，降低各国发展必要国防的费用，减少军备竞赛中不稳定因素，增加可预见性。

裁军，通常指对军事力量（武器或军队）的裁减或消除。严格地说，裁军与军控是有区别的。军控是对军事力量进行某种限制，但多数情况下并不阻止其发展，也并不意味着对军事力量进行削减；军控的意义在于对各国的军备发展制订一个规则，使得军备发展或者军备竞赛不致失控。而裁军则是指真正地削减军事力量。从采取的措施来看，军控包括狭义的裁军，但从另一个方面来看，军控又可以看成是实现全面彻底裁军的一个阶段。因而，两者在广义上一般通用、联用或混用。

二、军控、裁军与国家安全

传统安全观认为，一国的军事实力越强大，该国就越安全。因此，各国都纷纷加紧扩充军备,增强自身的防御与进攻能力。一方面,主权国家拥有一定的军事实力,确实可以很好地保护本国安全。但另一方面,如果每个国家加紧扩充军备,发展各种新式武器,就很容易造成安全困境的出现,即该国采取种种措施加强自身的军事进攻和防御能力,往往容易导致其邻国也纷纷加强发展自身的军备,以达到双方军事力量的平衡,这样就很容易形成两国之间的军备竞赛。这种日益升级的军备竞赛非但不能保护该国的安全,反而会恶化该国面临的安全环境。

为了避免在军备竞赛中双方铤而走险以致造成两败俱伤的场面,有关各方不得不采取克制、退让,以避免悲剧的发生。所以,进行军控与裁军就日显必要了。在这样的情况下,主权国家之间只有通过双边或多边的沟通机制,签订相关军控协议和条约来限制国家之间的军事发展水平,从而维持相应的军事平衡,以维持本国的安全。所以,军控与裁军是维护国家安全和保持全球战略稳定的一项重要措施。

三、国际军控与裁军法律制度及实践的历史发展

国际社会军控与裁军法律制度及其实践的发展,可以联合国的成立为标志,分为两个阶段。

(一) 联合国成立之前的国际军控与裁军法律制度及实践发展

1817年英美两国缔结的《拉什—巴格特协定》,被认为是国际裁军史上最早的有益尝试。该协定规定,两国限制在美国和当时英属加拿大之间五大湖与尚普兰湖部署军舰的数目、大小和配备。1899年和1907年的两次海牙和平会议虽然都涉及了裁军这一议题,会员国都在声明中表达了裁减军备的愿望,但未能就裁军问题达成任何协议。

第一次世界大战后成立的国际联盟把实现和平的重点放在裁军上。国际联盟盟约规定:为了维护和平,各会员国必须承认缩减军备。同时,国联在裁军和军控方面先后采取了一些具体措施,如1920年设立了一个由专家组成的常设军备咨询委员会,并从1925年12月开始召开裁军会议筹备委员会,1932年召开了由六十四个国家出席的裁军会议。但是,由于日本入侵中国东北和列强间重新军备竞赛的加剧,这次裁军会议至1934年底以未获任何成果而宣告结束。另外,在此期间,一些军事大国通过裁军谈判,于1922年缔结了《华盛顿裁减海军条约》,1930年缔结了《伦敦裁减海军条约》。

(二) 联合国成立之后的国际军控与裁军法律制度及实践发展

根据《联合国宪章》,联合国大会和安理会都负有裁军和建立军备管制制度的责任。宪章第11条规定:"大会得考虑关于维持国际和平及安全之合作之普遍原则,

包括军缩及军备管制之原则",并可向"会员国或安理会或兼向两者提出对于该项原则之建议";第 26 条规定:"为促进国际和平与安全之建立和维持,以尽量减少世界人力及经济资源消耗于军备起见,安全理事会在军事参谋团的协助下,应负责拟具方案,提交会员国,以建立军备管制制度。"为实现这一目标,联合国建立了一整套裁军的常设机构和谈判机构,同时军备控制与裁军是联合国大会和有关委员会审议的主要问题之一。

联合国从 1946 年第一届联大通过第一项关于裁军问题的决议起,就开始讨论裁军问题。1959 年第十四届联大将"全面彻底裁军"项目列入议题,并通过决议,确认全面彻底裁军是"当今世界面临的最重要的问题"。此后,联合国就把"全面彻底裁军"作为它努力实现的目标。这一时期,各国就裁军和军备控制达成了一些有影响的协议。这些协议主要有:(1) 1959 年《南极条约》。该条约是战后唯一规定在一个大的地理区域实行完全非军事化的国际协定,是第一个国际核禁试协定。该条约禁止在南极大陆进行军事活动,并使南极大陆及南纬 60 度以南及其周围海洋成为无核武器区。(2) 1963 年《禁止在大气层、外层空间和水下进行核武器试验条约》(简称《外层空间条约》)。该条约禁止核武器和其他大规模毁灭性武器进入地球轨道,禁止将天体用于军事目的或将核武器安置在天体上,并禁止在外层空间装置这些武器。(3) 1967 年《拉丁美洲禁止核武器条约》。该条约建立起第一个无核武器区,条约也是一个规定由国际组织核查其实施的第一个军备控制协定。(4) 1968 年《不扩散核武器条约》。条约规定核国家承担义务不向无核国家转让核武器,无核国家则保证不接受、不制造这些武器。

1969 年第二十四届联大,通过一项以全面彻底裁军为主题的决议,宣布 20 世纪 70 年代为第一个裁军十年。目标是结束核军备竞赛,实现核裁军。这个裁军十年的主要成果仍然表现为一系列的双边或多边协定,主要有:(1) 1971 年的《禁止在海床洋底及其底土安置核武器和其他大规模毁灭性武器条约》(简称《海床条约》)。该条约禁止在各国 12 海里沿海区以外的海床洋底安置核武器和其他大规模毁灭性武器以及为安置这些武器提供便利。(2) 1972 年的《禁止细菌(生物)及毒素武器的发展、生产和储存以及销毁此种武器公约》。这是第一个规定销毁现有武器的国际裁军协定。(3) 1977 年的《禁止为军事和任何其他敌对目的使用改变环境的技术的公约》。该公约禁止使用能造成诸如地震、海啸以及天气和气候格局变化这类现象并将产生广泛、持久或严重后果的技术。(4) 1979 年的《关于各国在月球和其他天体上活动的协定》(天体协定)。该协定不仅适用于月球,而且适用于太阳系内地球以外的其他天体。协定规定月球和其他天体应专用于和平目的,禁止各种军事利用。

(5) 1980 年的《禁止或限制使用某些可被认为具有过分伤害力或滥杀滥伤作用的常规武器公约》。该公约限制或禁止使用地雷和饵雷、燃烧武器，以及 X 光在人体探测不到的碎片武器。另外，第一届裁军特别联大的召开，可算第一个裁军十年的主要成果之一。1978 年，第一届裁军特别联大在纽约联合国总部举行，一百二十六个会员国的代表出席了这次会议，这是联合国专门为审议裁军问题而召开的规模最大、最有代表性的一次会议。会议以协商一致方式通过了《最后文件》。文件指出："裁军和军备限制，特别是核领域的裁军和军备限制，是防止核战争危险，加强国际和平与安全和促进各国人民的经济和社会进步的必要条件，从而促进新的国际经济秩序的达成。""一切国家都有责任为裁军领域的努力做出贡献，一切国家也有权参加裁军谈判。"该文件是一项全面、综合性的裁军战略。它阐明了裁军领域中应实现的目标、原则和优先事项，规定了联合国在裁军领域中应发挥的中心作用与应承担的责任。这一文件对其后在联合国内外进行的裁军谈判具有纲领性的指导意义。第一届裁军特别联大召开以后，国际形势更趋恶化，特别是 1979 年苏联入侵阿富汗以后，军备竞赛不断加剧，全部重要的裁军谈判均陷于停顿。

1979 年，联合国大会宣布 20 世纪 80 年代为第二个裁军十年，指出这个十年的目标是制止和扭转军备竞赛，落实《最后文件》规定的目标。1982 年，第二届裁军特别联大在联合国总部举行，有一百四十多个国家参加了会议。会议讨论了第一次特别联大以来的国际裁军形势，认为四年来各国没有根据裁军协议裁减过一件武器。各国代表虽然就裁军、和平与安全问题表明了各自立场，但大会未能就审查第一届裁军特别联大以来的裁军进程和达成一项综合裁军方案这两大主要议题取得任何协议，会议只就一个程序性质的结论文件达成了协议，即重申 1978 年《最后文件》的有效性，并决定发动一次世界裁军运动，以宣传、教育和促进公众了解和支持联合国在军备限制和裁军领域中的目标。

随着美苏关系的相对缓和，双方裁军谈判出现了转机，尤其是 1987 年美苏签署《中导条约》，为再一次召开裁军特别联大创造了条件。1988 年，第三届裁军特别联大在联合国总部举行，一百五十九个会员国及其他国际组织的代表或观察员参加了会议。会议的主要议题有：前两届裁军特别联大决议的执行情况；对裁军进程的发展和趋势的评价，以及裁军与发展之间的关系；联合国在裁军领域的作用。这次会议由于美国的阻挠，未能就最后文件达成协商一致的意见。但与会各国对裁军领域以及与之相关的许多重要问题都形成了一致或相似的看法，为今后联大的建设性讲座和行动提供了基础。这些一致或相似的看法主要有：裁军不只是两个超级大国的责任，而是所有国家共同的任务；虽然核裁军必须继续作为主要关注事项，但常规裁军也具有了新的重要性和迫切性;除了注意军备竞赛的数量方面的问题,也要注意质量方面的问题;国家安全必须从全球问题和国际关注事项的角度来考虑;在追求裁军和限制军备的目标时,还必须设法解决冲突、建立信任和促进经济社会发展;现有的裁军机构能够而且应当更好地加以利用。

1990年,第四十五届联大通过一项决议,宣布20世纪90年代为第三个裁军十年,决议号召国际社会"同心协力",决心通过裁军实现真正的和平与安全。它强调公众在了解裁军问题之后,能在促进这一问题的进展上发挥建设性的作用。第三个裁军十年,是在冷战结束,国家形势趋向缓和的形势下开始的,这一时期的裁军取得了重大进展,其主要成果也表现在一些重要的双边或多边协议上。主要有:(1) 1991年美苏《第一阶段削减战略武器条约》和1993年美俄《第二阶段削减战略武器条约》,这两个条约规定了两国削减战略武器的比例与数量。(2) 1992年《禁止发展、生产、储存和使用化学武器及销毁此种武器公约》。该公约规定,任何缔约国不得发展、生产、储存和使用化学武器,任何拥有化学武器的国家应在十年内全部销毁其所拥有的化学武器及其生产设施;公约规定了严格的核查制度;公约还决定在海牙设立一个负责主管禁止化学武器组织。(3) 1991年~1992年,联合国安理会常任理事国举行三轮中东军控会议,先后通过了"关于中东军控、军品转让及武器不扩散问题"文件以及"关于常规武器转让的准则"和"不扩散大规模毁灭性武器准则"。在这些文件和准则中,五常任理事国承诺不向中东地区出口破坏稳定的常规武器,一致认为军控应遵循公正、合理、全面、均衡原则,支持在中东建立无大规模杀伤性武器区;五国承担不扩散核武器、生物武器和化学武器等义务。(4) 1995年,安理会通过984号决议,向无核国家提供安全保证。该决议的主要内容有:确认《不扩散核武器条约》的无核武器缔约国有获得安全保证的合法权益,保证在这类国家遭到核武器的袭击或受到核威胁时,安理会,首先是其核武器常任理事国,将立即按照《联合国宪章》的有关规定采取行动。(5) 1996年,第五十届联大通过了《全面禁止核试验条约》。条约禁止在任何时候、任何地点进行核爆炸,并为此建立了多层次、多渠道的、国际和国家方式兼用的严密的核查制度,大大弥补了《核不扩散条约》不具备执行条款的重大缺陷。(6) 1999年,第五十四届联大通过了"维护和遵守《反弹道导弹条约》的决议"。决议重申了《反弹道导弹条约》的有关规定,呼吁缔约国全面和严格遵守这一条约,不部署和不转让保护全境的反导系统及其组成部分。

四、当代裁军与军控所面临的问题

联合国历届大会和有关委员会都把裁军和军控作为重要问题加以审议,并通过了不少决议,在冷战期间对超级大国形成政治和道义的压力,对约束它们的军备竞赛、促使它们签订双边和多边裁军协议起到了一定的推动作用。联合国召开了三次裁军特别联合国大会,宣布20世纪70年代、80年代、90年代为三个"裁军十年",主持或推动签署了多个裁军和(或)军控条约。冷战结束以来,联合国在达成核裁军、禁止化学武器和常规武器裁军等领域取得了一些突破性的进展,联合国裁军和军控机制的作用得到进一步的发挥。但是,军备毕竟是国家安全的最高命脉,裁军与否取决于国家政策目标与战略安排。冷战后的形势不仅给裁军带来了希望,也带来了失望和挫折。我们必须认识到联合国裁军与军控机制的局限性和现实窘况。

(一) 单边安全政策对国际裁军与军控体制的破坏

自20世纪60年代以来,国际社会在裁军和军控领域达成和签署了一系列重要的条约和协议,取得了前所未有的成果。但随着国际安全局势的转变,以美国为首的西方国家逐渐在军控领域奉行单边主义和实用主义政策,对国际多边军控体系带来新的严峻挑战。

2002年,美国正式退出美苏1972年签署的《限制反弹道导弹条约》(简称《反导条约》),使得这作为战略稳定基石近三十年的国际法机制寿终正寝。此外,美国还拒绝签署《禁止地雷议定书》、拒绝批准《全面禁止核试验条约》并终止《禁止生化武器公约》附加议定书的谈判,这一系列单边行径使国际社会已经取得的军控成果难以保全。2004年,美国开始正式部署国家导弹防御系统,并积极拉拢英国、澳大利亚、日本等国家加入导弹防御计划。由于美国坚持追求单边绝对安全、坚持发展和部署国家导弹防御系统,无形中降低了其他国家的安全感,使得主要大国之间的互不信任感加深,致使整个军控与裁军领域的合作缺乏动力,困难重重。日内瓦裁军谈判会议是目前国际上唯一的多边裁军谈判机构,多年来曾达成许多重要的军控条约。但由于美国在国际军控领域极力推行单边主义,使得裁军谈判在"核裁军"、"禁止生产核武器裂变材料"以及"防止外空军备竞赛"三大核心议题上难以达成共识。

美国的单边主义安全政策和实践,不仅严重损害了现有军控体制的完整性和法律权威性,使以条约为基础的国际军控体制受到严重破坏,也为今后军控进程的逆转和军备竞赛的进一步加剧埋下了伏笔。

(二) 世界军备竞赛呈现新的发展态势

冷战时期,多数国家都保持了一支比较庞大的武装部队,结合科技实力发展为先导的综合国力的竞争,军事战略和建军方针均进行了重大调整。为适应冷战后新形势的需要,世界各主要国家将军队建设的重点转到质量建军上,力图建立一支精干有力的、用高技术武器装备起来的、具有快速机动能力的军事力量,由此引发高技术常规军备竞赛愈演愈烈。

美国为了保持其超级大国地位,将武器装备发展着眼点放在提高质量、注重技术、增强性能上,其武器装备的发展方向是信息化、智能化、隐型化和远程化。美国还加速发展计算机模拟核试验技术,加紧发展和部署战区导弹防御系统和国家导弹防御系统,并成功地进行了激光反卫星试验,把军备扩展到外层空间,并着力提高核武器的实效性。俄罗斯尽管国内经济困难,但仍有选择地保留了一些高技术武器的研制项目,并优先发展精确制导武器、新型空军装备和机动部队运输工具。英国和法国已将计算机、激光、新材料、新工艺和人工智能等领域的最新成果用于常规武器装备的发展,以提高其高技术程度。日本利用其在高技术方面的优势,努力推进军事力量现代化和高技术化,把武器装备的发展重点放在中程弹道导弹系统、攻击航母及电子战设备与空中预警系统等高技术武器装备,并积极研制核武器,进行核试验。

(三) 地区军备竞赛成为新热点

冷战的结束,使全球进入一个相对平静时期,发生世界性战争的可能性减少,因此在主要国家间率先出现了一个裁减军员、削减军费的浪潮。但值得注意的是,一些热点地区的国家不仅未裁军,反而在扩军备战,甚至搞核军备竞赛。造成这一状况的根本原因在于这些地区安全形势相当严峻。因民族纷争、宗教矛盾和领土争端等事由引发的地区冲突和国内战争在冷战结束后不仅没有减少,反而变得更为复杂。中东问题久拖未决,俄罗斯的车臣、东南欧的前南斯拉夫地区、南亚的印巴和阿富汗、东南亚的印尼,还有非洲的一些国家的战事此起彼伏,这些国家为了自身的安全面临发展军备的压力,客观上为军备发展提供了土壤。以美国为首的军事大国不断插手,使地区安全形势更加复杂化,海湾战争、科索沃战争及对伊拉克战争的爆发,更增添了人们的疑惧,中小国家不得不加大军备发展的投入。尤为严重的是,地区性矛盾和冲突的不断加剧,将会使更多的民族独立国家希望拥有核武器以防不测。核武器向中小国家扩散的趋势,不仅会引发新的更大范围的核军备竞赛,而且使国际社会面临日益严重的现实威胁。

第十八章 战争与武装冲突法

战争与武装冲突法，即战时国际军事法，是指调整各种形式的战争或武装冲突中交战国（方）之间、交战国（方）与中立国（方）之间关系，规范作战行为的原则、规则和规章制度的总称。

第一节 概述

马克思主义认为，战争是社会发展到一定阶段时所产生的一种社会历史现象。战争主要表现为武装冲突，但并非所有的武装冲突都是战争。传统国际法意义上的战争，主要是指两个或两个以上国家因使用武力推行国家政策而引起的武装冲突和由此产生的法律状态。现代国际社会，随着禁止在国际关系上使用武力或以武力相威胁原则的确立，传统战争法已被现代武装冲突法所取代，现代武装冲突法不仅适用于国际性的武装冲突，也在一定程度上适用于非国际性武装冲突。

一、战争与武装冲突法的历史发展

战争与武装冲突法的历史发展经历了三个阶段，并依次呈现为三种基本形态，即古代区域战争规范、近代战争法和现代武装冲突法。

（一）战争与武装冲突法的古代形态——区域战争规范

与人类社会的战争现象相伴随，人类社会早期即已出现规范和约束作战行为的战争法规。但是，由于人类早期活动（包括战争活动）限于几个相对隔离的区域内，世界尚未真正成为一个整体，因此，古代社会并无各个区域一体遵行的世界性的战争法规，而只有通行于各个区域内部的战争规范。

古代中国，特别是春秋战国时期的一些重要的兵书，如《司马法》、《尉缭子》等，都对当时的区域战争规范有所记载。古代中国区域战争规范的主要内容包括：(1) 战争必须是正义的。如《左传》认为，战争是用来禁止暴虐、消弭战事、保卫天下、巩固功业、安定民众、协和万邦、丰裕财富的；《荀子·议兵》认为：兵者，所以禁暴除害也。(2) 师出有名，征战有时。据史料记载，夏、商、周三代，出师征战要誓师，以申明法纪、约束部属，并列举敌方罪行，张扬武装讨伐的正义性，表明己方师出有名；关于举行征战的时间，则要求不违农时，不在疾病流行或敌国丧乱期间出兵。(3) 作战行为要符合仁义。西周以前，作战要等对方摆好阵势才能开始攻击，追杀逃跑的敌兵不能超过一百步，追击退却的敌军不超过九十里，哀矜敌方的伤病员，不残杀丧失战斗力的敌方人员，赦免降服的敌人等。(4) 善待俘虏。(5) 爱护敌方的百姓和财物。秦以前，军队进入敌国，不准亵渎神位，不准打猎，不准破坏水利工程，不准烧毁房屋建筑，不准砍伐树木，不准擅取家畜、粮食、器具，不准伤害老人和儿童等。

和古代中国一样，古代印度、古希腊古罗马、中世纪欧洲，都有本区域的战争规范。古代印度不仅有缔结和约、盟约的习惯，有中立的存在，而且还有许多关于作战武器、攻击对象和如何对待被征服的敌国的具体规定。在古希腊，战争非经宣告不得开始，要掩埋战场上的死者，战俘可以交换或赎回，神庙不可侵犯，不得杀害寺庙中的避难者等，都是重要的战争规范。古罗马人关于战争开始和结束的规则已经相当完善。中世纪的欧洲，在11世纪还出现了"上帝和平"运动，由教会规范骑士行为；形成了"上帝休战"（又称"神命休战"）制度，确定骑士的社会责任和义务，规定40日斋、复活节和12圣徒纪念日以及每周从星期三夜到下周星期一晨都不得危害于人，将一年的实际作战时间限制在90天以内。

(二) 战争与武装冲突法的近代形态——战争法

中世纪中后期的欧洲学者，已经开始自觉地思考和研究战争与武装冲突法现象。1652年，荷兰人格劳秀斯在前人的基础上，出版了《战争与和平法》一书，全面系统地论述战争法思想和战争法规。这部著作不仅极大地影响了当时正在进行的30年战争，而且为近代战争法的形成奠定了理论基础。

这一时期，区域壁垒的破除和民族国家体制的形成，则为近代战争法的形成提供了社会政治条件。1618年，欧洲爆发了30年战争。它是由德意志内战演变为全欧洲的国际性战争，主要是奥地利—西班牙的哈布斯堡王朝同新教国家及法国作战。1643年，双方开始和谈，1648年订立了《威斯特伐利亚和约》。和约规定原神圣罗马帝国治下的三百多个诸侯邦享有独立主权，承认新教与天主教享有同等的权利，打破了长期以来的罗马教皇神权政治体制下的世界主权，确立了国家间新的国际关系体制。此后，欧洲众多主权国家相互间频繁地进行着和平与战争交往，通过战争和会议，不仅形成和发展了许多战争习惯法，而且还订立了各种战争法条约。随着阻隔世界各地域间交往的壁垒被打破，近代战争法也伴随着欧洲侵略者的炮舰，渐次走出了欧洲地域的藩篱，扩及到包括中国在内的整个世界。

1856年的《巴黎会议关于海上若干原则的宣言》，开启了正式编纂国际战争法的先河。继之有1864年的《改善战地武装部队伤者境遇公约》，1868年的放弃使用某些爆炸性弹丸的《圣彼得堡宣言》。1899年和1907年两次海牙会议，对近代战争法进行了全面编纂，标志着近代战争法体系的形成。

1899年5月18日至7月29日，包括中国在内的欧、亚、美三洲的二十六个国家，在荷兰海牙举行了第一次海牙和平会议，签订了《关于和平解决国际争端公约》、《关于陆地战争的法规和惯例公约》（含附件《陆战法规和惯例章程》）、《关于1864年8月22日日内瓦公约的原则适用于海战的公约》三项公约和《关于禁止从气球上投抛炸弹和爆炸物宣言》、《禁止使用专用于散布窒息性或有毒气体的投射物的宣言》、《禁止使用在人体内易于膨胀或变形的投射物，如外壳坚硬而未全部包住弹心或外壳上刻有裂纹的子弹的宣言》三项宣言。

1907年6月15日至10月18日，包括中国在内的四十四个国家召开了第二次海牙和平会议。第二次海牙会议修订了第一次海牙会议的三项公约和一项宣言，并新签订了十项公约，总计是十三项公约和一项宣言，分别是：《关于和平解决国际争端公约》（海牙第1公约，修订）；《限制使用武力以索偿契约债务公约》（海牙第2公约）；《关于战争开始的公约》（海牙第3公约）；《陆战法规和惯例公约》（海牙第4公约，含附件《陆战法规和惯例章程》，修订）；《中立国和人民在陆战中权利和义务公约》（海牙第5公约）；《关于战争开始时敌国商船地位公约》（海牙第6公约）；《关于商船改装为军舰公约》（海牙第7公约）；《关于敷设自动触发水雷的公约》（海牙第8公约）；《关于战时海军轰击公约》（海牙第9公约）；《关于1906年7月6日日内瓦公约原则适用于海战的公约》（海牙第10公约，修订）；《关于海战中限制行使捕获权公约》（海牙第11公约）；《设立国际捕获法庭公约》（海牙第12公约，未生效）；《关于中立国在海战中的权利和义务公约》（海牙第13公约）；《关于禁止从气球上投抛炸弹和爆炸物宣言》。

（三）战争与武装冲突法的现代形态——武装冲突法

近代战争法体系是建立在肯定国家的战争权、承认战争为国家推行其政策的合法工具的基础上的。近代战争法形成完整体系之后，在约四十年的时间内，爆发了两次世界大战。为了避免人类再度遭受"惨不堪言之战祸",二战结束时成立的联合国,在其《宪章》中不仅废弃了国家的战争权,而且明确禁止在国际关系上使用武力或武力威胁。《宪章》第2条第4款规定:"各会员国在其国际关系上不得使用威胁或武力,或以与联合国宗旨不符之任何其他方法,侵害任何会员国或国家之领土完整或政治独立。"确立这一目标性准则,是人类历史发展的一大进步,并为近代战争法发展成为现代战争法奠定了坚实基础。由于国家战争权的废弃,战争与武装冲突法的现代形态一般被称为武装冲突法。

联合国成立之后的半个多世纪以来,武装冲突法得到了全面的充实和发展。概括起来,其主要体现为四个方面:

首先,巩固和强化了自身的基础。武装冲突法以废弃国家的战争权、禁止在国际关系上使用武力为基础。六十多年来,国际社会先后通过了《关于侵略定义的决议》(1974年)、《关于和平解决国际争端的马尼拉宣言》(1982年)、《加强国际关系上不使用武力或进行武力威胁原则的效力宣言》(1987年)等权威性的文件,使这一基础更为巩固和坚实。

其次,丰富了作战规范的内容。由于事实上战争和武装冲突此起彼伏,从未停歇,由于军事高技术及其武器装备不断涌现并投入战场,由于人道主义广泛传播和人权概念深入到武装冲突领域,国际社会在继承原有的作战法规的基础上,又制订了大量新的约章。(1) 在规范作战手段和方法方面,新制订了《禁止细菌(生物)及毒素武器的发展、生产及储存以及销毁这类武器的公约》(禁止生物武器公约,1972年);《禁止为军事或任何其他敌对目的使用改变环境的技术的公约》(1977年);《禁止或限制使用某些可被认为具有过分伤害力或滥杀滥伤作用的常规武器公约》(特定常规武器公约,1980年);《禁止研制、生产、贮存和使用化学武器以及销毁此种武器的公约》(禁止化学武器公约,1993年)。(2) 在人道保护方面,国际社会于1949年修订了1929年的日内瓦公约,把原来的两个公约扩展为四个公约,即《改善战地武装部队伤者病者境遇的日内瓦公约》(日内瓦第1公约);《改善海上武装部队伤者病者及遇船难者境遇的日内瓦公约》(日内瓦第2公约);《关于战俘待遇的日内瓦公约》(日内瓦第3公约);《关于战时保护平民的日内瓦公约》(日内瓦第4公约)。1977年,又签署了1949年日内瓦四公约的两个附加议定书:《关于保护国际性武装冲突受难者的附加议定书》(第1议定书);《关于保护非国际性武装冲突受难者的附加议定书》(第2议定书)。另外,1954年,国际社会还签署了《关于发生武装冲突时保护文化财产的公约》,1974年,联合国大会通过了《武装冲突中对人权的尊重》、《在非常状态和武装冲突中保护妇女和儿童的宣言》等文件,极大地丰富和完善了保护战争受难者的法律制度。

再次，统一了作战法规体系。在近代战争法中，作战法规分属海牙法和日内瓦法两个体系。海牙法规定交战各国在交战行为方面的权利与义务，对作战手段和方法进行限制。日内瓦法即狭义的国际人道法，规定在战争中保护所有不参与或不再参与战事的人员——不论他们是伤员、病员、遇船难者还是战俘。由于海牙法的各项条约是本着人道主义精神签署的，海牙法本身就体现着日内瓦法的要求，并明确规定凡其规章所没有包括的情况，仍应受国际人道法的保护和管辖；由于日内瓦法人道保护的宗旨，须要通过限制作战手段和方法才能更好地实现，使这两个体系能够达成内在的统一。国际社会于1974年～1977年召开的四届关于重申和发展适用武装冲突的国际人道主义法律的外交会议，签署了日内瓦四公约的两个附加议定书，使规范作战手段和方法的海牙法体系与保护平民和战争受难者的日内瓦法体系得以完全结合、融为一体，标志着作战法规已经形成了统一的形式和体系。

最后，制订了一系列惩处战争犯罪的法规，并有效地实施了对战争犯罪的惩处。这一方面的法规和实践主要包括：（1）二战结束以后，国际社会制定的《欧洲国际军事法庭宪章》（1945年）和《远东国际军事法庭宪章》（1946年），及据此成功地进行的纽伦堡审判和东京审判；（2）联合国安理会通过的《前南斯拉夫国际法庭规约》（1993年）、《卢旺达国际法庭规约》（1994年）及据此对实施严重违反国际人道法行为的责任者进行的审判实践；（3）1998年订立的《国际刑事法院规约》，以及根据这一规约成立的国际刑事法院及其审判实践活动等。

二、战争与武装冲突法不同发展阶段的特点简评

古代区域战争规范有三个特点：其一，区域的局限性。规范只分别在若干个相互隔离的区域内有效，对别的区域没有任何拘束力；其二，内容的零碎性。各个区域的战争规范，都没有达到规范战争的全过程的各个方面和各个环节的程度。对于战争过程的一些环节、战争行为的许多方面，并无规范可言。即使是有规范的部分，此规范与彼规范之间，也缺乏内在的一致性，往往彼此矛盾，不成体系；其三，规范效力来源的多样性。区域战争规范的效力，在早期，主要是与本区域的宗教、道德、政治相联系，其被遵循的程度，往往取决于将士特别是统率军队指挥作战将领的宗教感情、道德信念和政治修养。总体而言，拘束力并不强。

近代战争法较好地克服了区域战争规范的上述缺陷。它以世界的普遍适用性取代了区域战争规范效力范围的区域局限性，以内容的全面性和体系的完整性取代了区域战争规范内容的残缺性和零碎性，以国际法律效力取代了区域战争规范效力来

源的多样性和拘束力的薄弱性。从古代区域战争规范到近代战争法，是一个质的飞跃。但与此同时，在克服区域战争规范缺陷的同时，近代战争法又体现出新的缺陷：其一，它肯定了国家有诉诸战争的绝对权利，肯定了战争是国家用以解决国际争端、推行政策的工具，客观上不加区别地为一切战争披上了合法的外衣，为殖民主义、帝国主义的掠夺性、奴役性战争起了张目的作用。其二，它以国家作为战争的唯一主体，导致其一切规范对于非国家间的武装冲突（如国内武装冲突）来说毫无意义。其三，它的适用范围仅限于国家间法律意义上的战争。因此，即使是国家间事实状态上的战争，只要交战方不作战争意向的表示，或者干脆否认它们之间进行的是战争，近代战争法的种种规范也就失去了适用条件，完全可以被弃置一旁而不顾。

二战结束以来形成并逐渐取代近代战争法的现代武装冲突法，以禁止非法使用武力为基石，体现了人类文明发展和进步的方向，并在减轻或降低战争给人类社会带来的灾难、避免不必要痛苦方面，日益发挥出重要作用。一是在规范内容上，形成了丰富、细致的作战规则，对战争和武装冲突的全过程和各个方面、各个环节均予以明确规范，并使传统战争法中的交战行为与人道保护两方面的内容实现了有机统一，形成了协调完善的法律体系整体。二是在适用范围上，既适用于相关条约的缔约国，也适用于非缔约国；既适用于国家间的国际性武装冲突，也在一定程度上适用于非国际性武装冲突，增强了战争与武装冲突法的适用性。三是在战争犯罪责任追究上，由于国际社会追究战争犯罪责任机制的逐渐完善及相关实践的丰富发展，增强了战争与武装冲突法的拘束力。

三、现代武装冲突法的内容体系

武装冲突法的表现形式，包括战争法规和战争惯例。其主要内容包括以下四个方面：

1. 关于武力使用的法律规定

主要包括禁止国家在国际关系上使用武力或以武力相威胁，以及禁止使用武力的例外两部分。它的核心是禁止非法使用武力；自卫作战、民族独立和民族解放战争、联合国采取或授权的军事行动，作为禁止国家在国际关系上使用武力的例外，属于合法使用武力。这一部分内容是武装冲突法的基础和基石。

2. 关于作战行为的法律规定

它是关于具体作战行为的法律规范体系，主要包括两类内容：一类是禁止或限制作战手段和方法的规定；一类是保护武装冲突中受损害或可能受损害的人员和物体的规定。这一部分内容也被称为"国际人道法"，是武装冲突法的主要组成部分。

3. 关于战时中立的法律规定

中立法是调整交战国（方）与非交战国（方）之间的关系，规定它们彼此间的权利和义务的原则、规则和制度。在近代战争法中，中立是以法律状态的战争的存在为前提的，在非战争的武装冲突中，不存在中立问题。现代武装冲突法体系中的战时中立制度，受联合国集体安全体制的限制。

4. 关于惩处战争犯罪的法律规定

它是关于严重违反武力使用和作战行为限制的法律规范的罪刑及惩处机制的规定。二战后欧洲国际军事法庭和远东国际军事法庭对二战战犯的审判和惩处、前南斯拉夫国际法庭和卢旺达国际法庭分别起诉和惩治在前南斯拉夫境内和在卢旺达境内的武装冲突中严重违反国际人道法的责任者，都是以它为法律根据的。依据《国际刑事法院规约》成立的国际刑事法院所管辖的罪行，主要也是战争犯罪。

这四个方面，以禁止在国际关系上使用武力为基础，以禁止或限制作战手段和方法、实施人道保护的规范为主要组成部分，以战时中立规则为补充，以惩处战争犯罪的法律规定为保障，互相联系、互相贯通，构成了武装冲突法的完整体系。

第二节 关于武力使用的法律规定

关于武力使用的法律规定，是武装冲突法的基础，主要包括禁止在国际关系上使用武力或以武力相威胁，以及禁止使用武力的例外（即合法使用武力的情形）两个方面的内容。

一、禁止在国际关系上使用武力或以武力相威胁

传统国际法历来把战争作为推行国家政策，解决国际争端的合法工具和手段，认为"诉诸战争权"是主权国家不容置疑的绝对权利。现代国际法把以和平方法解决国际争端作为一项基本原则，禁止国家进行侵略战争，禁止非法使用武力。国际法禁止非法使用武力有一个发展过程，经历了对战争权的限制、战争权的废弃和禁止非法使用武力三个阶段。

对战争权的限制，始于1899年第一次海牙会议通过的《和平解决国际争端公约》（1907年第二次海牙修订，海牙第1公约）。公约第1条规定，"为尽可能避免在国际关系上使用武力起见，各缔约国同意尽其最大努力保证国际争端之和平解决。"

1907年《限制使用武力以索偿契约债务公约》（海牙第2公约），在以武力索偿契约债务这个具体问题上，对"战争权利"作了限制。1919年巴黎《国际联盟盟约》，对战争权利又作了进一步限制。盟约第12条规定，各会员国发生争议时，"当将此事提交仲裁或依法司法解决，或行政院审查。非俟仲裁员裁决或法院判决或行政院报告后三个月届满以前，不得从事战争。"上述条约在一定时间内、一定条件下、或一些具体问题上对战争权作了限制。

战争权的废弃，始于1928年巴黎《废弃战争作为国家政策工具的一般条约》（简称《非战公约》）。《非战公约》第1条规定，缔约各方"在它们的相互关系上，废弃战争作为实行国家政策的工具。"第2条还规定："缔约各方同意它们之间可能发生的一切争端或冲突，不论其性质或起因如何，只能用和平方法加以处理或解决。"但《非战公约》只是一般地废弃战争，而未明确区分侵略战争与自卫战争，正义战争与非正义战争。

禁止非法使用武力，是在第二次世界大战后，于1945年制定的《联合国宪章》中首次提出的。《宪章》第2条第4款规定，"各会员国在其国际关系上不得使用威胁或武力，或以与联合国宗旨不符之任何其他办法，侵害任何会员国或国家之领土完整或政治独立。"《宪章》对禁止侵略战争不使用"战争"一词，而使用"不得使用威胁或武力"，这就从法律上禁止了一切形式的侵略战争或武装冲突。"禁止非法使用武力"本身就包含有不禁止合法使用武力的含义。根据《联合国宪章》和1970年《国际法原则宣言》的规定，自卫战争、联合国安全理事会授权或采取维护和平的执行行动均属于合法使用武力的情形。

二、合法使用武力的情形

在明确规定禁止非法使用武力的同时，《联合国宪章》和其他一些重要的国际法文件也肯定了一些特定情势下使用武力是合法的。

1. 单独或集体自卫

《联合国宪章》规定，联合国任何会员国受武力攻击时，在安全理事会采取必要办法以维持国际和平及安全以前，本宪章不得认为禁止行使单独或集体自卫之自然权利。根据这项规定，为了自卫而使用武力，无论是单独自卫还是集体自卫，都是合法的。合法的自卫应当满足以下条件：（1）自卫应以受到实际的武力攻击为前提。因此，以受到别国的严重威胁为借口，先发制人的所谓"预先自卫"是不能成立的，如果把"预先自卫"包括到自卫的范围里，就会混淆甚至颠倒自卫与侵略行径的性质。（2）自卫应遵守相称性原则。自卫使用武力的目的，应限于保持和恢复受武力攻击以前的状态；自卫使用武力的方向应直接针对侵害者的武力进攻，其使用武力的规模和幅度，应与受到的非法武力攻击成比例。（3）自卫应在联合国安理会采取维持国际和平和安全的办法以前实施，采取自卫措施后要立即向安理会报告，而且不能影响安理会采取适当措施，更不能与之相抵触。

2. 民族独立或民族解放战争

民族自决是国际法的一项基本原则。在外国殖民主义和种族主义统治下的被压迫民族，为求得民族独立和民族解放而使用武力是合法的。这里需要强调指出，民族自决原则只适用于殖民地和非自治领土，而不适用于独立国家内部的少数民族。支持民族独立和民族解放运动和反对民族分裂、维护祖国统一是并行不悖的。

3. 联合国安理会授权或采取的军事行动

《联合国宪章》规定，安理会应断定任何和平之威胁、和平之破坏或侵略行为是否存在，并应作成建议或抉择依第 41 条及第 42 条规定之办法，以维持和恢复国际和平及安全。第 41 条是武力以外的办法，第 42 条是使用武力的办法，包括空海陆军示威、封锁及其他军事行动。联合国授权的军事行动有两种：一是根据《宪章》第 48 条，安理会授权会员国为维持和恢复国际和平而采取军事行动；二是根据宪章第 53 条，授权区域组织采取强制军事行动。

第三节 关于作战行为的法律规定

关于作战行为的法律规定，即国际人道法，是武装冲突法体系的主要组成部分，主要包括作战手段和方法的限制、武装冲突中的人道保护两个方面的规则内容。

一、作战手段和方法的限制规则

作战行为离不开作战手段和作战方法。作战手段是指用于作战的武器，作战方法是指在作战中如何使用武器。在战争和武装冲突中，作战手段和作战方法是有限制的。1868 年《圣彼得堡宣言》指出，"战争之行动应服从人道之原则，故需限制技术使用之范围"。海牙第 4 公约附件《陆战法规和惯例章程》第 22 条规定，"交战者在损害敌人的手段方面，并不拥有无限制的权利"，并在第 23 条中列举了一些特别禁止的作战手段和作战方法。《日内瓦四公约第一附加议定书》，把这项内容列为选择"作战手段和方法"的基本原则。武装冲突法禁止或限制的作战手段和方法主要包括：禁止或限制使用特定常规武器，禁止使用有毒、化学和生物武器，禁止使用改变环境的作战手段和方法，关于大规模毁灭性武器的规定，禁止采取不分皂白的攻击，禁止背信弃义地发起攻击等。

（一）禁止或限制使用特定常规武器

作战的直接军事目的，在于使最大限度数量的敌人失去战斗力，而某些常规武器由于其极度残酷，或足以引起不必要痛苦，或可被认为具有过分伤害力和滥杀滥伤作用，超出了军事需要，有违人道要求，所以应当予以禁止或严格限制。

最早禁止使用极度残酷武器的国际法文件，是1868年圣彼得堡国际军事委员会会议通过和签署的《关于在战争中放弃使用某些爆炸性弹丸的宣言》（简称《圣彼得堡宣言》）。宣言指出："考虑到文明的进步，应尽可能减轻战争的灾难；各国在战争中应尽力实现的唯一合法目标是削弱敌人的军事力量；为了这一目标，应满足于使最大限度数量的敌人失去战斗力；由于武器的使用无益地加剧失去战斗力的人的痛苦或使其死亡不可避免，将会超越这一目标；因此，这类武器的使用违反了人类的法律。"宣言还约定："缔约国相互保证，在它们之间发生战争时，它们的陆军和海军部队放弃使用任何轻于400克的爆炸性弹丸或是装有爆炸性或易燃物质的弹丸。"

此后，对这方面作出规定的战争法文件主要还有：《禁止使用在人体内易于膨胀或变形的投射物，如外壳坚硬而未全部包住弹心或外壳上刻有裂纹的子弹的宣言》（1899年，海牙第3宣言）；《陆战法规和惯例章程》（1907年，海牙第4公约附件。该章程规定：禁止"使用足以引起不必要痛苦的武器、投射物或物质"）；《1949年日内瓦四公约的附加第一议定书》（1977年，该议定书规定："禁止使用属于引起过分伤害和不必要痛苦的性质的武器、投射物和物质及作战方法。"）

针对上述条约尚未完全覆盖应予禁止或限制使用常规武器的不足，联合国多次主持召开了禁止或限制使用某些可被认为具有过分杀伤力和滥杀滥伤常规武器的会议，并于1980年通过了《联合国禁止或限制使用某些可被认为具有过分伤害力或滥杀滥伤作用的常规武器会议最后文件》。该文件包含一项公约、三项议定书和一项决议，分别是：《禁止或限制使用具有过分伤害力或滥杀滥伤作用的常规武器公约》，《关于无法检测的碎片的议定书》（第一号议定书），《禁止或限制使用地雷（水雷）、饵雷和其他装置的议定书》（第二号议定书），《禁止或限制使用燃烧武器议定书》，《关于小口径武器的决议》。这一文件使应予禁止或限制使用的常规武器范围进一步明确。

(二) 禁止使用有毒、化学和生物武器

化学及有毒性武器，是指通过对生命过程的化学作用而能够对人类或动物造成残疾、暂时失能或永久伤害并用于杀伤敌人的有毒化学品以及使用后能释放出这种有毒化学品的毒性造成死亡或其他伤害的弹药和装置。化学及有毒性武器的种类很多，主要有刺激性、窒息性、有毒性以及神经性毒气和二元化学武器等。化学及有毒性武器在性质上属于大规模毁灭性武器和极度残酷的武器，违反了区分原则和限制原则，应当予以禁止。武装冲突法对化学及有毒性武器的禁止，始于两次海牙会议。第一次海牙会议专门通过了《禁止使用专用于散布窒息性或有毒气体的投射物的宣言》(1899年，海牙第2宣言)；第二次海牙会议修订的《陆战法规和惯例章程》(1907年，海牙第4公约附件) 规定，禁止使用毒物或有毒武器。1922年，国际社会订立了《关于战争中使用潜水艇及有毒气体的条约》(该条约未生效)，重申在战争中禁止使用窒息性、有毒及其他瓦斯，以及一切类似的液体、物质或手段。1925年，国际社会又订立了《禁止在战争中使用窒息性、毒性或其他气体和细菌作战方法的议定书》(《日内瓦议定书》)，不仅重申了上述条约的有关规定，还具体规定禁止在战争中使用窒息性、有毒的或其他瓦斯以及类似的液体、物质或器具。1969年，联合国大会2603号决议宣布，一切用于战争的化学剂，对人、动物、植物造成直接有害效果的气体、液体或固体的化学物质，在国际武装冲突中的使用，都将违反《日内瓦议定书》所体现的被普遍承认的国际法规则。1992年，联合国第一委员会通过了《关于禁止发展、生产、存储和使用化学武器及销毁此种武器的公约》(简称《禁止化学武器公约》)，是国际法上第一个全面禁止和彻底销毁化学武器的国际条约。该公约规定：每一缔约国承诺在任何情况下决不发展、生产、获取、储存、保有、使用、转让化学武器；决不以任何方式协助、鼓励、诱使任何一方从事公约禁止的活动；每一缔约国承诺销毁其拥有或占有的或在其管辖或控制下的化学武器和化学武器生产设施；每一缔约国承诺销毁其遗留在另一缔约国领土上的所有化学武器。中国政府一贯主张全面禁止和彻底销毁化学武器，于1996年12月31日批准了《禁止化学武器公约》。1999年7月，中日双方就解决遗留化学武器问题签署了备忘录，第一次以双边文件的形式明确了日本政府应承担的责任。但由于种种原因，目前销毁工作进展比较缓慢。

生物及毒素武器，是指发射、传播或扩散生物制剂的物质、器具或设施。生物及毒素武器又称细菌武器，生物制剂包括细菌、病毒、肿瘤、立克次氏体、生物组织、毒素等。生物及毒素武器在性质上也属于大规模毁灭性武器，它无法区分平民和战斗员，危害的范围十分广泛而且难以控制，违反了武装冲突法的区分原则；同

时它也属于一种极度残酷的武器，危害后果十分严重，使受害者遭受巨大的痛苦，违反了武装冲突法的限制原则。武装冲突法禁止使用一切生物及毒素武器或有关的作战方法，而无论它们是被用来针对人员、动物或植物。1925 年《禁止在战争中使用窒息性、毒性或其他气体和细菌作战方法的议定书》，禁止在战争中使用生物武器；1969 年，联合国大会 2603 号决议宣布，在国际武装冲突中所有生物武器的使用都违反了《日内瓦议定书》的规定，和国际法中公认的规则相背离；1971 年，联合国大会通过了《禁止细菌（生物）及毒素武器的发展、生产及储存以及销毁这类武器的公约》（简称《禁止生物武器公约》），是第一个全面禁止和彻底销毁生物武器的国际条约。该公约规定：各缔约国承诺在任何情况下决不发展、生产、储存或以其他方法取得或保有生物武器；承诺至迟在公约生效后 9 个月内将其拥有的或在其管辖或控制下的生物武器销毁或转用于和平目的；承诺不将生物武器转让或协助转让给任何接受者。但该公约也存在明显缺陷：一是对于应禁止的生物试剂的种类没有明确规定；二是没有规定监督核查措施；三是没有明确规定禁止"使用"。中国于 1984 年加入该公约。

（三）禁止使用改变环境的作战手段和方法

改变环境的作战手段和方法，是指改变气候、引起地震、海啸、破坏生态环境、破坏臭氧层等大规模毁灭人类的作战手段、方法和技术。改变环境的作战手段和作战方法，旨在或可能对自然环境造成广泛、长期而严重的损害。在实施过程中，它无法区分平民和战斗员，违反了武装冲突法的区分原则；同时它还对自然环境进而对人类造成严重的损害，违反了武装冲突法的限制原则。实际上，化学武器、核武器在性质上也属于改变环境的武器。

1971 年和 1974 年，联合国大会先后通过决议，禁止为了军事或其他敌对目的的影响环境和气候的行动。《1949 年日内瓦四公约第一附加议定书》规定："禁止使用旨在或可能对自然环境造成广泛、长期而严重损害的作战方法和手段"。1977 年《禁止为军事或任何其他敌对目的使用改变环境的技术的公约》规定："各缔约国承诺不为军事或任何其他敌对目的使用具有广泛、持久或严重后果的改变环境的技术作为摧毁、破坏或伤害任何其他缔约国的手段。"

（四）关于大规模毁灭性武器的规定

大规模毁灭性武器，通常是指破坏威力巨大，不能精确打击或限定准确打击一定军事目标、难以控制，或者容易使军事目标与非军事目标、战斗员与平民不加区别地遭受破坏和受到伤害的武器，主要是指核武器。大规模毁灭性武器具有极大的破坏力和附带杀伤效能，如果不加以禁止而允许其在武装冲突中使用，将从根本上否定现行武装冲突法中关于区别军事目标与非军事目标、战斗员与平民的基本原则。

目前，关于核武器的国际条约可分为以下四类：（1）禁止核试验条约。包括《禁止在大气层、外层空间和水下进行核试验条约》（1963年）和《全面禁止核试验条约》（1996年）。前者我国没有参加，因为其实际上是当时的核国家为保持其核垄断地位而炮制的；后者至今还未生效，我国已经签署。（2）防止核扩散条约。主要是《不扩散核武器条约》（1968年）。该条约规定：每个有核武器的缔约国承诺不向任何国家转让核武器，并不以任何方式协助、鼓励、引导无核国家制造、取得核武器；每个无核武器的缔约国承诺不从任何国家接受核武器，不制造或以其他方式取得核武器，也不寻求或接受在制造核武器方面的任何协助。我国已加入该条约。（3）禁止在一定空间放置核武器的条约。一是《外空条约》（1967年），它禁止在绕地球轨道放置任何携带核武器的实体，禁止在天体配置核武器，也禁止以其他任何方式在外层空间布置核武器。我国已加入该条约。二是《禁止在海床洋底及其底土安置核武器和其他大规模毁灭性武器条约》（1971年），它禁止在海床洋底及其底土安置核武器。我国已加入该条约；三是《月球协定》（1979年），它禁止在环绕月球的轨道上或飞向或飞绕月球的轨道上放置载有核武器的物体，也禁止在月球上或月球内放置或使用此类武器。（4）无核区条约。主要包括《拉美及加勒比禁止核武器条约》（1967年），我国已加入该条约第二附加议定书；《南太平洋无核区条约》（1985年），我国已加入该条约第二号、第三号议定书；1996年《非洲无核区条约》（1996年），我国已加入该条约第一、第二议定书。

尽管目前国际上有关核武器的条约非常多，但还没有一项禁止使用核武器的普遍性的国际条约。虽然1972年联合国大会通过一个决议，宣布"永远禁止使用核武器"，但其决议并不具有法律拘束力。从目前世界军事发展进程来看，核武器、核力量威慑仍作为显示军事实力、遏制战争的特殊有效手段而被置于十分重要的地位。但是，无论如何，核武器的威胁和使用必须十分慎重，必须严格遵守相关国际条约的限制。中国从拥有核武器的第一天起就郑重承诺：在任何情况下绝不首先使用核武器；中国无条件保证不对无核国家和无核地区使用或威胁使用核武器；中国一贯主张全面禁止和彻底销毁核武器，呼吁尽早为此缔结国际条约。

（五）禁止采取不分皂白的攻击

不分皂白，是指作战中不能区别普通居民与战斗员、民用物体与军事目标的作战武器和作战方法。关于禁止不分皂白的攻击的国际法规定主要有：（1）《陆战法规和惯例章程》（1907年，海牙第4公约附件）规定，"不得以任何方式攻击或炮击不设防的城镇、村庄、住所和建筑物","在包围或轰击中,应采取一切措施,尽可能保全专用于宗教、艺术、科学和慈善事业的建筑物,历史纪念物,医院和病者、伤者的集中场所"。(2)《关于战时保护平民的日内瓦公约》(1949 年,日内瓦第 4 公约)规定,不得攻击医院和安全地带,在作战区内得设立中立化地带。(3)《1949 年日内瓦四公约附加第一议定书》第 51 条明确列举了禁止采取的不分皂白的攻击行为。具体包括:不以特定的军事目标为对象的攻击;使用不能以特定军事目标为对象的作战方法或手段;使用任何将平民或民用物体集中的城镇、乡村或其他地区内许多分散而独立的军事目标视为单一的军事目标的方法或手段进行轰击或攻击;可能附带使平民生命受损失、平民受伤害、平民物体受损害,或三种情况均有而且与预期的具体和直接军事利益相比损失过分的攻击。但这些物体、地带或人员,应设有或(佩戴)规定的明显标记,且不以之作为军事用途为限。对于含有危险能量的工程或装置,如堤坝、核发电站,以及无系缆的漂雷、射击未中目标后仍危险的鱼雷、无限制的潜艇战和投掷或散布饵雷、或遥控地雷等作战手段和作战方法也在禁止之列。

(六)禁止背信弃义地发起攻击

所谓背信弃义行为,是以背弃敌人的信任为目的,而诱取敌人相信其有权享受或有义务给予适用于武装冲突的国际法规则所规定的保护而给敌人以危害的行为。由于背信弃义行为违背了国际信义,将会导致受攻击方丧失对国际法的信任,因此,武装冲突法禁止背信弃义地发起攻击。

《1949 年日内瓦四公约第一附加议定书》(1977 年)规定,下列各类行为都是背信弃义行为:(1)假装有在休战旗下谈判或投降的意图;(2)假装因伤因病而失去战斗力;(3)假装具有平民、非战斗员的身份;(4)使用联合国或中立国或其他非冲突各方的国家的记号、标志或制服而假装享有被保护的地位。

下述行为,虽然没有被明确归入背信弃义行为,但难以否认其与背信弃义相类,因而也是被明文禁止的:(1)不正当使用红十字、红新月标志或故意滥用国际公认的保护标志、记号或信号,如红十字或红新月徽章、民防符号、文化财产的保护标志、医疗单位的灯光或无线电信号、休战旗等;(2)除经联合国核准外,使用联合国的特殊标志;(3)在武装冲突中使用中立国家或其他非冲突各国家的旗帜、军用标志、徽章或制服等。该议定书还规定了"在从事攻击时,或为了掩护、便利、保护或阻碍军事行动,而使用敌方的旗帜或军用标志、徽章或制服,是禁止的"。

武装冲突法虽然禁止背信弃义行为,但并不禁止使用战争诈术。战争诈术,又称军略,如提供假情报、实施假行动、声东击西等,虽然也是对敌实施欺骗,但它只是迷惑敌人或诱使敌人做出轻率行为，并不诱取敌人基于武装冲突法规定而产生的信任，因而不违犯任何适用于武装冲突的国际法规则。《陆战法规和惯例章程》（1907年海牙第4公约附件）规定，"采用战争诈术和使用必要的取得有关敌人和地形的情报的手段应视为许可的"。《1949年日内瓦四公约第一附加议定书》规定：对背信弃义行为的禁止"不应影响适用于间谍或在进行海上武装冲突中使用旗帜的现行的公认国际法规则"。

二、武装冲突中的人道保护规则

国际人道法中关于保护战争受难者的内容，在历史上属于武装冲突法的一个特殊部分。它们最早形成"日内瓦法体系"，以区别于传统战争法规中的"海牙法体系"。日内瓦法体系不涉及战争或武装冲突的法律地位和交战国间的一般关系，也不涉及交战国使用的作战方法和手段，更不涉及交战国和中立国之间的权利义务，而只是从人道保护的原则出发，给予战争受难者（武装部队的病者、伤者、遇船难者，战俘，平民等）以必要的保护。武装冲突法的这部分内容主要包括1949年日内瓦四公约和1977年该公约的两个附加议定书。这一部分国际人道法是第二次世界大战以后唯一独立于联合国组织以外编纂、发展的法律体系。

（一）伤者、病者、遇船难者待遇

1864年、1906年、1929年和1949年先后订立了《关于改善战地武装部队伤者、病者境遇公约》，这方面规定的主要内容有：

冲突一方对在其权力下的另一方伤病员，在一切情况下应无区别地予以人道的待遇和照顾，不得基于性别、种族、国籍、宗教、政治意见或其他类似标准而有所歧视。冲突各方的伤者、病者如落于敌手，应为战俘，国际法上有关战俘之规定应适用于他们。每次战斗后，冲突各方应立即采取一切可能的措施搜寻伤者、病者，予以适当的照顾和保护；环境许可时，应商定停战或停火办法，以便搬移、交换或运送战场上遗落之受伤者。冲突各方应尽速登记落于其手中的敌方伤者、病者或死者之任何可以证明其身份之事项，并应尽速转送战俘情报局，由该局转达上述人员之所属国。冲突各方应保证在情况许可下将死者分别埋葬和焚化之前，详细检查尸体，如可能时，应经医生检查，以确定死亡，证明身份并便于作成报告。军事当局，即使在入侵或占领地区，也应准许居民或救济团体自动收集和照顾任何国籍之伤者、病者。任何人不得因看护伤者、病者而被侵扰或定罪。

海战中伤病员的待遇，其适用范围、保护对象、基本原则等方面与陆战的制度完全相同，但由于海战的特点而有一些特殊规定：（1）在海上受伤、患病或遇船难的武装部队人员或其他人员，在一切情况下，应受尊重与保护。（2）交战者之一切军舰应有权要求交出军用医院船、属于救济团体或私人的医院船，以及商船、游艇或其船只上的伤者、病者或遇难船者，不拘国籍，但须伤者、病者处于适合移动的情状，而该军舰具有必要的医疗适当设备。

（二）战俘待遇

战俘是战争或武装冲突中落于敌方权力之下的合法交战者，以及1949年《关于战俘待遇的日内瓦公约》（《日内瓦第3公约》）规定的其他人员。在国际人道法中，对战俘待遇作出规定的公约有：1929年和1949年《关于战俘待遇的日内瓦公约》以及1977年《日内瓦四公约第一附加议定书》。按照这些公约的规定，战俘自其被俘至其丧失战俘身份前应享受以下各方面的待遇：

交战方应将战俘拘留所设在比较安全的地带。无论何时都不得把战俘送往或拘留在战斗地带或炮火所及的地方，也不得为使某地点或某地区免受军事攻击而在这些地区安置战俘。不得残害或侮辱战俘。不得将战俘扣为人质；禁止对战俘施以暴行或恫吓及公众好奇的烦扰；不得对战俘实行报复，进行人身残害或肢体残伤，或供任何医学或科学实验；不得侮辱战俘的人格和尊严。战俘应保有其被俘时所享有的民事权利。战俘的个人财物，除武器、马匹、军事装备和军事文件以外的自用物品一律归其个人所有；战俘的金钱和贵重物品可由拘留国保存，但不得没收。对战俘的衣、食、住要能维持其健康水平，不得以生活上的苛求作为处罚措施；战俘应享有卫生与医药照顾。尊重战俘的风俗习惯和宗教信仰，允许他们从事宗教、文化和体育活动。准许战俘与其家庭通讯和收寄邮件。战俘享有司法保障，受审时享有辩护权，还享有上诉权；拘留国对战俘的刑罚不得超过对其本国武装部队人员同样行为所规定的刑罚；禁止因个人行为而对战俘实行集体处罚、体刑和酷刑；对战俘判处死刑应特别慎重。讯问战俘应使用其了解的语言。不得歧视战俘。战俘除因其军职等级、性别、健康、年龄及职业资格外，一律享有平等待遇，不得因种族、民族、宗教、国籍或政治观点不同加以歧视。战事停止后，战俘应即予以释放并遣返，不得迟延。

（三）平民的保护

国际人道法的基本原则之一是对交战者和平民加以区别，区别的目的是为了在战争与武装冲突期间更有效地实行对平民的保护。落入敌国管辖或支配下的平民的保护有两种情形：一种是战争或武装冲突发生时对交战国或武装冲突国境内的敌国平民的保护，另一种是对占领区的平民的保护。

在战争或武装冲突发生时,对在交战国或武装冲突国境内的敌国平民一般应允许离境;而对继续居留者应给予以下人道待遇:平民居民本身及平民个人不得成为攻击的对象,禁止在平民中散布以恐怖为主要目的的暴力行为或暴力威胁。作为报复对平民居民的攻击是禁止的。保障平民的合法权益,不得把他们安置在某一地点或地区以使该地点或地区免受军事攻击。不得在身体上和精神上对平民施加压力,强迫提供情报。禁止对平民施以体刑和酷刑,特别禁止非为医疗的医学和科学实验。禁止实行集体刑罚和扣为人质。应给予平民以维持生活的机会,但不得强迫他们从事与军事行动直接相关的工作。只有在于安全的绝对必要的情况下,才可把有关敌国平民拘禁或安置于定居所。对妇女和儿童予以特殊保护。

在军事占领下,占领当局只能在国际法许可的范围内行使军事管辖权,并应对平民给予以下人道待遇:不得剥夺平民的生存权,占领当局在行使权力的同时,有义务维持社会秩序和居民生活。对平民的人格、荣誉、家庭、宗教信仰应给予尊重。不得对平民施以暴行、恐吓和侮辱,不得把平民扣为人质,或进行集体惩罚,或谋杀、残害及用作实验。不得用武力驱逐平民。不得为获取情报对平民采取强制手段。不得强迫平民为其武装部队或辅助部队服务或加入其军队。不得侵犯平民正常需要的粮食和医药供应。不得废除被占领国的现行法律,必须维持当地原有法院和法官的地位并尊重现行法律。

第四节 关于战时中立的法律规定

关于战时中立的法律规定,是指调整交战国(方)与非交战国(方)之间的关系,规定它们彼此间的权利和义务的原则、规则和制度。关于战时中立的法律规定,是武装冲突法在关于作战行为的法律规定之外的重要补充。

一、中立的概念和表现形式

中立,是指当两个或两个以上的国家(包括交战团体和叛乱团体)之间已经或者可能发生战争或武装冲突时,非交战国(包括国际组织)对交战国所采取的不加入该战争或武装冲突,并且对交战各方公正不偏的政策措施以及由此产生的法律地位和权利义务关系。这个概念包含了中立的以下特征:第一,中立是国际政治和国际法上的概念；第二，中立虽然也包括平时中立，但主要是与战争或武装冲突有关的概念；第三，中立的外在表现形式是不加入战争或武装冲突；第四，中立的内在要求是对交战各方公正不偏；第五，中立的主体是国家或国际组织；第六，中立是一种法律地位和权利义务关系。

中立一般分为战时中立、永久中立和有条件的中立。战时中立，是指在某次战争中所采取的中立立场和具有的中立地位。永久中立（亦称中立化国家），是指一国根据条约所承担的永久性和普遍性的国际义务，它对任何国家和任何时候发生的战争或武装冲突均信守中立，如瑞士、奥地利就是这样的永久中立国。有条件的中立（亦称准中立、有限制的中立），是一种既不实际参加战斗，又承担国际条约规定的义务的中立。按照《联合国宪章》第25条规定，联合国会员国有"接受并履行安全理事会之决议"之义务，当安理会采取"维护国际和平及安全之决议所必要之行动"时，会员国有执行安理会之决议之义务，但对未担任此项执行行动的会员国来说仍有保持有条件的中立义务。这种只是不实际参加战斗的中立，就是一种有条件的中立。

应当看到，随着时代的发展，在现代国际关系的实践中，传统的中立制度受到了冲击，发生了很大变化。如根据《联合国宪章》第2条的规定，"各会员国对于联合国依本宪章规定而采取之行动，应尽力予以协助，联合国对于任何国家正在采取防止或执行行动时，各会员国对该国不得给予协助"。联合国安理会作出的任何决定对各会员国都有法律拘束力，会员国有义务不得保持中立。同时《联合国宪章》第103条明确规定，"联合国会员国在本宪章下之义务与其依任何其他国际协定所负之义务有冲突时，其在本宪章下之义务应居优先"。因此，会员国在安理会决定采取强制行动时，不能以与其他国家的协定来规避自己的责任。

二、战时中立主要法规

目前，国际社会关于战时中立的主要法规，主要包括1856年巴黎《关于海上若干原则宣言》、1907年《陆战中中立国及中立国人民之权利和义务公约》（海牙第5公约）和《海战中中立国之权利义务公约》（海牙第13公约）。1907年海牙第2公约、第3公约、第4公约、第6公约、第8公约、第10公约、第11公约、第12（未生效）公约也涉及有关中立制度的问题。1949年日内瓦四公约中，也有关于中立制度的规定。1909年伦敦《海战法规宣言》虽未生效，但其中关于中立制度的规定也仍具有习惯法意义。中立法规的内容主要包括：关于中立的基本原则；关于中立国、交战国的权利与义务；关于交战国军舰、飞机和商船在中立国海域、空域的活动规则；关于中立国舰船的活动规则；关于海上捕获制度；关于战时禁制品制度；关于违反中立法规的制裁等。

三、中立国、交战国的义务

关于中立国的中立义务及交战国对中立国的义务，是战时中立法规规范的主要内容。其中，关于中立国中立义务的规定，目的在于实现中立国对交战各国（方）公正不偏的原则要求；关于交战国对中立国义务的规定，目的则在于维护中立国的法定权利。

（一）中立国的义务

中立国对交战国承担的义务主要有三个方面，即自我约束的义务、防止的义务和容忍的义务。

自我约束的义务，是指中立国对交战国不应给予援助。它不仅不能直接参加战斗，也不能对交战国提供军队，供给武器、弹药及其他军用器材，给予情报的方便等。

防止的义务，是指中立国应采取措施，防止交战国为了进行战争而利用中立国领土或其管辖范围内的区域。例如，对于交战国在中立国的领土、领海或领空域内进行战斗，或捕获船只，建立作战基地或通讯设施，运输军队和军需品等，中立国都要以一切可能的手段加以防止和阻止。

容忍的义务，是指中立国对于交战国依据武装冲突法所采取的行动而使中立国国民蒙受不利时，应在一定范围内予以容忍。例如，交战国对中立国船舶的临检和搜索，对悬挂中立国船旗而载有战时禁制品或破坏封锁或从事非中立役务的船舶的拿捕、审判、处罚及非常征用时，中立国应予以容忍。

（二）交战国的义务

交战国对中立国承担的义务主要也包括自我约束的义务、防止的义务和容忍的义务三个方面。

自我约束的义务，是指交战国不得在中立国领土或其管辖区域内从事战争行为，或将中立国领土或其管辖区域作为作战基地；交战国不得在中立国领土或领水区域内改装商船为军舰或武装商船，建立通讯设施或捕获船只等。

防止的义务，是指交战国有义务采取一切措施，防止侵犯或虐待其占领区内或境内的中立国使节或人民；防止其军队和人民从事任何侵犯中立国及其人民的合法权益的行为等。

容忍的义务是指交战国应容忍中立国与敌国保持正常的外交和商务关系以及其

他不违背中立法的一般规则的行为等。

第五节　关于惩处战争犯罪的法律规定

惩处战争犯罪的法律规定，是指关于战争罪行及其惩处机制的规定，它是武装冲突法法律效力的重要保障。

一、战争罪的概念和种类

战争罪，是指参与策划、准备、发动或进行侵略战争，或违反战争和武装冲突法规与惯例、违反人道原则所犯的严重罪行。对于战争犯罪的组织者、教唆者、领导者及其共谋者则称为战争罪犯，简称为战犯。

传统国际法认为把以战争作为推行国家政策的工具是合法的，不承认侵略战争是一种罪行，只承认违反战争法规则或惯例是一种战争罪行。第二次世界大战后，国际法对战争罪行的概念作了新的解释，确认侵略战争是最严重的国际罪行，不仅违反战争法规或惯例是战争罪行，而且策划、准备、发动和进行侵略战争更是严重的战争罪行。

根据《欧洲国际军事法庭宪章》第6条和《远东国际军事法庭宪章》第5条的规定，下列各种行为，或其中的某一种行为均属于战争罪行：（1）违反和平罪。即计划、准备、发动或从事一种侵略战争或一种违反国际条约、协定或保证之战争，或参加为完成上述任何一种战争之共同计划或阴谋。（2）战争罪。即违反战争法规则或惯例，主要包括屠杀、为奴役或其他目的而虐待或放逐占领地平民、屠杀或虐待战俘或海上人员、杀害人质、掠夺公私财产、毁灭城镇或乡村、或非基于军事上必要之破坏等罪行。（3）违反人道罪。即在战前或战时，对平民施行杀戮、歼灭、奴役、放逐及其他任何非人道行为；或基于政治的、种族的或宗教的理由，而为执行其他任何战争犯罪行为而作出的迫害行为等。

此外，前南斯拉夫国际法庭《规约》规定的战争罪名有四种，即严重违反1949年日内瓦四公约情事罪、违反战争法规和惯例罪、灭绝种族罪、危害人类罪。《国际刑事法院规约》规定国际刑事法院管辖灭绝种族罪、危害人类罪、战争罪、侵略罪四种罪行，其中战争罪和侵略罪无疑属于战争犯罪，而灭绝种族罪、危害人类罪如果与武装冲突相关，则也属于战争犯罪。

二、战争犯罪的惩处

对战争犯罪的惩处,包括对侵略国的制裁和对犯有战争罪行的个人的惩处两个方面。

(一) 对侵略国的制裁

侵略国因其侵略的不法行为引起国家责任。追究犯有战争罪行的国家的责任,大体上有两种形式:一是限制主权和赔偿。对战败的侵略国实行占领或管制,限制其国家主权,主要是通过国际条约和被占领或管制的侵略国的国内立法,限制其军备的性质和规模;规定战败的侵略国向被侵略国赔偿损失,支付赔偿金。二是实施《联合国宪章》规定的制裁。《联合国宪章》规定,对于和平的威胁或破坏的侵略行为,可以用断绝经济、交通、通讯联系直至外交关系的非军事制裁性办法和以海空陆军示威、封锁和其他军事制裁行为。

(二) 对犯有战争罪行的个人的惩处

惩处战争犯罪的个人,有国内惩处和国际惩处两种方式。

战争犯罪的国内惩处,是指有关主权国家通过其国家审判机关,对犯有战争罪行的人实施惩处。国内惩处战争犯罪,要适用本国加入的有关武装冲突法及国际刑事法律的条约和本国的刑法。

战争犯罪的国际惩处,始于二战结束后的纽伦堡审判和东京审判。由此确立的关于追究战争责任和惩治战争犯罪的原则被称为纽伦堡原则,它构成了现代国际法中有关战争犯罪和惩罚规则框架的基础。后来的一些国际法文件又相继规定:从事构成违反国际法的犯罪行为的人承担个人责任,并因而应受惩罚;不违反所在国的国内法不能作为免除国际法责任的理由;被告的职务和地位不能作为免除国际法责任的理由;政府或上级命令不能作为免除国际法责任的理由;被指控有违反国际法罪行的人有权得到公平审判;违反国际法的罪行是:违反和平罪、战争罪、反人道罪;共谋上述罪行是违反国际法的罪行;战争罪犯无权要求庇护;战争罪犯不适用法定时效原则。上述规定,明确了战争罪行的范围,确立了犯有战争罪行的人应承担的国际法责任,并规定了对战争罪犯不予庇护和审判不受时效限制等原则,从而为惩处战争罪犯提供了依据。

1993 年和 1994 年,联合国安理会通过决议,分别设立了"前南斯拉夫国际法庭"和"卢旺达国际法庭",追究在前南斯拉夫境内和卢旺达境内武装冲突中犯有战争罪行的个人的刑事责任。

国际刑事法院是根据 1998 年 7 月 17 日联合国罗马外交大会通过、2002 年 7 月 1

日生效的《国际刑事法院规约》建立的国际刑事审判机构,是国际法历史上第一个审判犯有特定国际罪行的个人的常设国际刑事司法机构。国际刑事法院是对国家刑事管辖权的一种补充,只有在国家国内审判机构和程序不存在、不能有效地履行职责、国家不愿意或其他特殊情况下,国际刑事法院才能行使管辖权。国际刑事法院的对人管辖权范围只限于自然人,不能对法人和国家行使管辖权;对事管辖权范围限于那些引起国际社会关注的、最严重的国际罪行,包括战争犯罪行为。

参考文献

1. 莫毅强等主编.军事法概论.北京：中国人民公安大学出版社，1990.
2. 钱寿根：《军事法理学》，北京：国防大学出版社，2004.
3. 薛刚凌等主编.军事法学.北京：法律出版社，2006.
4. 张山新主编.军事法学.北京：军事科学出版社，2001.
5. 陈学会主编.军事法学.北京：解放军出版社，1994.
6. 陆海明等主编.军事法学.北京：解放军出版社，2001.
7. 图们主编.军事法学教程.北京：法律出版社，1992.
8. 丛文胜：《国防法律制度——宪法视角下的国防法律制度研究》，北京：解放军出版社，2012.
9. 李佑标等：《军事法学原理》，北京：人民法院出版社，2005.
10. 张建田等编著.中国军事法学.北京：国防大学出版社，1987.
11. 夏勇：《中国军事法学基础理论研究》，北京：中国财政经济出版社，2005.
12. 陈学会主编.中国军事法制史.北京：海潮出版社，1999.
13. 丛文胜主编.军事法制史.北京：解放军出版社，2001.
14. 丛文胜主编.人民军队法制建设80年.北京：军事科学出版社，2007.
15. 丛文胜主编.新中国国防法制建设60年.北京：军事科学出版社，2009.
16. 周健：《外国军事法史》，北京：法律出版社，2009.
17. 田友方主编.外国军事法评介.北京：海潮出版社，2007.
18. 杨春长主编.中国军事百科全书 军事法制.北京：中国大百科全书出版社，2007.
19. 张本正主编.中国军事百科全书 军事法总论.北京：中国大百科全书出版社，2008.
20. 方宁等编著.军事法制教程.北京：军事科学出版社，1999.
21. 胡光正主编.中外军事组织体制比较教程.北京：军事科学出版社，1999.
22. 李宝忠：《中外军事制度比较》，北京：商务印书馆，2003.
23. 余子明主编.国防法学.北京：军事科学出版社，2002.
24. 陈振阳主编.军制学教程.北京：军事科学出版社，2001.
25. 沈雪哉主编.军制学.北京：军事科学出版社，2000.
26. 钱海皓主编.军队组织编制学.北京：军事科学出版社，2001.
27. 侯庆贤主编.兵役法学.北京：解放军出版社，2001.
28. 隋东升：《兵役制度概论》，北京：军事科学出版社，1996.
29. 余高达主编.中国军事百科全书 国防教育.北京：中国大百科全书出版社，2007.

30. 贾云生：《新时期国防教育理论与实践》，成都：四川大学出版社，2006.
31. 万东铖主编．中国军事百科全书 国防经济．北京：中国大百科全书出版社，2007.
32. 陈耿主编．军事经济法学．北京：军事科学出版社，2003.
33. 吴远平等：《新中国国防科技体系的形成与发展研究》，北京：国防工业出版社，2006.
34. 任民：《国防动员学》，北京：军事科学出版社，2008.
35. 霍凤鸣：《国防动员理论与实践》，北京：人民武警出版社，2008.
36. 武希志：《国防动员概论》，长春：吉林人民出版社，2001.
37. 寇铁等主编．新世纪新阶段国防动员建设问题与对策．北京：蓝天出版社，2006.
38. 戴凤秀编著．信息化国防动员概论．北京：军事科学出版社，2005.
39. 中央军委法制局编著．香港特别行政区驻军法释义．北京：解放军出版社，2000.
40. 乔晓阳主编．澳门特别行政区驻军法释义．北京：法律出版社，2000.
41. 欧阳华：《武警应用法学》，西安：陕西师范大学出版社，2006.
42. 马民书主编．中国军事百科全书 武警发展战略．北京：中国大百科全书出版社，2007.
43. 丛文胜：《士兵优抚与退役安置法律问题》，北京：解放军出版社，2011.
44. 夏勇等：《中外军事刑法比较》，北京：法律出版社，1998.
45. 王安主编．军队条令条例教程．北京：军事科学出版社，1999.
46. 丛文胜：《战争法原理与实用》，北京：军事科学出版社，2003.
47. 俞正山主编．武装冲突法．北京：军事科学出版社，2001.
48. 杨泽伟：《国际法析论》，北京：中国人民大学出版社，2003.
49. 军事科学院主编．中国军事通史．北京：（第1—17卷），军事科学出版社，2005.
50. 陈高华等主编．中国军事制度史．北京：大象出版社，1997.